DE VIVA VOZ

VIDA Y OBRA DE GILBERTO BOSQUES

A LOS 20 AÑOS DE LA MUERTE
DE GILBERTO BOSQUES SALDÍVAR

Chiautla de Tapia, Puebla, 20 de julio de 1892
Ciudad de México, 4 de julio de 1995

DE VIVA VOZ
VIDA Y OBRA DE GILBERTO BOSQUES
ENTREVISTAS Y TESTIMONIOS

LILLIAN LIBERMAN • *compiladora*

327.20920972
B744d
    De viva voz : vida y obra de Gilberto Bosques,
    entrevistas y testimonios / Lillian Liberman,
    compiladora. – 1a ed. – México, D.F. :
    El Colegio de México, 2015.
    503 p. ; 23 cm.

    ISBN 978-607-462-868-5

    1. Bosques, Gilberto, 1892-1995. 2. Bosques,
    Gilberto, 1892-1995 – Puntos de vista político y social.
    3. Bosques, Gilberto, 1892-1995 – Entrevistas.
    4. Embajadores – México – Historia – Siglo XX –
    Biografía. I. Liberman, Lillian, comp.

Primera edición, 2015

DR © El Colegio de México, A.C.
    Camino al Ajusco 20
    Pedregal de Santa Teresa
    10740 México, D.F.

ISBN 978-607-462-868-5

Impreso en México

ÍNDICE

Nota de los editores · 9
Gilberto Bosques y su tiempo, Fernando Serrano Migallón · 11
Mi encuentro con don Gilberto, Lillian Liberman · 25

ENTREVISTA A GILBERTO BOSQUES
  Infancia y juventud, 1892-1906 · 37
  En Puebla, 1907-1908 · 42
  En la Revolución, 1909-1917 · 55
  En la política y el periodismo, 1916-1938 · 61
  Misión en Francia, 1939-1944 · 85
  Regreso a México, 1944 · 108
  Misión en Portugal, 1946-1950 · 110
  Misión en Suecia y Finlandia, 1950-1953 · 115
  Misión en Cuba, 1953-1964 · 126
  De vuelta en casa, 1965-1995 · 146

SECCIÓN DOCUMENTAL · 151-359

OTRAS ENTREVISTAS
  Pedro Castro · 363
  Luis Prieto · 377
  Alberto Enríquez Perea · 401
  Fernando Serrano Migallón · 413
  Friedrich Katz · 429
  Rafael Rojas · 437
  Salvador Morales · 445
  Pablo Yankelevich · 451

TESTIMONIOS
  Claudia Bodek · 457
  Rafael del Castillo · 461

Roberto Civera · 467
Cecilia Elío · 473
Concepción Fernández · 477
Flory Klapp · 481
Sara Rallo · 483
Concepción Ruiz-Funes · 485
Nuria Simarro · 489
Nelly Wolf · 493
Leo Zuckermann · 495

BIBLIOGRAFÍA · 499

NOTA DE LOS EDITORES

En agosto de 1992, Lillian Liberman inició una serie de entrevistas audiovisuales a don Gilberto Bosques, quien unas semanas antes había cumplido cien años de edad. A lo largo de siete sesiones, con una memoria notable, gran lucidez y modestia, don Gilberto fue narrando diferentes momentos de su vida.

El propósito era hacer una película documental —que llevó por título *Visa al paraíso**— para rescatar la insólita labor que Bosques desempeñó en favor de diferentes causas justas, por convicción propia y a nombre de su país.

Ahora, este libro reproduce íntegras las conversaciones que sostuvieron, para dar a conocer en su más amplia dimensión al luchador social, al político, al periodista y al diplomático, algo que no era posible hacer en la edición cinematográfica. Sin embargo, *De viva voz* se centra en la actuación de Gilberto Bosques —narrada por él mismo— durante su misión diplomática en Francia en los años de la ocupación nazi, poco después de la derrota de la República española, antecedente inmediato de la segunda Guerra Mundial, que provocó el éxodo hacia Francia de más de medio millón de ciudadanos españoles y brigadistas internacionales. Para no interrumpir la lectura fluida de la narración, hemos reunido —en una sección al final de la entrevista— fotografías y documentos que ilustran y apoyan las palabras de don Gilberto; el lector puede acudir fácilmente a ellos guiándose por las páginas anotadas al margen del texto. Esta sección documental permite también, en una secuencia cronológica, otra lectura de las principales actividades en las que participó Bosques a lo largo de su vida.

A continuación, el libro recoge entrevistas de Lillian Liberman a distintas personas que conocieron a don Gilberto o han estudiado su obra y conocen su trascendencia, y algunos testimonios de quienes

---

* Una copia de la película en CD acompaña esta edición. También está disponible en <www.filminlatino.mx/pelicula/visa-al-paraiso>.

salvaron su vida gracias a la labor diplomática de los mexicanos encargados por el presidente Lázaro Cárdenas de llevarla a cabo; de igual manera, en la entrevista principal remitimos al lector a las páginas de estos testimonios que amplían lo expresado por don Gilberto. Al final hemos reunido una extensa bibliografía.

Para esta edición contamos con diversos materiales proporcionados por el archivo personal de la familia Bosques, el Archivo Genaro Estrada de la Secretaría de Relaciones Exteriores, el Archivo de Vichy (Cornouailles) y el Archivo General de la Nación, a los que expresamos nuestro agradecimiento, así como a quienes contribuyeron a hacer posible esta edición: Mercedes de Vega, Georgina Moreno, Gabriela Said, Selene Nájera, Socorro Gutiérrez y Cristóbal Henestrosa.

EUGENIA HUERTA Y ANTONIO BOLÍVAR
Ciudad de México, agosto de 2015

GILBERTO BOSQUES
Y SU TIEMPO

El rabino Baal Shem Tov solía decir que quien mata a un hombre asesina a la humanidad entera, y que quien salva a uno solo rescata a todos los hombres. Este pensamiento simbólico, en el que cada mujer, hombre o niño es un compendio de la humanidad y su persona merece toda la protección posible, anima una forma de pensar sobre la cual se ha construido el pensamiento humanitario y que es el freno moral más efectivo contra los abusos y crímenes perpetrados contra seres humanos inocentes. Partir de ese pensamiento para convertirlo en hechos concretos y acciones es lo que comúnmente llamamos heroísmo. Se puede ser un héroe cuando se reacciona ante un hecho preciso, pero es más difícil asumir el deber de ponerse del lado de la justicia y arriesgar todo por aquellos que no tienen nada: ése es el caso de don Gilberto Bosques.

La diplomacia mexicana, durante décadas, ha contado en sus filas con funcionarios entregados a su misión. De entre ellos, algunos pusieron en peligro la propia vida para cumplir con su labor; eran diplomáticos que lo arriesgaron todo para salvar a aquellos que ya no tenían a quién recurrir, cuyos derechos habían sido anulados y cuya esperanza de salvar la vida dependía del valor y la decisión de un mexicano.

Gilberto Bosques fue sin duda uno de esos diplomáticos. Como cónsul de México en Francia durante la segunda Guerra Mundial, don Gilberto fue responsable de resguardar la vida de los mexicanos que quedaron atrapados en esa región de Europa por la ocupación nazi. Las instrucciones que recibió del general Cárdenas y su propio sentido de lo humano lo hicieron arriesgar su vida para poner a salvo, rescatándolos incluso de los transportes hacia la muerte, a miles de españoles republicanos, a franceses antifascistas, a judíos y a libaneses que, sin su actuación, habrían encontrado su fin en los campos de exterminio. No se trata sólo de un diplomático que cumplió con celo las instrucciones giradas por sus superiores, sino de quien hizo suya la actitud humanitaria de puertas abiertas con la que Lázaro Cárdenas ofreció refugio en nuestro país a perseguidos de las cuatro esquinas del mundo.

A Bosques le tocó vivir un tiempo convulso para México y para el mundo; una etapa de prueba a la que fueron sometidos todos los valores y cuestionados todos los principios, tanto los del totalitarismo de izquierda como los del fascismo y toda la variedad de fundamentalismos que fueron sus satélites. Tuvo el privilegio de ver caer el fascismo y estar atento al tiempo de la Revolución cubana; como revolucionario que había sido en México, pudo ver cómo nuestro propio movimiento social fue rompiendo las barreras para buscar un país nuevo. Bosques perteneció a una generación que tuvo la oportunidad, acaso como ninguna otra, de construir una nación sobre las ruinas de su pasado. Nacido en 1892 en Chiautla de Tapia, Puebla, se incorporó al movimiento de Aquiles Serdán y fue parte activa del movimiento revolucionario; se integró al maderismo y militó en las filas de la legalidad en 1910 y en 1913; como combatiente en el Ejército Constitucionalista participó en la heroica defensa del puerto de Veracruz contra la invasión norteamericana. Con la entrada en vigor de la Constitución de 1917, Bosques fue elegido diputado constituyente en su estado y participó en la redacción de la nueva Constitución de su entidad, de acuerdo con los mandatos y límites establecidos por el texto federal. De manera tardía, Bosques logró terminar su carrera magisterial; había dejado la escuela mucho tiempo, el mismo durante el cual abrevó en las artes de la política revolucionaria y en el fragor de los campos de batalla.

Con la incipiente pacificación, Bosques optó por la carrera política, obedeciendo a su inclinación y a su vocación, tanto humanista como de servicio; al mismo tiempo colaboró en medios periodísticos y radiofónicos, pero lejos de ostentarse como escritor, se veía a sí mismo como un hombre de opinión, con una visión propia del país que habría de construirse. Fue también en ese ejercicio de la prensa, en la página editorial de *El Nacional* —diario del que llegó a ser director— y en las cápsulas radiofónicas de la Secretaría de Industria y Comercio, como Bosques fue aproximándose por oportunidad y curiosidad al mundo de la diplomacia, de los diplomáticos, y a saber más del lugar de México en el mundo. En su participación en la *Historia oral de la diplomacia mexicana,* Gilberto Bosques recuerda que fue justamente leyendo los informes que Relaciones Exteriores enviaba a los cónsules, y a los que él tenía acceso, como se fue interesando en el derecho internacional.

Desde luego, el discurso revolucionario mexicano coincidía enormemente con el pensamiento de Bosques, ubicado en las tendencias de pensamiento y opinión que convivían dentro y fuera del gobierno mexicano y que propugnaban por la realización de profundas reformas sociales; en el ámbito mundial, se identificaban con regímenes democráticos, populares, y con políticas sociales de avanzada. Por todo ello, su identificación con la Segunda República española fue prácticamente natural. Por otra parte, Bosques mantuvo toda su vida una característica difícil de encontrar en un político activo: la coherencia. Fiel a su pensamiento y a sus convicciones —y junto con Narciso Bassols y Jesús Silva Herzog, a la sazón secretario y subsecretario de Educación Pública, respectivamente—, como diputado por el PNR figuró en la comisión de la reforma constitucional para la educación socialista. Bosques y su colega diputado Luis Enrique Erro se referían a una educación racionalista que expresara el sentido social y cultural de la Revolución mexicana; fue el primer proyecto propiamente mexicano de educación, emanado de sus valores, de sus prácticas y de sus costumbres, algo muy similar al proceso que llevó al nacimiento de la plástica auténticamente mexicana.

De hecho, Bosques recordaba que su acercamiento a la diplomacia surgió tanto de su interés por el sistema educativo francés como del deseo de experimentar los aires de la guerra que, como él percibía desde agosto de 1938, era inevitable en Europa. Al llamado del general Cárdenas, Bosques respondió con la solicitud de partir a Francia con el nombramiento de cónsul; Cárdenas le preguntó que por qué no como ministro, pero él no quería que las obligaciones sociales inherentes al cargo de ministro interfirieran con su interés personal y con sus deberes como representante del gobierno mexicano. No debe olvidarse que la Legación de México en Francia estaba encabezada por Leobardo C. Ruiz Camarillo, encargado de negocios ante el gobierno de Albert Lebrun; tampoco que, unos cuantos meses después de la llegada de Bosques, se hizo cargo de la Legación un amigo suyo, Narciso Bassols, quien pronto dejaría el cargo en manos de Luis I. Rodríguez, a quien le correspondería vivir la caída de Lebrun, la invasión nazi y el mandato oprobioso de Pétain.

Desde su nombramiento, Bosques tuvo muy clara la misión que habría de cumplir en esos momentos difíciles. En la audiencia que tuvo con el general Cárdenas antes de partir, recibió instrucciones precisas de proteger y traer a México al mayor número posible de republicanos españoles. Como sabemos, extendió esa misión para rescatar a todos aquellos que luchaban contra el fascismo y el nacionalsocialismo.

En vísperas de la caída de París, utilizando las facultades que le otorgó el presidente Cárdenas, Bosques trasladó el Consulado a Bayona, con la intención de estar en una ciudad que tuviera dos características: ser un puerto, es decir una vía de escape rápida para sus protegidos, y estar cerca de España para mejor ejecutar las tareas de protección que le habían sido encomendadas a favor de los republicanos que huían de la España dominada ya por la dictadura de Franco. Sin embargo, Bayona pronto quedaría dentro de la Francia ocupada, lo cual hacía imposible el cumplimiento de sus tareas diplomático-consulares; de ahí que tomara la decisión de instalar el Consulado en Marsella, que se encontraba en la denominada zona libre, bajo el gobierno de Pétain y Laval.

El gobierno de Vichy no tenía más facultades que las mínimas de administración y, aunque a veces parecía ejercer una ligera independencia del poder alemán, lo cierto era que carecía de todo poder real frente a su avasalladora maquinaria y que, en el fondo, Pétain se identificó muy pronto con la ideología de los invasores; por esta razón la presencia de Bosques fue tenida como hostil e incómoda desde sus inicios.

Bosques eligió el mecanismo que con más frecuencia utilizaron los pocos diplomáticos que arriesgaron su vida y su seguridad por salvar las vidas de otros: el otorgamiento de pasaportes a judíos y antifascistas de diversas nacionalidades que los requerían para abandonar la Europa ocupada por los alemanes; en algunos casos bastaba con el visado, pero en otros la falta de un pasaporte hubiera sido equivalente a la muerte. Así comenzó la salvación de infinidad de personas; no debe olvidarse que el Consulado que Bosques dirigía tenía jurisdicción sobre Francia, España, Suiza, el norte de África y el Medio Oriente, por lo que le era posible rescatar a libaneses, muchos de ellos judíos, que se encontraban en grave peligro y que pudieron acercarse al Consulado mexicano. En el caso de los republicanos españoles, la cantidad gigantesca de las solicitudes de asilo obligó a tomar determinaciones inéditas en la historia diplomática de Occidente.

Desde el comienzo del conflicto español y dadas las condiciones políticas y militares del momento, seis naciones desempeñaron un papel preponderante en el desarrollo de los acontecimientos. Por un lado, Alemania, Italia y Portugal, en su carácter de promotores de la rebelión franquista y de la consecuente derrota del gobierno legítimo, y por el otro, Estados Unidos que, con su gran influencia en el Comité de No Intervención, mantuvo a salvo sus intereses, aunque eso a la larga resultó en una amplia ventaja para los insurrectos y para sus promotores internacionales. Desde otro punto de vista, Francia tuvo dos papeles sucesivos y circunstanciales: primero una tibia simpatía por la República española, particularmente durante el gobierno de Léon Blum, y luego en su contra, a pesar de su discurso neutral, debido a la presión de Gran Bretaña.

En su carácter de país de refugio de los republicanos españoles, México debió mediar entre esos actores en el laboratorio de guerra mundial que fue la Guerra Civil española. Por supuesto, el trato con cada uno de esos países fue diferente. Estados Unidos era, antes de la segunda Guerra Mundial, un amigo y posteriormente fue un aliado; con Alemania e Italia las relaciones eran casi inexistentes: delicadas en los inicios de la conflagración mundial, en la última etapa ambas naciones fueron enemigas de México; con Francia, las cordiales relaciones diplomáticas anteriores a la Guerra Civil española se estrecharon en el breve gobierno socialista de Léon Blum, y posteriormente fueron frías y conflictivas, hasta llegar al rompimiento, durante el mandato de Pétain en el llamado gobierno de Vichy.

Una constante en la diplomacia mexicana de esos momentos fue la consigna de evitar la confrontación y encontrar salidas concertadas a los conflictos, lo cual significaba obtener el apoyo de un país renuente como Estados Unidos y conseguir de un gobierno sin dominio, como el de Pétain, su aquiescencia para la salida de los asilados y evitar la oposición de los fascistas, manteniendo el respeto a los derechos de los asilados y a la propia institución del asilo. A fin de conocer el escenario donde se desarrollaron los hechos, el testimonio de Gilberto Bosques es de particular interés:

> Bajo un régimen político adverso, cuando Francia atravesaba uno de los periodos más difíciles de su historia, en los momentos en que la xenofobia se dejaba más sentir debido a las penalidades y privaciones de la población francesa, y, en una palabra, en las condiciones más desfavorables, se abre la primera Residencia para refugiados españoles en general.
>
> Antes de la guerra del 39 habían funcionado, ciertamente en Francia, algunos albergues; pero no es menos verídico que estaban limitados a los refugiados de una determinada región, edad o sexo. El castillo de La Reynarde abrió sus puertas a todos los españoles sin distinción alguna. Bastaba ser refugiado político.
>
> El día 7 de noviembre de 1941 el castillo de La Reynarde comienza a recibir a cientos de españoles que llevaban sobre sus espaldas el peso agobiador de un sinnúmero de calamidades y privaciones. Cada español que franqueó aquel día el umbral de la Residencia era todo un compendio del martirologio político. Huidos de los campos de concentración, expulsados de Francia o del Departamento, evadidos de la zona ocupada, reclamados, indigentes, tal fue el primer cortejo de hombres que, perseguidos por la policía o acuciados por punzantes necesidades, buscaban afanosamente amparo, protección, ayuda y sostén en el albergue que batía pabellón mexicano.[1]

La diplomacia mexicana encontró varios caminos para sortear todas las dificultades, una de las cuales era dar apoyo a aquellos españoles reconocidos como líderes de la comunidad en el exilio y, en consecuencia, señalados por el gobierno francés y perseguidos por el alemán; su liderazgo no sólo era moral, sino también efectivo, es decir, estaba al frente de instituciones con facultades para actuar en territorio francés, las cuales se manejaban en combinación con las políticas que se diseñaban desde México. La suerte de los refugiados españoles, por lo tanto, estaba íntimamente ligada a la política exte-

---

[1] Archivo Histórico Genaro Estrada de la Secretaría de Relaciones Exteriores, exp. Gilberto Bosques, libro 1, fojas 29-63, noviembre de 1941.

rior de México. Esta complicada reunión de intereses puso a prueba a la diplomacia mexicana y, al mismo tiempo, significó la oportunidad para Francia de liberarse de la onerosa carga que representaba un nutrido grupo de extranjeros radicados en su territorio en momentos difíciles. Sin embargo, Francia no podía estar del todo de acuerdo con esta solución, ya que Alemania requería mano de obra esclava para su esfuerzo bélico, lo que se traducía en la necesidad de retener a un número considerable de españoles para enviarlos a los campos de trabajos forzados alemanes. Por su parte, el gobierno de Franco reclamaba la devolución de los españoles refugiados, especialmente de quienes eran buscados por sus actividades políticas y militares, antes y durante la Guerra Civil. Todo esto presionó para que México tomara urgentemente medidas poco ortodoxas en cuanto a costumbres diplomáticas.

Una opción más que encontró el gobierno mexicano para evitar las deportaciones y las repatriaciones de los refugiados, fue conseguirles empleo en Francia, es decir, documentarlos como trabajadores. Desde luego, ello tenía repercusiones en la mano de obra francesa, de ahí que ese gobierno autorizara a las prefecturas a reclutar en compañías o grupos de trabajo a los refugiados extranjeros de edades comprendidas entre los 18 y los 52 años, quienes eventualmente serían deportados a Alemania; las detenciones masivas comenzaron en Marsella:

> La Residencia fue requerida a cumplir la decisión prefectural, bajo amenazas de imprevisible alcance. Se tenía ya la experiencia de las detenciones realizadas en la capital. Los aprehendidos fueron encuadrados en las llamadas Compañías de Trabajo, que tenían una estructuración y disciplina típicamente militares. En ellas no se tenían las prerrogativas ni ventajas sociales ni económicas atribuidas a los obreros libres. El que caía prendido en una Compañía quedaba siempre ligado a ella. La liberación ofrecía dificultades insuperables. Sólo la repatriación la conseguía.
>
> Puesta la Residencia en este trance, convenía aprovechar la ocasión para proporcionar documentación a los albergados procedentes de campos de concentración y a los reclamados, quienes estaban inmovilizados en la finca y pendientes siempre de una detención. Los contratos de

trabajo facilitarían a los interesados la tan deseada Carta de Trabajador, documento de identidad de gran valía que los ponía a cubierto de toda molestia o persecución.[2]

De nuevo, los funcionarios diplomáticos evitaron la confrontación tanto con la Alemania nazi como con los franceses colaboracionistas. La Legación mexicana fungió como agencia de empleos; el propio Bosques informaba que entre junio y agosto de 1941 se emplearon 455 asilados, de los cuales 80% estaban bajo amenaza de deportación.[3] El mecanismo era sencillo: los diplomáticos mexicanos se dieron a la tarea de encontrar empresas solventes y con los mejores antecedentes, a las que les ofrecieron mano de obra española en diversas ramas y con salarios que favorecían a ambas partes; al mismo tiempo, en la Residencia se instaló una oficina de información de empleo, que era el punto de contacto entre los residentes con necesidades de documentación y las empresas que requerirían sus servicios. Según el criterio de Bosques, la idea funcionó adecuadamente, los salarios tendieron a la alza ante la buena disposición de los obreros y la documentación se expidió sin contratiempos.

El hecho de que los funcionarios mexicanos fueran instruidos para idear mecanismos poco ortodoxos ante las autoridades francesas y las alemanas, implicó un hecho fundamental: para ambos regímenes, los refugiados españoles no constituían una población amparada por el derecho de asilo, sino más bien un jugoso botín de guerra del que hubieran dispuesto de no haber mediado la intervención del gobierno mexicano. La necesidad de mano de obra en una situación tan dramática y la característica falta de respeto a los derechos humanos propia del régimen nazi, hacían de los españoles un blanco idóneo para las pretensiones económicas y bélicas de los alemanes. Sin embargo, la relación directa con los nazis y con el propio Pétain fue evitada en la medida de lo posible; son numerosas las referencias al trato oficial entre los funcionarios de la Legación mexicana y los elementos de las prefecturas francesas, no así con sus superiores en Vichy, y fueron muy escasas, pero por demás significativas, las comunicaciones directas con Pétain y con su jefe de gobierno, Pierre Laval.

2   *Idem.*
3   *Idem.*

La situación mundial en plena guerra provocó que la corriente migratoria española se encontrara con otros grupos en su misma situación. A fin de no convertir este hecho en un nuevo problema, en el que cada lugar para los asilados fuera motivo de competencia, los representantes del exilio español decidieron coordinarse con otras agrupaciones, aprovechando sus experiencias y compartiendo sus contactos. El fenómeno del exilio, que había comenzado como una cruel necesidad, como algo inusitado que se preveía temporal y manejable, de pronto se había convertido en una de las situaciones políticas y sociales más dramáticas del siglo XX y de la historia moderna de Occidente, y por desgracia fue preludio de otras muchas tragedias que se producirían en lo que faltaba del siglo.

Nadie podía prever entonces que la relación vigente entre México y la República española sería un signo de lo que después se convertiría en una necesidad urgente y que, a lo largo del tiempo, implicaría cambios sustanciales en la demografía y en la historia del continente y de muchos lugares del mundo. Por ejemplo, los contactos entre la comunidad judía y la española republicana no fueron esporádicos y ambas conjuntaron en más de una ocasión sus acciones. Esto queda más claro con la lectura de la comunicación que Indalecio Prieto envió al presidente Ávila Camacho el 26 de agosto de 1941, retransmitiéndole la información que Juan Zabala, representante en Nueva York de la Junta de Auxilio a los Republicanos Españoles, la JARE, le había proporcionado:

> Consultado American Jewish Joint Distribution Committee cuyo vicepresidente es el gobernador de este Estado establecido 26 años y que distribuyen seis millones anuales entre gentes raza judía infórmanme consideran fletar buque portugués para mediados septiembre para transportar trescientos judíos a Cuba México Buenos Aires. Interésales 450 españoles completar capacidad buque si menor número aumentaría costo pasaje que aproximadamente calculan dólares 300 exigen pago adelantado sujeto autorización permiso Banco Reserva Federal desean contestación para comunicarse Casablanca. Zabala.[4]

[4] Archivo General de la Nación, Ramo Presidentes, Manuel Ávila Camacho, exp. 5116.6/3926, agosto de 1941.

La coordinación entre judíos y españoles republicanos se concretaba en programas firmes, bien articulados; se partía de la premisa de lograr que México autorizara la entrada a territorio nacional de los españoles detenidos en los territorios franceses del norte de África. Una vez obtenida la aquiescencia del gobierno mexicano, en México se presentaría la lista de personas idóneas para ocupar los lugares; entonces el gobierno mexicano ordenaría a su ministro plenipotenciario en Vichy gestionar que el gobierno francés permitiera la salida de Casablanca de los beneficiados.[5]

Bosques tuvo que alquilar dos castillos como residencia provisional para los refugiados republicanos, el de La Reynarde y el de Montgrand. La protección de la dignidad y la vida de sus huéspedes, así como su salvaguarda y posterior rescate, no eran los únicos problemas que tenía que enfrentar como cónsul general de México: a ello se añadía la resistencia activa y el mantenimiento del honor nacional frente al hostigamiento permanente de los alemanes, de los colaboracionistas franceses, dentro y fuera del gobierno, la presión de la Gestapo, de los agentes de Franco y del propio gobierno *de facto* de España, y hasta del personal diplomático de Japón que, infeliz coincidencia, compartía con la de México el inmueble donde se ubicaban ambas legaciones.

Declarada la guerra entre México y las naciones del Eje, nuestro país rompió relaciones con el gobierno de Vichy, dejando en manos de Suecia los intereses mexicanos; desde luego, correspondió a Bosques presentar la nota de ruptura ante el gobierno de Laval y, a pesar de la inmunidad consular, el acoso fue cada vez más frecuente. En noviembre de 1942, contra todo derecho internacional, la Legación mexicana en Francia fue blanco del ataque de tropas alemanas: su sede fue allanada, sus archivos destruidos o robados y vejado su personal; todo ello, sin embargo, no logró doblegar la voluntad del representante mexicano, quien se negó a entregar a los alemanes la documentación de los refugiados que México había acogido y no quiso denunciar a quienes los ayudaban. Como represalia, Bosques y su familia, que incluía a su esposa María Luisa Manjarrez y sus tres hijos, Laura María de 17 años, María Teresa de 16 y Gilberto Froylán de apenas 14,

---

5   *Idem.*

fueron arrestados en febrero de 1943, junto con los 43 empleados y colaboradores de la Legación y el Consulado, y confinados en la población de Amélie-les-Bains en los Pirineos —adonde trasladaron también al personal de las legaciones de Cuba, Guatemala y Nicaragua—, para más tarde ser trasladados a la localidad alemana de Bad Godesberg, un balneario cercano a Berlín, en el que permanecieron un año y dos meses hasta ser canjeados por prisioneros alemanes que habían sido detenidos en México; éstos fueron liberados en Veracruz y los mexicanos pudieron salir de Bad Godesberg hacia Lisboa.

Durante su cautiverio, destacan la dignidad y el honor con que Bosques y su familia vivieron como representantes de México frente al Estado autoritario que los privaba de la libertad; Bad Godesberg no era propiamente una prisión y Bosques recuerda que su hijo tenía destinada una habitación muy cerca de la que Hitler se había reservado para algunas ocasiones de descanso, y aunque no se les reconocía su carácter de diplomáticos, el mexicano no aceptó la calidad de prisionero ni para él ni para su familia; al respecto manifestó que si bien no podía oponerse al ejercicio de la fuerza que Alemania practicaba en tiempos de guerra, tampoco toleraría en lo más mínimo el trato de prisioneros.

La comunidad judía ha demostrado en múltiples ocasiones y de diversas formas su gratitud hacia Bosques y su obra; entre ellas, la organización Keren Kayemet Leisrael sembró árboles que honran su memoria, por el heroico rescate de judíos durante la segunda Guerra Mundial en Marsella.

Debe hacerse notar que como Marsella era, por su ubicación estratégica, un lugar de intensa actividad de los grupos profascistas, antifascistas y aun nazis, ahí se vivía con una particular intensidad; con todo tino político y logístico, Bosques se instaló justo donde los hechos estaban sucediendo. En Marsella se formaron grupos de resistencia que combinaban la experiencia de guerra de los republicanos españoles con el conocimiento de la geografía local del maquis francés; de ahí también que la presencia militar de los colaboracionistas, de las fuerzas de ocupación alemanas y de la policía francesa fuera especialmente considerable en la zona; casi siempre las deportaciones se hacían de modo individual mediante capturas o con citaciones a la policía; en otros casos se organizaban redadas de mayor calado en las que grupos significativos de la población eran detenidos y conducidos al campo de reagrupamiento de Romainville; de ahí, dependiendo de las características de los detenidos, eran llevados por ferrocarril a diversos campos de trabajo o exterminio como Saarbrücken, Mauthausen, Theresienstadt o Auschwitz-Birkenau.

La redada del Velódromo de Invierno, como se conoce a la persecución y captura de un gran segmento de la población judía de París, se llevó a cabo los días 16 y 17 de julio de 1942. Los nazis por sus propios medios y con la vergonzante cooperación del gobierno colaboracionista francés lograron la aprehensión de muchos judíos de toda Europa que habían encontrado refugio en París, apoyados en el censo racial que ambas entidades políticas habían realizado desde 1940. Se tiene la certeza, por los registros policiacos conservados, que en la madrugada del 16 de julio de ese año, 12 884 judíos fueron arrestados, de los cuales 4 051 eran niños; algunos fueron remitidos a la cárcel de Drancy y la mayoría al Velódromo de Invierno, donde se les retuvo sin alimento y casi sin agua; durante cinco días se realizaron ejecuciones sumarias y se calcula el suicidio de un centenar de prisioneros. Se puede afirmar que en esa redada cayeron más de 25% de los judíos franceses que serían exterminados en Auschwitz, alrededor de 42 000 en total, y se sabe también que de todos los detenidos en esos dos días, sólo volvieron a casa 811.

El trato inhumano y la colaboración de Pétain representaron un trauma ingente para grandes sectores de la sociedad francesa, trauma que social y culturalmente sigue presente; las órdenes de Eichmann, por conducto de sus delegados Alois Brunner, Theodor Dannecker y Heinz Rothke, fueron particularmente brutales y golpearon la conciencia de los franceses; por ejemplo, saber que los niños de entre dos y 12 años fueron separados de sus padres y conducidos a diversos campos donde esperaron tres días a que se decidiera su suerte; los sobrevivientes fueron llevados a Auschwitz y ahí fueron asesinados de inmediato.

A partir de ese momento, tanto los ocupantes como los colaboracionistas dejaron de contar con la cooperación y el silencio de la sociedad francesa, que pudo darse cuenta de la enormidad de los crímenes que se estaban cometiendo en su patria; para la labor de Bosques ello significó que durante un breve tiempo contara con el completo apoyo de muchos sectores sociales, lo cual, además de todo, lo hacían notorio y peligroso.

Es verdad que lo importante para Bosques era salvar vidas y no sólo personalidades, y que resguardó tanto a niños como a obreros, artistas y científicos, muchos de los cuales se quedaron a vivir de modo permanente en México y prestaron, ellos o sus descendientes, importantes servicios a la cultura nacional. Desde luego que se conocen los nombres de todos los que estuvieron bajo la protección de la Legación de México. Leer algunos nombres de esa lista nos estremece tanto por la calidad humana de nuestro diplomático como por la fortuna que fue también para México recibirlos en nuestra patria: Walter Reuter, fotógrafo; Anna Seghers, escritora y emblema del exilio alemán en México; Lieb Katz, escritor y padre de Friedrich Katz; María Sten, estudiosa del México antiguo; Mario Nudelstejer, líder comunitario judío durante décadas; Max Aub, escritor español triplemente perseguido por judío, republicano y antifascista; Egon Erwin Kisch, periodista y ex combatiente de las Brigadas Internacionales; Ernesto Roemer, director de orquesta y abuelo del periodista mexicano Andrés Roemer, y muchos cientos de mujeres y hombres que se dedicaron a construir una vida nueva en nuestro país y a engrandecerlo con su obra y su ejemplo.

El Fondo Reservado de la Biblioteca Nacional, resguardada por la UNAM, rinde homenaje a la memoria de este diplomático, revolucionario, político y humanista mexicano; una calle en la ciudad de Viena, en el distrito 22, lleva su nombre; el Centro de Estudios Internacionales del Senado de la República se llama Gilberto Bosques; el Ateneo Español de México tiene un aula dedicada a él, y el Congreso del Estado de Puebla grabó su nombre en el muro de honor para recuerdo de las próximas generaciones. Sea este libro un homenaje más a su memoria.

Los sobrevivientes del Holocausto suelen decir que es una obligación no olvidar, para evitar que vuelva a pasar; no olvidar a Bosques significa que, aunque no lo deseemos y esperemos no necesitarlo, en los momentos clave de la historia, en los más duros y complicados, siempre habrá mexicanos a la altura de las circunstancias y siempre habrá un Gilberto Bosques dispuesto a salvar a la humanidad en cada ser humano.

FERNANDO SERRANO MIGALLÓN

MI ENCUENTRO CON DON GILBERTO

Entre los documentalistas se suele decir que uno no escoge el tema de sus documentales; son éstos los que lo escogen a uno.

Mi familia llegó a México de Rusia en los años veinte del siglo pasado. Mi abuelo, León Shkolnikoff, fue un menchevique que conoció a Lenin cuando ambos se encontraban recluidos en la cárcel de Irkutsk, en Siberia, tras los motines de 1905 con los que se inició el proceso revolucionario. Luchó en la Revolución rusa y llegó a ser coronel del Ejército Rojo; después del triunfo fue comisario en la región de Azerbaiyán. Con una gran visión, en los primeros años del periodo posrevolucionario se decepcionó por la forma en la que, ante sus ojos, se estaba estructurando el nuevo poder; tras un atentado contra Lenin, perpetrado por uno de sus correligionarios, mi abuelo dejó el país con su esposa, y llevando a sus dos hijitas de la mano, una de ellas mi madre; cruzaron a pie la frontera con Turquía, con el fin de llegar a América.

Estados Unidos había cerrado la cuota de inmigrantes y la alternativa era ir a Canadá o a México. Me imagino que para ellos México resultó más atractivo.

Mis padres, ambos rusos, se conocieron en la Universidad Nacional cuando el Palacio de Minería albergaba a la Facultad de Ingeniería en la que estudiaban. Amaron al país que los adoptó como si fuera el suyo y a sus hijos nos inculcaron un enorme amor y respeto por sus costumbres.

En los setenta, mientras hacía mi posgrado en la Universidad de París VII en ciencias de la información y la documentación como discípula de Armand Mattelart, se me fue develando un aspecto de mi sensibilidad que me llevaba a involucrarme políticamente en lo que sucedía en aquellos años.

Una participación muy distinta a la que pude haber tenido en México en los años sesenta durante el movimiento estudiantil del 68, cuando por el antisemitismo de algunos de los líderes de mi Facultad fui excluida de las reuniones del Comité de Lucha de la Facultad de Filosofía y Letras.

Llevaba un tiempo estudiando en París cuando, en España, Franco condenó a muerte por garrote vil al militante anarquista Salvador Puig Antich. Poco después, en septiembre de 1975, se llevó a cabo un juicio contra miembros del FRAP (Frente Revolucionario Antifascista y Patriota) y de ETA (Euskadi ta Askatasuna, en español País Vasco y Libertad), en el que cinco de ellos fueron condenados a muerte por el garrote vil, que fue conmutado por fusilamiento. En aquel entonces ETA era una organización bastante respetada por la izquierda en el mundo, porque se enfrentaba a la dictadura y luchaba por la autonomía del país vasco; muchos la admirábamos por su organización, su valentía y su disciplina en pleno régimen franquista.

En esa ocasión participé en la marcha de protesta que se organizó en París y a la que acudieron miles de personas, muchas de ellas jóvenes. La fuerza con la que los manifestantes reaccionamos ante aquel pedazo de historia dejó claro el horror que despertaba en la juventud el uso de un poder medieval.

La violencia con la que la policía francesa reprimió esa marcha, metiéndose entre los manifestantes y lanzando bombas de gases lacrimógenos a nuestros pies, me hizo plantearme varias cuestiones, entre ellas, ¿por qué Francia defendía de esa manera los intereses de la dictadura franquista? Para mí, como mexicana, la respuesta a esa pregunta no encontraba fundamento. Era simplemente la Francia de Giscard, pero desde mi perspectiva, que había visto toda mi vida el repudio de México al franquismo, no había justificación posible.

México fue un país que no sólo simpatizó con la República española, sino que la apoyó y recibió a muchísimos republicanos desterrados. En aquel entonces no sabía yo cuántos, pero sí que eran muchos, y que algunos habían sido maestros de mi madre y míos en la Facultad de Filosofía y Letras en la UNAM: Luis Villoro, Ramón Xirau, Adolfo Sánchez Vázquez y José Gaos, entre otros. Con Tomás Segovia había llevado un taller de traducción en El Colegio de México, cuando sus instalaciones estaban todavía en la colonia Roma.

En octubre y noviembre de 1975 pudimos saber del deterioro de la salud de Franco, de su larga, larguísima agonía que nos hacía pensar incluso que lo mantenían vivo de manera artificial. Finalmente le llegó la muerte a ese personaje que la historia universal aún no ha podido juzgar por obra de sus defensores, pero que tarde o temprano tendrá que ser condenado por las atrocidades que se cometieron a lo largo de sus casi 40 años de dictadura.

La casualidad quiso que una persona a quien acababa de conocer me invitara a hacer con él un reportaje para la televisión alemana sobre las primeras elecciones democráticas después de la muerte del dictador. Él se fue a Alemania para reunirse con el camarógrafo y la sonidista, y quedamos de vernos en cierta fecha en San Sebastián. En el camino leí un libro sobre la historia reciente de España. Llegué a la estación del tren en San Sebastián donde me esperaba una mujer que actuaba como si estuviéramos en plena Guerra Civil: me dio el santo y seña, me llevó a su casa a dejar mis cosas y me explicó que el equipo de filmación estaba en la Plaza Central, y esperaban encontrarme ahí.

Tomé el tranvía y pude darme cuenta de que algo estaba sucediendo, pues conforme nos acercábamos a la Plaza Central veía que los miembros de la Guardia Civil, con su uniforme gris, la tenían rodeada; se notaba en ellos gran tensión por tener que contenerse debido a la orden de no involucrarse, lo que despertó aún más mi curiosidad. Al bajarme del tranvía, vi entrar a la plaza por una de sus esquinas a varios jóvenes miembros de ETA que venían corriendo a todo lo que daban, perseguidos por algunos Guerrilleros de Cristo Rey que traían una escuadras enormes, impresionantes, con las que disparaban tiros al aire. Ahí, al frente, estaba el camarógrafo filmando la escena; cuando los fascistas se dieron cuenta, fueron directo hacia él y le arrancaron la cámara de las manos. Para entonces, yo estaba a unos metros de distancia y había comprobado que la cámara era una Beaulieu de 16 mm finísima y muy cara, por lo cual, cuando uno de los agresores sacó la película para velarla y le arrojó la cámara de regreso al camarógrafo, como si se tratara de una pelota, corrí y uní mis brazos a los del camarógrafo para atraparla y evitar que se rompiera nuestro instrumento de trabajo.

Mientras nosotros hacíamos esto, los jóvenes de ETA ya se habían metido a un edificio desde donde les tiraban piedras a los de Cristo Rey, pero éstos contestaban con balas que percutían sonoramente en esa maravillosa plaza dañando las fachadas de edificios construidos quizá en el siglo XV.

Ésos fueron mis primeros 10 minutos en el cine. En ellos se decidió mi profesión. Pero no sabía aún que la vida me estaba preparando para la producción y dirección del documental *Visa al paraíso*, que haría más de 30 años después.

En los ochenta, cuando ya había terminado de estudiar la carrera de cine en México, pasó por mi mente la idea de que era el momento de filmar a los revolucionarios mexicanos, porque seguramente ya eran bastante mayores y les quedarían pocos años de vida. Pero fue sólo un pensamiento fugaz, como tantos otros que nos pasan por la cabeza a quienes en nuestro deseo de crear estamos siempre alertas a lo que "se debería" hacer.

El 20 de julio de 1992, María O'Higgins, viuda ya de nuestro querido Pablo, amigo cercano de mis padres, me llamó para invitarme a un cumpleaños muy especial. No me dijo de quién era, pero me pidió que llevara mi cámara de video, a lo que accedí. Así fue como llegué por primera vez a la casa del Camino Real de Tetelpan, hacia el Desierto de los Leones, en la que vivía con enorme sencillez don Gilberto Bosques.

Acompañada por Mariana Yampolsky y Francisco Reyes Palma, empecé a entrevistar a los invitados a la fiesta quienes, aparte de la familia, eran todas personas destacadas de la oposición en México, muy preparadas y políticamente preclaras.

Ante la sorpresa de lo que me iban contando del personaje a quien festejábamos su cumpleaños número 100, renuncié a continuar esas entrevistas improvisadas y tuve unas ganas incontenibles de ir a platicar con él. Los momentos vividos frente a una persona centenaria parecen tocar una cierta eternidad; cuando uno se encuentra a una persona de esa edad, tan lúcida y tan extraordinariamente interesante por la experiencia acumulada, el tiempo se transforma, y en cuanto empezamos a hablar me brotó una admiración enorme por un ser cuya grandeza era imposible no ver.

He conocido personas notables, luchadores sociales que vivieron con gran sencillez su espíritu rebelde contra la injusticia, pero la figura de don Gilberto era un libro abierto que me explicaba la historia de la primera mitad del siglo XX mexicano y muchas de sus consecuencias posteriores.

Le pedí permiso para ir a su casa a entrevistarlo algún día en que estuviera tranquilo, a solas, sin tantos amigos, familia y visitas; él, en respuesta, pronunció la bendita frase de: "Las veces que quieras". Sí, bendita, porque normalmente le hubiera hecho una sola entrevista, pensando que con eso era suficiente, pero ante su oferta, fui unas siete u ocho veces (más precisamente, el 18 y el 31 de agosto, el 11 de septiembre, el 9 de octubre y el 24 de noviembre de 1992, y el 26 de enero y el 16 de febrero de 1993) con Óscar Palacios, quien manejaba la cámara y las luces que generosamente nos había prestado el señor Arcos, de origen español, dueño de la empresa Gesisa que nos rentaba equipo para filmaciones, pues cuando le dije para lo que las iba yo a utilizar, me las ofreció sin costo y cuantas veces las necesitara.

Me acompañaban siempre Mariana Yampolsky, Francisco Reyes Palma y Laura Bosques, su hija mayor. Platicábamos o, mejor dicho, lo escuchábamos sentados a su alrededor, tomando un delicioso café y repasando y grabando las diferentes etapas de su vida. Hubo ocasiones en que lo encontrábamos agripado o enfermo, pero siempre listo para conversar con nosotros.

Al llegar, siempre lo abrazaba, me quedaba abrazándolo un rato largo, pues pensaba que a esa edad ya no habría muchas personas que lo abrazaran, pero afortunadamente don Gilberto, que había dado tanto amor a lo largo de su vida, que en todos sus actos había antepuesto la calidad humana, el valor de lo íntegro, lo correcto, lo importante, estuvo siempre rodeado por personas que lo querían mucho, que le estaban profundamente agradecidas, que lo admiraban, que lo entendían. En cada entrevista, don Gilberto me entregaba una especie de legado, porque sabía que yo me ocuparía de que su nombre no quedara en la sombra como había sucedido después de su rompimiento con el sistema al negarse a trabajar con Díaz Ordaz en 1964.

Conforme me iba contando las distintas etapas de su biografía, en mi interior crecía cierta indignación ante el ocultamiento oficial de la historia de un personaje de esa talla: ¿cómo era posible que la mayoría de los mexicanos ignoráramos su existencia?

Me contó que en dos ocasiones le ofrecieron la medalla Belisario Domínguez, pero él la había rechazado porque, "¿Cómo voy a recibir la medalla de manos de esas personas?"

El lector se puede imaginar que en todo ese tiempo se construyó una amistad profunda, llena de admiración y complicidad con don Gilberto, quien era simplemente entrañable.

Los casetes de las entrevistas durmieron el sueño de los justos por muchos años, mientras me dediqué a hacer una serie de videos educativos con temas urgentes de salud. Al acercarse el año en que la Revolución mexicana cumpliría 100 años de haberse iniciado, saltaron del librero.

En varias ocasiones a lo largo de esos años había buscado apoyos en distintas instituciones para hacer la película, pero la sola idea de que se enalteciera el nombre del general Cárdenas cerraba todas las puertas. No fuera a ser que México recordara aquellos años tan esenciales para su desarrollo y pudiera compararlos con el actual deterioro de valores en la clase política actual.

Sin embargo, decidí iniciar la producción del documental y aunque no encontré los apoyos al principio del proceso, el deseo mismo de la historia que quería ver la luz me impulsó y, una vez más, aparecieron Jorge Barajas, dispuesto siempre a hacer la fotografía; Carlos Rossini y Emiliano Altuna, de Bambú Audiovisual, quienes de manera generosa pusieron "los fierros", la cámara, las luces, los micrófonos, etc., y también Juan Prieto, Gerardo Quiroz, René Solórzano, de Un 2 3 Producciones, quienes hicieron la parte de la digitalización del material y todo lo necesario para poder hacer otras entrevistas que le dieran cuerpo a la película.

Asesorada siempre por Mercedes de Vega, del Archivo Histórico Diplomático de la Secretaría de Relaciones Exteriores, los testimonios fueron llegando uno a uno, encadenados por una suerte de "milagros" que sucedieron a partir de la entrevista que le hice a Friedrich Katz, cuando vino al homenaje que El Colegio de México le hizo en 2009 por su octagésimo cumpleaños. Cuando supe que vendría, le llamé a Chicago, a su casa y a la universidad, pero no lo encontré; él me devolvió la llamada, y cuando le expliqué para qué lo estaba buscando me contestó: "Te voy a dar esa entrevista, tenlo por seguro, no sé cuándo, ni dónde, ni a qué hora pueda yo hacerlo porque tengo muchos compromisos, pero yo te llamo y, no te preocupes, estoy seguro de que encontraremos un momento para la entrevista", y así fue. Me llamó la noche antes de irse y en el *lobby* del hotel nos instalamos en una esquinita donde no había ruido y ahí conversamos.

Le daba mucho gusto saber que haría una película sobre Gilberto Bosques.

Durante todo el proceso de producción sentí cierta presión interna por terminarla pronto; afortunadamente, Katz la pudo ver antes de morir. A partir de la entrevista con él, de manera insospechada se fueron entrelazando diversos encuentros con personas que habían conocido a don Gilberto; algunos lo habían entrevistado para sus propias investigaciones, y otros aún eran niños cuando él ayudó a sus familias a salir de Francia, pero todos se emocionaban profundamente al saber que estábamos haciendo un documental sobre aquel momento tan trágico y a la vez tan glorioso de la política internacional mexicana, que extrañamente no había sido narrado todavía con el detalle que merecía.

Más adelante contacté a Fernando Serrano Migallón, experto en derecho internacional, y él me dio una visión completa de lo que había representado, en el plano diplomático y jurídico, llevar a cabo las acciones que México emprendió para apoyar al exilio republicano español, al que se sumó el exilio de tantos otros perseguidos por su ideología, por su religión y por su posición política frente al nazfascismo.

Entrevisté sobre todo a investigadores que conocían de manera directa o indirecta, pero siempre a profundidad, ciertos aspectos de la vida de don Gilberto que él no me había explicado con mucho detalle: Alberto Enríquez Perea, quien tuvo una relación muy familiar con don Gilberto, pues su padre fue uno de los que escondieron a Bosques cuando en sus años de estudiante de la Escuela Normal de Puebla, en plena rebeldía contra el gobierno de Porfirio Díaz, el Ejército lo perseguía por la zona de Izúcar de Matamoros, de donde son oriundos Alberto y su familia. Me habló de sus años de juventud, que conocía de primera mano gracias a los muchos encuentros que tuvo con Bosques y de los años de su formación política como diputado y como director de *El Nacional;* Pedro Castro, estudioso de Adolfo de la Huerta, conocía con bastante precisión la participación de don Gilberto en la rebelión delahuertista; Luis Prieto, amigo cercano de la familia Bosques, historiógrafo enfocado en el cardenismo, había estado cerca de él desde hacía muchos años y me explicó el contexto histórico en el que don Gilberto fue desarrollando sus múltiples acciones a lo largo de su carrera política y diplomática, ya que no sólo había platicado de todo ello con don Gilberto, sino que en muchas ocasiones lo pudo presenciar.

Rafael Rojas y Salvador Morales me ampliaron con mucho detalle el periodo prerrevolucionario, cuando Gilberto Bosques llegó a Cuba, así como los primeros años de la Revolución cubana en los que, de acuerdo con su propia narración, don Gilberto tuvo una relación de privilegio con el Che Guevara. Y cómo, por su propio compromiso con el proceso revolucionario en Cuba, se involucró en varios de los acontecimientos que tuvieron que enfrentar en el periodo inicial. Don Gilberto, que había vivido en carne propia la Revolución mexicana, pudo transmitir algunas de las soluciones que México encontró en el proceso de reestructuración posterior a los años de la lucha revolucionaria.

A Pablo Yankelevich le pedí sus puntos de vista sobre el delicado y controvertido tema de la política de asilo a refugiados judíos en aquellos difíciles momentos.

* * *

Me embargaba un auténtico deseo de conocer la historia de don Gilberto y lo que sabían de ella los otros entrevistados; no cabe duda de que escuchar con atención es el mejor regalo que los seres humanos nos podemos brindar unos a otros. En muchos casos, las personas a las que ayudó a salvar junto con sus familias, contaban por primera vez su experiencia, por lo cual en mi investigación la parte humana, la dolorosa vivencia de los españoles derrotados al verse obligados a abandonar su país, el horror de los campos de internamiento que Francia creó para recibirlos, la persecución a los judíos que se desató con la ocupación alemana y contra muchos otros que habían huido hacia Francia en la carrera ascendente del fascismo, condenándolos al ostracismo o incluso a la muerte si no abandonaban sus países, me impulsó a encontrar a algunas personas que habían vivido aquella experiencia y que con sus testimonios le dieron a la película una gran carga emotiva, lo que, además, nos permitió a muchos comprender la enorme grandeza de la acción concertada de todos los mexicanos comprometidos que ayudaron a tanta gente a salvar la vida.

La de Gilberto Bosques era una historia que México necesitaba recuperar, y cualquiera que conociera su trayectoria y supiera que se estaba fraguando un documental sobre su vida se solidarizaba con el proceso.

Tenía ya un primer corte cuando el Foprocine (Fondo para la Producción Cinematográfica de Calidad) autorizó el financiamiento que nos permitiría terminar la película profesionalmente. A lo largo de todo el proceso, aún sin el financiamiento, María Inés Roqué, del área de Producción del Instituto Mexicano de Cinematografía, había cuidado el proyecto como si fuera suyo. Y tras bambalinas, enterada desde el principio de mi intención de hacer el documental y consciente de la necesidad de hacerlo —pues su propia familia fue beneficiada con el apoyo de Bosques para salir de Europa—, conté con el apoyo de Marina Stavenhagen, directora en aquel momento del Imcine; en una lección de ética profesional, sin intervenir jamás en la selección que los jurados de las convocatorias del Imcine en las que participé una y otra vez excluían el proyecto, se alegró muchísimo cuando al fin se me otorgó el apoyo para la posproducción. La solidaridad, la integridad y la coherencia marcaban este proyecto desde su inicio.

Cuando la película fue exhibida por primera vez en el Cine Lumière, gracias a José Díaz, de Cosmopolitan Films, algunos nos compartían sus vivencias en medio de la proyección. Para muchos de ellos, ver su historia registrada para el futuro resultó una terapia.

Una vez terminado el proceso, la inquietud por lograr que la vida y la amplia obra de don Gilberto fuera conocida por más personas no me abandonaba. Con tal fin le propuse a Javier Garciadiego, presidente de El Colegio de México, publicar todas la entrevistas completas, petición a la que accedió con gran entusiasmo, por lo que este libro constituye un complemento que enriquece el documental. La generosidad que despierta la figura de don Gilberto Bosques volvió a manifestarse y quedó demostrado, una vez más, que personajes como él, siempre, aunque sea un poco tarde, cosecharán lo que sembraron.

Debo también mi agradecimiento a muchas otras personas; en primer lugar a Laura Bosques, por su generosa colaboración al proporcionarme buena parte de las fotografías e información adicional de primera mano. A Lucrecia Gutiérrez Maupomé, con quien editamos la película en un intenso año de trabajo diario; a Pedro Castro, Alberto Enríquez Perea, Friedrich Katz, Salvador Morales, Luis Prieto, Rafael Rojas, Fernando Serrano Migallón y Pablo Yankelevich, quienes amplían o complementan diversos aspectos de la vida y el entorno de don Gilberto; a Eric Saul, quien me facilitó las fotografías recopiladas para su investigación sobre diplomáticos en el sur de Francia que apoyaron a judíos, así como a las personas que rindieron un testimonio sobre su caso particular y me facilitaron materiales de sus archivos familiares. Finalmente, a Cristina Puertas y a Emanuel Bourges, quienes transcribieron las entrevistas de los investigadores y los testimonios.

LILLIAN LIBERMAN

*Hice la política de mi país, de ayuda, de apoyo material
y moral a los heroicos defensores de la República española,
a los esforzados paladines de la lucha contra Hitler,
Mussolini, Franco, Pétain y Laval.*
GILBERTO BOSQUES

ENTREVISTA A GILBERTO BOSQUES

INFANCIA Y JUVENTUD, 1892-1906

¿Cómo fueron sus primeros años?, ¿cómo era su familia?
¿Era usted buen estudiante?

Nací en 1892 en Chiautla de Tapia, un pueblo al suroeste del estado de Puebla. Mis padres vivían en el campo, en la parte más al sur del estado, la que colinda con Morelos, Guerrero y Oaxaca, una región bastante grande.

p. 153

Mi vida de niño fue una vida muy risueña, en contacto con la naturaleza; conservo una memoria muy grata de lo que fueron mis padres en mi infancia: el nuestro fue un hogar alegre, un hogar muy integrado, muy amplio.

Tuve tres hermanas mayores que yo. Me di cuenta de que me consentían y no admití esa situación. Cuando mi padre nos llamaba la atención por cualquier cosa, yo le decía: "¡No soy un maniatado!".

p. 154

Tuve una madre muy inteligente que me dio mucho, que me enseñó ni más ni menos que toda la primaria, porque no había escuela organizada en mi pueblo, así que ella tomó esa tarea para prepararme con vistas a un desarrollo posterior. Y todos esos planes que hizo, que implantó, que realizó, se fueron cumpliendo, naturalmente con esfuerzo, porque claro, yo tenía un carácter campesino. Porque en el campo se hacían las labores naturales de los vaqueros. Me levantaban a las 5 de la mañana para ir a un lugar un tanto lejano, en un terreno muy montañoso, y se hacía la ordeña en ese lugar distante. Había que ir ahí muy temprano, y desde pequeños hacíamos una actividad de ese tipo; más tarde empecé a montar becerros.

Mis juegos eran los propios de ese marco en que se desarrolló mi vida, eran los habituales en el pueblo: las carreras, las canicas, todas esas cosas, y en el campo, las actividades naturales de una vida al aire libre: subir a los árboles, bajar a los manantiales, hacer excursiones y, como decía, también montar becerros, amansar los pequeños borricos, en fin, todo eso me dio la oportunidad de estar en contacto con la verdad de la naturaleza y desarrollar la fuerza física.

Cuando fui a Puebla a sacar mi certificado de primaria, yo ya había pasado por todos esos ejercicios y deportes del campo. Llevaba ya toda la escuela primaria perfectamente aprendida con la verdad... con los libros de la naturaleza.

En mi casa se leía, sí, había muchos libros, se recibían revistas, algunas revistas ilustradas, también los diarios de la época se recibían allá; entonces había material de lectura, especialmente por mis padres y, como he dicho alguna vez, mi madre aprovechaba todos esos libros, todos esos cuadernos que nos mandaban de la ciudad de Puebla los parientes. *La Semana Ilustrada, El Mundo Ilustrado,* todos esos periódicos daban mucho material de enseñanza y con su lectura se aprendían muchas cosas, con sus ilustraciones de mares, tierras remotas, viajes...

Cuando mi familia se trasladó a Puebla para que yo presentara mis exámenes de ingreso a la escuela primaria, llegué con un aspecto de palo campesino que no podía ocultar. Mis condiscípulos de entonces eran todos de cierta clase, porque era la escuela preferida, la escuela Anexa al Instituto Normal, en la que se daban las clases modelo para los practicantes o pasantes de la carrera de maestro. Era la mejor escuela. Procuraba inscribir ahí a sus hijos la gente ya de una clase media acomodada. Mis compañeros empezaron por hacerme una especie de burlas, pero yo los sometí con la fuerza del músculo; la fuerza física contra la otra.

Así que recibí una enseñanza primaria en esa escuela Anexa al Instituto Normal de Maestros. Tenía una formación muy importante, porque mi madre me había enseñado ya todas las materias, de manera bastante amplia, de modo que para mí fue una cosa muy sencilla y definió una conducta no muy estudiosa, pues no necesitaba estudiar y, claro, en los exámenes que se hacían en el transcurso del año sacaba buenas calificaciones, pero mi conducta al final de la escuela primaria no fue precisamente de aprobación por parte de los maestros.

Con mis compañeros me dedicaba a enseñarles a nadar y a montar a caballo (alquilábamos los caballos ahí en Puebla), todas esas cosas que eran como una prolongación de la actividad en la que yo me formé de niño, y esas distracciones que para otros representaban un cierto alejamiento de sus obligaciones escolares para mí no fueron vacíos de la enseñanza. Al final de la escuela primaria obtuve el más alto promedio de calificación, pero una mediana en conducta.

No le di importancia; en la ceremonia de reparto de premios, que consistía en uno o dos libros (no tenían espectáculo teatral en aquel entonces), nos fueron llamando y pasamos. Gané el premio, pero a la hora de inscribirme, algunos institutos de enseñanza superior sencillamente no me querían aceptar... Pero en carreras y en competencias para subir a algún cerro, en eso era yo el primero.

En mi pueblo hay un cerro que tiene un nombre tarasco, es un promontorio que caracteriza al pueblo y hay muchas leyendas sobre él; era un sitio frecuentado los domingos en nuestras excursiones de pequeños. También con la familia íbamos de excursión a ese cerro, porque en el verano había flores muy perfumadas y un manantial de agua salina; en fin, era un lugar de ambiente placentero. Ahí hacíamos competencias de subir corriendo al cerro y de natación, había un columpio que estaba por ahí y también la cuerda para saltar, las canicas, todas esas cosas que entonces caracterizaban la vida de los niños. Chiautla es un pueblo que estaba rodeado de manantiales; uno de ellos, el más importante, surtía de agua potable (que venía de los ríos de las montañas) a la población. En aquel entonces no había la distribución que hay ahora del agua, sino que se hacía con los aguadores: aquellas gentes que recogían agua en el manantial más importante (que está cerca de donde yo nací) y luego la llevaban a las casas en cántaros de barro con un tapado sobre un asno. En la casa había un filtro grande, con su tapa de madera y abajo un poco de arena que estaba siempre húmeda, en la que caía agua de lluvia. La del manantial era un agua muy fina, agua de montaña; sin embargo, por el trayecto, por lo que sea, teníamos un filtro grande que era un cono invertido con una tapadera de madera, y de ahí se servía el agua de la mesa.

Era costumbre que la señora de la casa hiciera la cocina, que interviniera personalmente en la confección de los alimentos. Mi madre tenía mucho cuidado con nuestra alimentación, así que era una comida no muy abundante, pero variada, porque nuestra circunstancia era que estábamos en una comarca ganadera poco poblada; era una comarca grande donde se criaban rebaños de cabezas de ganado y había todos los derivados de la leche, y los quesos de mi tierra llegaron a ser famosos por una condición muy especial del lugar: una sal muy especial de los pozos, una sal ligeramente acidulada. La carne también se preparaba con esa sal, la cecina. Allá en el rancho se hacían varios quesos, el queso fresco, el queso añejo, en cantidades que sobrepasaban mucho el consumo de la familia y del personal; había unos grandes depósitos de leche para hacer el queso añejo.

En la exposición de 1900 en París, nuestro queso obtuvo medalla de oro compitiendo con los quesos europeos; ahí se hizo famoso el queso de Chiautla, pero ahora, como no se ha recuperado su producción ganadera, esos quesos se encuentran con dificultades. En Puebla tenían mucha fama, sobre todo el queso fresco, cuya producción se vendía inmediatamente. Tenía mucho prestigio.

La comida de mi casa era muy variada, con muchos platillos regionales enriquecidos con las aportaciones de todos los derivados de la leche y con la carne. Mi padre era un hombre muy parco en el comer, pero que gozaba con ver comer a los demás; su mayor placer en la mesa era ver comer con gusto. Le gustaba el postre, era lo principal de la mesa para él, porque era de poco comer, pero siempre tenía la vista puesta en las caras de satisfacción de las gentes que comían junto a él. Naturalmente, en la cocina le daban mucha atención a los postres en todas las variantes necesarias para atender la preferencia de mi padre.

A mí me gustaba todo, mi madre nos enseñó a comer de todo. Sin imposiciones, ella quería ir creando una actitud de aceptación, de integración al ambiente familiar, a nuestro estilo de vida, a la conducta, a la relación, que siempre fue armoniosa. Afortunadamente, yo no vi ningún pleito en mi casa, ni posturas mandonas, ni nada de esas cosas.

Algo muy afortunado, que me ha servido mucho en la vida, es que todavía guardo muchos recuerdos de mi madre, de sus palabras, de sus consejos, de sus recomendaciones. Una vida que transcurría así, llevada de una manera inteligente y con un propósito educativo muy claro.

Mi madre, por ejemplo, me decía que había que pensar todas las cosas, pensarlo todo, es muy sencillo, ¿no?: pensar en lo de ahora, lo de ayer, lo de mañana. Pensar en la aspiración de mañana me ha servido mucho en la vida, porque fue una recomendación muy útil, una recomendación trascendente en mi vida. Elevar el pensamiento a todo el panorama vital y la conducta. Otro de los consejos que albergo es la importancia de la verdad; es mucho más incómodo decir falsedades o mentiras, porque queda uno expuesto a que le contradigan o le reprochen. No así, a decir verdad.

A veces, me decía mi madre, es posible callar la verdad, cuando ésta puede perjudicar innecesariamente a alguna persona. Luego me enseñó ese diálogo con la naturaleza, que todas las cosas tienen sus voces, tienen su expresión. Especialmente el agua, el agua que estaba por todas partes; lo que ella representa para el hombre, todas sus imágenes, todas sus formas, toda su vida, su calidad, su belleza, su expresión. Cosas que parecen mudas, aspectos de sueños que son mensajes para la vida. Todo eso es lo que yo he querido que sean ciertas normas de conducta. Creo que esa educación en particular, la de mi hogar, tuvo en mi vida una permanencia, una continuidad y una trascendencia profundas.

Por otra parte, en mi pueblo se llevó a cabo la primera sublevación en contra de la dictadura porfirista. Concretamente, el 3 de mayo de 1903 se dio el primer levantamiento armado que se pronunció dura, consistente, expresamente contra la dictadura.

Ahí no existían problemas agrarios, pero más al sur sí los había; eran pequeñas propiedades, pequeños ranchos en la montaña, todos eran vaqueros, pero, por muchas circunstancias, se había producido un sentimiento y una actitud contra la dictadura de don Porfirio Díaz y por eso aquellos contingentes fueron masivos; pero esos problemas se remediaron en el transcurso de la lucha zapatista. Zapata hizo la primera repartición de tierras. Claro que todo estaba en proceso. Zapata empezó con unas cuantas gentes, fue perseguido, llegó al pueblo de Huehuetlán y ahí el jefe político, que fue quien más le acosó (aunque antes lo habían tiroteado), hizo que Zapata saliera huyendo y provocó que murieran muchas gentes, y entonces todo el pueblo se pronunció contra él. Luego, en ese pueblo cercano a Huehuetlán, de donde había sido arrojado Zapata, se firmó el Plan de Ayala, se siguió la lucha y empezaron a formarse los contingentes revolucionarios y a movilizarse la gente campesina.

El contingente que se reunió en la comarca de mi tierra fue de rancheros, todos buenos tiradores de venado. Ese grupo de hombres del campo se fue después a la Revolución.

p. 158

Luego descubrimos, cuando mi padre se propuso que fuera a presentar mi examen para terminar formalmente la primaria, qué fuerte era mi arraigo en el campo en esos mis primeros años. Estuve en la casa de un pariente mío muy querido, un cura de la familia, pero cuando mis hermanas fueron al carnaval de Puebla y regresaron en el ferrocarril, me escapé con ellas para volver a la casa, rechazando la vida en Puebla que, sin embargo, me era muy agradable. Pero por otro lado, extrañaba mi pueblo, esa miel que había en el aire, esa sensación monumental y armoniosa con sus campanas. Entonces se hizo el plan de que se trasladara toda la familia para que yo volviera a la escuela. Sí, entonces volví; se instaló mi madre, nos instalamos todos para poder hacer mis estudios.

EN PUEBLA, 1907-1908

A pesar de tener mi certificado de educación primaria, con ese asunto de la conducta se me cerraron todas las puertas de las escuelas de enseñanza superior. En ninguna parte me admitieron, hasta que por gestiones de maestros, de parientes míos y de gente que tenía cierto prestigio docente en Puebla, que fueron a hablar con el director del Instituto Normalista para exponerle la contradicción flagrante de que, por un lado, yo tenía el premio principal, el que se daba entonces de educación intelectual porque había obtenido las mejores calificaciones, y, por otro lado, tenía una conducta mediana. El director dijo entonces: "bueno, podemos cerciorarnos de la verdad de esto, que este muchacho acepte un examen en este momento" (como un examen de admisión) "para comprobar si es verdad que ha sido un alumno tan aprovechado, aunque de mala conducta". Acepté y se me hizo ya un examen oral un poco largo, de más de media hora; después, el jurado deliberó (porque se montó en la dirección un jurado) y su respuesta fue mi matrícula en el Anexo del Instituto Normalista. Ahí estudié la secundaria y la carrera de maestro.

Algo que es importante señalar es que casi todos nosotros, los alumnos de la Escuela Normal, éramos de procedencia pueblerina, porque íbamos para una carrera modesta, de maestros de escuela. Procedíamos de los entonces llamados distritos políticos en que se dividía el estado; esos distritos daban una pensión, una especie de beca, para los alumnos más aprovechados de cada cabecera de distrito. Casi todos éramos de la periferia de la gran ciudad de Puebla, de origen más o menos humilde; algunos de mis compañeros se sostenían con los 15 pesos mensuales que les daban; eran los pensionados, como se les llamaba entonces, y llevaban una vida muy reducida, muy estrecha. Ellos tenían un espíritu diferente de los que vivían en la capital del estado; por su procedencia rural, popular, de la vida del pueblo, conocían las necesidades sociales de sus lugares de origen.

En esa escuela, la llamada Anexa a la Normal, se estudiaba para ser maestro de primaria y se escogía a los mejores maestros, muy selectos, porque sus clases tenían que ser cátedras modelo, pues a ellas asistían los llamados practicantes o pasantes que habían terminado ya sus estudios e iban a hacer su práctica de seis meses en el último año de la carrera profesional. Así, en esa forma tan cuidadosa, se completaba la formación profesional; por eso tenía tanto prestigio el Instituto Normalista de Puebla en aquel entonces.

Teníamos clases los lunes, martes y miércoles; el jueves era día de excursión y todos los grupos salían a distintas partes alrededor de la escuela para ir a un campo deportivo, a jugar al béisbol u otros deportes; ese día regresábamos al filo del mediodía a nuestras casas, a descansar. Los viernes y el sábado estudiábamos hasta el mediodía; el sábado en la tarde y todo el domingo descansábamos y el lunes se reanudaba el trabajo escolar semanal.

Teníamos libros gratuitos que pertenecían a la escuela: se nos distribuían en calidad de préstamo para su uso dentro de la escuela y después los recogían, siempre vigilando que no se maltrataran.

Los escritorios eran de esos pupitres con un tintero, y se nos daban la pluma y el lápiz que dejábamos ahí. Había trabajos manuales, unos eran ejercicios con yeso y otros con papeles de colores doblados, con los que hacíamos distintas figuras, como rosetas y otras, que se pegaban en un cuaderno especial. Como yo quería disponer de ese tiempo, le pagaba a uno de mis compañeros para que me hiciera los trabajos manuales. Todo ese material se nos proporcionaba, no lo teníamos que comprar.

También había alumnos de una clase media más acomodada que veían esa escuela como la mejor, y por eso llegaban muchachos de clase media de Puebla que fueron mis primeros compañeros. Muy pocos siguieron conmigo porque fueron a hacer sus carreras al Colegio del Estado, carreras universitarias, de profesiones liberales, etc., y muchos de nosotros nos quedamos para una profesión más modesta: la de maestro.

Es muy interesante contar que, antes de empezar los cursos profesionales, hacíamos un curso preparatorio destinado a funciones básicas muy importantes: se nos enseñaba a estudiar, a pensar y a expresar nuestras ideas. Un ejercicio era hacer los famosos cuadros sinópticos, los resúmenes, y luego preparar una versión más amplia de los temas; era un ejercicio para pensar y asimilar los conocimientos, reunirlos, ordenarlos. Por otra parte, muchos eran muchachos muy jóvenes, algunos demasiado tímidos, de provincia, les costaba mucho trabajo animarse a hablar, tenían muchas dificultades, a veces verdadero azoro; entonces el maestro tenía que lograr que todos soltaran la lengua: los ponía aparte y les decía "tú vas a decir esto y tú vas a decir esto otro", y así les iba dando confianza hasta quitarles el miedo. Era un verdadero estímulo poner a un muchacho ahí para que discutiera tal cosa, tal otra y entre todos ayudarlo. Todo eso le dio un carácter muy especial a nuestra formación profesional.

¿Por qué se hacía eso?, pues porque un maestro de escuela necesita saber expresar sus ideas, saber hablar, saber ciertas cosas. En nuestra preparación se nos enseñó cómo estudiar para retener un tema, sus componentes; luego, para pensar, nos ponían esos ejercicios analíticos, sintéticos, para un ordenamiento de las ideas, para que primero nosotros aprendiéramos el tema y luego poder explicarlo y decirlo bien. Todo como preparación para el ejercicio de la carrera de maestros que estábamos llamados a ser; era la base, un principio verdaderamente precioso. Realmente se nos preparaba para los estudios que íbamos a hacer y a poner en práctica.

En aquellos días, Puebla era un emporio de la intelectualidad nacional y nosotros tuvimos la suerte de tener maestros muy distinguidos. Si hemos de volver a la consideración de los componentes humanos que hay en nosotros, debo decir que había grandes maestros; por ejemplo, teníamos un maestro reconocido como un sabio, don Rafael Serrano, que impartía la clase de lógica en el Colegio del Estado, en la Universidad, y a nosotros, en el tercer año, también nos daba la clase de lógica. Era un señor de una autoridad intelectual muy grande, de una presencia muy sólida, muy serena, de esa gente muy íntegra espiritualmente. Con todo su prestigio, su cátedra era muy seria y solemne con los muchachos del Colegio del Estado, pero con nosotros, ese mismo señor —que tenía una presencia muy respetable, muy seguro de sí mismo, muy serio— era un hombre que departía, que se sentaba en un pupitre y nosotros lo rodeábamos; era otra actitud y nos daba la clase con mucho movimiento, con mucha comunicación personal, preguntando a uno o a otro. Si alguien no acertaba con cierto dato de la clase anterior, entonces se lo presentaba de nuevo y se lo ampliaba de manera diferente. Al salir de nuestra clase, el maestro tomaba de nuevo la actitud de un gran señor del saber.

También teníamos un maestro que era diputado local, el orador de Mucio Martínez; era un hombre inteligentísimo. Nos daba la clase de historia natural en el laboratorio y en el Museo de Historia Natural, donde había animales disecados, moluscos y demás, y ahí nos daba la clase, con probetas y todo. Después de la clase le decía a alguno "vente conmigo" y lo llevaba a una de las bancas de esos preciosos corredores de lo que fue el claustro del convento de La Merced, con sus arcos toscanos, sus amplios corredores y unas bancas; ahí se sentaba con él y le decía: "veo que te has interesado en tal tema", y se lo ampliaba. Era una plática personal, ya fuera para dar un consejo, una recomendación o una advertencia, pero siempre amigable. Y además se expresaba de una manera persuasiva, suave, con toda la autoridad que tenía; era un señor muy cargado de ciencia. Además era simpático, ateo, materialista, un hombre realmente de ideas avanzadas, aunque estaba dentro del sistema y era el orador del gobernador Mucio Martínez en los actos más solemnes que había entonces.

En historia nacional, nuestro maestro era también el secretario del Instituto Normalista. Un hombre de gran prestigio intelectual y muy sencillo, que se ponía al nivel de todos nosotros para explicarnos las cosas, pero no con el enfoque del acontecimiento histórico, digamos oficial, sino con su interpretación personal. Así podíamos ejercitarnos en el juicio de la historia. Él promovía la participación de los estudiantes con sus propios juicios, y recogía sus puntos de vista sobre la historia de México.

En historia universal tuvimos también un maestro de gran notabilidad en la docencia y un gran orador: don Atenedoro Monroy.

Este señor estuvo muy solicitado por algunas universidades americanas y europeas para que diera cursos. Era un hombre de una gran elocuencia y sus cátedras también lo eran.

Tuvimos realmente maestros eminentes, que estaban en el cuadro de prestigio intelectual que entonces tenía Puebla. No todos eran adeptos a la dictadura ni al régimen de Mucio Martínez; por su calidad intelectual tenían autonomía de pensamiento y de mentalidad.

A nosotros nos sirvió mucho tener esos maestros. También tuve otro con un gran prestigio intelectual, el maestro Lobato, maestro de inglés; con él me reunía en el Parque Central de Puebla, el Zócalo, porque ahí se paseaba antes de ir a jugar ajedrez; nos dedicábamos a hablar, hablar, hablar, "¿qué te interesa saber?", me decía. El maestro Lobato también dominaba varios idiomas, era un humanista, conocía el griego, el latín, el sánscrito. En una ocasión presencié algo muy interesante: en primer año teníamos que cursar inglés con un maestro del estado de Oaxaca que no llegó; como entonces todas las cátedras se daban por oposición, algunas veces las vacantes se ocupaban de manera provisional, hasta que alguien solicitaba la cátedra por oposición. Llegó un americano a optar por esa oposición y se formó el jurado con el maestro Lobato. El americano trató el asunto de una manera muy despectiva, hasta que lo paró Lobato y le dijo: "Usted no sabe nada de lo que está hablando, así que modifique su actitud, sea usted más consecuente, porque de esas cosas usted no sabe, porque lo que acaba de decir es la muestra flagrante de su ignorancia de la literatura inglesa".

De esa alta calidad eran nuestros maestros. Sabían que éramos muchachos humildes, que hacíamos un gran esfuerzo para tener una profesión.

Eran la sabiduría misma y dominaban muchas disciplinas; se comunicaban en la plática, todos eran accesibles. Fue realmente una suerte y tuvo un gran significado ese conjunto de hombres para nosotros.

Mas tarde, cuando ya era pasante, conocí al director de la escuela, el señor Miguel Serrano (hay una calle aquí que lleva su nombre), y entablamos una buena amistad. A veces yo llegaba a la Dirección, donde él recibía una cantidad de publicaciones de todas partes, porque dominaba 20 o 30 idiomas, y entonces me compartía sus lecturas: pasa esto, pasa esto otro; te interesará saber estas cosas.

Bueno, hicimos una gran amistad, y yo lo acompañaba. Era un *gourmet,* de cierta fortuna; en realidad, tenía el puesto de director de la escuela porque era muy amigo de don Porfirio Díaz, de doña Carmelita y de un familiar suyo, un señor que llegaba a comer con ellos y que fue el intérprete de don Porfirio cuando estuvo Taft para la entrevista de Ciudad Juárez; también estuvieron el maestro Miguel Serrano y el maestro Lobato.

Hay algo importante respecto a nuestra formación profesional: en el Instituto Normalista estaban prohibidos los libros de texto en todas las clases; entonces los maestros daban su clase y nosotros nos reuníamos después para confrontar nuestros apuntes, completarlos, pasarlos en limpio, lo más que algunos de nosotros logramos conseguir a veces fueron los cuadernos de preparación de clase de algunos maestros que habían pasado por ahí. Nuestra preparación era una acción docente con una participación personal, de consideraciones, de juicios, de reflexiones, de síntesis.

El Instituto tenía su tradición, su prestigio: el primer director fue don Guillermo Prieto y desde entonces la selección de directores fue muy cuidadosa por parte del gobierno. Por ahí pasaron grandes maestros, que han quedado en la historia de la educación en Puebla. Ese cuadro de maestros se conservó después de la Revolución, porque tenía respetabilidad, además era un momento político de transición, y entonces los ocuparon en el gobierno provisional, pues eran personas de principios.

¿Cómo era su escuela? ¿Cuáles eran sus actividades?

Había dos edificios contiguos, lo que fue el claustro, el gran claustro del convento de La Merced, con una fuente monumental, magnífica, y con pisos de esa loza que en Puebla se llama de Santo Tomás, brillante y colorida; tenía una arquitectura de grandes arcos toscanos en la planta baja y en el primer piso. Junto a ese edificio estaba la escuela para mujeres, a cargo de dos maestras: las hermanas Bonilla, parientes de un hombre de la historia, Juan Crisóstomo Bonilla, un patriota destacado en la historia de Puebla, de aquellos juaristas de la Reforma;

pero esas señoritas tenían un criterio muy limitado, especialmente para normar la conducta de las muchachas, y las cuidaban mucho, no había relación entre los dos planteles del Instituto Normalista.

Nosotros, con las inquietudes que tuvimos desde un principio, propusimos un acercamiento lógico, una comunicación con nuestras compañeras, y sólo después de muchos trabajos, de muchas gestiones y esfuerzos de convencimiento, logramos que se hiciera en el patio de la escuela de varones una kermés, y las mujeres estuvieron ahí. Así se estableció una relación entre las dos partes del Instituto, de las dos mesas directivas. En estos tiempos, 1910 o 1909, yo era el presidente de la Junta de Estudiantes y se formó una junta con la de las señoritas para establecer relaciones de tipo cultural, sesiones literarias, en fin. Con ese acercamiento lógico, para el que hubo que vencer la actitud de las dos señoritas Bonilla, quienes eran la directora y la subdirectora, cambió el ambiente, se estableció la comunicación. Cuando el movimiento de 1910, los estudiantes se movilizaron; recuerdo, por una anotación que tengo por ahí, que en una velada (como se decía entonces) organizada en honor de don Francisco I. Madero, en ocasión de su visita a Puebla en mayo de 1910, ya aparecen las dos mesas directivas, la que yo presidía del departamento de varones y la de las mujeres; ellas estuvieron con nosotros. Por cierto, yo pronuncié el discurso en esa velada de homenaje, o de saludo mejor dicho, a don Francisco I. Madero; entonces ya existía ese acercamiento, en un momento histórico realmente muy importante.

¿Había escuelas religiosas?

Bueno, sí había escuelas religiosas. Estaba el Instituto Normal Metodista de Puebla, al cual acudí cuando no me admitían en ninguna parte, pero tampoco me aceptaron ahí. Recuerdo que cuando yo estaba en la primera fase de mi escuela primaria, en la casa de mi tío, ahí vivían dos muchachos campechanos: Pepe y Salvador Carpizo, hijos de un millonario. Como mi tío tenía el prestigio de un hombre que sabía manejar a la juventud, y además una casa muy amplia, hizo que la familia le confiara a los dos Carpizo; su recámara y la mía quedaban en la primera planta. Antes de escapar de regreso a mi pueblo, se anunció que se iba a instalar la Universidad Católica, y entonces Salvador y Pepe Carpizo me dijeron: "¿Vas con nosotros?, porque nos vamos a reunir"; yo era todavía un chamaco, pero ahí voy con ellos, y nada, que toda esa juventud de la Puebla "levítica" apedreó el Arzobispado en protesta por el anuncio del establecimiento de la Universidad Católica. La actitud de los policías fue benévola, porque una vez que se habían roto todas las ventanas del edificio, en el centro mismo de la ciudad, nos dijeron: "¡Váyanse!, ¡váyanse! Ya no hay nada que hacer acá", y nos despidieron sin ningún trastorno; en el fondo, toda la gente que estaba en el gobierno había pertenecido a la lucha liberal.

El gobernador de Puebla era don Mucio Martínez, terrible cacique, pero había estado con Porfirio Díaz en la lucha contra el Imperio y se había formado en el pensamiento de la Reforma. El señor Fernández, secretario general de Gobierno, era francamente juarista y hacía alarde de su postura; era un abogado muy respetable; también el oficial mayor y muchos otros eran de la misma mentalidad. Entonces, no hubo ningún problema y no se estableció la Universidad Católica de Puebla debido a la actitud de la juventud que ya tenía un nuevo aire, un nuevo viento de formación, de formación mental liberalísima.

En mi casa, la religión era así: mi padre y mi madre eran católicos. Mi padre iba con regularidad a la misa dominical cuando estaba en el pueblo, pero nunca nos llevó a la iglesia, porque él era hijo del comandante Antonio Bosques, quien militó en las tropas juaristas durante la Guerra de los Tres Años, que combatieron la Intervención francesa y el Imperio por toda la zona del sur. Mi padre era muy liberal, sin alardes de ninguna clase, pero con una mentalidad liberal ortodoxa.

En general, toda esa región era liberal. De un barrio muy característico, el de San Miguel, que era muy populoso, salieron contingentes para la Guerra de los Tres Años y para las guerras de liberación; eran grandes formaciones de gentes liberales. No estaban de acuerdo con la injerencia del clero; la religión era cosa aparte. Nunca aceptaron la intervención del clero en los asuntos municipales, en los asuntos del gobierno; hubo muchas manifestaciones de esa naturaleza, incluso algunas recientes, relativamente recientes, de esa oposición. Todavía quedan hombres por allá de aquella gente que estuvo en eso, y que cuando volvieron, mantuvieron esa actitud.

Los liberales del México de entonces eran católicos, pero hacían una separación muy clara entre el ejercicio religioso, es decir, la religión, y el interés del pueblo o la vida civil, sobre todo en lo administrativo.

Allá en Chiautla hubo una ocasión en la que expulsaron al cura porque quiso intervenir en asuntos políticos y no se lo permitieron. Le pusieron un ultimátum y luego otro de 24 horas y tuvo que salir; eso fue en los años veinte. A mí me tocó aquella experiencia de la juventud que ya conté. Años después, cuando estaba en Estocolmo, vine aquí y me pidieron que repartiera las cartillas a un grupo de jóvenes que estaban en el gran corredor del Palacio Municipal; de pronto apareció por ahí el señor cura que andaba en el mercado dominical recogiendo dinero para la iglesia y se metió entre los muchachos; ahí mismo lo inmovilizaron, se cerraron y no se pudo mover hasta que terminó el acto y entonces lo liberaron.

Por lo que se refiere a mi madre, ella era católica también, pero jerarquizaba sus actividades de una manera muy inteligente: "Primero la obligación y después la devoción". Claro, para ella lo más importante eran sus hijos, su casa, que manejaba de una manera suave, armoniosa. Se dedicó a nosotros de una forma muy inteligente, muy bien pensada, y ése era su ámbito espiritual, moral. La moral estaba más en la conducta que en el dogma, estaba más en la manera de conducir la vida de sus hijos que en otras prácticas. En mi casa nunca se hablaba de religión; no era tema con los invitados, con los amigos, estaba excluido.

Como le decía, mi padre nunca nos llevó a la iglesia porque pensaba que era necesario que cada uno de nosotros, con el tiempo, se formara su propio juicio, su criterio.

Hubo un momento en el que, por las continuas exigencias del pueblo, mandaron a un maestro normalista que era originario de Chiautla; era en verdad un gran maestro, ha quedado su nombre en varias escuelas en Puebla.

Entonces mis padres nos mandaron a la escuela, que estaba cerca del pórtico de entrada al atrio de la parroquia. Era una escuela muy grande, para unos 200 muchachos más o menos; ahí estuvieron personajes que después serían significativos, entre ellos Juan Andreu Almazán. Al poco tiempo la escuela se quedó sin maestro, porque lo quitaron. Fue mi madre, de hecho, la que se encargó de nuestra educación. También estaba la escuela de la parroquia, con una asistencia de una docena o algo así de muchachos, que cuando salían hacia allá siempre había pleito con ellos, de suerte que tuvieron que buscar otra salida para evitar esos encuentros porque nosotros éramos muchos y ellos muy pocos; sólo los encuentros personales tenían que estar más o menos equilibrados; ésa era claramente la atmósfera en que nosotros nos formamos, en un momento muy amplio, realmente liberal.

Sin embargo, siempre se dice que Puebla es una de las ciudades más mochas de la República.

Sí, pero es una de las ciudades llamadas "levíticas". En Puebla había un régimen opresor de la dictadura, pero lo integraban personas que habían estado en la corriente juarista de la historia. Se producían hechos como el que mencioné, cuando apedreamos el Arzobispado, pero en realidad, sí, Puebla se caracterizó por ese ejercicio de la religión, sobre todo en las capas superiores; la cantidad de iglesias y los ejercicios religiosos muestran su gran importancia, su solemnidad; era una ciudad con grandes conciertos de campanas, donde la misa era obligatoria y tenía una asistencia muy grande. Sin embargo, en algunos hechos se manifestaba en el fondo otra actitud, la de las clases trabajadoras, de la clase media inferior, digamos; ése fue el magma, la sustentación de los movimientos revolucionarios de Puebla. En realidad, ese movimiento tan uniforme, tan vasto, tan profundo se produjo en todo el país en la Revolución de 1910, pero en Puebla se manifestó de una manera muy especial y muy decorosa, con Aquiles Serdán, con las mujeres, con los estudiantes, con los obreros de las fábricas, con los trabajadores de los gremios, ahí no había tintes religiosos sino una conciencia patriótica. Por esas actitudes, después ya no se podía caracterizar Puebla como un lugar que tuviera un tinte absolutamente religioso o intransigente.

En todas las ciudades había su parroquia, sus iglesias, pero en Puebla, enfrentado con ese aspecto con que se destila la solemnidad religiosa, había también ese fondo que explica todos los acontecimientos históricos de la lucha revolucionaria. Por eso, el movimiento obrero de Puebla se ha caracterizado por momentos muy interesantes, y también las luchas campesinas. Realmente podría hablarse de que esa realidad produjo dirigentes auténticos en toda la extensión del estado, no sólo en la ciudad.

En la ciudad misma, cuando se trataba de un movimiento político avanzado, se movilizaban los gremios, los obreros, manifestándose abiertamente. Hay una verdadera y muy amplia historia de la lucha obrera en Puebla, de una lucha con una conciencia de clase ya muy concreta. Los obreros de Puebla buscaron desde luego asociarse con los obreros de Tlaxcala y con los de Veracruz para formar una región de lucha obrera. Ahora bien, esto no tenía ningún tinte religioso, se trataba ya de una conciencia social. Hubo huelgas muy dolorosas, porque las condiciones de trabajo eran terribles y las huelgas eran un sacrificio enorme, pero tuvieron la contribución de organizaciones, incluso de los obreros del Distrito Federal, que acudían con sus hermanos de clase en Puebla para ayudarlos a sostenerse en sus huelgas que datan del siglo XIX. Nosotros tuvimos comunicación con la clase trabajadora, vimos sus luchas, íbamos a las fábricas. Recuerdo que visité una vez un taller de tabaqueros que estaban cosiendo sus materiales en un taller muy amplio, un salón enorme, donde había una plataforma, o algo así, para el lector, porque los obreros tenían lector, quien les leía pasajes de la historia, les leía cuentos, les leía oraciones, cosas de ésas, pero cuando los que vigilaban aquello se iban a otro salón, entonces el lector sacaba de la bolsa de su pantalón una hoja de la revista de los Flores Magón, *Regeneración,* y se ponía a leerla.

Es una cosa de la historia, porque el magonismo cundió en Puebla con las primeras organizaciones políticas que fueron de obreros, el primer club político se llamó Regeneración, el mismo nombre del periódico. Había una actitud perfectamente clara y perfilada de los trabajadores de Puebla en sus luchas por el progreso, con una conciencia muy clara, con gran desinterés, con una gran entrega, de modo que si vamos a pensar en ese mote de ciudad levítica, pues esa ciudad levítica tiene un fondo profundo de otra cosa.

La composición de los alumnos de la escuela Anexa a la Normal le daba un carácter, un tono, una posición mental al conjunto: no éramos de procedencia burguesa. Era un conjunto de mentalidades con cierto denominador común de más libertad, un espíritu más abierto, un espíritu ambicioso en algunos, pero siempre con más personalidad por las raíces que traían de sus respectivos lugares, con un rostro especial, rural.

En nosotros eso produjo, más tarde, cuando empezó a moverse aquel torrente de rebeldía contra la dictadura y de vientos de fronda, cuando se sentía esa levadura de inquietud, especialmente en los maestros, en los obreros, en los gremios artesanales de Puebla, que todo los alumnos del Instituto Normalista, unánimemente, nos adhiriéramos a la lucha contra la dictadura.

El movimiento estudiantil se caracterizó en Puebla de una manera especial porque el Colegio del Estado se integró; la mayoría de sus alumnos se pronunció también por la causa primera de no reelección de don Porfirio. Eran pasantes de medicina y se unieron a nosotros en las protestas contra los actos de represión del gobierno de Mucio Martínez.

Luego acá, en la capital, hubo en la Preparatoria un movimiento estudiantil que encabezó Aarón Sáenz; él fue uno de los líderes del movimiento que aunque no abarcó más estudiantes, sí estuvo muy activo y muy bien definido en su posición. También se movilizaron estudiantes en el estado de Hidalgo y en Veracruz.

Como en otras partes no existían todavía escuelas de estudios superiores ni universidades, los estudiantes no contaban con gran respaldo. Rafael Buelna, a quien conocí, era un estudiante de Sinaloa, muy listo, muy simpático, muy joven, tenía una cara de muchacho, pero muy inteligente, él movió al estudiantado de Culiacán.

¿De qué tradición venía usted, como para involucrarse tan joven en un movimiento como el de Serdán? ¿Qué formación tenía?

Pues hay algunos factores de carácter familiar y otros del medio en que viví. Desde luego, mi familia no era afecta a la dictadura. Como ya conté, mi abuelo fue un comandante que luchó en la Guerra de los Tres Años en las tropas juaristas. Se significó en esa lucha en Guerrero y en Michoacán, pero tal vez los Bosques tienen una trayectoria más larga porque uno de ellos aparece en el grupo de don Miguel Hidalgo, de los que salieron de la sacristía a la plaza para tocar la campana y convocar al pueblo de Dolores; ahí aparece, en la lista registrada de la crónica de esa historia, un Fausto Bosques.

Algo que cuenta bastante en la formación de mi conciencia es que en mi pueblo, Chiautla de Tapia, se levantaron contra don Porfirio Díaz en mayo de 1903; yo era entonces un muchacho, pero viví todo eso, la lucha, la movilización militar, todo lo tengo escrito. Fue realmente el primer acto revolucionario en contra de la dictadura, en contra de Porfirio Díaz, de Mucio Martínez y el mal gobierno. Recuerdo esa acción revolucionaria y sus consecuencias, sobre todo la persecución, y todo lo que le siguió.

Después vinieron muchos otros movimientos en el norte, en el sur, en Viesca, en Palomas, en el norte de Yucatán, en Valladolid, en Acayucan, Veracruz, en Tehuitzingo, Puebla, en Culiacán, Sinaloa. Pero la sublevación en Puebla, en 1903, fue un acontecimiento de mucha penetración en el ánimo, en la voluntad, en la conciencia. En ese entonces era yo un niño; después, ya como estudiante del Instituto Normalista, llevaba ese ánimo un tanto inconforme, ese ánimo opuesto a las circunstancias que se vivían en la misma escuela. Éramos muchachos rebeldes que después nos fuimos a la Revolución; de ahí, del contingente de estudiantes del Instituto Normalista de Puebla, en 1910 salieron soldados, capitanes, generales; algunos de ellos se quedaron en el ejército, otros dejaron la lucha y muchos más murieron en los campos de batalla. Fue una contribución de sangre estudiantil para la Revolución.

El efecto se vivió después, fue tiempo de fermentación de la inconformidad de las masas. En Puebla, esa inconformidad se manifestó entre los obreros de las fábricas de la industria textil y de los trabajadores de los gremios que estaban organizados.

Había gremios de alfareros, de sastres, de zapateros, de canteros, hasta de carboneros. Algunos, como los sastres, tenían su propia organización y contaban con un fondo de resistencia. En todos ellos se empezó a manifestar la inconformidad. Los obreros traían desde el siglo XIX una lucha social muy socialista, enérgica, de muchos sacrificios, pero que sostuvieron siempre; cuando llegaron esos tiempos de inquietud, de efervescencia revolucionaria aportaron sus organizaciones políticas. Las primeras fueron las de los obreros, quienes se vincularon con estudiantes y maestros, sobre todo en las huelgas obreras y magisteriales, en la época del porfiriato, no en la Revolución.

EN LA REVOLUCIÓN, 1909-1917

¿Cuál fue su participación en la Revolución?

Conocí a Carmen Serdán, porque yo trataba mucho a Aquiles, su hermano, y con frecuencia nos reuníamos en su casa, y ya después fuimos amigos ella y yo, porque Carmen se quedaba por ahí en las reuniones. Fui muy amigo de Aquiles, de Máximo, de Filomena, la esposa de Aquiles. Hay una cosa sobre la cual yo siempre quise llamar la atención y dejé consignada en el mensaje que se leyó en el Congreso local de Puebla, con motivo de un aniversario de la Constitución local, porque yo fui diputado constituyente del estado.

Carmen es la culminación de la lucha de las mujeres de Puebla, por su heroísmo, por su grandeza, sobre todo en el episodio trágico de los sucesos de Santa Clara, pero había también multitud de mujeres que se movilizaban. Mujeres muy valiosas, maestras y gente de clase media, digamos no acomodada, pero con sus problemas económicos elementales resueltos. Esas mujeres no buscaban ningún heroísmo, lucharon y después se quedaron un poco en la sombra; no se han acordado de ellas. En ese acto de la Legislatura de Puebla se rindió un homenaje excepcional a mujeres que no eran ni siquiera poblanas, que no habían tenido nada que ver con aquel movimiento; por ello, creí un deber mío mandar una lista de las que han sido olvidadas, que son como unas 30, e hice un relato de todas ellas con su participación, para que por lo menos quedaran sus nombres en los archivos de la Legislatura local de Puebla, para recordar a esas mujeres que formaron un grupo muy numeroso y bastante interesante por su esfuerzo.

En los lugares donde se conspiraba, ahí estaban las mujeres, conspirando para la lucha armada, y después, cuando empezó la lucha, muchas de ellas sirvieron a la causa de una manera efectiva. Por ejemplo, las tres hermanas Narváez, que entraban y salían de la cárcel con apercibimientos, advertencias y amenazas de que las mandarían de nuevo a la cárcel, pero que volvían con más bríos y más activas a trabajar otra vez en la calle. Se movían constantemente entre los obreros en los barrios de la ciudad de Puebla, en condiciones de alto peligro. Su lucha fue de un gran esfuerzo, de voluntad muy enérgica, realizada por encima de todo.

A ellas se atribuye, como a muchas otras, el tráfico de armas, de municiones que se mandaban a los levantados en Tlaxcala, donde hubo un núcleo revolucionario dirigido por un hombre verdaderamente extraordinario: Juan Cuamatzi, en San Bernardino Coutla, del estado de Tlaxcala. Ahí comenzó el movimiento revolucionario; él iba, con una Biblia, a las reuniones de una junta de conspiración que tenía lugar en una carnicería de los hermanos Campo en Puebla, a la que asistían mujeres y hombres que estaban ya en la conspiración y en la acción; las mujeres hacían de mensajeras, eran las encargadas de la comunicación: llevaban instrucciones verbales, recados, se movían de una manera extraordinaria.

Hay un gran olvido de muchas gentes que participaron de manera significativa en esas luchas, como las mujeres de Puebla; ésa es una página hermosa, pero que se ha olvidado. Se recuerda, claro, a Carmen Serdán, como parte de aquella trilogía de Aquiles, Máximo y Carmen, en la lucha antirreeleccionista, en la conspiración franca y luego en la Revolución armada.

En ese mensaje que mandé al Congreso local hice un recuento de todas esas mujeres; logré reunir los nombres de unas 25 o 30 de ellas, otros se escapan a la memoria, pero todas trabajaron con intensidad y completa entrega a la causa de la Revolución. Hice la lista de sus nombres, porque estaban entregando medallas, incluso la del 18 de Noviembre, en plena casa de Aquiles Serdán, a personas del estado que ni siquiera tuvieron que ver con aquella lucha, totalmente desconocidas. Fue verdaderamente doloroso pensar en aquellas mujeres olvidadas, mientras se llevaba a cabo una cosa tan artificial y tan impropia, ¿verdad?

A Carmen no la volví a ver por las circunstancias que se producen por las distintas actividades de cada uno. Nosotros tuvimos que vivir luego una vida muy dinámica que nos llevaba de un lugar a otro, pero todavía hablé con Carmen después de aquellos sucesos. Ella vivía en Cuernavaca.

El año de 1910 ya traía sus fermentos de rebeldía, de acción para el antirreeleccionismo por la convicción de que era seguro que se burlaría la voluntad popular y que entonces no habría más camino que el de las armas. En Puebla ese movimiento tuvo características especiales: la participación sostenida e intensa de los estudiantes, el movimiento de las mujeres, nuestras relaciones con los obreros. Yo trabajé con Aquiles Serdán repartiendo en las fábricas las publicaciones contra la dictadura, naturalmente con todas las precauciones necesarias para ocultar nuestras actividades. Lo hacíamos ya en la noche, cuando los obreros salían de las fábricas (todas estaban fuera de la ciudad de Puebla, ya entonces se tenía un concepto ecológico muy avanzado).

Teníamos que llevar esas publicaciones ocultas, por supuesto, para repartirlas como a las siete de la noche, porque las largas jornadas terminaban regularmente a esa hora; lo hacíamos lejos de la vigilancia policiaca que estaba en las puertas de las fábricas. Como ya dije, se entabló entonces una relación entre los estudiantes y los obreros de los gremios, que estaban muy organizados, y también trabajábamos con los maestros y con ese grupo de mujeres. Por eso la acción en Puebla fue de mucho relieve.

Yo tuve que escapar de la policía. Era el presidente de la Junta de Estudiantes y naturalmente la persecución se enfocó contra los más visibles, los que en cierta forma teníamos una función directiva. En el Colegio del Estado, por ejemplo, aprehendieron a dos hombres que significan mucho en la historia de México: Luis Sánchez Pontón y Alfonso Cabrera. A mí no me pudieron aprehender porque me escapé; tuve que ir a refugiarme a mi tierra, a mi casa. Ahí estuve escondido, acosado, perseguido, hasta que estalló la Revolución.

Muchos del grupo de los conspiradores tuvimos que dejar Puebla para ocultarnos y además para hacer acción proselitista en el campo. Para eso nos convocó Aquiles el 7 de julio de 1910, para darnos instrucciones para el trabajo en nuestros respectivos radios de acción. El día 5 llegué con muchas dificultades a Puebla para asistir a la reunión, pero se organizó una gran manifestación de obreros y estudiantes en una plaza de Puebla, y Aquiles tuvo que esconderse. Su casa fue cateada y no me pude comunicar con él; tuve que regresar otra vez al sur de mi estado, a mi tierra. Como conocía muy bien toda esa zona y tenía el conocimiento del terreno, de muchas barrancas, de sitios adecuados para ocultarse, a pesar del acoso tan persistente, tan fuerte que se hizo en contra mía, no me pudieron aprehender. Escapar así de emergencia y con tanta suerte fue uno de los varios incidentes que viví.

Más tarde recibimos instrucciones de estar en Puebla el 20 de noviembre, fecha señalada por la Junta Revolucionaria, en San Antonio, Texas, para que se iniciara la acción armada, la Revolución. Yo andaba por allá por mi tierra, y aunque salí el 18 ya no pude llegar a Puebla, porque ese día se produjeron los sucesos de Santa Clara y, además, porque todas las vías del sur estaban cerradas, ya que se temía un movimiento de los obreros de Atlixco.

Para mí la Revolución arranca con esa persecución que conté; naturalmente había el riesgo de caer en manos de un jefe político, quien sencillamente no respetaba la vida de los maderistas, lo que se comprobó con muchas víctimas. Tenía dos clases de temor: más que uno personal, el miedo por la gente que se comprometía para ayudarme, para esconderme, para darme refugio, para acompañarme. En ese tiempo, cuando era perseguido con tanto encono, resulta que mis padres tenían ahijados por todas las rancherías, había familias enteras, como la familia Enríquez, más uno aquí, otro allá; todos los hijos, que no eran pocos, eran ahijados de mi padre. Todas esas gentes, diseminadas en los pequeños ranchos de la montaña en una extensión bastante grande, fueron los que me ayudaron, y mucho, porque el vínculo formal del padrino y el ahijado, ahí en el campo, entre esos hombres y mujeres, era como una obligación familiar de primer grado.

Yo era como un hermano para ellos y así me llamaban, "mi hermano", y me ayudaban, me proporcionaban caballos, me llevaban a lugares escondidos, se adelantaban para ver si no había alguien por ahí cerca, eran los que más recorrían todos aquellos lugares. Por eso, el temor de comprometerlos, sí era un temor permanente. Claro, también tenía miedo de caer en manos de los perseguidores, en manos de ese jefe político sanguinario y terrible, pero disponía del conocimiento completo del terreno en el que me movía, porque lo conocía desde niño.

Aquella región está cruzada por grandes ríos y por muchas barrancas; los ríos son el Atoyac, que en mi tierra se llama el Poblano; el Tejapa, que es un gran río; el Mixteco; el Chiapaneco, todos forman una red de ríos que va por cañadas profundas, dada la configuración montañosa del terreno, y desembocan en el estado de Guerrero, ya con el nombre de Balsas (porque ahí no se puede pasar de un lado a otro sino en balsas, lo que eran balsas entonces y que hoy son lanchas de motor, pero entonces eran balsas, eran troncos amarrados, gruesos, amplios, grandes, incluso se podía pasar hasta un caballo).

Las barrancas ofrecían muchas oportunidades de ocultarse porque son muy profundas y en tiempo de lluvias llevan verdaderos torrentes, mucha agua; en tiempo de secas, como se dice allá, son un lecho de arena y grandes cantiles en donde hay cuevas, las cuales se pueden tapar con lianas y ramas, que resultan un escondite muy adecuado porque, si no se dejan huellas en la arena, puede pasar por ahí un regimiento y no se dará cuenta de que hay alguien.

Esos lugares ofrecían muchas oportunidades de ocultamiento, de refugio. Mi temor era ser capturado cuando escapaba por todo ese terreno tan accidentado. Había lugares donde era posible cruzar el río y otros donde no era posible, porque llevaba un caudal inmenso.

Por ese temor, andaba yo escapando con todos los recursos que tenía, y además temía que pudiera comprometer a algunas personas como los ahijados o las mujeres que hacían de correos, que avisaban, que mandaban el recado: "Andan buscándote por tal parte", y a escapar se ha dicho, con cierto apremio hasta salir del estado de Puebla.

En una ranchería que todavía existe, parece que ahora ha crecido mucho, que se llama Quebrantahuesos, tenía unos amigos; en un barrio de la población de Axochiapan, en el estado de Morelos, vivían otros amigos. Había muchos maderistas, muchas familias que simpatizaban con el pueblo; el movimiento maderista era compacto y general. Abarcaba toda la extensión del país y de la gente. Sí, ahí encontraba personas comprometidas, pero que estaban fuera de esos movimientos de escapatoria y con quienes estaba uno relacionado por el movimiento general, ya de Morelos, de Matamoros, de Atlixco. A veces se caía en el error de hacer listas y, cuando caían en manos del enemigo, qué te cuento...

Eso es a lo que me refería con lo del temor; después, ya con la acción revolucionaria, con la conciencia y la voluntad de cumplir un deber, entonces no se tiene miedo. No se puede tener miedo, ¿por qué?, porque la voluntad es de tal manera fuerte que conduce al cumplimiento del deber, a acciones comprometidas, con muchos riesgos, pero ya no se tiene miedo porque hay un objetivo claro, una voluntad bien robustecida, fuerte, que conduce a la acción.

El estado de "perseguido" no se concretaba simplemente a escapar; aun cuando me veía muy apurado, muy cercado, ese tiempo servía para movilizar, para hacer venir gente, voluntarios, preparar y armar dispositivos para lo que sucedería inmediatamente o se había producido ya. Cuando regresé, después del 18 de noviembre, me dediqué a reanudar los contactos con la gente de Morelos, del distrito de Matamoros.

En ese tiempo se produjeron por aquellos lugares algunos levantamientos que seguían a Zapata y a algunos líderes de la región; había gente dispuesta a entrar a la lucha armada, además del movimiento francamente hostil a la dictadura. Ahí fue donde Zapata reunió sus primeros contingentes en el sur de Puebla. Por eso, el Plan de Ayala se firmó en una ranchería del estado de Puebla, en Ayoxustla, cercana a un pueblo conocido como Botrán El Chico. Ahí, Otilio Montaño y Emiliano Zapata formularon el plan que se llamaría "Plan de Ayala". Aún existe la casa donde se firmó, donde se hizo la protesta o juramento, y un tío mío lo firmó; todavía en esa casa están un arcón y una rama que sirvió para poner los sombreros de todos los que se reunieron; de ahí salieron para dispersarse hacia Morelos.

Por razones de orden político y para dar lugar al Plan de Ayala, este hecho está registrado por los historiadores, por los cronistas de los movimientos zapatistas, como un hecho histórico.

Anduve por la montaña hasta que estalló la Revolución y después del triunfo volví a Puebla... y, en fin, después vino la Decena Trágica.

El movimiento de 1910 fue muy rápido, la lucha se realizó en acciones concéntricas de la periferia al centro, por eso la composición de los revolucionarios fue predominantemente campesina. En aquellos días, cuando triunfaba la Revolución, se produjo la muerte de mi padre y entonces tuve que ir a mi pueblo, con mis hermanas, a aquella casa; recuerdo que uno de los generales, que era tío mío y muy cercano, el general Agustín Quiroz, llegó a Chiautla, a acompañarnos. Mi padre tenía aún sus actividades comerciales en la región, un trabajo de contratación por todos esos pueblos; antes de morir me dijo que en Tlancualpicán había dejado un dinero para nosotros con una persona de confianza de ahí.

Después de los funerales de mi padre tenía que ir a ese pueblo a caballo y entonces mi tío me dijo: "Te voy a prestar un caballo que me regaló mi general Zapata"; era de los caballos de él y se lo regaló porque lo estimaba mucho. Entonces, yo monté un caballo de Zapata para ir a Tlancualpicán a recoger ese dinero y regresar; ahí en la estación me esperaba el Tuerto Morales para escoltarme (creo que mi padre lo había sacado de la cárcel o algún servicio le había prestado y él se sentía agradecido). Al borde de las lágrimas, me dijo: "Yo tengo la obligación de escoltarte", pero le contesté: "No necesito que me escolte nadie, no hay ningún problema acá", "No, pero te voy a acompañar"; total, me deshice de él y regresé a Chiautla por mis hermanas y nos fuimos a Puebla, justo cuando entraban los contingentes revolucionarios a la ciudad. Por ahí, por cierto, tengo una fotografía de una calle de Puebla donde se ven los contingentes maderistas de entonces.

Cuando se inauguró el gobierno de Madero se desató una campaña muy enconada de la prensa en su contra. Un periodista, Trinidad Sánchez Santos, fue el que empezó en su periódico de caricaturas, *La Cabra*, la arremetida contra Madero; entonces nosotros, en Puebla, hicimos un movimiento de defensa de Madero con discursos en las calles; pero luego se vino la Decena Trágica, y cuando se produjo, varias comisiones de Puebla, unas de la sierra y otras de la capital (en una de éstas estaba yo) trataron de comunicarse con Madero para que se fuera a Puebla, a refugiarse en la sierra, pero, claro, no nos pudimos comunicar, porque era imposible en esos momentos de confusión y de lucha; no nos tomaron en cuenta y nos tuvimos que regresar; poco después se produjo la caída de Madero.

Entonces se acabó la Revolución y se vino todo aquel periodo político.

EN LA POLÍTICA Y EL PERIODISMO, 1916-1938

Yo regresé a Puebla a terminar la carrera, porque la interrumpí para irme a la Revolución, y a recibirme; todos los estudiantes que habíamos participado en la lucha estábamos estrechamente vigilados en la época de Victoriano Huerta.

Cuando a don Belisario Domínguez se le impidió pronunciar un discurso en el Senado (tengo en mi poder el manuscrito de su discurso cuando todavía no se imprimía) contra el gobierno de Huerta, se recomendó que se hicieran copias del texto para distribuirlas; enton-

pp. 160-163

ces nosotros, aunque estábamos estrictamente vigilados, nos íbamos a un parque de Puebla y hacíamos creer a la policía que estábamos trabajando con nuestros cuadernos, cuando lo que hacíamos eran copias del discurso de don Belisario Domínguez para luego distribuirlas. Bueno, pues después de todo y a pesar de la vigilancia, terminé mis estudios, obtuve el título de maestro y se me dio un empleo de maestro ayudante en una escuela: La Fragua de Puebla. Ahí estuve poco tiempo porque cuando desembarcaron los americanos en el puerto de Veracruz, pedí permiso por tiempo indefinido y sin sueldo para irme al frente. Tuve que venir a la ciudad de México, en compañía de algunos maestros que no se separaban de mí, para el caso de que fuera yo capturado.

Pero resultó que el jefe de la policía de Victoriano Huerta era un primo mío, el general Heberto Quiroz, que fue quien disolvió el Congreso y que resultó yerno de Huerta; pero nosotros éramos familiares: los Quiroz y nosotros éramos como una sola familia. Así que me fui directamente a la jefatura de policía y él no había llegado; dije que yo era pariente de él y me pusieron una silla para que lo esperara. Cuando llegó todo fue muy cordial, y a partir de ese momento, que serían las ocho de la mañana, estuvimos hablando. Él, empeñado en que yo me quedara, pero yo rechacé todos sus ofrecimientos; su actitud era muy fraternal, diciéndome que ahí estaría protegido.

Era un hombre inteligente y, sobre todo, muy cercano, pues habíamos compartido estrechamente muchas cosas de la vida, desde que era alumno del Colegio Militar. Él fue uno de los más destacados artilleros, junto con Guillermo Rubio Navarrete y con Mondragón. Yo le dije que necesitaba llegar a Veracruz, que sabía bien cómo iba a actuar allá, sin pertenecer al ejército de Huerta. Bueno, pues nos pasamos todo el día hablando, hasta que en la tarde nos fuimos a la estación de San Lázaro, y ahí me presentó con el general Guillermo Rubio Navarrete, que iba a Veracruz a organizar el sector de la línea avanzada en Puente Nacional, para la defensa de Veracruz. Hablamos los tres, y les dije francamente mi proyecto de formar un cuerpo voluntario, en el pueblo de San Carlos, cerca de Puente Nacional, donde estaba el cuartel general. El general Rubio me trató muy bien y me dio toda clase de facilidades, gracias a la recomendación de un personaje como era mi primo.

Ahí, con un guerrillero de Los Tuxtlas que se llamaba Ramón Pastor y que fue uno de los francotiradores del puerto de Veracruz, con su gente y con otros que reunimos, organizamos el cuerpo de voluntarios; se nos proporcionaron las armas, los equipos y todo lo necesario, y nos establecimos en el pueblo de San Carlos, sobre la margen del río San Carlos, que desemboca en el balneario de Chachalacas.

Ahí formamos el cuerpo de voluntarios de San Carlos que naturalmente fue parte del dispositivo militar de ese sector; había una línea divisoria entre las vanguardias de los americanos y las vanguardias del ejército mexicano; en ese dispositivo fuimos incorporados. Como no estábamos perfectamente alineados, sino que éramos un elemento más de acción militar, casi siempre nos mandaban a misiones de vanguardia, pero no en ese campo abierto que va de la estación del Ferrocarril Interoceánico hacia la playa, sino en el cerro. Estuvimos en esa zona, trabajando bien, casi siempre en esas misiones de vanguardia, pero con gente de mucha voluntad, muy aguerrida. Eran dos contingentes, el de Ramón Pastor, de Veracruz, y el que reclutamos en las rancherías cerca de San Carlos. La gente se incorporaba con un gran espíritu de defensa patriótica.

Ahí estuvimos.

A la caída de Victoriano Huerta nos licenciaron, es decir, nos disolvieron, pero no nos pudieron recoger todas las armas, algunos se fueron con ellas, y entonces yo regresé a Puebla.

Cuando estaba ahí, empezó la Revolución constitucionalista, como se llamó entonces. Actué en Puebla con el grado de teniente y estuve con los cuerpos de Marciano González y de Guillermo Castillo Tapia. Cuando llegó Álvaro Obregón para formar unos contingentes, hubo mucha gente que se alistó, como se dice en términos militares, y se incorporó a los efectivos de Oaxaca y de Puebla, pero llegó un señor Navarro, de Oaxaca, como a imponerse y entonces yo opté por irme a Veracruz, que conocía muy bien, para seguir a don Venustiano Carranza.

Estaba en Córdoba, en el Hotel Ceballos, cuando llegó la comisión de la Convención de Aguascalientes a pedirle su renuncia. Llegaron Obregón, creo que González Garza y unos dos o tres más.

Don Venustiano nos dio la nota, impuso esa terrible personalidad que tenía porque era un hombre sin poses ni plantones, un militar de altura, con su personalidad se sentía el peso, y ahí se manifestó la decisión de don Venustiano.

Obregón pronunció un discurso en un balcón del Hotel Ceballos, ratificando su decisión de exigir la renuncia de don Venustiano. Nosotros andábamos ahí, merodeando por los alrededores, temerosos. Recuerdo que vi a Jesús Urueta, a quien ya conocía, y fui a preguntarle: "Maestro, ¿qué pasa?", y me contestó, con su oratoria de siempre: "El jefe está erguido como un mástil". Eso no me decía nada. Total, que hubo un momento en que durante una comida se desató una discusión bastante violenta; nada más se levantó don Venustiano y a la voz de "¡Orden!" se aplacaron todos; era todo un señor.

Ahí me estuve, en Veracruz, y luego vinieron otras misiones: unas de carácter militar y otras de carácter político, pero todas dentro de la lucha aquella. Hubo momentos interesantes por la actitud adoptada por don Venustiano respecto de algunos problemas capitales del país. Por ejemplo, el de la educación, que creo es poco conocido; en esos momentos llegó a Veracruz un contingente de maestros de muchas partes de la República. Sí, es importante señalar que el señor Carranza, don Venustiano Carranza, empezó en Veracruz a interesarse por la educación popular, que era de los problemas directos que había que atender, por lo que se refiere a la transformación que necesariamente tenía que producir la Revolución.

Carranza empezó por promulgar la ley del 6 de enero para la restitución y el reparto de las tierras, después hizo la Constitución de la Familia sobre los derechos familiares. En principio, yo tenía que pasar del fuero militar al fuero civil para formar parte del grupo de maestros que se iba a ocupar de establecer las bases para una nueva educación en el país. El grupo estaba instalado en Veracruz y don Venustiano comisionó a Félix F. Palavicini para que formara parte de su personal, digamos de su gabinete, y que reuniera a los profesores de distintas partes de la República que se habían concentrado en el puerto, para constituir un cuerpo de maestros que empezara a considerar las formas de transformar la escuela como una consecuencia de la Revolución; es decir, dentro de los grandes principios que empezaban a formularse en la Constitución para la construcción de un futuro, para la transformación del país; sin embargo, hubo cierta situación entre los maestros, que por cierto eran bastante numerosos, porque no se pudieron entender con Félix Palavicini y no aceptaron su jefatura.

Aquello se quedó en suspenso. Se hizo el vacío alrededor de Palavicini, y don Venustiano pensó que algunos maestros como yo podíamos colaborar en esa acción que se proyectaba, con el fin de estudiar el problema de la educación nacional. Entonces se decidió hacer una labor por comisiones especiales, que se fueron a las zonas que controlaba el Ejército Constitucionalista, formando comisiones político-pedagógicas, es decir, que a la vez que iban a dar a conocer los grandes principios postulados por la Revolución de reivindicación legal, de formación social, de transformación de las instituciones, se abordara el problema educativo; con ese propósito se nos mandó a Tabasco para que, comenzando desde ahí, cubriéramos el sureste entero. Claro, la situación aún no estaba consolidada, había todavía muchos lugares donde continuaba la lucha armada.

Yo me integré en un reclutamiento de emergencia que se formó para enfrentar la sublevación en Yucatán encabezada por el comandante militar, Ortiz Argumedo, que se levantó con todos sus activos militares y con mucha gente de Yucatán, y que avanzó hacia el sur muy rápidamente. Hubo que organizar una columna de emergencia, al mando del general Salvador Alvarado. Varios nos fuimos allá, y a mí me tocó estar a las órdenes del general Heriberto Jara, que mandaba el ala derecha de la columna en una hacienda que se llama Blanca Flor, o Jaleos, que era una verdadera fortaleza. Ésa fue una batalla muy enconada, muy sangrienta, hubo alrededor de 500 bajas, duró todo el día.

De ahí nació lo que llegó a ser una gran amistad entre el general Jara y yo, que fuimos buenos amigos. El general Salvador Alvarado, tomada la hacienda de Blanca Flor, organizó una columna para dirigirse hacia Mérida, adonde llegó poco después.

Las tropas de Alvarado en la batalla de Blanca Flor se componían de tres sectores: el primero, el ala derecha, confiada al general Jara; el del centro al mando del general en jefe, y el ala izquierda confiada a unos tabasqueños de Río Colorado; esas tres formaciones lucharon, pero sobre todo Jara. Hubo un momento en que éste avanzaba con una naturaleza tan enérgica que Salvador Alvarado mandó que se retirara porque desajustaba un poco la unidad de la columna, pero Jara le dijo que era imposible el retroceso, que sería la desbandada, ya que en esos momentos una retirada significaría un movimiento sospechoso, desalentador y de retirada. Entonces, el general Jara se estacionó hasta que, junto con las otras dos unidades, se hiciera el ataque simultáneo y vigoroso sobre la hacienda defendida con grandes contingentes, que estaban a las órdenes de Ortiz Argumedo, además de todos los voluntarios yucatecos, entre ellos bastantes estudiantes. Murieron muchos estudiantes de Mérida.

Regresé a Veracruz y en esos tiempos era muy amigo del general Pesqueira, el encargado del ramo de Guerra; pensaron que podía incorporarme a una columna que salía para Tamaulipas, para lo que se llamó entonces el frente del Ébano, al mando del general Pedro Colorado, un tabasqueño, pero a última hora las órdenes de don Venustiano fueron otras y me mandaron en una comisión político-pedagógica al sureste, empezando por Tabasco, para comenzar a plantear la modificación de la escuela.

Llegamos a Tabasco: desembarcamos en el puerto de Frontera y de ahí nos fuimos a Villahermosa, que todavía se llamaba San Juan Bautista. Empezamos con una conferencia que di en el Teatro Merino sobre la educación, en relación con la necesidad de que las escuelas del país sufrieran una transformación. Fue muy bien acogida la comisión, porque en Tabasco había un ambiente cálido, revolucionario, debido a los hombres que dirigieron el movimiento armado, desde los últimos años de la dictadura, en esa lucha frontal contra don Porfirio, y que siguió después.

Tuvo la suerte el estado de Tabasco de que los grandes dirigentes de la Revolución y los militares que lucharon fueran hombres de una gran calidad humana y de una gran rectitud, honradez, entrega a la lucha. Hombres como el general Pedro Colorado, quien era intachable, que tenía una gran categoría, era el prototipo de la honradez, de la rectitud, de la responsabilidad; una gran figura, un militar que desarrolló una lucha muy inteligente, muy importante. También el general Aquileo Juárez era un hombre de una gran rectitud, muy íntegro y, con él, estuvieron Fernando Aguirre, un viejo luchador de la época de la dictadura, Francisco J. Santamaría, José Domingo Ramírez Garrido, el general Carlos Green, en fin, todos esos cargos que yo conocí, eran gente muy recta, muy responsable, grandes revolucionarios, que estaban actuando muy solidariamente.

Conocí en Veracruz, antes de salir para Tabasco, al general Carlos Green, quien llegó ahí a informar a don Venustiano y a dejar el gobierno para irse a una comisión militar, y entonces se nombró gobernador a Aquileo Juárez. Carlos Green, un hombre rico, muy rico, era un ganadero, dueño de una gran finca situada en un sitio estratégico para la lucha armada; él entregó su hacienda con sus edificaciones para que sirvieran a los luchadores de entonces. El ganado se sacrificó para alimentar a los insurgentes, y su hacienda fue un sitio muy adecuado para ciertos mandos; fue como un cuartel, gracias a su situación aislada, como un lugar de refugio, a donde iban, se aprovisionaban y se refugiaban grupos que estaban luchando.

El general Carlos Green, a quien traté después, era una de esas personas de una entrega absoluta, completa, y de un gran talento. Conservo de ese grupo de luchadores tabasqueños el recuerdo de muchas cualidades humanas, de limpieza personal, de actitud de servicio, de absoluto desinterés, de entereza completa.

Podría mencionar otros nombres, todos de esa generación a la cual no se ha dado suficiente atención por el descrédito que se armó después, porque sí se montó una campaña muy malintencionada e injusta contra la Revolución. Claro que hubo algunos que se enriquecieron en aquellos años, que se aprovecharon de los puestos públicos y de los cargos militares para hacerse ricos, pero su número es muy inferior al de todos los que fueron verdaderos ejemplos de probidad, a veces exagerada.

Conocí al general Salvador Alvarado en Yucatán, cuando iniciaba esa labor de transformación socialista, de sesgo socialista. Ya he contado la anécdota de que siendo secretario de Hacienda, al triunfo de la Revolución, nombró tesorero general de la Nación a quien había sido su antiguo pagador en Yucatán, que era un abogado. Un día nos encontramos en la calle 5 de Mayo y en la plática me contó que cuando acababa de tomar posesión en la Secretaría de Hacienda, el primer mes el abogado le llevó sus haberes, los de la Secretaría de Hacienda, su participación como presidente de tal consejo, de la contraloría, de cancelación de timbres, de muchas cosas, y Alvarado le dijo: "Yo soy un general del ejército comisionado en este puesto, y todo el dinerito regresa a Hacienda, porque yo no debo recibirlo". Y, claro, con esa manera de conducir su comportamiento, tan escrupulosa, Salvador Alvarado dejó un sello en Yucatán. Él manejó la revolución del henequén con las manos limpias, y ese asunto fue una contribución muy importante para la lucha entre constitucionalistas. Supo llevar muy bien las cosas. Alvarado era un hombre muy culto y dejó una obra escrita sobre la Revolución en varios tomos, muy buenos.

Siendo gobernador, Salvador Alvarado llegaba a alguna de las escuelas de Mérida en la mañana, se izaba entonces la insignia patria y se cantaba el Himno Nacional. Era un hombre que vestía sencillo, sin pistola, y en alguna ocasión llegó a la escuela con un pájaro en una jaula; después de que se cantó el Himno Nacional y todo eso, dio una lección al liberar el pajarito aquel, una lección sobre la libertad. El militar, el señor comandante, el gobernador del estado, así llegaba a todas partes, era muy sencillo, iba a pie; fue todo un ejemplo de conducta, de comportamiento. Su papel fue muy importante en la cuestión del henequén. Durante la primera Guerra Mundial, el henequén estaba muy solicitado, sobre todo había mucha demanda en Estados Unidos, y como siempre, los americanos dijeron: "Vamos a comprar el henequén a tal precio"; Alvarado dijo: "No, a ese precio no hay una sola fibra de henequén; para que ustedes tengan el henequén tienen que pagar tanto"; las conversaciones siguieron: "No te lo pagamos". "Entonces no hay henequén". Finalmente tuvieron que pagar, y empezó entonces un gran auge económico para el estado. Después, los henequeneros, que con esa diferencia de precio habían ganado mucho dinero, dieron una contribución muy importante, que fue muy bien acogida, para la Revolución: cuatro millones de pesos de entonces, que sirvieron para comprar armas.

Todo eso fue manejado con una gran honradez. Cuando las fuerzas del general Alvarado llegaron a Mérida, lo hicieron con una moral muy alta, porque antes, en una plaza que se llama Bolonchén Tikul en Campeche, unos soldados les robaron a unas mestizas, como se les llama allá, sus collares de filigrana y otras cosas; ellas fueron a reclamar y aunque los soldados dijeron que se habían encontrado esos objetos, ahí, sobre el terreno, los formaron y los llevaron al paredón para ser fusilados; ahí no se permitían cosas así.

Es importante señalar que los jefes militares tabasqueños fueron de una entereza y una probidad ejemplares. Tenían una moral muy alta. Alvarado ponía el ejemplo, el ejemplo personal, y creó un instituto que daba garantías a los trabajadores.

Alvarado, que era de Sonora, se levantó en 1913 no en 1910, y cuando llegó ahí don Venustiano había logrado reunir un contingente importante, aunque sin mando de fuerza, lo mismo que Lucio Blanco.

Lucio Blanco ya había hecho el primer reparto de tierras en Nuevo León, en la hacienda El Borrego; su gente estaba prácticamente sin mando de fuerza. Los soldados de Alvarado y de Blanco eran todos de infantería; entonces, les avisaron que había grandes contingentes de caballería en Sinaloa y que tomaran el mando. Cuando se llevó a cabo una de las operaciones más al sur, la batalla de Orendáin, en tierras de Jalisco, las fuerzas de Lucio Blanco ya eran muy importantes. Lucio Blanco también fue un ejemplo de honradez, de rectitud muy grande, yo lo conocí; era muy amigo de Guillermo Castillo Tapia, eran inseparables. El general Castillo Tapia también fue muy buen amigo mío; era completamente honrado, no recaudaba nada, no tenía propiedades ni nada, no especulaba con las pasturas ni con otras cosas, no.

Desgraciadamente, en Tabasco hubo un levantamiento en contra del constitucionalismo que empezó en la misma Villahermosa y que le costó la vida al general Pedro Colorado, quien ese día había tomado posesión de la gubernatura. Se vino la ocupación del estado por las fuerzas sublevadas, con excepción de Progreso y de Huimanguillo, donde estábamos en ese momento.

Yo había ido ahí a adaptar para escuela la única casa que poseía don Pedro Colorado (que había sido la herencia de su padre) y que había donado para ese fin. Llegué con el nombramiento de director de la escuela de Huimanguillo, que me dio para ese efecto el gobierno del estado. Organizamos la resistencia con ayuda de todo el pueblo, porque Pedro Colorado era originario de Huimanguillo; ahí nos sostuvimos.

Tabasco fue ocupado totalmente por los sublevados, y empezó la lucha por su recuperación; en un intento de ataque a Huimanguillo, con algunas acciones de vanguardia y de periferia, los sublevados vieron que todo el pueblo estaba armado, y entonces se replegaron a la población de Cárdenas y no pasaron de ahí. Nos sostuvimos el tiempo necesario para que se llevaran a efecto todas las presiones militares de recuperación, pero se produjo una inundación muy grande en el estado, y nosotros tuvimos que dedicarnos a organizar grupos de salvamento, porque la inundación acabó con el ganado, con todos los animales domésticos.

Para el estado de Tabasco no representó una catástrofe irremediable de inmediato, porque estábamos en las márgenes del río Mezcalapa, que tenía algo así como un kilómetro de ancho, poblado con todas las especies de tortuga y de peces; entonces, cuando los ríos inundaron rápidamente los pueblos, a la gente la alimentaron, porque se necesitaba poco esfuerzo para extraer a esos habitantes de las aguas dulces. Sin embargo, se produjo una epidemia de paludismo, del paludismo que se llamaba paludismo extremo, que mataba rápidamente; las labores de salvamento que hacíamos nosotros nos expusieron al contacto y yo contraje paludismo; afortunadamente, había dos médicos militares que llegaron a Huimanguillo movilizados para la labor de recuperación del estado y ellos me atendieron. Fue tan severo que después del desayuno sentía fiebre y debilidad, aunque en esos tiempos yo era un hombre muy fuerte físicamente, musculoso; los doctores me impusieron una dieta para preservarme del paludismo. Era por los años 1914, 1915, tenía yo unos 24 años.

La cosa fue tan severa que figúrese usted que un día, después del desayuno, cuando llegué a mi cuarto, la temperatura me había subido a 38° y a la una de la tarde perdí el conocimiento, pero los médicos estaban conmigo, me estuvieron bañando toda la noche y apenas al día siguiente, a las 8 de la mañana, recuperé el conocimiento. Los doctores se turnaban en las noches para atenderme.

Finalmente pedí mi vuelta a Veracruz, que me fue acordada por don Venustiano, y regresé el 4 de enero que es el día de San Gilberto; yo no nací ese día, pero cuando pasé por Progreso esa noche, en un barco de río para tomar el *Tampico* (uno de los barcos que hacían los viajes de cabotaje por el Golfo), se acordaron de mí, porque yo había dado unas pláticas en Progreso, y me fueron a festejar. Yo todavía tenía fiebre.

Bueno, la historia es larga, pero al fin y al cabo pedí a la primera jefatura que me permitieran no presentarme en el puerto, sino salir para Salina Cruz donde tenía una hermana que era esposa del administrador del timbre en ese lugar. Me fui con ella para recuperarme y me estuvieron atendiendo de la única forma que había entonces: con inyecciones de quinina. Una vez que me repuse un tanto fui a hacer un recorrido por Chiapas y después hice escalas en Córdoba, Veracruz y en Puebla, donde estaba mi madre. Ahí me quedé, para seguir con el tratamiento para el paludismo, hasta que pasó.

Entonces me fui a Tlaxcala, con el gobierno del estado, el gobierno revolucionario provisional; ahí se convocó al Primer Congreso Pedagógico Nacional para plantear la transformación de la escuela, que se reunió en el año de 1916 en la ciudad de Santa Ana Chiautempan, que es una estación ferrocarrilera. Fui presidente del congreso y desde el discurso inaugural planteamos algunas formas para llevar a cabo una transformación de la escuela, a partir del conocimiento de la realidad social, de la verdad, como base para lograr los postulados de esa transformación. Ése fue el Primer Congreso Pedagógico Nacional en el periodo preconstitucional de la Revolución.

En Yucatán se había realizado un congreso estatal, pero en éste hubo representaciones de las entidades con las que había ciertas facilidades de comunicación; las demás, en aquel entonces, eran zonas prácticamente incomunicadas, con grandes dificultades de transporte. Las representaciones que asistieron fueron las de los estados de Hidalgo, de Puebla, de Veracruz, de Tlaxcala, de Oaxaca y del Distrito Federal; con ellas se constituyó el congreso. Al mismo tiempo, se trató la reformulación de la Ley de Educación para el Estado de Tlaxcala, como una derivación lógica de los trabajos del congreso: el problema educativo nacional.

Eso tenía mucha amplitud. Por ejemplo, en la cuestión del ejército, estaba el que formó don Venustiano, con luchadores que habían obtenido sus grados en las campañas, durante la lucha armada, que habían hecho un recorrido de sacrificio, de privaciones, de esfuerzo y de voluntad sostenida para llegar ahí. Era un ejército producto y expresión de la lucha del pueblo, que se empezaba a transformar, junto con sus unidades de mando, en el nuevo régimen, y después también con el advenimiento de quienes tomaron posesión de algunas posiciones estratégicas, es decir, de la derecha. Cuando Manuelito Ávila Camacho y todo lo que siguió, todavía quedaban vivos aquellos soldados; fue entonces cuando se hizo otra cosa, se fundó la Escuela Superior de Guerra, donde empezaron a aparecer los "diplomados" de Estado Mayor, a quienes se les llamó "los penicilinos"; sin embargo, todavía quedaban gentes que desempeñaban un papel, por ejemplo en Jalisco, cuando con el general Calles se ordenó disparar contra el pueblo, contra los agraristas, y los soldados dijeron: "No obedeceremos, al pueblo no se le mata", y se sublevaron.

Tuve también un primo, un coronel a quien le dieron órdenes de ese tipo y dijo: "¡No!". "Pues será juzgado en Consejo de Guerra". "No importa, yo voy al Consejo de Guerra por desobedecer una orden así, porque yo no voy a recibir esta clase de órdenes", y le formaron Consejo de Guerra, pero los soldados se pusieron bravos y dijeron: "No señor, usted no toca a mi coronel, no lo toca".

¿Cuándo conoció a su esposa?

La conocí cuando ella tenía nueve años. Entre la familia Manjarrez y la familia Bosques hubo siempre gran vinculación. El ingeniero Manjarrez, que fue un hombre extraordinario, fue mi condiscípulo; mi casa era su casa, de modo que cuando llegaba a mi casa se le atendía como si fuera el hermano mayor, el músico, el maestro, el ferrocarrilero, porque entonces estaba en muchos campos de acción, para servir a una sola causa que era la Revolución.

Cuando murió la mamá de mi futura esposa, regresábamos de una excursión y ahí estaba María Luisa. La conocí en momentos muy dolorosos y muy especiales, y más tarde seguimos tratándonos. Ella hizo su carrera en una escuela católica, porque su hermana era religiosa; ahí se distinguió mucho por sus grandes cualidades, era la que hablaba y recitaba mejor, tenía una voz extraordinaria, maravillosa. Pero, además, era una alumna muy destacada, al grado de que para su examen profesional, el colegio aquel invitó a muchas personas, incluso al gobernador, quien asistió para presenciar el examen de una alumna tan distinguida.

Su papá estuvo en Tlaxcala en la Comisión Agraria, y yo era entonces diputado de la Legislatura local, por Izúcar de Matamoros, y ahí tuvimos María Luisa y yo un trato más personal, por las vacaciones que pasaba con su papá y con su hermano; ahí empezó el proceso de acercamiento, de entendimiento, que desembocó en el matrimonio.

Nos casamos en el año 1923 en circunstancias un tanto especiales. El hermano de María Luisa era el gobernador del estado, por lo que la boda se presentaba con algunas características extraordinarias que, por acuerdo de los dos, evitamos completamente. De modo que no hubo recepción, no hubo baile, no hubo ninguna de esas cosas; después del matrimonio, apenas con el tiempo necesario para cambiarnos el traje de bodas por el traje de viaje, salimos de inmediato para la capital, eludiendo todo, a partir de una propuesta de María Luisa, quien no quería ese tipo teatral de las bodas, que se prometía muy espectacular, porque había mucha gente interesada en aprovechar la ocasión para demostrar al gobernador su amistad, su interés y todo lo que eso conlleva.

Entonces no hubo absolutamente nada. María Luisa tenía una gran inteligencia, un gran equilibrio, mucha personalidad, y se destacó siempre, incluso adelantándose a muchas cosas; una de ellas, muy significativa, fue su propuesta de eludir todo eso, porque ella siempre pensó que eran ceremonias un poco exhibicionistas, muy convencionales, muy arregladas, montadas casi teatralmente.

Tuvimos tres hijos: Laurita, Teté y Gilberto, que nacieron acá, en la ciudad de México. Luego nos fuimos a Francia, cuando las dos niñas ya habían terminado su primaria; Gilberto la acabó allá. Los tres fueron a la escuela comunal, a la escuela pública, nunca fueron a una escuela privada, siempre estuvieron en escuela pública.

¿Cuándo fue diputado?

Fui diputado federal en el segundo periodo de Álvaro Obregón, que era de cuatro años. Siendo diputado me fui a la revolución delahuertista, por lo que luego tuve que irme al extranjero; volví una vez levantada la prohibición que había de no permitir mi regreso al país.

Nosotros pensábamos que la Revolución había levantado la dignidad humana, porque había muchos elementos de la psicología colectiva del pueblo que se manifestaban, que nosotros vimos en la primeras cámaras, a cuyas sesiones llegaban cuando acababan de dejar el caballo, de llevar el rifle. Su oratoria tenía muchos defectos de sintaxis,

pp. 171, 173

muchos dichos y palabras impropias, pero muy expresivas, porque era la voz directa, la voz auténtica.

Cuando llegaban a la Cámara de Diputados, recuerdo que les hacían bromas por sus disparates gramaticales, pero decían las cosas claras, con mucho vigor, con mucha fuerza expresiva, y se hacían entender; eran reclamos fuertes, viriles. A ninguna de esas personas le hacían su discurso para que luego lo leyera en la tribuna, como ahora. Muchos otros iban a las reuniones porque había muchos detalles y querían obtener algo; entonces escribían su discursito e iban con su papelito.

Yo no sé, pero en cuerpos deliberativos, que debaten, como que se enfría lo auténtico, se hace inexpresivo, se devalúa la voz que dice las cosas claras, con convicción, aunque no tenga una retórica depurada o una oratoria académica. Ahora veo que citan a un secretario y ya lleva su informe escrito. Nosotros, en la época de Obregón, llamábamos a Pani, que era secretario de Hacienda, y llegaba el señor y decía: "A ver, qué es lo que me preguntan". Y entonces se le planteaban los asuntos para que los contestara concretamente, pero no eso de llevar por delante y someter al texto oficial las preguntas, eso es revertir las cosas, ponerlas al revés.

¿Y su labor como periodista?

En la ciudad de México trabajé en cosas personales, después fui muy amigo de José Vasconcelos y los dos acabamos haciendo *La Antorcha*, en su primera época, para lo cual montamos un taller; *La Antorcha* tuvo una circulación en todo el continente.

Pero antes participé en el periódico *El Sembrador* que se repartía por todo el país; se mandaba a las agencias de correo, pero como los ejemplares no llegaban a todas las agencias o a las rancherías, entonces a los maestros de las escuelas más apartadas se les comunicaba y se les invitaba a que recogieran el periódico en las oficinas postales más cercanas. En el periódico se tocaban temas populares, objetivos, de la situación campesina, a partir de un conocimiento real; por ejemplo, el doctor Segura, que era un viejecito, escribía la "Columna del médico", y con los elementos a su alcance hacía recomendaciones prácticas de tipo higiénico y de primeros auxilios. Luego estaba la "Cocina de la comadre" que, teniendo en cuenta los productos disponibles, daba consejos para el mejor aprovechamiento del maíz, del frijol, de la calabaza, con recomendaciones para la alimentación de los niños. La sección "Historia del país" narraba, en forma de relatos, la historia de México en el transcurso del siglo. *El Sembrador* incluía información general, algo de poesía, música popular, cantos de la época, es decir corridos, con su acento un poco cargado en las cuestiones de la injusticia social. Llegó a tener tal éxito el periódico que, cuando llegaba, de inmediato lo iban a recoger y a veces en algún pueblo lo recibían con cohetes y música. El maestro se los leía en voz alta a los campesinos, se los explicaba, y luego en cada pueblo se hacía un periódico mural, que tenía una parte en blanco donde podían escribir sus demandas, dirigidos por el maestro, por el secretario del Ayuntamiento, por gente letrada; todo para el interés vital de los pueblos. También había una sección de consulta que recibía muchas preguntas, era bastante profunda, y en la misma página se les daba respuesta, pero otras se contestaban directamente o se mandaban al doctor Segura o a la "Cocina de la comadre".

Se leyó mucho el periódico, llegaba a todas partes y era gratuito. Creo que fue una de las publicaciones que tuvo mayor difusión, tal vez única, porque rebasaba la ramificación postal del país, despertando un enorme interés en los pueblos; no tenía nada de "Señor Presidente por acá", "Señor Presidente del Partido", "Señor don Fulano de Tal", ahí no había nada de eso. Sólo la realidad campesina del país.

¿Cómo sacaban ese periódico?, ¿quién lo pagaba?

Lo pagaba la Secretaría de Educación. Fue un periódico que yo le había propuesto a Vasconcelos, pero entonces no se pudo realizar, y luego se volvió la revista *La Antorcha*.

En otro momento hubo ya la oportunidad de hacerlo, y se hizo con muchas facilidades, por ejemplo, la contribución gráfica, de todos los dibujantes, era de poco precio o gratuita: a Leopoldo Méndez le dábamos 15 o 20 pesos; a veces lo teníamos que ir a alcanzar por ahí, porque andaba en las misiones culturales, para que nos diera nuestros dibujos. Había esa explosión de ánimo, ese entusiasmo de colaboración, de espíritu de servicio; entonces contábamos con toda esa buena voluntad, esa aportación entusiasta, voluntaria, espontánea.

En *El Sembrador* tuvimos muchas colaboraciones espontáneas, como las de Ezequiel Negrete, con sus dibujos y óleos para portadas; hizo varias portadas para *El Sembrador*, además de ilustraciones en las páginas interiores del periódico, como las de la "Columna del médico", en las que dibujaba los consejos del doctor viejito.

Ezequiel Negrete tenía un estilo muy característico en sus trabajos, en sus grabados, que además eran muy comprensibles para los destinatarios del periódico. Era muy popular, porque sus dibujos incluían escenas campesinas muy bien llevadas; también hacía viñetas y algunas ilustraciones para acompañar los consejos que se daban a los campesinos para el cultivo de verduras y la cría de animales como puercos y gallinas, cosas prácticas.

Además de Negrete y Méndez, también participaron Roberto Montenegro, Diego Rivera y Fermín Revueltas, quien hacía viñetas para completar los espacios en blanco que quedaban después de colocar los textos.

Con este fin habíamos montado una imprenta, con la que después nos quedamos para imprimir diversas publicaciones culturales y políticas de la época. Era una imprenta completa y bien montada. Luego, tuvimos la hostilidad de Luis N. Morones, quien era secretario de Industria, Comercio y Trabajo con Calles, así que pasar al campo puramente comercial fue difícil. Total, se acabó, y después de un litigio que ganamos, entregamos la imprenta a los obreros, pero la clausuraron porque ninguno de ellos era de la CROM de Morones. A Pepe Vasconcelos lo obligaron a salir del país.

¿Cómo era la vida cultural en México?

En 1933 nace la Liga de Escritores y Artistas Revolucionarios, la LEAR; tuvo sus primeras reuniones en Bellas Artes y después en el Palacio de Minería. A esas sesiones siguió su primer congreso; parece que por ahí se van a publicar los discursos completos que se pronunciaron entonces.

Más tarde, Juan Marinello, con quien cultivé una amistad muy amplia, me regaló la fotografía donde aparecemos quienes participamos en ese acto inaugural. El trabajo del programa de acción de la LEAR se organizó en secciones y en una de ellas se incorporaron Rafael López y otros escritores del grupo Agorista.

¿Estaba presente Siqueiros?

Bueno, Siqueiros no, él no estuvo, pero ya había abanderado el movimiento en la Escuela de Bellas Artes, aquel manifiesto que lanzó. Yo tuve una amistad muy grande con David, fuimos grandes amigos, hasta lo último. Yo era a quien reclamaba cuando llegaba a La Habana y no lo iba a ver, porque regularmente salíamos a tomar café o a comer en algún restaurante para seguir hablando de muchas cosas. Fuimos muy amigos, lo mismo con Diego, por las relaciones personales que se establecieron cuando publicábamos *El Sembrador,* para el que nos dio varias carátulas y algunos dibujos.

Cuéntenos lo que recuerde de su relación con la LEAR *y los artistas, el Taller de Gráfica Popular y otros artistas de su generación.*

En la LEAR conocí a todos. Muchas fueron presencias pasajeras por otro tipo de actividades que yo tenía, de gestiones de todo género, no sólo en la ciudad sino en todo el territorio nacional. Fui amigo de José Revueltas, quien con Marinello formó parte de la dirección de la LEAR; cuando ellos estaban en esa labor, se organizó el Primer Congreso de Escritores, Artistas e Intelectuales Revolucionarios; conservo una carta de él en la que me pedían que participara en ese acto; también hablaron Juan Marinello y Waldo Frank. Yo lo hice en nombre del entonces Partido Nacional Revolucionario; por ahí conservo ese discurso y las crónicas que aparecieron en los periódicos de aquellos días.

Mi relación de amistad era con todos, con Fernando Leal, con Luis Cardoza y Aragón, todos los miembros de la LEAR, que desarrolló una labor con ese personal tan integrado a la calidad artística, intelectual. No pudo marchar como un organismo de más trascendencia y se fue apagando; fue entonces cuando en el pensamiento de Leopoldo Méndez surgió la iniciativa del Taller de Gráfica Popular.

A pesar de los trabajos y de las penurias que pasaron Leopoldo y los otros fundadores, el Taller pudo desarrollar una labor de acción dirigida a las masas, con lo que se ha llamado "el mensaje" que, como era un mensaje de carácter social, tenía un gran campo de expansión; por ello, el Taller de Gráfica Popular sí se pudo constituir, pudo trabajar, enriquecerse y desarrollarse con la colaboración de otros artistas. Los tiempos tenían esa exigencia.

Fue la época en la que México tuvo la mayor producción artística de carácter social; fue la época del arte social. Por las circunstancias, el ambiente, la atmósfera que se respiraba, la actitud de la gente, había una aspiración colectiva, y el Taller tuvo una respuesta muy amplia. El Taller de Gráfica Popular, que se fundó en 1937, fue un acontecimiento artístico verdaderamente histórico, muy importante, valioso para la producción artística de ese momento; tuvo una vida muy intensa, una vida con una aspiración colectiva.

¿Piensa usted que alcanzó sus objetivos?
¿Estas aspiraciones colectivas se cumplieron?

Bueno, sí, fue una respuesta para el pueblo de México, y además trabajaba por la paz, por la unión del proletariado, por la causa social universal, asuntos a los cuales se contribuía con carteles sobre los problemas de la escasez, del hambre, del acaparamiento, de la explotación, de las colas en las tiendas, y en algunas partes su actividad tenía realmente cierta proyección.

En un examen más cuidadoso y detenido de su labor, pudiera traerse a los ojos de ahora obras como aquel grabado de Leopoldo, *La industrialización que no queremos,* con un mensaje que está ahí, que es un tema que sigue vivo: el interés, la necesidad, la demanda popular.

Por la gran expansión que tuvo el Taller de Gráfica Popular, por los valores artísticos de los que se componía, que representaba, tuvimos la oportunidad de darlo a conocer en muchas partes, por ejemplo llevamos parte de su producción a Suecia, a una exposición de grabados antes de la Gran Exposición.

La primera edición del catálogo se agotó y hubo que hacer otra que también se vendió toda; tiempo después, los ejemplares del catálogo se vendían muy por encima de su precio y la gente los buscaba y buscaba por todos lados.

Prácticamente vi nacer el Taller, porque conocía a Leopoldo Méndez desde mucho, muchísimo antes, cuando su tía le puso un pequeño estudio en la calle de Municipio Libre, en Portales, donde él empezó.

Es interesante señalar que en esos tiempos él me comentaba que sentía especialmente la vocación de pintar, es decir de ir al color, y también el impulso de ejercitarse en la escultura, para lo cual me pidió que una de mis hijas, Teresa, que entonces era muy pequeña, fuera su modelo y compró un bloque de madera para hacer su escultura. Ese plan se fue aplazando porque eran tiempos en que nuestra actividad se iba por muchas partes, es decir se bifurcaba y se dividía, había muchos puntos de interés para trabajar, así que por las distancias y las ocupaciones, Leopoldo terminó haciendo un retrato de Teresa que ella tiene en su poder.

En su búsqueda de la creación artística, Leopoldo pensó en la pintura de caballete, pero una vez que maduró en él un pensamiento de tipo social, en una ocasión me dijo: "Usted sabe que yo iba derecho a la pintura, ¿no?, pero yo no voy a hacer cosas para las colecciones privadas de la burguesía, eso es egoísta y lucrativo; el momento de México no es ése". Entonces pensó en el grabado y ese pensamiento caminó para concretarse en la creación del Taller de Gráfica Popular. La amistad con Leopoldo se desarrolló hasta su muerte.

En ese entonces yo visitaba a Diego Rivera en su casa de la calle Sonora. En las habitaciones de abajo estaba Lupe Marín y en la parte alta el estudio de Diego, así que primero había que pasar a saludar a Lupe y luego subir las escaleras. Iba a recoger los dibujos de Diego para *El Sembrador,* pero a veces estaba trabajando y yo ahí me quedaba sentado, esperando a que terminara alguno de esos cuadros ocasionales para turistas que llegaban para que Diego les hiciera su retrato. A veces me decía: "Espérate, que aquí hay una cotorrona que quiere un retrato", y se lo hacía con grandes trazos. Yo lo esperaba, y luego platicábamos largamente sobre el tema del momento.

Diego hizo un gran dibujo sobre el alcoholismo, para las planas centrales del periódico, que se ha perdido. No tengo tampoco la colección del *Sembrador;* no sé si en la Hemeroteca o en la Secretaría de Educación Pública la conserven y puedan rescatarse por lo menos los números que tenían esas ilustraciones. Nosotros nos quedábamos con los dibujos de Diego, de Leopoldo, de Montenegro, de Fermín Revueltas, guardados en el archivo del periódico, donde estaba también toda la correspondencia del país y del extranjero (esta parte del archivo, la de las relaciones del *Sembrador* con el extranjero, sí la tengo). Cuando Leopoldo y nosotros tratamos de unificar el archivo que tenía todos esos materiales, nos enteramos de que a Rómulo lo había atropellado un camión, había muerto, y su señora estaba aturdida. Leopoldo se conmovió hasta las lágrimas y no quiso pedírselo, respetando su dolor, porque el accidente en el que había perdido la vida el marido había sido la víspera o la antevíspera. Leopoldo no se atrevió a reclamar y todo se quedó así; la señora era una persona inculta que seguramente no dio ningún valor a esas cosas y no supimos lo que hizo con ellas. Ahí estaba una parte bastante interesante de la correspondencia con gente de la plástica y de colaboraciones para *El Sembrador*.

Después, Leopoldo y yo seguimos cultivando la amistad y pude ver cómo él iba perfeccionando el oficio con una gran dedicación, buscando técnicamente la mejor expresión. Cuando empezó a colaborar en *El Sembrador* se dio un trato más personal, muy bien sostenido. Leopoldo siempre nos visitaba, por ejemplo, cuando estuvimos en Lisboa y él andaba por Europa, pasaba por Lisboa y se quedaba unos días en casa con nosotros. De Londres y de muchas partes me enviaba cartas, tarjetas; cuando estuvo en Japón me mandó desde ahí, en un tubo de cartón, unos grabados que luego vino a exponer acá. Fue un gran amigo de la casa, hubo mucho cariño y estimación, una gran confianza: siempre nos platicaba sus cosas de manera tan directa, a veces infantil, tan sencilla, tan transparente.

Leopoldo Méndez y Pablo O'Higgins fueron una gran pareja de creadores, dos hombres de una calidad humana superior, dos hermanos, uno rubio y otro moreno, ambos con mucha personalidad, con mucho rostro, mucha expresión en la cabeza y en la manera de ser; se encontraron dos hombres de gran capacidad en su oficio de hacer belleza plástica.

Tuve amistad con los precursores del Taller de Gráfica Popular, sobre todo con Leopoldo Méndez, Pablo O'Higgins, Luis Arenal y todos los que inauguraron ese taller precario con tanto esfuerzo, cuando pasaban unos apuros económicos tremendos, con muchos trabajos, con tan pocos elementos de trabajo y sin recursos pecuniarios.

El Taller estuvo primero en la calle de Nezahualcóyotl, en unos cuartos donde estaba una mesa para trabajar. Cuando empezaron a instalarse no había para pagar a un cargador, y ahí iban ellos cargando todo con muchos apuros, haciendo altos en la calle para descansar; así llegaron la mesa, las piedras y todo lo que necesitaban para empezar a trabajar. Cuando se vendían bien los carteles y los grabados costaban 10 pesos. Claro, eso no era productivo ni siquiera para pagar la renta de la casa o la luz. Si llegaba el casero, Leopoldo tenía que esconderse debajo de la mesa, porque no había para pagarle la renta.

Ahí llegó Mariana Yampolsky, muy jovencita, la recuerdo muy bien. "¿Qué está haciendo aquí esta americanita?", se preguntaban algunos, y yo les contestaba: "No, ésta no es americanita, no tiene aspecto de americanita"; su expresión era muy diferente a la de las americanas, y yo negué su nacionalidad. Sí, era la más joven de todos los miembros del Taller, pero en ella se manifestaba el entusiasmo, el deseo de incorporarse a esa tarea tan desinteresada, tan amplia, tan generosa, tan trascendente.

Durante la trayectoria del Taller se llegó a reunir un acervo importante de esas obras que dieron tanto. Nosotros presentamos en Europa varias exposiciones de sus obras, con agregados de Siqueiros y de José Clemente Orozco, en fin, pero que era la muestra de una escuela, era un cuerpo homogéneo de creación plástica del Taller, de toda su creación de entonces.

Respecto a la difusión del trabajo del Taller ya he mencionado algo. Ahora voy a contar una anécdota sobre la presentación: en Gotemburgo me solicitaron montar una exposición sobre el Taller, y yo les dije: "Hay una condición, que se presente con decoro. Nosotros exigimos que la presentación del arte mexicano sea decorosa, por respeto a su importancia artística". Entonces, vaciaron los salones principales del museo y se le dio mucho relieve a la exposición.

Lo mismo ocurrió en Helsinki y también en la Gran Exposición presentada en Suecia, en Estocolmo.

A los museos de arte de Helsinki, de Oslo y de Gotemburgo hicimos algunos obsequios de grabados, de litografías, para dejar huella del paso de las exposiciones, pero eso fue aparte, en privado, siempre partiendo de que no se mezclara en lo más mínimo un interés que no fuera el que correspondía a la seriedad, a la importancia, a la majestad del arte mexicano.

Con esos antecedentes, con esa manera de pensar, no podemos admitir, por ejemplo, esa exposición de "treinta siglos de esplendor" que se presenta ahora por los comerciantes, por Televisa, en las que se venden las pinturas, se vende artesanía, donde también hay un restaurante de comida mexicana; eso es para que lo hagan los mercaderes, pero no para que un país muestre su arte, que debe ser presentado con todo decoro, con respeto y limpio de cualquier desviación. Eso se logró en Europa, lo mismo en París que en Estocolmo o en Londres, donde siempre se expuso el arte mexicano sin ninguna cosa, ni un pequeño detalle que cayera en el mercantilismo; no eran mercados de arte, eran exposiciones y, como tales, se presentaban con su integridad propia.

¿Y en Cuba?

En Cuba se presentó también. Fue en la época de Batista, cuando el ambiente político no se prestaba a muchas cosas, a manifestaciones puramente culturales; entonces nosotros pusimos en la embajada una exposición casi privada de la obra póstuma de Luis Bagaría, de sus caricaturas.

¿Cómo fue su retorno a la vida política?

Estuve trabajando acá, pero iba a Puebla. Cuando nos establecimos en la ciudad de México con los chicos, María Luisa dirigía un internado para jovencitas con mucho talento porque era una gran maestra también. Acá sorteamos ese periodo de alejamiento de la acción política, no fue hasta que surgió la candidatura del general Cárdenas cuando empecé a actuar. Entonces volví a la política y fui otra vez a la Cámara de Diputados. Yo contesté el primer mensaje de Lázaro Cárdenas. Después, vinieron otras actividades políticas, que es muy largo de contar.

¿Qué actividades fueron?

Sobre todo en el estado de Puebla, en el gobierno estatal, porque era diputado.

Fui secretario de prensa y propaganda del Partido de la Revolución Mexicana, donde pude realizar un trabajo muy amplio destinado a la defensa y al esclarecimiento de la labor que desarrollaba el régimen. De ahí pasé a la dirección de *El Nacional,* pero luego, como no pudieron llevarse a cabo los planes que se habían pensado, por las circunstancias del momento (sobre todo el apoyo económico), renuncié a la dirección del periódico, a pesar de que, entre otros, el general Cárdenas me había mandado recado de que no renunciara. Pero no era posible llevar adelante ciertos planes inmediatos, perfectamente estructurados, muy amplios, para que *El Nacional* desempeñara su verdadera función de órgano del régimen. El general Cárdenas, en una comunicación que me envió en respuesta a la carta en la que le explicaba mi renuncia, me ofreció alguna colaboración en el régimen, sujeta a que yo la aceptara. Finalmente, el general Cárdenas me citó en Los Pinos para hablar sobre una iniciativa de Leónides Andreu Almazán, quien era jefe del Departamento de Salubridad, y del diputado Luis Enrique Erro, que le habían preguntado a Cárdenas: "¿Por qué no aprovecha sus servicios en la diplomacia?", porque yo escribí los editoriales sobre problemas internacionales de *El Nacional* durante varios años, antes de ser director.

Mis fuentes como editorialista eran la de educación, naturalmente, la de problemas internacionales y la de finanzas. Para desempeñar lo mejor posible mis funciones de editorialista sobre problemas internacionales, estaba en el Comité Mexicano de Estudios Científicos de las Relaciones Internacionales, que presidía un gran internacionalista, amigo mío y compañero de la Revolución de 1910, el licenciado Luis Sánchez Pontón. Con ese antecedente, tanto Andreu Almazán como Luis Enrique Erro pensaron que podía ingresar en el Servicio Exterior; el general se oponía al principio, no estaba de acuerdo, y en medio de tales circunstancias y aclaraciones personales, le dije que yo tampoco había pensado en eso. Me explicó que la iniciativa de mis amigos se basaba en mi experiencia en la rama editorial de *El Nacional,* y naturalmente también abordó la cuestión diplomática. Hablamos largamente, toda una mañana en Los Pinos, porque él ya había terminado la labor de corrección del informe que iba a presentar, el segundo de su gestión, y estaba relativamente libre. La charla lo retuvo durante toda una mañana por su interés en que examináramos lo que yo tenía de información sobre el ambiente de preguerra en Europa.

Para entonces, yo había reunido una literatura bastante amplia respecto de la situación de preguerra que tanto interesaba conocer al general Cárdenas, como jefe de Estado. Al final de la entrevista me propuso primero la Legación en París, que no acepté porque le dije que quería ir a estudiar la situación en Francia, a trabajar, que podría desempeñar funciones oficiales pero que también necesitaba tiempo para estudiar; el Consulado General en París me alejaría de todos los compromisos sociales, de todo ese movimiento de relaciones que copan los márgenes del descanso. Entonces, él convino en que se me nombrara Cónsul General en París, y así fue como ingresé.

Vivimos acontecimientos de gran hondura e intensidad históricas, porque se desencadenó la guerra y estuvimos inmersos en aquellos acontecimientos desempeñando labores especiales de atención, de auxilio a los refugiados políticos de Francia, sobre todo a los españoles por su número, pero a todos los demás refugiados antinazis y antifascistas que buscaron refugio en Francia.

Se singularizó esa labor partiendo de los principios que se postularon entonces, porque México fue el único país que enfrentó la situación con principios. Durante la Guerra Civil española nos opusimos al Comité de No Intervención que se fraguó en Inglaterra y que después apoyó Francia, y nos opusimos también a todos esos puntos de derecho internacional que se estaban llevando a cabo.

En todos esos casos, México tuvo una posición de sólida congruencia y, naturalmente, de altura, porque estaba basada en principios, que nos sirvieron para nuestra labor en Europa, porque incluso en una situación de emergencia, de disturbios, de riesgo humano, había que tener en la mano y defender los grandes principios básicos de la convivencia universal y humana. Eso sirvió para que México practicara una acción diplomática de gran trascendencia. Así fue como empezó mi carrera diplomática.

MISIÓN EN FRANCIA, 1939-1944

¿Cómo vivió su familia la llegada a París?

Llegamos a Francia el último día de 1938 y amanecimos el primero de enero de 1939 en París. Nos instalamos y empezamos por llevar a nuestros hijos a la escuela. Mi mujer desarrollaba una labor de dirección, de adaptación a aquella situación y a aquel país, con todo lo que eso implica. Mis hijos desde pequeños fueron a espectáculos de tipo cultural, al teatro, a la ópera, a los conciertos. Mi mujer se inscribió en la Facultad de Ciencias Sociales de la Universidad de la Sorbona. Claro, por su posición en el grupo diplomático, su actuación se hizo notar. Recuerdo que una madrugada salíamos de la estación de radio de París (donde María Luisa había hablado en nombre de las mujeres del cuerpo consular sobre la función de la mujer en una situación de guerra), a eso de las cuatro de la mañana hora de México, no del continente, cuando nos encontramos con la noticia de que los alemanes habían invadido Polonia.

Cuando vimos cómo se desenvolvía el ambiente de preguerra, le informé al general Cárdenas que la guerra se iba a producir en cualquier momento. Entonces fui a la costa atlántica a buscar una casa, una granja para que se fuera la familia, e hicimos el traslado a Pornic el 25 de agosto de 1939, día del cumpleaños de mi mujer, y llegamos a celebrarlo ahí. En algún momento, el agregado militar me dijo: "Ya no habrá guerra porque Ribbentrop y el canciller ruso Molotov acaban de firmar el pacto de no agresión entre Rusia y Alemania". Pero yo pensé: habrá guerra otro día, porque este señor cierra un frente para abrir otro, y ese otro va a ser el frente occidental. Regresamos a París y el primero de septiembre estalló formalmente la guerra.

Vino una pausa, el periodo que llamaban los franceses *"drôle de guerre"*, es decir, la guerra en broma, más o menos latente, durante el cual se vivieron diversos acontecimientos; una vez desencadenada la guerra, fue bombardeado París. Yo estaba ahí en el primer bombardeo y mi familia en Pornic; poco después la trasladé a San Juan de Luz, en la frontera con España, para alejarla todavía más de la invasión que era inminente; en efecto, la zona ocupada llegó hasta el puertecito de Pornic.

Cuando ya llegaba el olor de la pólvora de los cañones alemanes tuve que salir de París y llegué, naturalmente con todas las dificultades del caso, pero con mucha suerte, a San Juan de Luz. Establecí el Consulado General en Bayona, pero al dividirse Francia según los acuerdos de Montreux en zona ocupada y zona libre, el puerto de Bayona quedó en la zona ocupada y tuvimos que salir de ahí.

p. 198 Trasladamos el Consulado General a Marsella, donde habría de desarrollarse la labor de atención a los refugiados políticos que se encontraban en Francia.

¿En qué consistía la atención a los refugiados?

Fue algo muy azaroso, naturalmente, las circunstancias eran difíciles. Iban desde la penuria, desde el racionamiento severo, desde la falta completa de lo más elemental para vivir, hasta lo trágico, terrible de la guerra. Pasamos por esa situación en Marsella, de grandes dificultades.

Las de orden doméstico se debían a la escasez más que a la carestía de alimentos, de carbón para la calefacción; mis hijos a veces se iban a la escuela con una tacita de aceite de oliva, unas aceitunas, una zanahoria raspada o algo así, porque no había leche ni pan.

Tratamos de superar todos esos problemas y acomodarnos a aquella realidad, pero lo trágico estaba en la guerra misma y en la situación

pp. 200-205 de mucha gente, de los españoles, de quienes habían participado en las Brigadas Internacionales —que habían sido retiradas de la guerra de España—, de todos los que habían participado en la Guerra Civil española; de todos aquellos fugitivos de Austria, de Alemania, de Polonia, de Yugoslavia, de Italia, que buscaron refugio en Francia, para quienes México tuvo una actitud, en ese momento, de protección. Se les protegía para que no cayeran presos, para que se libraran de la acción policiaca que era muy severa. En todo momento, en la calle,

p. 211 en los cafés, en todas partes exigían los "papeles", "papeles", "papeles", y los extranjeros eran tratados de una manera terrible, los conducían a los campos de trabajo obligatorio (los incorporaban a las compañías de trabajo que habían formado en los campos de concentración), a las cárceles o a Alemania.

¿Cómo fue que el gobierno francés aceptó que ustedes alquilaran los castillos de La Reynarde y Montgrand? ¿Y la casa para niños que establecieron en los Pirineos?

No hubo formalidades de aceptación. De España llegaron multitudes que pasaron la frontera y que ya dentro de territorio francés pedían asilo; de Alemania huyeron muchos intelectuales, hombres de acción, diputados del Reichstag. De Polonia y de Yugoslavia también huyeron muchos y pasaron la frontera; el problema del asilo se produjo en el interior en Francia, ante la realidad de que había muchos campos de concentración en territorio francés donde internaban a los extranjeros que capturaban. Había desde los campos de salida, que se formaron después, hasta los llamados campos de castigo, como el de Le Vernet, adonde mandaban a los sospechosos, a los peligrosos, a quienes se calificaba sólo por su aspecto.

Había muchos campos de concentración y México llegó hasta ellos para sacar gente, para rescatar niños; se puso una casa en los Pirineos para los niños rescatados de los campos y algunas veces fuera de ellos porque los niños huían de esos campos y, claro, estaban en condiciones físicas que reclamaban una atención médica especial. En esa casa de los Pirineos instalamos a unos 80 niños. México afrontó todos los gastos del alquiler de la finca, los salarios del personal, la alimentación y la atención médica; el personal médico y las trabajadoras sociales los proporcionaron los cuáqueros.

México hubo de sostener todo eso; tiempo después, cuando estaban a punto de deportarnos a Alemania, todavía tuve oportunidad de dejar fondos suficientes para seis meses de sostenimiento de esa casa de niños, para la recuperación de los niños de los campos.

Sí, fue una amplia labor, de la dimensión que reclamaban las circunstancias; nosotros tratamos en lo posible de dar una respuesta; así se dio esa gestión. Recordamos ahora cómo algunos de los que fueron protegidos por una constancia de admisión de México, decidieron quedarse ahí, se quedaron para luchar en la Resistencia, y otros regresaron a sus países para formar el pie veterano de las luchas de liberación; algunos, como los austriacos (había más o menos unos 60 austriacos) que se quedaron a luchar, murieron en acción y otros fueron deportados a los campos de exterminio de Hitler.

pp. 222-246

¿Cómo era la relación del Consulado mexicano con las autoridades francesas en todo este proceso?

Fue difícil, porque el gobierno de Vichy era completamente enemigo de los españoles republicanos, de los rojos españoles, y en todas las poblaciones adonde llegaron su actitud fue muy hostil hacia esas masas que cruzaron la frontera.

pp. 250-255

Los refugiados fueron muy maltratados en los campos de Argelès-sur-Mer, sufrieron mucho, hubo suicidios, pasaron por cosas muy graves porque la vigilancia estaba a cargo de guardias senegaleses.

pp. 213-219

Hubo que vencer dificultades, a fuerza de tratar de persuadir al gobierno de que Francia no podía seguir en ese plan, que tenía que defender la causa de esas personas, con base en los grandes principios. Desde el primitivo derecho de gentes hasta los antecedentes históricos, cuando Francia había tenido una respuesta humana para muchas situaciones; ésa era la base histórica fundamental del argumento; entonces se fueron venciendo algunos problemas, en forma digamos parcial, hasta que se llegó al acuerdo franco-mexicano para la administración y el auxilio para los republicanos españoles.

pp. 195-197

El auxilio que se prestó tuvo que ser económico porque esa gente necesitaba vivir, y hubo que darles una asignación mientras se organizaban sus viajes a México; la distribución de los recursos que se daban a los refugiados se hacía según el número de familiares, a cada grupo familiar. Después, en los suburbios de Marsella, establecimos los que se llamaron albergues: uno en el castillo de La Reynarde, para un gran número de hombres, y luego otro en el castillo de Montgrand para las mujeres y los niños de los campos. Para que pudiéramos establecer esos refugios o albergues, hubo que tratar caso por caso.

El aprovisionamiento de alimentos era muy difícil, eran tiempos de guerra, de modo que era complicado llegar a arreglos para comunicarnos con proveedores potenciales y obtener la autorización para cupones de cada materia, de aceite, de harina, de todo lo necesario. En esos albergues se hacía el pan, se preparaban las comidas, pero el problema principal era proveerse de las materias primas, de lo indispensable para la elaboración de los alimentos. Hubo que cultivar algunos campos, y logramos la autoproducción alimentaria. La activi-

p. 232

dad abarcó también el establecimiento de algunos talleres, como el de enfermería, e incluso uno de producción artística.

Había talleres de modelado, de forja, de herrería. Se establecieron en un principio no como algo, digamos, adicional, sino porque eran necesarios para reconstruir el castillo de La Reynarde que estaba en muy malas condiciones (los niños y jóvenes de Vichy lo habían destruido). Era un castillo muy importante y tenía grandes extensiones de terreno; esos jóvenes destruyeron casi todo, y tuvimos que reconstruirlo para hacerlo habitable.

Con los materiales de carpintería y de albañilería, con las herramientas salidas de esos talleres se restauró una gran bodega que se convirtió en teatro, y también se reconstruyó una casa que estaba totalmente en ruinas; tiempo después, en esa casa hicimos una exposición de piezas artísticas que se habían producido en los talleres del castillo.

¿De qué manera participaba su familia?

Mi mujer hacía cosas parecidas en el castillo de Montgrand; para los niños organizó la Escuela México. Había una atención especial en la alimentación de los niños, y su salud era vigilada por médicos pediatras muy buenos. Conseguimos comprar, con muchas dificultades, unas vacas suizas para que los niños tomaran leche (los niños de Marsella no tomaban leche y tampoco mis hijos, pero los del castillo de Montgrand, sí); las vacas estaban al cuidado de unos veterinarios españoles muy profesionales, muy capaces. En el castillo de Montgrand, lo mismo que en el de La Reynarde, había enfermería con médicos y enfermeras de planta, pero también había asistencia personal por fuera, es decir, a los que estaban radicados fuera de los castillos se les atendía y se les daban las medicinas; fue una acción humanitaria en el campo médico bastante amplia.

En Montgrand se hacían fiestas infantiles, en las que tomaban parte los niños y también mis hijas y mi mujer. En el castillo de La Reynarde siempre estábamos atendiendo cosas, revisando otras, pero todo se desarrolló en una forma muy satisfactoria por el esfuerzo y el interés, por la conciencia y la voluntad de los mismos españoles, ellos hicieron todo.

p. 233

p. 238

p. 241

En esos dos sitios se hizo una labor de preparación, de clasificación profesional, de cura mental para esa gente, mediante juegos y muchas otras cosas, y también tuvo que hacerse toda la preparación para los embarques. Hubo que contratar barcos, sobre todo portugueses, para llevar a México a los refugiados desde Marsella o desde Casablanca, en África.

Todo eso fue un trabajo arduo, muy complicado y con muchas dificultades. Para los embarques en Marsella había que vencer tres barreras de vigilancia para llegar a la escalerilla del barco. En esas tres barreras se quedaban muchos, los detenían, y eso era motivo de mucho dolor. Cuando había embarque nosotros no dormíamos por lo menos tres noches con sus días, porque había que estar sobre eso.

El barco era cuidadosamente revisado, registrado hasta sus últimos rincones. A los que se embarcarían en Casablanca había que mandarlos primero a Orán en barco y luego en ferrocarril hasta Casablanca; pero además teníamos refugiados en campos de concentración de África. De uno de ellos, en Djelfa, sacamos a Max Aub, por ejemplo, porque estaba internado ahí.

p. 327 A Max Aub lo saqué varias veces, porque con ese nombre que tenía, austriaco, lo capturaban... y al campo de concentración, y a sacarlo otra vez, hasta que finalmente se lo llevaron a África. Todavía tengo fotos que me mandó de allá. Vivían en cuevas de arena, por ahí está el retrato de Max con otra persona en esas cuevas, con sus hoyos. Nos costó trabajo pero lo sacamos de ahí, lo mismo que a otros, venciendo otro tipo de dificultades: distintas autoridades militares, obstáculos de la organización especial de esos campos, en donde se creía que los que llegaban ahí tenían que quedarse ahí, a morir; de modo que había que vencer todas esas barreras, todos esos muros, casi inaccesibles, para sacar a esa gente.

A los refugiados polacos y checos se les auxilió formando cuadros, es decir ingenieros, para las industrias bélicas de Checoslovaquia y de Polonia. A algunos los sacábamos por mar, en lanchas hacia el Mediterráneo; de ahí tomaban los barcos que los llevarían a su destino. Para eso había que aprovechar los caminos menos peligrosos. Los más seguros eran los que había trazado la Inteligencia inglesa que estaba metida ahí; eran caminos que llevaban a Suiza o que conducían a las playas del Mediterráneo y otros a Italia (esos los aprovechamos para quienes pidieron quedarse y volver a su país para empezar la Resistencia en Italia, por ejemplo). Todo eso se abarcó, todo eso hubo que vencerlo también.

¿Y no tuvieron problemas con los alemanes?

De los alemanes tuvimos encima la vigilancia y el acoso, sobre todo de la Gestapo que estaba dominando todo. Por otra parte, además de la policía de Vichy, estaba la de Franco, que se había infiltrado para perseguir a los españoles y pedir su extradición, y también el espionaje alemán que teníamos sobre nosotros, muy especialmente enfocado en el Consulado General, denunciando sus trabajos.

La persecución, el acoso contra ciertos personajes de la política alemana, de la austriaca, de la italiana, era muy serio; por lo tanto había que atenderles de manera especial: buscarles refugio, buscarles salida. A los que estaban escondidos había que prepararles una documentación que tuviera un retrato, por supuesto maquillado, para que no fueran detenidos; para ello teníamos nuestra fotógrafa, una española, con todo su equipo. Hicimos eso porque cuando lográbamos sacar de los campos a algunos refugiados había que documentarlos con retrato; si los detenían y sus papeles no tenían retrato entonces los regresaban al campo de Milles, que estaba cerca de Marsella. Ante tal situación, que no era infrecuente, montamos el taller de fotografía en el Consulado; a algunos había que retratarlos a la medianoche o a las dos de la mañana y alterarles un poco la foto, ponerles otro nombre, y así salían algunos.

A otros hubo que sacarlos de los campos de concentración porque estaban destinados a la deportación a Alemania. Eran personajes alemanes, activistas, sobre todo del Partido Comunista, que fue el más perseguido; sobre ellos estaban todas esas policías y el espionaje. En cierto momento se hizo el encargo a Narciso Bassols de que coordinara las listas de los comunistas, pues eran los más perseguidos. Sí, había que auxiliar a esa gente, sin prejuicios políticos.

En los campos de concentración teníamos que estar pendientes de los posibles candidatos a la deportación. En una ocasión tomaron a muchos de ellos para deportarlos a Alemania, gente importante, como un poeta alemán, Rudolf Leonhard, que fue presidente del Pen Club de Berlín (por cierto, me dedicó un libro suyo que luego me quitaron los alemanes); a él lo sacamos varias veces del campo en el que estaba y lo volvían a coger, porque había sido miembro del Reichstag. A él, a otros personajes alemanes y a un yugoslavo que había estado en las Brigadas Internacionales los reunieron y los pusieron en una cárcel completamente incomunicados, pero nosotros nos enteramos e hicimos la gestión para sacarlos. Entonces yo ya estaba como ministro en Vichy, y presionamos junto con otras misiones diplomáticas para evitar que a esa gente se la llevaran a Alemania.

En forma marginal, también llegamos hasta el Nuncio, que se sumó a la acción de conjunto, y detuvimos la salida de esta gente; ahí estaban Leonhard, Illy y Gawein, entre muchos otros, gente importante que interesaba a Hitler. Un día me fue a ver la señora esposa de Leonhard para pedirme que cesara la gestión porque le habían dicho que con ella se llamaba la atención sobre su marido y que eso apresuraría su deportación. Naturalmente, me di cuenta de lo que se trataba y le dije: "No señora, yo tengo instrucciones de mi gobierno y voy a seguir", y continuamos nuestra labor hasta que Illy, el yugoslavo, organizó una fuga asaltando la guardia; murieron ocho de los detenidos, pero se salvaron los más importantes y lograron salir. Guerrilleros del maquis estaban cerca y los rescataron; se frustró por lo menos esa maniobra de Hitler.

Ésas eran las dificultades que teníamos con el gobierno alemán.

¿Algún otro país hacía una labor similar?

Ningún otro país, absolutamente ninguno.

pp. 344-346   Montagna, un personaje político italiano, en un artículo que publicó aquí decía eso. Por ejemplo, él tenía que conseguir visado de tránsito por Estados Unidos y este país se lo negó, le puso muchas trabas; si se sospechaba, como en el caso de Montagna, que era miembro del Partido Comunista Italiano, le decían que no. De esas dificultades, los otros consulados y misiones diplomáticas no se ocuparon absolutamente, porque no tenían instrucciones de sus gobiernos, y era un cúmulo de problemas dar apoyo, defender, lograr la admisión de esa gente. Creo que México fue el único país.

¿Y su vida no estaba en peligro? A los nazis obviamente no les gustaba lo que estaban haciendo ustedes.

En Berlín se publicó por aquellos días: "Hay que tener cuidado con el Cónsul General de México en Francia". Sí, teníamos a la Gestapo encima, pero bueno, ¿qué puedo decir? El deber era de tales dimensiones, era tan imperativo, que no había tiempo para temores, ni miedos, ni cosas que estorban siempre la acción.

Don Gilberto, ¿cuando se fue a Francia ya llevaba usted la consigna de trabajar de esa manera, o eso nació ahí ante las necesidades?

Aquí se trató el problema con el presidente de la República, el general Cárdenas. Hablé con él el último día que estuve en México; de su casa nos fuimos en el automóvil a Palacio hablando de la situación aquella. Para entonces ya había solicitudes de admisión de grupos israelitas que iban a formar una colonia en la frontera norte del país, en la Baja California.

Eso y otras circunstancias, como el caso de la República española, con la que México había adoptado una posición de ayuda, de solidaridad con su causa, plantearon necesariamente la posibilidad de atender la situación de los refugiados en Francia.

Le propuse al general Cárdenas que se hiciera una selección de técnicos, pues en Francia había grandes técnicos de todas partes y traerlos a México. Sobre un mapa de México, vimos las posibilidades de desarrollar industrias, de acuerdo con una distribución geográfica que permitiera el acceso a las materias primas; con algo bien planeado, podríamos aprovechar la situación. Yo había dejado en la Dirección de Economía de la Secretaría de Industria y Comercio una serie de mapas de la producción de materias primas, para un proyecto de establecer industrias en todo el país.

Respecto de la República española debíamos estar atentos, porque había en Francia comisiones de la República que estaban trabajando. Sin embargo, estaba aquel Comité de No Intervención, que dizque ató las manos de Francia por más que tenía un gobierno como el de Léon Blum que era socialista el hombre. Había que atender todo eso sin considerar todavía la posibilidad de la división de Francia.

Antes, la Embajada de México en Madrid se había llenado de exiliados, que entonces eran asilados franquistas, situación que estaba ya configurando el problema del asilo. Con la derrota de la República, el presidente Cárdenas giró instrucciones, disposiciones, órdenes y acuerdos. Todo lo relacionado con el asilo lo trató personalmente con Isidro Fabela, dándole directrices muy claras.

pp. 187, 188 y 191

Y se empezó a enfrentar el asunto. Narciso Bassols estaba como ministro en París; era amigo mío desde que trabajé con él en Educación, así que hubo un buen entendimiento, una acción conjunta. Después de que salió Bassols fue nombrado el licenciado Luis I. Rodríguez, quien había sido compañero mío y era gran amigo. Finalmente, el general Francisco J. Aguilar, también amigo de muchos años; nos conocimos cuando publicábamos un periódico militar, *El Gladiador;* yo le llamaba "La Madrina", porque había bautizado una máquina del taller donde hacíamos *La Antorcha* con Vasconcelos.

pp. 206-207

En algún momento llegamos a formar un grupo, el de los diamanteros de Amberes, muy bien organizado, con su propio banco. Talladores y técnicos que querían venir a México, porque aquí estarían próximos al mejor mercado de diamantes, Estados Unidos, y aquí se daría empleo a unas 10 000 personas; fondos, los que México quisiera, sin límites.

Se hizo un estudio del caso analizando el interés que pudiera tener México en que ese grupo viniera acá. Una vez que se aceptó, empezamos a documentar a los miembros del grupo hasta que llegó una contraorden suspendiendo la expedición de visas para ellos. Recibí órdenes de anular las visas dadas, pero yo contesté que "por el prestigio del país, que siempre hemos cuidado con tanto esmero, no voy a ponerme a la caza de estos señores, yo no cancelo esas visas", y no se cancelaron. Algunos de ellos que llegaron a México, después hicieron gestiones para irse a Brasil. El grupo diamantero de Amberes, que era muy importante económicamente, estaba conformado en su mayoría por judíos, pero no creo que ésa haya sido la razón para que se cancelara el proyecto, porque no se les había clasificado racialmente para darles las visas; fue decisión de esos señores de Gobernación, que interferían y se atravesaban para esto y para lo otro; yo ya no averigüé qué se hizo para que se cancelara la llegada de ese grupo. La ayuda ofrecida a ellos no estaba en contra de la posición del gobierno de Cárdenas; cuando el general me comentó la solicitud de un grupo israelita para establecer una colonia agrícola en Baja California, le advertí que no eran agricultores y que podría haber implicaciones por estar tan cerca de la frontera con Estados Unidos. Después se les dio permiso para que establecieran en Veracruz algunas colonias agrícolas que fracasaron porque las condiciones no eran adecuadas y porque no eran agricultores. Como ya dije antes, le propuse a Cárdenas estudiar las posibilidades de desarrollo industrial del país, aprovechando la experiencia de los refugiados en ese campo. Entonces Cárdenas me dijo: "Voy a dictar los acuerdos para que te den facultades, a fin de que tú escojas los técnicos allá y se vengan para acá".

La actitud de Cárdenas fue siempre clara y nunca se opuso a la acción que desarrollamos, basada en principios, porque en realidad nuestra posición, nuestro ideario revolucionario ha sido antifeudal, anticolonialista, antirracista, dentro de la postura revolucionaria.

Bueno, pudo haber opiniones contrarias; en el caso de los españoles hubo quienes hacían presión sobre Gobernación para que se limitara su entrada. Yo tuve algunas dificultades con un funcionario de Gobernación, cuando tratamos de ayudar a los españoles de Portugal, porque se negó a tramitar el acuerdo mediante el cual se me daban amplias facultades para la protección y admisión de los fugitivos republicanos españoles que pasaban la frontera de Portugal, llegaban hasta Lisboa y se acogían a la protección de México. Al fin me las dieron pero el trámite tropezó con muchas resistencias de segundas manos, de asesores, de consejeros; nunca falta gente así en algún despacho.

Seguramente había algunas personas de ésas, incluso gente que pudo haberse infiltrado. Éste, por ejemplo, es un incidente que tal vez tenga relación con estas cosas: el día que se cayó el avión que llevaba a Umansky, el embajador soviético en México.

La noche anterior habíamos estado en una cena para despedirlo, pues fue muy amigo nuestro. Fue un gran embajador que se ganó las simpatías de todo el mundo y se iba a Costa Rica a presentar sus cartas credenciales. Cuando supe que se había caído el avión, que habían muerto todos, me fui a Relaciones Exteriores, y los reporteros me preguntaron si yo creía que podía haber sido un sabotaje. En esos momentos pasaba por ahí un individuo a quien yo le había negado la visa en Francia, porque era un espía, y dije, en voz alta para que él lo oyera: "Siempre que haya aquí individuos como este señor, el que está pasando acá, hay posibilidades de eso y se puede pensar en un sabotaje contra Umansky".

Había personas infiltradas; ese señor hablaba bien el español, pero se me había advertido en Marsella que era un espía, y yo me negué a darle la visa para venir a México. A mi regreso lo encontré aquí con gran influencia, con derecho de picaporte en el despacho de Ezequiel Padilla, moviéndose en Relaciones como en su propia casa; esos infiltrados hacen su labor de zapa en general, pero incluso algunos acuerdos presidenciales los detienen, los someten a trámites complicados y los retardan. Desde París le escribí a Ramón Beteta, que era subsecretario de Relaciones y amigo mío, y le planteé: "Me he encontrado con esta situación, ¿qué pasa?". Él me contestó: "Mire usted, aquí hay una máquina pesada, una mafia difícil de superar, pero usted actúe como lo crea conveniente". Esas situaciones se presentaban, sobre todo porque había también un prejuicio contra algunas personas que llegábamos al Servicio Exterior no siendo de carrera, sino "a la carrera", como dicen, a pesar de que estuviéramos más o menos preparados. Yo no habría aceptado ingresar al Servicio Exterior de mi país sin conocimientos y sin experiencia en problemas internacionales, los que había adquirido como editorialista de *El Nacional*, además de que pertenecí al Comité Mexicano de Estudios Científicos de las Relaciones Internacionales que presidía el gran internacionalista Luis Sánchez Pontón.

Entonces se solicitó, con el consentimiento de la Secretaría de Relaciones Exteriores, que yo representara al comité mexicano ante el Comité Permanente Ejecutivo de Altos Estudios Internacionales en París, cubriendo el puesto que dejaba García Robles que había sido promovido para Estocolmo. Él era entonces secretario del Servicio. Yo llevaba en la cartera mis proposiciones concretas para presentarlas como planteamientos a considerar en el Comité de Altos Estudios referidos a la prebeligerancia, a la guerra no declarada y a las formas de agresión. Pero se vino la guerra y, naturalmente, todo eso quedó pendiente, ya no funcionó el Comité y se evacuó París.

Sí, yo tenía una conciencia de responsabilidad que me daba cierta autorización para ingresar en el Servicio. Por el lugar de representación al que fui, se imponía además un estudio permanente de las relaciones internacionales y de sus asuntos internos, mismos que tuvimos que dirimir en Francia porque ahí ya no funcionaba, ya no estaba vigente el derecho internacional clásico ni el urgente; por lo tanto tuvimos que resolver muchas cosas con base en ciertos antecedentes, en normas establecidas, en consideraciones de tipo humanitario.

En el derecho natural y en el derecho de gentes, y luego en normas generales y en precedentes históricos apoyamos nuestros argumentos para lograr su aceptación por parte del gobierno de Vichy; igual hicimos en Lisboa ante el gobierno de Salazar. Fue un acopio de experiencias también en el terreno de los resultados de una gestión fundada en razones importantes, sustantivas. Yo argumentaba ante Relaciones: tenemos que salir de la legalidad para entrar en el derecho, es decir, salir de las normas establecidas por un gobierno como el de Vichy y después por el de Salazar, para entrar en lo que es verdaderamente el derecho, en lo que es lo sustantivo del derecho, del derecho de gentes, del derecho internacional.

Además de los españoles y los judíos, ¿a qué otros perseguidos se les dio apoyo?

Naturalmente, la persecución produjo una dispersión muy grande de la comunidad judía y el grupo que nosotros ayudamos fue muy importante. Muchos se fueron a Estados Unidos y así salvaron sus vidas, pero también lograron reposicionarse; recuperaron su posición económica y sus grandes fortunas. Otros se quedaron en Inglaterra.

pp. 268-269

Béistegui era mexicano, era hijo de don Manuel Béistegui, que en la época de don Porfirio fue ministro en Berlín y que tenía una buena posición económica en la aristocracia de esa época; este señor tenía una colección de cuadros valiosísima que cedió a Francia. A su hijo lo cogieron nada más porque sí, por sospechoso, ligeramente sospechoso, y a la cárcel, sin que le formularan ningún cargo. Entonces, claro, dentro del campo de protección a los mexicanos que corresponde a los consulados, yo intervine inmediatamente. Dije: "Si este señor ha cometido algún delito, consígnenlo, pero no pueden aprehenderlo nada más porque sí; es algo que nosotros no podemos aceptar". No me hicieron caso. Cuando él estaba en la cárcel, murió su mujer, que estaba tuberculosa, y entonces le permitieron nada más que fuera a ver cómo la enterraban, y otra vez a la cárcel.

¿Sabe usted lo que hice entonces? Suprimí las visas de todos los franceses. Bueno, dijeron, ésta es una medida que corresponde a esferas de gobierno a gobierno, no a un consulado, no lo puede hacer así porque sí. Pero ante situaciones de emergencia, medidas de emergencia; cometen un atentado, nos defendemos, y no sale ningún francés para México.

Había algunos franceses radicados en Guadalajara y en otras partes, que se quedaron indocumentados. Acudieron incluso al señor González Gallo, que era el secretario particular de Manuel Ávila Camacho, pero en Relaciones dijeron: "Apoyamos al señor [Béistegui]. Mientras ese señor no salga de ahí o sea consignado por algún cargo, la medida continuará".

Al regresar a México hice un inventario de las facultades que me había tomado con base en la política de mi país y de mi gobierno, sin apartarme de la actitud adoptada frente a la guerra. La razón era que estábamos incomunicados, de hecho, para tratar asuntos de urgencia y de auxilio. Si nos dirigíamos a Relaciones Exteriores, ésta tenía que esperar que le dieran fecha de acuerdo con el presidente o con el señor secretario, y entonces aquella gente estaba perdida; por lo tanto había que adoptar medidas de emergencia, y también para que la ayuda fuera efectiva, y así lo hicimos.

Entre las facultades que me tomé sin consultar, siempre seguí los lineamientos generales de la política de mi gobierno y de mi país; estaba dispuesto a asumir la responsabilidad y a aceptar que se me fincaran responsabilidades por mis acciones. Entonces se aprobó todo lo que yo había hecho, en muchos casos de auxilio de emergencia. Por ejemplo, algunas veces tuvimos que ayudar en masa, como aquella ocasión en que dimos certificados de admisión a unos 50 italianos de los que se iban a formar parte del ejército de liberación en Italia.

A nuestro regreso a México encontramos muchas personas interesadas en conocer la verdad de aquella situación. Me invitaron, por ejemplo, a dar un discurso en una sala muy amplia, en un restaurante que era entonces el Sans-Souci, y en esa ocasión abordé el problema israelita y la persecución, y también la postura de Hitler desde el punto de vista teórico, de la llamada doctrina nazi. Conté que cuando los alemanes ocuparon una parte de Francia (que comprendía París), ahí establecieron un estatuto para el tratamiento de todos los judíos: se les obligó a llevar una marca, se les hostilizó, se les persiguió, se les multó, se les deportó. Además, empezaron la investigación de la rama genealógica de cada uno de los sospechosos de ser judíos, porque hasta la tercera generación estaban condenados. Por cualquier protesta o lo que los alemanes consideraban un acto de sabotaje les fijaban una multa que se distribuía entre ellos; todos estaban perfectamente localizados. Aún más, aquellos franceses que tuvieran ascendencia judía entraban en sus listas y eran interrogados: ¿dónde vivían?, ¿cuántos hijos tenían?, ¿qué otros parientes?, ¿qué bienes? Era un censo completo, muy detallado, de manera que todos estaban perfectamente fichados y controlados; por lo tanto, cuando imponían las multas, ya sabían quiénes tenían que contribuir.

Establecieron en París centros de reclusión, verdaderos campos, en los que separaban a las familias; había hasta un campo para niños. Después, empezaron las deportaciones.

Entonces en Vichy, en la zona de lo que era la llamada Francia libre, se adoptó el mismo estatuto de tratamiento para los judíos que se había implantado en París. Nombraron como responsable a un conocido enemigo de los judíos y empezó la persecución de la gente destacada, intelectual, sobre todo del grupo de la revista *La Pensée,* creo que uno de ellos se llamaba Guillain, y toda esa gente, porque había muchos israelitas. Empezaron a deportarlos y a recluirlos en los campos; fue entonces cuando llegó esa avalancha de represión conforme al mismo estatuto de París.

Era tan grave, que el obispo de Touluse escribió una carta pastoral condenando esa situación; argumentaba que todos eran hermanos y que todos eran seres humanos, por lo que protestaba contra esa actitud del gobierno de Vichy. En tales condiciones, cuando se estableció en Vichy el estatuto de París, yo mandé un telegrama a Relaciones Exteriores diciendo que era el momento de romper relaciones con Francia, porque si continuaban sería como aceptar esa actitud basada en el racismo, que era la bandera del nazismo. Nosotros teníamos la representación de un gobierno que no aceptaba esa situación, con todas las consecuencias futuras, y ésa era la razón de fondo para que

pp. 264-265

México rompiera relaciones con Francia. Me contestaron diciendo que consideraban muy bien fundado el razonamiento, pero que la resolución quedaba pendiente para cuando el gobierno lo creyera conveniente; es decir, no objetaron mi proposición, nada más aplazaron la respuesta.

Después de eso, la ayuda que tuvimos que prestar fue más amplia. Empezamos a documentar a los judíos, por ejemplo, a unos 50 judíos austriacos que habían deportado de Lyon; todos tuvieron su visa para viajar a México, todos contaron con un documento que les habíamos dado.

p. 348

Nosotros realmente tuvimos que multiplicar nuestra atención. Una vez, en Vichy, fui hasta el autobús que llevaba judíos para ser deportados, tratando de salvar a una persona, hasta que alguien me dijo: "Usted está arriesgando demasiado", porque, claro, ese mundo era terrible, todos militares, militares alemanes, pero, bueno, hicimos el intento. Estábamos en contacto con muchas personas, a sabiendas de la Secretaría de Relaciones, y se prestó ayuda y protección facilitando documentación, certificados de admisión del gobierno de México, lo que les permitió salir de ahí. Muchos llegaron a México y aquí están por toda la República. Yo recibo recados desde el istmo de Tehuantepec, de por ahí; saludos de gente que se quedó a trabajar acá.

En el caso del problema judío se actuó de manera franca, abierta, declarada, con la ayuda que dimos y con las protestas que presentamos. Las acciones se pudieron desarrollar sólo en la medida, en la amplitud, en la extensión en que fue posible, pero siempre con una posición perfectamente definida, que se concretó en mi solicitud de que México, esgrimiendo un principio de carácter humano, rompiera relaciones con Francia por el hecho de haber adoptado el mismo estatuto de París para ser aplicado en la llamada Francia libre.

¿Y cómo terminó el asunto con Francia?

pp. 283-284

La historia con Francia terminó cuando llevé la comunicación de ruptura con el gobierno de Vichy, al declarar México la guerra al Eje por el presidente Manuel Ávila Camacho. Rompimos relaciones con Francia y naturalmente con ello desaparecía todo vínculo de gobierno, pero ahí, en vez de darnos facilidades para salir, conforme a lo establecido en las disposiciones y normas que rigen el trato internacional, nos llevaron a un lugar, dizque previo a nuestra salida, Amélie-les-Bains, en los Pirineos. Ahí estuvimos, y empezamos a ver la cosa un poco difícil. Un día nos llevaron a Mont-Dore, en Clermont Ferrand, en el Macizo Central (el *Massif central* que llaman los franceses) de su territorio; ahí en el hotel nos pusieron guardias del ejército alemán y se preparó nuestra deportación a Alemania.

Pero, ¿cómo? Si eran diplomáticos, ¿no tenían inmunidad?

Habíamos dejado de ser diplomáticos. Entonces nosotros, en lo personal, tomamos dos decisiones: una, formular una nota de protesta, pero más que de protesta, de crítica, de enjuiciamiento de la culpabilidad de Francia al entregarnos a los alemanes para ser deportados. La nota, bastante enérgica, la mandé al ministro de Suecia que se había quedado a cargo de nuestros intereses en Vichy, quien me pidió por teléfono que lo autorizara a presentarla una vez que llegáramos a Alemania. "No, le dije, por favor preséntela de inmediato". En esa nota se enjuiciaba la actitud de Francia con base en el derecho internacional y en la moral internacional, y como contraria a todos los antecedentes franceses. Era demasiado enérgica, sobre todo al final, pero sí se presentó. Esa nota mereció que más tarde se publicara en los anales de la Secretaría de Relaciones Exteriores, por el examen de la situación que contiene, a la luz de aquellos acontecimientos.

pp. 291-294

Ahí, en Mont-Dore le dije a un empleado del hotel: "Nos van a deportar a Alemania y seguramente de ahí no regresamos; debemos tener una buena salida de Francia, entonces usted me va a hacer favor de darme los mejores vinos de su cava y una comida francesa que yo voy a pagarle, no los alemanes, yo le voy a pagar". Bueno, le toqué la fibra francesa, y en la mesa hubo muy buena comida. Un día, Marcel, nuestro mesero de Vichy, llegó corriendo con un pato, un ganso, una cosa de ésas que nos llevaba; era un tipo muy simpático. Muy bien servidos, en fin.

El aperitivo lo tomábamos en el bar, al mismo tiempo que cantábamos canciones mexicanas. Las chicas, mi mujer, con su magnífica voz, cantaban canciones mexicanas ante el desconcierto de los alemanes, que seguramente pensaban: "¡Están locos! No saben la suerte que les espera", ¿verdad?

A todos llamó poderosamente la atención la actitud que habíamos adoptado de llevar las cosas así, misma que se trasladó a nuestro cautiverio en Alemania, venciendo otro tipo de dificultades.

De ahí íbamos a salir, en trenes ya dispuestos, rumbo a Alemania, a Bad Godesberg sobre el Rin, cuando se produjo su derrota en Stalingrado y decretaron tres días de luto en Alemania; nuestra salida se suspendió para que no llegáramos en esos días de luto, pero después de eso nos llevaron.

Nosotros teníamos como protección, atención más bien, al país que había quedado a cargo de nuestros intereses en Francia y también en Alemania: Suecia, que tenía un gran diplomático consejero, el barón Von Rosen, quien estuvo muy atento y que gestionó y nos preparó, antes de que llegáramos, unas habitaciones bastante buenas en el hotel y luego la alimentación. Ahí estuvimos en un régimen muy severo, de prisión, con guardias del ejército alemán en la puerta y, dentro, la Gestapo con todo su personal. Bueno, pues ahí también se trasladó el buen humor. Además, organicé una serie de conferencias; di la primera sobre la reforma agraria en México, a solicitud expresa de Sousa Dantas, el embajador brasileño que después fue funcionario de la UNESCO, y luego hubo otras conferencias. Llamó poderosamente la atención a los alemanes que tuviéramos esa actitud, como si estuviéramos ajenos a la situación que se producía alrededor, los bombardeos y todas esas cosas.

Luego organizamos una velada literario-musical. Teníamos pianistas y Laurita recitó —fue la primera— "La marcha triunfal", de Rubén Darío, que en unos versos dice "los cóndores llegan, llegó la victoria". Entonces, el "carcelero mayor", como llamábamos al representante del gobierno alemán, se acercó al doctor Lara Pardo y le preguntó por los cóndores (porque la Brigada Cóndor era de Alemania y en el alemán se produjo una confusión de estropajo en la cabeza); el doctor le respondió: "¿Qué?, ¿los cóndores?, sí, pero son otros, son los de la victoria".

De ahí siguieron fiestas juveniles, como la fiesta de disfraces en la que a Laurita la vistieron de manola, con peinetas y todo, y Teté se disfrazó de paquete, con las etiquetas de los paquetes que nos mandaba la Cruz Roja Internacional, y con un bote, una cosa rarísima; hicimos todo un alboroto.

Después hubo un baile en el que la gran sorpresa fue que, mientras se desarrollaba, cayó de pronto un paracaidista, que era mi hija Teresa, con un paracaídas detrás y con un tocado que le armamos nosotros; eso fue también un impacto terrible para los alemanes; y por ahí llevamos siempre las cosas.

Conseguí que se organizaran excursiones a algunos lugares históricos alrededor de Bad Godesberg y otras poblaciones cercanas. Después le pedí al "carcelero mayor" visitar algunas escuelas y nos llevaron a una de agricultura. Desde un principio nosotros asumimos una actitud respecto a los alemanes, cuando al llegar nos leyeron el reglamento interior, y yo les dije: "No, nosotros no vamos a pedir nada, nos vamos a sujetar al reglamento, pero no vamos a aceptar ninguna acción vejatoria"; entonces se dio cierta distancia, cortés, en la relación, pero nada intimidante.

Eso acabó por producir una actitud de cierto respeto para el grupo. Todos, absolutamente todos los 43 mexicanos que estábamos ahí, asumimos una actitud de dignidad, de cortesía obligada, pero manteniendo la distancia.

pp. 295-296

Cuando estuvimos presos en Alemania, mi mujer (que era extraordinariamente inteligente y una gran educadora) y yo teníamos que preservar la mente, los nervios de nuestros hijos, que podían dañarse con espectáculos de esa naturaleza, y nos pusimos de acuerdo en lo que íbamos a hacer, nos trazamos una línea de conducta: cuando empezaban a sonar las grandes alarmas, los motores y los disparos de la artillería antiaérea, y todo ese terrible cuadro, nosotros no salíamos del cuarto, porque se producían en el hotel muchas escenas de pánico, gritos de las señoras, carreras, los niños llorando, la gente que buscaba refugio debajo de las escaleras; una vez que había pasado todo, salíamos a la ventana de la habitación de una de mis secretarias, un gran ventanal que daba a Colonia; ahí, los cinco presenciábamos el magnífico espectáculo bélico del Rin cruzado por reflectores y por los disparos que constelaban el cielo, el estallido de las granadas antiaéreas, el ruido de los motores. Luego seguían los incendios en Colonia, que teníamos a la vista; una vez que pasaba todo aquello, tranquilamente regresábamos a la habitación.

Les evitábamos a los niños presenciar las escenas de pánico. Nuestra conducta se dirigía a alejarlos de esas escenas, y se mantuvo durante todo el tiempo que estuvimos ahí.

Alguna vez me dijo mi mujer, "Voy a dejar mi bolsa aquí para que no piensen los chicos que le temo a un acto así; vamos tranquilamente a ver aquello". Poco después, en una ocasión los bombardeos arreciaron, porque muy cerca estaba un emporio de la industria bélica, que era un buen blanco, pero luego los aviones pasaron por los alrededores de donde estábamos, y sentimos que se acercaban; entonces fuimos mi mujer y yo a despertar a los chicos para decirles: "Esto se está poniendo muy mal", y ellos nos contestaron: "No, no pasa nada".

Con esa disposición de ánimo, una vez estando en el comedor, que daba al Rin, con algunas poblaciones enfrente, cayó del otro lado una bomba, y el hotel naturalmente se sacudió. Los cinco ocupábamos una mesa con el Cónsul y con su esposa, y ninguno de nosotros se movió. Todos los demás aventaron las mesas, corrieron, se cayeron, gritaban en los pasillos, una cosa terrible. Sí, se llegó a crear un estado de ánimo tal que era necesario estar firmes para afrontar la situación.

Claro que nosotros, mi mujer y yo, temíamos por nuestros hijos. Una vez derribaron en la noche un avión inglés que pasó rozando el hotel y fue a caer a unos 800 metros de ahí.

La situación era de riesgo inminente: constantemente te manifiesta que la muerte está cerca, que se aproxima; entonces, sí, teníamos el temor de que se frustraran unas vidas que apenas empezaban, que eran las de nuestros hijos; ellos tenían entonces 17, 16 y 14 años.

En verdad mucha gente tuvo un quebranto nervioso, anímico, durable; después, con cualquier cosa, tenía un sobresalto; se estremecía con un pequeño ruido, al cerrarse una puerta, por ejemplo, porque ese sonido remitía a los ruidos de la guerra, de las bombas. Algunas personas no llegaron a curarse de la lesión nerviosa.

¿Cómo fue la salida de Bad Godesberg?

La salida tuvo un preludio: un día nos notificaron que se había logrado un canje, y que en unos pocos días saldríamos de Bad Godesberg, pero después llegó otra comunicación, en tono bastante descompuesto, por ofensivo, en la que se decía que México había renunciado a su facultad de rescatarnos y se la había entregado a Estados Unidos. Bueno, el asunto tenía el aspecto de un aplazamiento de trámites.

En efecto, algunos países habían encomendado a Estados Unidos que se encargara del canje de las misiones que estaban en Bad Godesberg; la misión americana estaba internada en Baden Baden.

p. 299

La salida se aplazó, continuaron las negociaciones y finalmente nos comunicaron que podríamos salir, después de que habíamos pasado por algunas experiencias bastante desagradables: mi mujer y Teté estaban en el hospital cuando hubo un bombardeo y una bomba cayó en la estación y cubrió el hospital de polvo, todo se descompuso, fue algo dramático y terrible; cuando regresaban al hotel estalló una bomba de tiempo en la calle donde estaban. Eso fue en los últimos días.

También hubo algunos detalles un tanto enojosos: los alemanes dijeron que nos iban a dejar 50 dólares nada más y que el resto teníamos que entregarlo, pero como estaba ahí el consejero sueco que había ido a acompañarnos, yo le dije: "No, yo no le entrego nada a los alemanes, se lo entrego a usted, como encargado de nuestros intereses: ahí está el dinero, junto con una lista de todos los haberes del grupo". El consejero sueco necesitó casi toda la noche para negociar con los alemanes, que no cedían en lo que habían ordenado, pero finalmente, gracias a las habilidades de Von Rosen, tuvieron que ceder. Ésa fue la última experiencia.

Viajamos en tren, naturalmente con las dificultades del caso, y, acompañados por nuestro "carcelero mayor", llegamos a Biarritz. Ahí se organizó el tren que iría a Lisboa para realizar el canje, pero ya no había diplomáticos con los qué canjearnos; entonces echaron mano de prisioneros, pero sí se llegó a un arreglo.

En ese primer tren iban los miembros de la Legación de México y también los primeros americanos que liberaban los alemanes; eran heridos de guerra que estaban en condiciones tremendas de mutilaciones, eran fracciones de personas; para que los alemanes los liberaran era por algo, había que liberar esos despojos humanos. La situación mental de esa gente era de un enorme dramatismo. Mis hijas se fueron al vagón que ocupaban los americanos a cantarles canciones mexicanas y a platicar con ellos; tuvieron que oír las narraciones terribles de cómo los habían operado y cómo se habían convertido en verdaderos despojos humanos.

Fue el primer tren que llegó a Lisboa y ahí, en el puerto, se efectuó el canje de nosotros por prisioneros alemanes que acababan de llegar de México en un barco. Nos quedamos ahí unos días mientras se organizaba nuestro viaje a Nueva York en un barco sueco, el *Gripsholm*, y se llegaba a un arreglo con los alemanes para que le dieran al barco una ruta segura porque estaba en su plenitud la batalla del Atlántico, con muchos bombardeos. Entonces nos dieron una ruta que se dirigía hacia el sur y luego tomaba una línea hacia Nueva York.

Lo que voy a contar son acaso ejemplos pequeños pero que sí muestran la continuidad de una actitud. Cuando subimos al barco, los americanos ofrecieron un coctel para el grupo que iba ahí y no invitaron a los heridos. Entonces, yo les di un coctel a los mutilados de guerra, que estaban allá relegados; tuvieron que llevarlos cargados, y se hizo una celebración en honor de ellos, cosa que no hicieron los mismos americanos que venían a bordo. Ahí se establecieron relaciones amistosas de mis hijas con esas personas. Uno de los mutilados de guerra, absolutamente loco, había perdido la razón porque la carga mental era terrible, se lo decía a mis hijas: era uno de los aviadores que habían bombardeado haciendo matanzas, y cuando cayeron y vieron lo que habían hecho, esa conciencia de culpa tenía una intensidad terrible. Había que acudir en su apoyo, y en Lisboa los mandaron a un hospital; hasta ahí fueron mis hijas a llevarles chocolates, a llevarles su oporto, a cantarles canciones mexicanas.

Cuando llegamos a Nueva York, algunos se fueron inmediatamente, pero algunos se quedaron y yo les invité, les di una cena en el hotel; ahí todos ellos les firmaron a las chicas un álbum, que ellas conservan acá, como recuerdo del tratamiento que habían recibido. Y después les escribían contándoles las operaciones de cirugía plástica que les habían hecho; algunos de ellos se casaron. Con varios hubo una amistad que se prolongó durante muchos años, pero ya ha pasado mucho tiempo.

Ya en Nueva York encontramos a algunas personas que nosotros habíamos ayudado, del grupo de judíos que lograron salir por la gestión de México, y que resultaron ser unos verdaderos magnates de Wall Street; habían recuperado la vida pero también sus grandes fortunas y estaban en el corazón de las finanzas. Estos señores, con un comité que había en Nueva York para los refugiados, con gran entusiasmo y calidez organizaron para nosotros una recepción que resultó muy concurrida; fue para México y por la actitud de México en relación con ese problema y por la ayuda que se había dado.

También quisieron hacernos algunos obsequios, que yo no acepté y tampoco las chicas. Nos hicieron el ofrecimiento de que mi mujer y mis hijas fueran a los almacenes, donde les darían muchas cosas, todo lo que pidieran; naturalmente lo rechazamos, pero ellos decían: "Es que ustedes han carecido de ropa allá en Alemania". "Sí, pero hemos pasado por Lisboa y ahí nos compramos ropa y no necesitamos nada". Entonces me pidieron permiso para mandar unas flores al hotel Waldorf Astoria, donde estábamos alojados; finalmente, le mandaron a mi mujer un gran ramo de flores, fue lo único que se aceptó de ellos.

Tuvimos bastantes atenciones, ellos mismos se movieron para eso; por ejemplo, la compañía ferroviaria puso a nuestra disposición un vagón, para que sin costo alguno nos trajeran todas nuestras cosas a México, a cargo de la compañía.

Tiempo después, el grupo israelita de Nueva York me propuso hacer un viaje por América del Sur para dar conferencias y exponer la realidad que se ignoraba sobre la guerra, de todas sus crueldades y del tratamiento que se había dado a los judíos en Europa. Ellos pagarían todo, un secretario y un ayudante; a mí no me ofrecieron sueldo porque sabían que no lo iba a aceptar, pero asumirían todos los gastos. En aquel entonces era muy difícil conseguir pasajes de avión, estaban muy restringidos, porque había un plan de movilización, de ajuste por la guerra y de todo eso, pero ellos, con su poder económico, aseguraban mi viaje por avión por toda América del Sur, dando conferencias. Y si yo me animaba a escribir unos artículos, ellos se encargarían de que se publicaran en la prensa americana, y que esos sí me los pagarían. Mi respuesta fue que iba a ver la posibilidad, y finalmente acepté porque las condiciones me parecieron aceptables. Pero antes debía tener, naturalmente, el consentimiento del señor presidente. Lo hablé con Ávila Camacho, pero el general, con esas cosas que tenía, no estuvo de acuerdo y el proyecto se frustró; ese último episodio fracasó.

En Francia tuvimos muchas relaciones. Mis hijas conocieron a condiscípulas en la escuela que después vivieron con nosotros en casa, y todavía ahora tenemos contacto con una señora muy respetable que vivió con nosotros (a su padre se lo habían llevado a las cámaras de gas y se quedaron solas las dos hijas pequeñas que viajaban constantemente en trenes para escapar y ella lo logró) en nuestra casa en Marsella; por eso dice que es la tercera hija, "yo soy su tercera hija". Es "Bolita" Liberman, así le decíamos porque estaba gordita; ella siempre se comunica por teléfono, manda tarjetas y otras cosas y según ella es mi tercera hija y así se firma: "Bolita, su tercera hija".

REGRESO A MÉXICO, 1944

¿Cómo fue la llegada a la ciudad de México?

Finalmente viajamos en un tren, en un vagón pullman que traía todas nuestras cosas por cuenta de los americanos. El tren llegó a México atrasadito, como unas cuatro horas, tiempo que estuvieron más de 6 000 personas esperando su llegada.

Pues llegó el tren y nos dieron una muy calurosa recepción; fuera de cualquier cosa, que no sea el simple señalamiento de los hechos, realmente creo que ningún diplomático ha sido recibido en esa forma. La gente esperó ahí cuatro horas o cuatro horas y pico.

La llegada del tren fue muy ruidosa, me cargaron en hombros; después di algunas entrevistas. Los alemanes publicaron una muy amplia en *Alemania Libre*, de Alejandro Abuch, una que yo mandé de allá, y otras más aparecieron en *Hoy*, esa revista de entonces; luego di algunas pláticas a distintos grupos interesados en conocer la situación de la guerra.

Hubo una gran ceremonia en Bellas Artes, con un programa montado precisamente por los españoles, por las figuras de entonces, Álvarez del Vayo, Valera y todos ellos que lo organizaron. Tuvo la amplitud de llenar el teatro de Bellas Artes, con discursos, con música.

¿Qué significó esa experiencia en su vida?

Pues acaso por la formación familiar que tuve, por las luchas en que participé en mi juventud, las luchas revolucionarias en todos los campos a los que tuve acceso: el medio obrero, el estudiantil, en el Congreso de mi estado, en el Congreso acá, en el periodismo, por todas esas experiencias que fueron importantes en mi formación, yo ya tenía un pensamiento, un cuadro de ideas, con los que llegué a aquella misión. Para mí fue un privilegio encontrarme en esa situación que me permitió desenvolver una actividad en favor de la gran causa del hombre; el hecho de que se salvaran muchas vidas, de haber tenido oportunidad de estar en esa tarea de salvamento, es una cosa que queda fuertemente anclada en el espíritu; que naturalmente queda en el registro de la vida. Por supuesto, todo eso tiene una trayectoria de formación, sobre todo familiar, y luego la de la causa humana de nuestra lucha revolucionaria en el país destinada a servir, a contribuir de cualquier forma, aunque sea modesta, a una causa que comprende también el gran principio de la causa del hombre.

Hemos tenido también la satisfacción de que, no en función de una orden ni nada de esas cosas, esa solidaridad se haya mantenido; que de tantas personas que sobrevivieron a esos tiempos dramáticos no hayamos tenido más que amistad, reconocimiento; que yo sepa, nunca ha habido ninguna voz de reproche, lo que quiere decir que también fue trascendente en la órbita humana.

¿Cómo se sintió cuando regresó al país?

Pues con la emoción especial del mexicano. Volver al país después de estar tan lejos, en esas situaciones que también eran de silencio, pues estábamos incomunicados. A veces nos sentíamos en un rincón del mundo, sin ninguna perspectiva.

Una vez estábamos en Zurich mi mujer y yo y le dije en la noche, "Vamos a visitar la parte antigua, a ver aquellas cosas que quedan del tiempo de Carlomagno", como los portones, las callejas y las tabernas, y nos fuimos ya tarde para poder disfrutarlo, cuando ya la gente está en sus casas. Y cuando estábamos recorriendo aquellas calles, con sus tabernas abiertas y, afuera, sus grandes distintivos forjados en hierro con figuras, de pronto oímos el vals *Sobre las olas* que estaban tocando muy bien porque creían que era vienés. Eso hizo que se acumularan en nuestro espíritu tantas cosas, como la lejanía de México, la incertidumbre, y simultáneamente estar inmersos en un ambiente de lejanos tiempos en el que estaba presente la voz de nuestro país.

Comentando con unas personas de Alemania que vinieron acá lo que viví en la segunda Guerra Mundial, me preguntaban: "¿Usted no tenía miedo?". No, no tenía miedo porque estaba cumpliendo con un deber, un deber oficial por una misión confiada por mi gobierno, a lo que se aunaba una convicción personal.

En esa actividad no se puede tener miedo. El miedo es la peor cosa en esos momentos porque no conduce a la finalidad, al objeto perseguido. Un hombre con miedo está desarmado, mientras que con la conciencia de cumplir una misión, un deber, una acción imperiosa, determinada, no se tiene miedo, no se puede tener miedo.

MISIÓN EN PORTUGAL, 1946-1950

Don Gilberto, cuéntenos en qué consistió su misión en Portugal.

Portugal tenía un gobierno dictatorial corporativo, muy organizado, con una política muy eficiente. Por lo tanto, la gestión diplomática se tenía que realizar en una situación completamente especial y había que manejarla de una manera muy diferente. El régimen era sumamente sensible a cualquier alusión a su política; entonces, no había que tocar el tema absolutamente nada para desarrollar una labor de fondo.

Cuando presenté mis cartas credenciales, dije en el discurso que no iba hacer una política clásica, de rutina, que yo llegaba a algo diferente de las fórmulas diplomáticas que se quedaban muchas veces nada más en las palabras; que yo haría una labor de acción, de confrontación de la verdad. Esta declaración inicial le llamó la atención a António de Oliveira Salazar, de suerte que cuando yo quise presentarles el asunto más difícil de todos, que era la ayuda a los españoles que eran devueltos a Franco, lo consideraron como algo imposible de tratar, pero de todos modos les interesó por el planteo inicial que habíamos hecho. Así, el primer ministro Salazar dio instrucciones al secretario general de la Cancillería para que siguiera hablando conmigo.

Quería conocer todos los argumentos que teníamos para defender esa posición. Fueron varias tardes en las que sostuve largas pláticas con el secretario general; naturalmente, dentro del régimen interno del gobierno, que era de completa subordinación y que requería una información completa, este señor daba cuenta diariamente a Salazar de nuestras pláticas con las notas que había tomado al efecto.

Aunque era un asunto excluido en principio, por otro lado les interesaba conocer a fondo nuestra posición, lo que sirvió para que se llegara a un punto en el que prácticamente estaban agotados todos los argumentos, que por cierto eran bastantes, porque abarcamos desde la historia de Portugal, la posición del país, los actos más recientes del gobierno de ayuda a ciertos fugitivos de la guerra, y total, hasta tocar el sentimiento cristiano del señor Salazar.

Finalmente, consideraron que habían tomado en cuenta todos nuestros argumentos pero que tenían un compromiso formal con el gobierno de Franco, un acuerdo escrito, por el que el gobierno portugués se comprometía a regresar a los fugitivos republicanos españoles. Entonces propusimos un "pacto de caballeros" que, por todos esos antecedentes, a Salazar le pareció factible y ofreció cumplirlo totalmente, cosa que hizo.

Esta gestión inicial sirvió para que pudieran abordarse otros problemas. Para los españoles fugitivos conseguimos incluso que nos dieran una residencia en el puerto de Ericeira para concentrarlos y desde ahí embarcarlos a México. Y cuando se presentaron las elecciones en Portugal dijeron que no querían tener ningún español dentro, y así conseguimos, con todas las facilidades que nos dieron, la salida para ellos, incluso en aviones hacia París y de ahí a México, o para Venezuela, Santo Domingo y otros destinos. Estas personas estaban en tránsito, viviendo con una gran interrogación, esperando que los admitieran en alguna misión. Lo conseguimos.

Tuvimos un gran contacto con el pueblo. Recorrimos todo Portugal, un país pequeño pero precioso; hermoso país con zonas muy diferenciadas y con mucha historia; fuimos hasta las cabañas de los guardabosques.

pp. 314-315

Éramos estrictamente vigilados, por supuesto, porque sabían muy bien cuál era nuestro interés. Fuimos haciendo amistades por todos lados porque no se acostumbraba que un jefe de misión, un ministro o un diplomático se interesara personalmente por conocer todas las capas sociales. En el norte, en el centro, en el sur teníamos amigos porque íbamos allá interesándonos por el paisaje humano, el paisaje físico, los intereses de las personas, su modo de vivir, etcétera. Así pudimos hacer una labor de difusión de México en todo el territorio portugués.

Hacíamos en mimeógrafo un boletín cada 15 días, en portugués, el cual se repartía por todas partes; no tocaba absolutamente nada de la política ni del régimen portugués. Esa actividad era seguida muy de cerca, con mucha atención y mucho cuidado. Además, en la Legación, que era una casa muy amplia, con grandes salones, hacíamos tardeadas que organizaban mis hijas para la juventud universitaria y artística; se reunían pintores, músicos y estudiantes de todas las procedencias (algunos de los pintores acababan de salir de la cárcel) y ahí se hablaba de México, se veían unos álbumes, se pasaban vistas fijas, se tocaba música mexicana, y no se trataban otras cosas que no fuera la imagen de México y nuestro interés por la relación con todas esas personas, con quienes se construyeron firmes relaciones humanas.

Todo eso fue preparando en cierta forma el ánimo del gobierno portugués para otros proyectos que se concibieron después. Uno de ellos fue que conseguí sacar de España los muy valiosos archivos históricos.

La Embajada nuestra en España estaba a cargo del ministro de Santo Domingo y se encontraba en las peores condiciones, por lo que hubo necesidad de hacer una labor un tanto marginal. Valiéndome de la colaboración del embajador de Brasil, que era muy amigo mío, para que él hablara, cambiara impresiones y nos diera las facilidades de parte de la Embajada española en Portugal, a cargo de Nicolás Franco, hermano de Francisco Franco. Entonces conseguimos llevar a Lisboa ese archivo valiosísimo con documentos históricos de gran valor. Todo lo colocamos en una pieza con calefacción, con ventilación, en cajas especiales. También logramos llevar la biblioteca de la Embajada, que se instaló en la de Lisboa con todos sus muebles que eran de estilo gótico, con emplomados, muy elegante, y se montó ahí.

Después conseguí que México comprara algunos millones de raíces aéreas de olivos, cuya exportación estaba prohibida, pero como iban a construir una gran presa, iban a anegar los sitios donde estaban los olivares. Muy a tiempo se los pedí, y me permitieron traer a México millones de raíces aéreas que se sembraron en algunas partes del país con la ayuda de un experto, un gran experto portugués en esa materia que enviamos de allá. Era un señor muy extrovertido, hablaba mucho, y le pusimos "El Mudo"; trabajó acá, se encantó de México y recorrió todo el país señalando las tierras más apropiadas para cultivar el olivo.

Teníamos relaciones con todas esas gentes, los campesinos, la gente del pueblo de Lisboa, los pescadores; por ejemplo, nosotros navegamos con los grumetes de la Escuela Náutica de Portugal que tiene una tradición muy grande, ya no digamos de Vasco da Gama, de Enrique el Navegante y todos esos grandes navegantes, sino también de la pesca del bacalao y de toda la flota pesquera portuguesa, que en ese tiempo era la más importante de Europa.

Así es que cuando nosotros salimos de Portugal, nos fueron a despedir a la estación algunos miembros de la Academia de Ciencias —porque mi mujer y yo concurríamos a sus sesiones—, de la Academia de Historia, de las dependencias del gobierno, del cuerpo diplomático, y también los papeleros, los meseros de los restaurantes, los pescadores; total, que se colmó la estación. Creo que fue la despedida más emotiva, porque la gente del pueblo, de las poblaciones cercanas a Lisboa, le llevó a mis hijas flores y pequeños regalos; fueron a despedirnos y se llenaron dos cabinas del pullman con regalitos y flores y muchas cosas más. Emotiva, porque estuvo ahí la representación completa del pueblo portugués, incluida la de la clase de alto nivel. Esto se logró realmente a fuerza de tenacidad porque el de las clases sociales de cierto nivel era un medio muy recatado; eran impermeables completamente, absolutamente. Las jóvenes no podían salir solas de sus casas; al llegar a la estación cada una llevaba su chaperona, y cuando una mexicana sacó un cigarrillo, hubo una dispersión de muchachas porque aquello les parecía una atrocidad. Bueno, con esa actitud retraída, muy a la antigua, era muy difícil la penetración, pero por nuestras relaciones en los círculos de los conciertos (había muy buenos) y de la ópera, tuvimos también amistades en ese campo un tanto cerrado de la llamada aristocracia portuguesa. Todos ellos estuvieron a despedirnos y conservamos algunas amistades de gran calidad humana y de importancia intelectual, como nuestra amiga Irene Vasconcelos, una gran escritora, que congregaba a un grupo de intelectuales, con quienes nos relacionamos gracias a ella, intelectuales independientes, opositores.

El interés de Oliveira Salazar respecto de nuestra actitud se mantuvo y cuando se efectuaron las elecciones yo visité todas las casillas del centro de Lisboa y las de los barrios más apartados, sus cuarteles; en todas partes estuve. Poco después, con motivo de la visita de un representante del presidente Alemán que enviaba saludos al primer ministro Salazar, hubo una visita de cortesía. Ahí, Salazar (que ya sabía por dónde había andado yo) me preguntó mis impresiones sobre las elecciones, y yo le dije: "Era importante para nosotros tener información de primera mano; yo tengo mi opinión, pero no puedo expresarla porque sería un acto contrario a lo establecido de no tocar esa materia, de no injerencia, incluso de opinión". "No, dice, no, no, no, vamos a despejarnos y hábleme usted a título personal"; entonces le dije: "Bueno, hay una cosa que considero de la mayor importancia y es que el pueblo ha concurrido a las urnas, quiere decir que el pueblo portugués mantiene su vigor y su voluntad". Claro que al pueblo no le hicieron caso, pero era verdad que las casillas en todo momento estuvieron muy concurridas. En un parque especial votaba la nobleza, digamos la élite del régimen, nada más ellos; los demás votaban allá en sus barrios.

La comunicación con el pueblo, la difusión de nuestros boletines y todas nuestras actividades llegaron a crear en Salazar la convicción de nuestra simpatía, de nuestro cariño por el pueblo portugués, que era total verdad. Así que cuando yo me despedí, dando por terminada mi misión en Portugal, ordenó que se me diera la más alta condecoración de su país a los extranjeros, con la aclaración de que Portugal no condecoraba a los diplomáticos por el tiempo que habían permanecido en el país, como se acostumbra regularmente en casi todos los países, salvo casos excepcionales, y con el recado de que se me otorgaba esa condecoración por mi cariño para el pueblo portugués (que él detestaba) y por el nuevo estilo de diplomacia que había yo llevado a Portugal. No hubo tiempo de que el diploma lo firmara el general Carmona, el presidente, pero me lo mandaron después a Estocolmo.

Mi salida de Portugal fue por instrucciones de la Secretaría de Relaciones Exteriores, que deseaba que se pagara a Suecia una deuda que teníamos con ese país en el campo cultural; se habían descuidado demasiado las relaciones culturales. Con esa misión fui trasladado a Estocolmo.

MISIÓN EN SUECIA Y FINLANDIA, 1950-1953

Suecia era ya un país muy desarrollado, ¿no?
¿Cuál fue su experiencia allá?

Suecia era otra sociedad, otras costumbres, otra moral, otra organización social, económica, política, artística, intelectual.

A nosotros nos tocó una Suecia que ya no existe, desgraciadamente, porque se acabó el régimen socialista, ahora es un régimen conservador, burgués, es un país que cambió su imagen. Nosotros tuvimos la suerte de conocer aquel país, de vivirlo. Conservamos un gran recuerdo de Suecia, de su gente, su modo de vida, su desarrollo; incluso en materia artística era un campo muy receptivo, muy transparente, muy abierto. La verdad es que en ese medio tan sensible tuvo un gran impacto lo mexicano. Yo preparaba a mis hijas cuando íbamos para allá con datos de ese país. Les decía: vamos a encontrar un país muy diferente, puede ser que no lo lleguemos a querer, pero tenemos que estimarlo porque tiene tales y tales valores.

Gente aparentemente fría, austera, un tanto retraída, un tanto desconfiada, porque padece una serie de complejos históricos. Cuando se habla de Europa, no se incluye el conocimiento, la estimación por la vida y la plenitud escandinava, que son diferentes. Los turistas van a París, a Alemania, a Holanda, a España, a Inglaterra, y ya vieron Europa, pero no van a la península escandinava; eso produce en el sueco un vago sentimiento de marginación. Por otro lado, la población es toda rubia, blanca, aria, que no ha tenido oportunidad de mezclarse; está confinada a un determinado grupo étnico y de ahí la aridez de la relación humana que a veces se manifiesta, y, además, está el clima, el clima es cruel. No es el invierno del resto de Europa, el de ahí produce en la gente una reacción, una actitud defensiva de tipo muy especial. Yo lo había notado y me era materia de pensar y de reflexionar; por ejemplo, cuando el termómetro bajaba de cero, la actitud de las muchachas era quitarse las medias de nylon, pero a la desesperada, porque se les pegaban a las piernas y había que amputarlas. Eso no ocurre en otros lados, en Rusia, por ejemplo, que tiene las mismas temperaturas; en Suecia, uno podría preguntarse, ¿pero qué pasa?, ¿qué no son los mismos termómetros? El frío es como otra

p. 316

cosa, se siente de modo distinto. A propósito de esas cavilaciones, conocí en Noruega al ministro de Minería que era geógrafo, un hombre de ciencia, universitario, y conversando un día le pregunté por ese fenómeno y me dijo que así era, porque la península escandinava está recorrida por una zona magnética, por una entraña metálica tan maciza, que el hierro es casi nativo. Las piedras con ese mineral de hierro las sacan y las meten en unas góndolas que son embarcadas tal cual; en su recorrido por la península escandinava eso produce una modificación en la temperatura y hasta en la conducta de las personas, que sufren un clima que las castiga de manera muy agresiva y determina una actitud humana muy especial.

La gente desarrolla sus valores de trabajo, su labor social, sus valores intelectuales, como si estuviera confinada. La relación con otros pueblos se realizaba dentro de una organización de países escandinavos. Ese grupo de países del norte estaba unido para asistir en bloque a las reuniones internacionales; ellos mismos se individualizaban, si se puede aplicar ese término, se congregaban aparte.

Suecia otorga el premio Nobel a tales y tales personas de fuera y de dentro, como un reconocimiento a ciertas formas de trabajo tanto material como intelectual. El país tiene una gran literatura, tanto literatura de reflexión como de delirio, idealizada, de gran aspiración abstracta. El movimiento de expansión natural del sueco se manifiesta al abordar, en su literatura, temas de carácter universal, que pueden tener interés para todos: cuestiones feministas, conflictos humanos, y en todo el conjunto se presenta un orbe distinto, que había que entender, comprender y abarcar para poder llevar a cabo la gestión diplomática. En Suecia, desde hace tiempo, votan hombres y mujeres.

Yo tomaba el tranvía cerca de la casa porque me dejaba a unos cuantos pasos de la Legación.

A veces subía al tranvía el señor Tage Erlander porque no tenía automóvil (el gobierno sólo le daba automóvil al ministro de Relaciones por sus obligaciones sociales), pero al primer ministro, al jefe de Gobierno, no le asignaban auto. Tenía un departamento cerca del nuestro, donde vivía con su mujer, una catedrática de la Universidad (él también era una personalidad universitaria). Se subía al tranvía ahí nomás, con su cartapacio, muy tranquilamente.

Nos bajábamos juntos y luego nos acompañábamos unos pasos más, yo torcía un poco en la avenida para llegar a mi oficina, y eso era todos los días.

Los miembros del Partido Socialdemócrata no aceptaban condecoraciones, de modo que a esos señores no se les podía condecorar. Tampoco podían aceptar regalos de ninguna clase.

Por esas relaciones personales, una vez me invitaron a un acto en la Casa del Pueblo, donde se reunían obreros, trabajadores, con motivo de un acto al que asistiría Erlander, el primer ministro. Una señora, una anciana, por cierto, pidió permiso para regalarle una telita que había bordado, pero el señor ministro le dijo que lo sentía mucho, pero que no podía aceptarlo; hubo un cambio de impresiones y se llegó al acuerdo de que la señora lo enviara a su casa porque se trataba de un presente que sólo tenía valor estimativo, era un bordado que ella había hecho para el primer ministro y él no lo podía aceptar; sin embargo, en ese caso especial se autorizó al primer ministro a recibir el regalo.

Un día, un señor, uno de tantos potentados suecos, decidió heredar a su chofer su casa y su automóvil, pero el chofer le dijo que lo sentía mucho pero que su sueldo no alcanzaba para el sostenimiento del servicio de esa casa, y que por lo tanto no la podía aceptar, y rehusó formalmente la herencia; esa clase de gente había ahí.

En una celebración del Primero de Mayo (conservo unas diapositivas que tomé porque me fui a meter ahí) desfilaban el Partido Socialdemócrata, que estaba en el gobierno, y el Partido Comunista. Estaban en un campo dividido por una carretera: de un lado estaban los socialdemócratas escuchando el discurso de Erlander, y del otro, los comunistas con sus banderas rojas; era un desfile de obreros que parecían banqueros, porque tenían buenos salarios, un nivel de vida muy alto y prestaciones sociales desde antes de nacer hasta muertos. Los trabajadores suecos tenían todo cubierto, todo asegurado, pero siempre había demandas, que llevaban escritas en las pancartas con las que desfilaban; por cierto, en alguna de ellas se pedía ayuda para la República española.

Erlander era un gran orador, de una alta categoría intelectual; era el enemigo de más calidad que tenía Stalin, sus discursos contra él eran terribles. Bueno, pues un día se murió Stalin, noticia de la que me enteré muy temprano porque el intérprete que teníamos en la Legación estaba atento desde muy temprano para irme a dar cuenta de la prensa de todos los días, pero ese día me llamó por teléfono porque era una grande nueva. De inmediato fui a ver al señor Rogenoff, el embajador ruso, quien era un hombre de mucha calidad, un gran señor, que siempre tuvo especiales atenciones conmigo, para darle las condolencias de rigor, de cajón. Cuando iba de regreso, estaba el señor Erlander hablando en la única estación de radio que había entonces en Estocolmo, que era la oficial, pronunciando un discurso formidable, en el que pintó la Rusia que recibió Stalin, con una población analfabeta, atrasada, desperdigada, sin producción de nada, perdida en su aislamiento general; una situación tremenda, que debido al rigor de Stalin, a su control, construyó y consiguió, desgraciadamente por medios tan violentos, tan drásticos, la unidad, y acabó con el analfabetismo; también elevó la producción, organizando a los obreros para lograr una producción capaz de satisfacer los intereses generales de la comunidad; luego, la hazaña de ganar la guerra, porque la guerra la ganó Rusia.

Hasta el centro de Europa, hasta Austria llegaron los ejércitos rojos, y la guerra se ganó en Stalingrado, en todas partes. Todo eso lo dijo el señor Erlander. Y se preguntaba, ¿cuál es la Rusia que ahora deja Stalin?; pues deja una gran potencia, una de las primeras potencias desde el punto de vista productivo, desde el punto de vista social, desde el punto de vista militar; hay que hacer entonces un balance de todo eso. Se necesita tener un espíritu muy alto para hacer un análisis de esa naturaleza, abarcando todo el panorama histórico de un país. Él había sido enemigo de Stalin, pero hizo ese balance, cuando murió, de la parte oscura y la parte afirmativa; sí, esa clase de gente había entonces.

El ministro de Relaciones Exteriores, el señor Undein, era representante de todas las universidades escandinavas incluyendo Islandia y tenía también una gran categoría intelectual. En una ocasión, la Embajada americana y sus dependencias de publicaciones expidieron un boletín en el que hacían una crítica muy severa del régimen económico y político de Suecia; entonces, el señor Undein llamó al embajador americano y le dijo: "Hemos acordado darle a usted 20 días para que se retire porque no podemos admitir una crítica a nuestro régimen económico y político; eso, Suecia no lo puede admitir". El embajador argumentó que no, que esto, que lo otro, que había sido un empleado de confianza... Pero el acuerdo estaba tomado y se fueron, era una fila de 20 o 30 automóviles; se llevaron todo en camionetas de reparto, sus maquinarias para la impresión de su boletín, todo. Inflexibles, los suecos no admitieron ninguna negociación, no aceptaron ese tipo de injerencia, y su respuesta fue firme e invariable. Este ejemplo es interesante cuando se quiere hablar de la intromisión de las organizaciones extranjeras en el régimen político y económico interno de un país.

Suecia era un régimen bien organizado, muy orgánico, de acción con el conjunto de la sociedad, congruente, bien definido y llevado a la práctica en su realidad, en su verdad, en sus postulados, en sus procedimientos. Creaba un clima moral, una ética casi oficial, que se traducía en esas actitudes de gran dignidad.

En esos años, en México hubo una producción artística de carácter social; fue la época del arte social. Claro, las circunstancias, el ambiente, la atmósfera que se respiraba, la actitud de las gentes, todo eso se convertía en una aspiración colectiva, y el Taller de Gráfica Popular tuvo una respuesta muy amplia. El Taller fue un acontecimiento artístico verdaderamente histórico, muy importante y valioso para la creación artística de ese momento, tuvo una vida muy intensa, una vida que tenía una aspiración colectiva.

Como ya he contado, llevamos una exposición del Taller a Suecia, la montamos en el centro de Estocolmo, en la calle del Rey, en una galería especial que era un local muy amplio. La presencia de ese vigoroso arte tuvo un gran impacto, causó una verdadera sensación en los círculos artísticos de Estocolmo, de Suecia.

Porque ya he dicho varias veces que cuando se llevó el arte mexicano a Suecia, se llevó a un país que no tenía prejuicios artísticos. Ese país tenía ya una producción pictórica, gráfica, con una manifestación moderna, un poco abstracta, pero eran unas corrientes todavía no tan vigorosas que caracterizaran la producción artística de los suecos, de modo que estaban abiertos a la percepción de un arte que se presentaba de una manera muy vigorosa y muy fuerte: el arte mexicano. Los grabados causaron una gran sensación, los cronistas más autorizados de la península escandinava lo comentaron.

Esa exposición la llevamos después a Gotemburgo, donde se nos facilitó el local principal del Palacio de Bellas Artes. Se presentó también con todo el decoro que siempre exigimos para esa clase de eventos artísticos mexicanos.

Y luego llevamos la exposición a Oslo y a Helsinki. Todo eso sirvió como preparación para la Gran Exposición, que se montó en Suecia, gracias a la disposición abierta del pueblo sueco. Aquella exposición fue un acontecimiento que estremeció al país.

Aparte de las exposiciones del Taller de Gráfica Popular, ya habíamos enviado a las escuelas públicas películas y fotografías de paisajes, escenas de la vida mexicana del campo y las ciudades; nada de política ni de nuestros gobernantes, nada más México en sus rostros tan diferentes.

Antes de la exposición, habíamos montado unos 30 escaparates en Estocolmo con cosas mexicanas: sarapes de Saltillo, reproducciones de piezas prehispánicas y algo de artesanías. Hubo toda una preparación para llamar la atención de la gente hacia los valores artísticos que se iban a mostrar.

Se les presentó a los suecos el plan de la exposición que había preparado Fernando Gamboa: en qué consistiría la exposición, cuáles serían sus características; que abarcaría desde el arte prehispánico hasta el muralismo, además del arte moderno de aquellos días. Se interesaron de tal manera los suecos que hubo aportaciones económicas voluntarias de personas que no tenían intereses comerciales en México pero que llegaban: aquí están 30 000 coronas, aquí están 20 000, aquí están 10 000. El gobierno sueco no patrocinaba la exposición, no aportaba más que las facilidades para que la exposición se realizara. Con las aportaciones voluntarias se reunieron unas 600 000 coronas.

Se trabajó con todos los elementos. A Gamboa se le dio todo lo que pidió, por lo que tuvo la oportunidad de montar técnicamente una magnífica exposición. Todo el sótano de la galería de arte, que era muy grande, lo transformó Gamboa: las paredes se revistieron de madera; se puso luz en las vitrinas para el arte antiguo; en el pórtico de la entrada se colocaron las grandes esculturas; en un salón inmenso, al fondo un Chac Mool, solo, con la pared detrás, y luego la Coatlicue y el Ehécatl y todas esas grandes esculturas, era algo monumental, grandioso.

De ahí se descendía por una rampa, al fondo de la cual estaba la pequeña Coatlicue, como saludo, y ahí se puso un croquis cronológico del arte antiguo de México, que culminaba con las joyas de Monte Albán, las legítimas (parece que ahora ya no son las auténticas, las que están en Oaxaca).

Todo muy bien montado, era como un cofre de alhajero, con su terciopelo oscuro, otras zonas oscuras y unas pequeñas urnas iluminadas con las joyas de los trabajos en piedra, en hueso, esos trabajos de primor, de talla, de la antigua producción artística. Había permanentemente una guardia doble que cuidaba esos tesoros.

Luego seguía la sección de arte colonial, a la que se entraba también por un pórtico, pero éste tenía una cruz de madera, un tronco de madera con un rostro tallado nada más y con un cortinaje morado; ese arte estuvo muy bien dispuesto, muy bien ordenado y presentado. De ahí se pasaba al muralismo y al arte moderno contemporáneo con todos nuestros grandes artistas. Hubo necesidad de derribar un muro para que entrara un mural de Siqueiros.

Todo lo que pidió Gamboa se le dio. Aquellas divisiones de las vitrinas se componían de focos que quitaba Gamboa, ponía otros hasta que lograba la luz apropiada para que tomaran todo su relieve y toda su composición cada una de las piezas.

Gamboa dispuso de todo el dinero que necesitaba. Componía y recomponía, rectificaba una y otra vez. Todo se presentó con seriedad, con decoro, y no se vendió ninguna cosa; no entró por ningún lado el aspecto comercial.

Además de los grandes murales y de la pintura moderna, se montó aparte, en un local muy amplio, la exposición de gráfica.

Hubo mucho trabajo diplomático previo. En Suecia se hizo una comisión especial, de la que yo formaba parte, para organizar la exposición; ahí se reunió Gamboa con los críticos y con los representantes de la vida económica que tenían mucho interés por México, porque habían estado acá; en las reuniones de esa comisión se despertó un gran interés por el proyecto de la Gran Exposición.

Una anécdota: el maestro de arqueología del rey Gustavo VI Adolfo era el señor Sigvald Linné que había estado en México trabajando en Teotihuacán algunos años. El rey era un arqueólogo con historia, fue uno de los exploradores en el Medio Oriente, y conservaba algu-

p. 317

nas piezas que él había descubierto y que donó; tenía en palacio un cuarto, que conocí, con unas cuantas piezas muy valiosas de sus trabajos arqueológicos. En una ocasión, con motivo de una recepción que se iba a efectuar en palacio, el señor Linné habló conmigo y me dijo: "Vamos a ver si conseguimos que el rey acepte patrocinar nuestra exposición, porque sería muy importante".

Entonces nos pusimos de acuerdo y llevamos algunas fotografías del arte antiguo que más podían interesarle al rey; en medio de una gran cantidad de gentes, al fin conseguimos abordarlo en la recepción y yo le propuse que patrocinara la exposición, haciéndole un esbozo general muy rápido, porque debía atender a todos sus invitados, y aceptó.

Sugirió nada más que se mencionara su nombre en todo lo que fuera necesario gestionar, para que dispusiéramos de un local y se nos dieran las facilidades suficientes. Hubo que negociar con el gobierno de la ciudad porque el gran muro del *hall* donde se iba a colocar el Chac Mool lo habían pintado con un tinte especial que les había costado mucho dinero; así que cuando Gamboa propuso borrar aquello y pintar el muro otra vez, hubo necesidad de llevar el asunto al Consejo de la Ciudad donde se resolvió que se hiciera. Claro, ahí estaban todos los ayudantes, con el maestro Díaz López a la cabeza, el genio del color, y se pusieron a pintar rápidamente; ahí se colocaron un gran mascarón y luego el Chac Mool.

El Chac Mool dominaba todo el fondo del gran *hall* que, por otra parte, tenía arriba unas claraboyas y unas ventanas muy altas a las que Gamboa puso unas cortinas para dar cierto tono a la atmósfera de aquel vestíbulo, un poco irreal, para las grandes esculturas. Todo eso tuvo mucha importancia, de verdad, y causó tal impresión entre los suecos que incluso les revivió muchos sentimientos paganos: empezaron a adorar al Chac Mool, pero con él iban a hacer sus votos de virilidad amorosa algunas parejas de suecos, y a dejar monedas. Eso lo prohibió la dirección de la galería, pero no hubo manera de detenerlo. Esto es algo que he contado varias veces, pero fue verdaderamente sensacional.

Como parte de nuestra gestión diplomática, invitamos a la exposición a los rectores de las universidades escandinavas, incluyendo las de Islandia, como invitados especiales: se les pagaron sus pasajes aéreos, su estancia en Estocolmo y se les regaló una colección de libros de arte mexicano; eso representaba una acción directa de la Legación. También se invitó a los más notables críticos de arte de Noruega, de Finlandia, de Dinamarca, de Islandia, para que publicaran sus juicios, sus críticas sobre la exposición. Todos los diplomáticos mexicanos acreditados en la región participaron en eso y también hubo una colaboración de los gobiernos de Noruega y de Dinamarca, incluso los islandeses fletaron un barco y fueron a la exposición. Los lapones organizaron un grupo masivo, que llegó desde el norte de Suecia a inundar Estocolmo con sus vestidos de colores; en Helsinki fletaron barcos especiales para llevar a gente de Finlandia (yo estaba acreditado también en Finlandia, y ahí el encargado de negocios movió todo); hubo trenes especiales de Dinamarca y de Noruega que llevaban pasajeros para ver la exposición. Tuvimos una concurrencia enorme todos los días.

La exposición se cerraba a las ocho de la noche y entonces de pronto llegaba el rey, solo, como acostumbraba andar, con su chofer nada más. Lo atendía todo el personal y él se iba directamente al sótano, a ver el arte antiguo, donde se le daban explicaciones amplias y se quedaba un buen rato. Fue varias veces, siempre en la noche.

La técnica museográfica de Fernando Gamboa realmente tuvo en ese sótano una realización magistral. Las escuelas de arte llevaron a sus alumnos y acudieron algunos artistas a estudiar todo aquello; iban en las noches también, porque se les daba permiso, y llegaban ahí con sus cuadernos, escuchaban las explicaciones; era una lección de museografía y a la vez de arte.

Todo eso llegó a darle una dimensión muy grande a la exposición, muy trascendente. Cuando ya la habíamos cerrado, pero aún no se había desmontado, de Alemania y de Rusia llegaron visitantes de última hora; eran personas muy importantes, como Ilya Ehrenburg, y se les permitió visitar la exposición y se les atendió.

En la última noche hubo gente que desfiló para saludarme y agradecer la exposición; eran personas de la población general, sin cargos oficiales ni nada de eso. Y el rey tuvo un gesto también: en su visita oficial, me condecoró ahí mismo. En Suecia el protocolo estipulaba que el rey no podía entregar personalmente una condecoración a un extranjero; claro, condecoraba a los suecos, a los arqueólogos, a los hombres de ciencia y a otras personalidades; pero regularmente a los extranjeros y a los diplomáticos se les mandaban los reconocimientos. Pero el rey, de una manera muy especial, me dijo: "Yo he querido entregarle a usted, personalmente, con mis propias manos, la más alta condecoración que damos". Todo eso era consecuencia, y lo digo no por vanidad ni mucho menos, de la acción diplomática realizada para esa exposición.

Las características generales para el tratamiento de esa exposición, en resumen, fueron el trabajo de preparación, la organización previa; luego, la labor durante la misma exposición, llevando grupos de personas, publicando un catálogo, y después el seguimiento de las repercusiones de la exposición, porque hubo que examinar los juicios y las críticas que se habían expresado, así como las consecuencias, a veces muy significativas, como por ejemplo, en Finlandia, donde se trabaja mucho la madera, empezaron a aparecer unos cochinitos mexicanos, unas cositas iguales, tomadas de la galería donde se había montado el arte popular, y en Suecia los joyeros empezaron también a hacer piezas con influencia de la joyería mexicana.

De Estocolmo tenía que ir la exposición a Londres, y en Amsterdam se reunieron varias gentes del mundo artístico holandés y me pidieron que hiciera gestiones para que fuera allá la exposición, dada la resonancia que había tenido en Estocolmo; yo les dije que lo que estaba resuelto era que la exposición fuera a Londres. Yo había sido invitado por Adolfo Ruiz Cortines a su toma de posesión e hice el viaje, pero al llegar acá me encontré con que se había cancelado la exposición en Londres. Se había hecho una campaña periodística contra ese tipo de exposiciones viajeras, aduciendo que comprometían nuestros tesoros artísticos, que se iban a perder algunos, a dañarse otros, etcétera, y entonces publicaron que estaba cancelada la exposición en Londres. Me fui a ver a Ruiz Cortines, ya como presidente de la República, con quien tenía una amistad de mucho tiempo, y le dije: "Vengo a pedirle que esa exposición vaya a Londres, le han presentado a usted un cuadro verdaderamente irreal y tendencioso". Decían que se gastaban 30 000 dólares diarios y que eso era un derroche, que el país no podía gastar eso, y aprovechando lo que era una apreciación ligera respecto de lo económico, le dije: "Nosotros hemos ganado 30 000 coronas con la exposición, con esas 30 000 coronas se han dado las becas para intercambio de artistas y de técnicos. Ésa fue una de las consecuencias de la exposición". Le hice un cálculo total, realista y bien concreto y justificado. Entonces él me dijo: "Al ver esto, hagan un presupuesto, y si la cosa es así, con eso vamos". Hicimos el presupuesto, con la oposición del secretario de Educación, se lo llevé a Ruiz Cortines y él dio la orden: "La exposición va a Londres". Allá fueron mis hijas y trabajaron en ello.

No fue igual, no se pudo montar como en Suecia, pero este Gamboa hizo verdaderas hazañas de museografía en la galería donde se puso la exposición porque tenía unos techos muy altos y así las esculturas quedaban muy disminuidas; entonces hizo un techo más bajo y le puso luz para dar un marco que permitiera una mejor apreciación de las dimensiones de esas grandes esculturas.

En general estuvo muy bien montada, aunque no se dispusiera de un local como el de Estocolmo, que parecía haber sido hecho *ad hoc* para que se diera vuelo don Fernando Gamboa. Pero de todos modos, tuvo una presentación técnica muy buena, con todo el material de la exposición de Estocolmo.

Me contaban las chicas que paseando por Londres se acercaron a un policía, de esos policías grandes como son los de Londres, para preguntarle alguna cosa y les dijo: "No anden perdiendo el tiempo, vayan a ver la exposición de México, eso es lo que hay que ver".

¿En qué consistió el apoyo económico del gobierno sueco para la exposición?

Suecia no pagó nada para montar la exposición. Su participación fue sobre todo para darle calor, por ejemplo, cuando se anunciaron los trenes que conducían la exposición, empezaron los diarios suecos a decir: "Llegaron los trenes con los dioses aztecas", y la gente se juntó en el centro de la estación del ferrocarril; además hubo información gráfica en toda la prensa cuando se abrieron los cajones y se sacaron las esculturas, todo esto apareció; los periódicos llevaban un registro diario de las operaciones para el montaje de la exposición.

Los visitantes pagaron sus entradas y esos ingresos dieron un saldo, al clausurarse la exposición, de 30 000 coronas. Entonces tuvimos una junta para acordar la aplicación de ese dinero, que en principio estaba destinado nada más a intercambio de artistas, pero yo los convencí de que se ampliara para que vinieran a México algunos técnicos, técnicos en materia forestal, porque son los más adelantados de Europa, y se aprobó.

También conseguí mandar a Xochitiotzin (Desiderio Hernández Xochitiotzin) a Europa. Lo conocí en Puebla, es tlaxcalteca y yo le dije: "Xochitiotzin, le doy una beca, le consigo una beca para que vaya". "No, no puedo, tengo como 10 hijos". "Pues déjelos". Total se animó y se fue Xochitiotzin; se puso a pintar, hizo una exposición, vendió todo, y con ese dinero se fue a hacer un recorrido por Holanda, Bélgica, Berlín, París, Roma y de regreso me pasó a ver a La Habana y me llevó una pintura del invierno y el mar, donde acaba de pasar un rompehielos. Aunque es un pintor de mucho colorido, de colores vivos, ese cuadro lo pintó allá en Suecia, en grises.

MISIÓN EN CUBA, 1953-1964

¿En qué momento le ofrecieron la Embajada en Cuba?

En 1952 se produjo en Cuba el derrocamiento del presidente Carlos Prío Socarrás por un golpe militar encabezado por Fulgencio Batista. Después de eso fue retirado nuestro embajador, el señor Benito Coquet, llamado a ocupar el puesto de subsecretario en la Secretaría de la Presidencia con Ruiz Cortines; después fue secretario.

Yo estaba en ese entonces en Estocolmo. Por muchas razones, la actitud del presidente Ruiz Cortines era contraria al régimen surgido de un cuartelazo; además de su pensamiento, el señor Ruiz Cortines tenía cierta relación con los patriotas cubanos que se asilaron en Veracruz y formaron ahí sus familias con las que tuvo amistad y algún parentesco la familia de Ruiz Cortines. El interés del presidente por la situación cubana surgía de todos esos elementos, por lo que no tenía francamente mucha voluntad en suplir el puesto de la Embajada nuestra en La Habana, es decir, que transcurrieron varios meses y no nombraba embajador. A Batista le interesaba mucho esa representación diplomática por muchas razones, especialmente porque quería que su gobierno tuviera la aceptación general; por ello su gobierno hacía constante presión y enviaba solicitudes reiteradas pidiendo que se nombrara embajador, y don Adolfo lo estaba pensando y siempre decía: "Estamos viendo qué persona es la adecuada para nombrar", ya que había una tradición de siempre de mandar a Cuba personalidades de cierto relieve. Se prolongó ese pensar de don Adolfo por casi un año, al final del cual resolvió que se cubriera la vacante. Entonces, con las consideraciones que siempre tuve de parte de nuestra Cancillería, me consultaron si yo estaría dispuesto a aceptar el puesto de embajador en La Habana; ese telegrama llegó a Estocolmo el 26 de julio, el mismo día del ataque al cuartel Moncada en Santiago de Cuba, y contesté naturalmente que sí, por muchas razones, porque había tenido cierta cercanía con Cuba y por otros antecedentes bastante positivos como la relación cercana con amigos cubanos que me enviaban aquella revista *Veintisiete* y algunas otras, que tengo todavía por ahí. Entonces vine a México para enterarme de cómo estaban los asuntos de Cuba, resolver algunas cuestiones pendientes y concretar las cosas que revisábamos cuidadosamente.

Había conocido a Ruiz Cortines desde que éramos jóvenes. En México, en el Bloque de Obreros Intelectuales, el BOI, estaban Bojórquez, Rendón, Ruiz Cortines, Margarito Solís. Se reunían en el famoso café Colón, que estaba en la avenida Juárez, cerca de un pequeño jardín; era el sitio de encuentro de intelectuales, de políticos de aquellos tiempos. Por cierto que una vez Bojórquez me dijo: "Bueno, a usted lo podemos admitir en el Bloque, haga usted su solicitud y la vamos a considerar, la vamos a estudiar para ver si lo admitimos", pero así, en esa forma un tanto autoritaria, y yo me sentí un poco molesto con eso y le contesté: "Yo voy a escribir un ensayo, un libro, no me interesa el BOI", cosa que naturalmente produjo la risa del grupo; entonces todo tomó un giro de ironías y de chistes que abundaban ahí. En ese grupo había concursos de cuentos que se inventaban en el momento, con temas de la actualidad, era muy animado; era más lo que se hablaba que lo que se tomaba, pero en fin, ése era el famoso BOI, el Bloque de Obreros Intelectuales. Ahí estaba Ruiz Cortines. Él trabajaba entonces en la Dirección de Estadística, encargado del Departamento de Estadística Social, y formaba parte de ese grupo participando también en los encuentros; aquellos momentos de pasatiempo en los que prevalecía el buen humor.

La relación con Ruiz Cortines siempre fue amistosa, muy especial, y se mantuvo cuando él llegó a la Presidencia; incluso me llamó para invitarme a su toma de protesta como candidato del Partido Revolucionario Institucional para la Presidencia de la República. Ésta es una historia con un antecedente que quizá no vale la pena mencionar: don Adolfo había pensado llevar al Senado a tres personas calificadas como revolucionarias —Alfonso Cravioto, Pedro de Alba y yo—; no acepté, entre otras cosas porque ya antes me había negado a volver a la Cámara cuando con Alemán llegó ahí el charrismo, así que mantuve mi posición de estar ajeno a eso; no podía aceptar acomodarme a esos mecanismos de dominio sobre la Cámara de Diputados y del Senado, así es que no acepté venir, pero fui invitado por Ruiz Cortines a su toma de posesión. Todos estos incidentes mantuvieron la amistad, de suerte que con Ruiz Cortines nos tratamos siempre con gran familiaridad, confianza y cordialidad.

Sobre el parentesco cubano de la familia Ruiz Cortines, sucede que un día, ya en Cuba, se acercó un señor a la Embajada con una petición; de inmediato, ese mismo día, solicité a la Cancillería un salvoconducto para un sobrino del presidente Ruiz Cortines. "¿Cómo, es cubano?". "Sí, pero también es sobrino del señor presidente"; por supuesto me dieron el salvoconducto. En México hubo cierto rechazo a la actitud de Batista, aunque también hubo quienes lo defendieron. No sé si he referido el hecho de que don Manuel Ávila Camacho, que ya era ex presidente en esos días, me envió un recado con un sobrino mío de que quería hablar conmigo. Lo fui a ver a su casa, una casa muy grande en lo que es ahora el boulevard Ávila Camacho, sobre el periférico, y me dijo: "¡Qué bueno que va usted a La Habana! Porque al señor general Batista yo lo conozco, es una persona de mucha calidad, ha dado un ejemplo muy grande, ha entregado el gobierno de Cuba a la oposición, gesto que no se conocía, que lo coloca a él en una posición ejemplar; esté usted seguro de que a los seis meses, como lo ha dicho, convocará a elecciones, ¿no lo cree usted así?". Le contesté, "Pues no, señor general, no lo creo, porque justamente con esos antecedentes tan honrosos, esas cosas no se echan por la ventana para estar seis meses en el poder. Al decidir dar un cuartelazo y tomar el poder por las armas, violentando una situación política legítima, porque comoquiera que sea el de Prío Socarrás no era necesariamente un gobierno corrupto, ¿se va a conformar, así nada más, con estar seis meses en el gobierno?, francamente, no lo creo". "¡Ah, no!

Puede usted estar seguro de que es un señor muy serio, aquí ha venido el doctor Saladrigas, de mucha confianza de Batista, y me ha explicado las muy poderosas razones que ha tenido para dar ese paso". "Pues sí señor, pero...". "Nada, ya verá usted, ahora que llegue, que lo conozca usted, que lo trate, es un hombre digno". Cuando llegué a La Habana, los amigos de Batista me decían: "Tenemos Batista para 20 años".

Eso, por un lado, y por el otro, Ruiz Cortines que decía: "Váyase a Cuba; yo me he resistido a que se mantengan esas relaciones; ahora a ver cómo hace con ese tiranuelo, a ver cómo se las arregla usted". No era mucho el interés del presidente.

Llegué a La Habana para pulsar la situación, ver la actitud, el pensamiento de la gente, antes de presentar las cartas credenciales.

Por algunos antecedentes que naturalmente se habían examinado, de parte de Batista no fue de mucho agrado la designación, pero tuvieron que aceptarla porque así convenía y porque era una respuesta a las exigencias reiteradas de Batista para que se cubriera ese puesto. Cuando llegué a La Habana creí conveniente estudiar la situación, porque estaban preparando una ceremonia para dar cierto realce a la entrega de las cartas credenciales, y hacer una exploración detenida de los medios políticos y de las gentes que rodeaban a Batista, así que demoré por algunos días la entrega oficial. Mientras tanto, empezaron a llegar a la Embajada fugitivos del Moncada; con el encargado de negocios, que ya se regía por mi dirección, empezamos a asilar a esos sobrevivientes del asalto al cuartel Moncada de Santiago de Cuba, antes de presentar cartas credenciales, cosa que tampoco vio con buenos ojos el gobierno. En esa atmósfera de reserva por parte de Batista y su régimen presenté mis cartas credenciales en una ceremonia muy concurrida; así salimos de aquel compromiso.

Claro, tuve que pronunciar un discurso y oír la respuesta de Batista, en un acto montado con un aparato muy teatral, muy solemne. En mi discurso tuve que escuchar desde luego la posición de Batista en relación con los fugitivos asilados cubanos que ya habían sido aceptados por México, que ya estaban acá y que habían empezado ciertas actividades de conspiración y el envío de pertrechos. Todo eso fue motivo para que el gobierno de Batista pidiera constantemente que se evitaran esas actividades.

Empecé esa tarea difícil por la situación impuesta por el régimen de Batista, aunque él siempre se esmeró mucho en cuidar la relación con México, porque sabía que era muy importante y muy útil para Cuba, tanto por los antecedentes históricos y diplomáticos de nuestras relaciones, como por muchas otras cosas que nos unían. Las simpatías del pueblo cubano eran mayores por México que por otras naciones; la emoción cubana, del pueblo, era muy cercana a México; entonces, tenía una gran importancia política para Batista mantener en los mejores términos esa relación, de modo que de su parte hubo siempre una gran voluntad. Al mismo tiempo, en México se agrupaban los cubanos contrarios al régimen de Batista, y aquí se reunían para conspirar, para organizarse, para mandar, a través del canal de Yucatán, barcos con algunas armas, en la medida en que podían.

Total, había esos agrupamientos acá de los enemigos de Batista, hecho que originaba las constantes peticiones del gobierno cubano para que se detuviera la acción de esas gentes. Fue necesario llevar a cabo una tarea de entendimiento difícil, muy difícil porque la situación estaba en el punto de reclamaciones tácitas, que aunque tuviera la vestidura de una petición, de llamada de atención, en realidad era una protesta por la actitud que asumían aquí los grupos contrarios a Batista; toda la labor se tuvo que realizar en esos términos. Mientras tanto, empezaba a gestarse la Revolución, después de los actos del cuartel Moncada.

Las condiciones de represión terrible que implantó Batista dieron como resultado la afluencia de asilados a la Embajada; eran perseguidos, torturados, algunas gentes que no tenían una verdadera actividad contraria a la dictadura, pero que eran sencillamente sospechosos y no se libraban ni de las palizas ni de muchas otras cosas.

Entre los torturados, pude ver gente con los pies quemados, gente golpeada, con las costillas rotas, además de algunos que habían muerto con los brazos en el pecho, defendiéndose de los golpes y de los instrumentos de tortura. Eran muchos los muertos, y digo muchos porque eran muchos. Los mataban y los botaban en las carreteras afuera de La Habana; ahí aparecían con un cartón colgado que decía: "Por terrorista".

La resistencia se empezó a manifestar entre los estudiantes universitarios con un líder muy activo, José Antonio Echeverría, y otros, entre ellos Fidel Castro, naturalmente; ese grupo de estudiantes aportó un gran contingente de víctimas. Hubo una ocasión en que en una casa habitación había un grupo de estudiantes, llegaron los policías y mataron a todos. Todo eso iba creando una atmósfera que había que manejar en lo que se refiere a las relaciones de la Embajada con el gobierno, sobre todo la afluencia de asilados. La cosa más interesante de fondo era que se estaba gestando la Revolución, que todas esas inconformidades, que toda esa acción represiva llevada a extremos verdaderamente trágicos, fueron creando una oposición que estaba en el fondo del pueblo mismo cubano.

En Santiago de Cuba había empezado el movimiento contrario al régimen y después se extendió a todo el país convirtiéndose en una actitud revolucionaria, es decir, en una acción ya orientada hacia el derrocamiento de Batista; una oposición que se fue fortaleciendo y adquiriendo un peso bastante importante. En cierto momento, con vistas a unas elecciones que se iban a realizar, se planteó la posibilidad de un entendimiento entre el gobierno y los grupos opositores, pero naturalmente el carácter mismo del régimen de Batista cerró las puertas a ese acuerdo. Luego empezó de nuevo la represión a la oposición, que llegó a extremos verdaderamente horrendos. Las torturas, los sacrificios, las muertes, las persecuciones, ensancharon y profundizaron la actitud, la respuesta violenta del pueblo cubano. Una noche, cuando nosotros estábamos ahí, estallaron 80 bombas en La Habana.

Así vivimos directamente el proceso revolucionario que se desarrolló y creció, y abarcó al pueblo cubano.

Hay una cosa importante respecto de la cual habría que tener un poco de atención: el dominio, la ocupación del país por los americanos. El pueblo cubano siempre tuvo una actitud amistosa hacia Estados Unidos, debida a cierto sentimiento que le habían creado, que le habían cultivado, de gratitud por la participación que a última hora tuvo Estados Unidos en la guerra de Independencia de la isla, con motivo del hundimiento de un barco americano, el *Maine*, que fue el pretexto para su participación en la guerra contra España.

Entonces, algunos gobiernos cultivaron ese sentimiento de simpatía, con el ingrediente añadido de gratitud hacia Estados Unidos. La ciudad de Miami era como el centro alrededor del cual gravitaba la vida de la isla; había un dominio, una ocupación en todos sentidos, con organismos autónomos que se sustraían a la autoridad, como la compañía de teléfonos y la compañía de luz, que se manejaban por sí mismas, completamente fuera de la acción del gobierno cubano. Estaba también el contrabando manejado por las altas autoridades, al grado de que había una tienda de descuentos que vendía toda clase de aparatos eléctricos americanos de contrabando, con descuentos en relación con los precios corrientes del mercado. Eso, sin mencionar la acción cultural de penetración y las actividades de la Embajada americana, que era una autoridad en todo el territorio nacional.

Muchas situaciones en la aduana se resolvían por la recomendación de un funcionario de la Embajada que tomaba el teléfono y daba órdenes a la aduana y entraba todo. Ese dominio se fue haciendo sensible en el pueblo cubano y fue creando una actitud de irritación. Todo el mercado estaba completamente saturado de mercancía americana, en las tiendas de autoservicio Mini-Max estaba todo. Ahí se ofrecían productos de hortaliza norteamericanos y unos cuantos de los horticultores cubanos que tenían sus siembras en las proximidades de la capital. Era una ocupación económica tan completa que, por ejemplo, en La Habana se podía comer pan americano a las 8 de la mañana. Había como unos 20 vuelos diarios a Miami, de modo que las señoras ricas podían ir a hacer su mandado a esa ciudad.

Por otra parte, la presión, la autoridad que se tenía sobre el país. Se entregaba material de guerra al gobierno, en plazas públicas, para que todo mundo se diera cuenta y aceptara la situación de que el gobierno estaba apoyado por Estados Unidos, pero eso produjo el efecto contrario, porque un dominio tan completo ya resultaba opresor, y produjo en el temperamento cubano una reacción que fue creciendo hasta hacerse francamente contraria a la influencia americana, de suerte que la Revolución ya tenía ese componente, que sirvió para la acción que vino posteriormente por la que se sacudió ese dominio. Ya estaba el campo preparado, el material de fondo en la opinión pública, en la actitud cubana, así que pudimos ver después, cuando se adoptaron medidas en el régimen revolucionario contra Estados Unidos, que se tomó como una cosa natural, con el apoyo popular que se tuvo; no fue Fidel Castro el que creó ese sentimiento antinorteamericano, estaba ya en el fondo, ya se había creado por la situación que se vivía. No sé si eso pudiera servir como antecedente para una mayor reflexión, para un mejor estudio de las situaciones que se están presentando en nuestro país, que puedan producir esa aversión de acento completamente popular. Es que el dominio, la injerencia, la ocupación práctica del gobierno americano de la isla de Cuba, donde el gobierno era compartido, de hecho, porque la Embajada de Estados Unidos en Cuba gobernaba, ocupaba campos de acción de la vida del pueblo, además del cine, la actividad cultural, los libros y la propaganda, los casinos, los destrampes tipo Las Vegas, con su reinado en el Tropicana y en los cabarets de toda La Habana, en fin, todas esas cosas.

En la sociedad cubana había muchos lados oscuros, como resultado de la Enmienda Platt, impuesta en 1901 por el gobierno norteamericano después de la guerra contra España; para los años cincuenta ya resultaba una injerencia ofensiva, opresora, limitadora, y entonces eso fue llevando la actitud mental del pueblo cubano hacia una repulsa de ese dominio tan severo, hasta que el pueblo se cansó, y sus protestas fueron uno de los componentes de las actividades revolucionarias, de la gestación de la Revolución cubana.

Cuando triunfó la Revolución, encontró en el pueblo cubano una actitud contraria al dominio de Estados Unidos. Después fue muy sencillo que se admitieran todas las acciones del régimen revolucionario contra el imperialismo norteamericano.

Naturalmente, en nuestra gestión diplomática durante la dictadura de Batista y en la que corresponde al periodo revolucionario, hasta el momento en que me retiré, tuvo que manifestarse la actitud de México que nunca se borró porque nosotros mantuvimos una actitud de decoro, de relaciones simples, incluso en ciertas situaciones que determinaron, que perfilaron mejor la actitud de México. Por ejemplo, todavía en tiempos de Batista, la Embajada cubana y los cónsules, sobre todo el cónsul en Mérida, tenían gente aquí para seguir los movimientos, las actividades de los asilados; periódicamente mandaban informes que después se traducían en peticiones concretas y señalamientos de personas y grupos cubanos que estaban actuando acá; hubo que ir manejando esa situación de la mejor forma posible.

Todo eso se llegó a acumular y finalmente produjo problemas importantes, entre ellos el secuestro de un cubano que se había significado por sus actividades en contra de Batista, un señor Cándido de la Torre que fue capturado acá, secuestrado, llevado al aeropuerto y, con la colaboración de algunos mexicanos, enviado a Cuba en un avión haciendo una escala técnica en Campeche. El día del secuestro, los cubanos se movieron acá y presentaron una queja en Relaciones Exteriores y otra en la Procuraduría de la República. Por la noche me llamó por teléfono el subsecretario Gorostiza, diciéndome lo que había pasado y que presentara de inmediato una reclamación; me dejaba en libertad para que formulara yo esa exigencia, pero sí dándome instrucciones para que se interviniera lo más pronto posible. Entonces me di unos cinco minutos para hacer un plan y a esa hora me comuniqué a su casa con el primer ministro, el señor Gonzalo Güell, y le dije lo sucedido. Me dijo que iba a ver, a pedir informes; me habló enseguida para decirme que no había ningún dato sobre el asunto. El plan consistía en presentar el caso como muy importante, es decir, que para México una vida humana tenía mucho valor, pero en el fondo se trataba del ataque a la soberanía de nuestro país. Fue la ratificación de una actitud firme, perfectamente fundada en el derecho internacional, de defensa de la dignidad nacional, de la soberanía de México, y basada en hechos concretos que nosotros no podíamos admitir: que unos policías, digamos como ahora la DEA, pudieran secuestrar a un señor y se lo llevaran a Cuba para matarlo. Ese señor estaba asilado, vivía aquí bajo la protección del gobierno mexicano, y lo secuestraron, de suerte que el asunto tenía esas proporciones, esa dimensión, esa gravedad; en esa medida, México exigió que se preservara su vida y que fuera devuelto a México. El señor Güell tuvo que consultar con Batista, y volvió a llamarme en el curso de la noche sólo para decirme que no se tenían noticias, pero que de todos modos nos reuniéramos al día siguiente a las 10 de la mañana en la Cancillería cubana. Tuve tiempo entonces de reunir muchos datos, algunos mediante canales de información bastante eficientes que tenía, algunos de ellos espontáneos, por simple simpatía a México, y de otras fuentes, incluso oficiales, también nos llegó información completa.

Armé todos los datos con una precisión absoluta, y al día siguiente le pude decir al primer ministro que un comandante cubano de apellido Piedra había salido con otro hombre hacia Miami; había llegado a la capital mexicana, se había alojado en una casa de huéspedes de la calle Independencia, propiedad de Portes Gil, había regresado, una vez concluido el secuestro, por Miami en tal vuelo, a tal hora, etc.;

ese señor había estado en Campeche, donde se supo de su paso, en el avión que lo condujo a un campo militar situado en el occidente de la isla de Cuba.

El señor Güell estuvo haciendo consultas constantemente; se iba a una cabina de teléfonos para hablar con Batista. En vista de que poseíamos todos los datos con nombres, lugares, horas, vuelos, etcétera, me dijo finalmente que el señor De la Torre, quien se encontraba en el campo militar de la provincia de Pinar del Río, quedaba a mi disposición.

Este señor salvó la vida por la mucha suerte que tuvo, ya que en ese campo militar se presentó la policía de Batista para reclamarlo, y por una cuestión de escrúpulos militares le dijeron que no podían entregarlo, que era un cuerpo militar que no podía obedecer órdenes de la policía, que tenían que ser órdenes de una jerarquía militar superior; entonces, mientras se recababan esas órdenes, se llevó a cabo nuestra gestión con los resultados que he contado. En la noche fueron a entregármelo a la Embajada, como a las 8 de la noche; llegó realmente muy golpeado, tenía la camisa y el traje manchados de sangre, iba en muy mal estado el pobre; pero, además, como lo sacaron del campo militar en una patrulla fuertemente armada, él creía que lo llevaban a fusilar; su gran sorpresa fue que lo llevaran a la Embajada mexicana.

Por la naturaleza misma del caso, éste se mantuvo en una completa discreción, nadie supo lo sucedido; se avisó a México y de aquí se mandó un avión con agentes de Gobernación que aterrizó no en el aeropuerto José Martí sino en el Campo Militar Columbia, ahí se condujo a Cándido de la Torre. La situación era tensa, muy delicada, estaba rodeada de circunstancias que naturalmente hacían pensar en muchas vicisitudes, riesgos emergentes; no sabía uno en qué momento podía pasar algo. Yo acompañé al señor hasta que se le puso en el avión especial, y me quedé ahí por la posibilidad de que regresaran el avión con cualquier pretexto; estuve algo más de media hora hablando con los militares de aquel aeropuerto hasta que calculé que el avión estaba ya fuera del territorio cubano. Así regresó Cándido de la Torre acá.

Todas las gestiones se mantuvieron dentro del necesario secreto confidencial que reclamaban las circunstancias. Tal vez si eso hubiera salido a la luz pública, la actitud del gobierno de Batista hubiera sido distinta, porque se hubiera visto en una situación de presión del entorno político y popular.

Ya logrado el fin que perseguíamos, el caso tuvo cierta resonancia, cierta publicidad, porque coincidió con el secuestro en Estados Unidos del señor Jesús de Galíndez, un español republicano radicado en Santo Domingo, donde había figurado en la oposición a Trujillo y escribió un libro sobre su régimen. Era universitario, un hombre muy culto, muy distinguido, que se asiló en Estados Unidos. Ahí tuvo cierto tratamiento especial, es decir, no era una persona que se perdiera en el anonimato entre la multitud neoyorquina, sino que se significó por su carrera de intelectual y porque el libro que había escrito tuvo mucha circulación. A este señor también lo secuestraron en esos días, se lo llevaron a Santo Domingo, y ahí lo mataron, naturalmente por órdenes de Trujillo, y su cuerpo lo echaron al mar.

Eso se supo. Es decir, en dos situaciones paralelas en el tiempo y en la naturaleza misma de los hechos, una tuvo resultado positivo y la otra negativo, porque en Estados Unidos, aunque tuvieron noticia inmediata, no hicieron ninguna gestión para rescatar a ese señor. Todo eso fue noticia en la prensa americana, la revista *Times* publicó notas sobre el secuestro de Cándido de la Torre y el secuestro de Jesús de Galíndez.

Sí, ésa fue una de tantas cosas que se significaron en el periodo dictatorial de Batista, además de muchas otras pequeñas que también se produjeron, porque el control policial estaba a cargo de un organismo, el SIM, Servicio de Inteligencia Militar, que funcionaba para la persecución de los comunistas, y era dirigido y manejado por agentes americanos. El SIM se dedicaba a perseguir a los comunistas y a los sospechosos de comunistas, ayudándole, dándole una manita al gobierno en la persecución de sus enemigos; sí, era temible.

¿Conoció a los líderes de la Revolución cubana?
¿Estaba usted en La Habana cuando triunfó la Revolución?

p. 319 A Fidel lo conocí en virtud de una Ley de Amnistía en la época de Batista; lo liberaron de la prisión de la entonces Isla de Pinos, que ahora se llama Isla de la Juventud, donde estuvo preso por su participación en el ataque al cuartel Moncada. Cuando salió de la cárcel me visitaba en la Embajada y mantuvimos esa relación durante mucho tiempo. Por cierto, cuando él planeaba la expedición con el *Granma* desde México, una tarde me habló por teléfono y me dijo que quería ir a platicar conmigo en la noche; llegó y dijo "quiero que me cuente cómo estuvo su expedición en el sentido contrario". Le conté todos los detalles y pasamos una noche de pláticas, porque a él le había llegado la noticia de que yo me había traído de Cuba un barco con pertrechos de guerra.

Como ya he contado, yo tenía ciertas relaciones amistosas con cubanos, de ésas que se dan normalmente en un campo como el periodístico. Recibía muchas publicaciones de Cuba. Aquí tuve amistad con Juan Marinello, con Nicolás Guillén, con Carlos Rafael Rodríguez, con Blas Roca, con todo un grupo de cubanos. Con Juanito Marinello tuvimos una amistad muy cordial, nos frecuentábamos mucho y en La Habana, pues ni hablar, Juanito estaba siempre con nosotros.

p. 322

También les he contado ya que yo había estado en Cuba y de ahí me traje un barco con pertrechos para la revolución delahuertista, hecho que tuvo cierta resonancia; aquello fue todo un escándalo en Mérida y acá; así que cuando me asignaron el puesto en La Habana, el *Últimas Noticias* publicó una nota de un señor Aldo Baroni, que escribía en *Excelsior* una columna que se llamaba "Perifonema", en la que decía: "Estoy ganándole la noticia a Relaciones y sé de buena fuente que van a nombrar embajador en Cuba al profesor Bosques", y a continuación hacía una descripción sumaria de aquella expedición: en qué fechas, cómo se organizó, cómo resultó, los azares que se pasaron entonces; que yo caí prisionero, me condenaron a muerte, estuve en capilla, iba a ser fusilado, en fin, por circunstancias que se acumularon de cierta forma en aquel momento, pues aquí está la prueba de que no fui fusilado.

Todo eso lo relató diciendo: "ahora el embajador Bosques puede hacer un recuento, cierta reminiscencia de aquella expedición que trajo, ha de estar muy bien enterado, porque el señor presidente Batista ha estado reclamando el hecho de que algunas armas que se han descubierto en Cuba tienen procedencia mexicana".

Ya en la Embajada fuimos testigos del desarrollo del fenómeno revolucionario en los primeros cinco años de los sucesos que llevaron a la Revolución, avanzando en el ánimo de las personas de todas las clases sociales de Cuba; naturalmente fue un proceso que se fue completando, integrando, hasta que pudo manifestarse en la forma radical en que lo hizo más tarde. Al principio tenía un tinte democrático, se trataba simplemente de librarse de la dictadura y de la opresión americana; pero con los problemas de carácter social, los problemas de congruencia con ciertas aspiraciones, ese desarrollo lento desembocó realmente en un hecho histórico. Creo que se debería seguir estudiando ese desarrollo progresivo que había de desembocar en la instauración del socialismo en Cuba. ¿Por qué ese desarrollo?, ¿por qué ese proceso pudo de tal manera irse consolidando, irse agrupando con todos sus elementos sociales hasta crear las condiciones en que se hizo posible la instauración de un régimen socialista? Haber contado con un líder como Fidel Castro —con un gran prestigio, con mucha autoridad, con cualidades de verdadero líder, con la palabra persuasiva, vehemente, verdaderamente una palabra abanderada que llegó a la entraña popular— contribuyó también a ir agrupando todo.

¿Cómo fue posible que se tuviera una concepción para integrar ciertos elementos? Que partiera de un pensamiento de transformación social, que es indudable que ha caracterizado la Revolución cubana, explica que los logros que ha obtenido sean diferentes. Es decir, se tuvo el concepto matriz básico de que una revolución tiene que seguir siendo revolución. Que una revolución no puede detenerse, ni burocratizarse, ni paralizarse, ni estatizarse, sino que tiene que irse desarrollando, superándose. Las exigencias de la vida social van señalando que ahí se ha partido de ese desarrollo profundo hacia programas y realizaciones que no son las mismas que en otras partes, en las que los gobiernos han fracasado; ahí se ha ido a la formación de generaciones, se ha ido a la niñez. Al día siguiente del triunfo de la Revolución, se decía que los niños habían nacido para ser felices, que todos los niños podrían tomar leche y que todos los niños tendrían escuela, empezando por los hijos de los guajiros que vimos llegar a La Habana y que fueron alojados en las mansiones de los ricos ganaderos, "caballeros" y toda esa pseudoaristocracia de Batista, cuyos hijos tenían alimento seguro, escuela con sus autobuses, médicos, etcétera. Para la otra niñez, la que no tenía todo eso, hubo también que preparar maestros.

En treinta y tantos años se han formado otras generaciones. Creo que ese proceso, ese campo de análisis, de reflexión, de juicios, está ahí para un estudio más profundo. Ahora que hay un derechismo universal, una confusión y ciertas formas de enajenación social, política, económica, tiene que estudiarse bien ese proceso cubano. Cualquiera que sea la suerte que ese país pueda correr por la conjura internacional, su ejemplo queda ahí para un estudio social, económico, político, humano, de una gran dimensión.

¿Cuánto tiempo estuvo en Cuba como diplomático?

En La Habana estuve once años, cinco con Batista, con algunos problemas debidos a la naturaleza misma del régimen, y luego seis con el gobierno revolucionario, durante los cuales pude presenciar ese proceso, que más o menos he esbozado, hasta la consolidación y formación de las primeras generaciones de juventudes. En Cuba no hay niños desnutridos, han podido presentar en los Juegos Panamericanos una gran tabla gimnástica de millares de niños todos sanos, todos contentos, ¿por qué?, porque no se puede pensar en la vida de un país si no se va al fondo de su formación humana, garante de esa formación especial para la niñez. Lo que hay ahora en los países capitalistas es un verdadero genocidio: la niñez anda por ahí, en las calles, en la miseria, en la vagancia, anda en el dolor, desnutrida, no tiene un porvenir humano, porque la desnutrición en la infancia acaba con la persona; ya no se puede tener esperanza en la inteligencia, en la integración humana de la persona, en una mente abierta y sana, de alguien que en la niñez no se haya alimentado bien.

Vi gestarse la Revolución y luego, durante seis años, ya como régimen triunfante, desarrollarse su gestión, integrarse, perfilarse, definirse, con todos sus hechos positivos y con sus errores, encabezado por sus cuadros dirigentes.

El primer acto político de México en Cuba, después del triunfo de la Revolución, fue cultural; fue como un reconocimiento objetivo de la Revolución cubana y resultó muy importante, de muy alto relieve, lo celebramos una semana. Llevamos una exposición de pintura y grabado, con el Taller de Gráfica Popular, llevamos toda una orquesta, muy buena, un grupo de teatro, fue Crespo de la Serna como conferenciante, y Marinello y otras personas hablaron de México, que fue el primer país que iniciaba las relaciones culturales con el régimen revolucionario acabado de instaurar, y luego siguieron otras cosas, desde luego, la actitud de México en la OEA, cuando se opuso a la expulsión de Cuba de ese organismo.

¿Cómo fueron las relaciones diplomáticas al comienzo, durante y después de la Revolución?

Las relaciones de México en el periodo revolucionario cubano estuvieron marcadas por una actitud de comprensión. El presidente Adolfo López Mateos, con motivo de la visita a nuestro país del presidente Osvaldo Dorticós, pronunció un discurso de bienvenida en el que señaló el deber de comprensión hacia la Revolución cubana. La actitud del gobierno mexicano en un principio, con el gobierno de Ruiz Cortines, fue de desafecto completamente. Luego, la del presidente López Mateos fue francamente de simpatía, lo que le acarreó algunas dificultades y muchas objeciones entre los organismos patronales que, al advertir la simpatía de López Mateos por la Revolución cubana, promovieron una fuerte reacción en la prensa, en su prensa, criticando abiertamente la posición de López Mateos que, por cierto, él condujo de una forma muy hábil, pero de manera franca, abierta; como estuve dentro de eso supe de muchas situaciones así.

Si pudiera referirme a la relación con López Mateos, resulta que también lo había conocido de tiempo atrás, desde que trabajaba en los Talleres Gráficos de la Nación, y después se convirtió en una amistad personal; además, éramos vecinos en la colonia del Valle, porque él vivía con doña Eva sobre la avenida Coyoacán y yo en la calle de Pilares, justo donde desemboca en la avenida Coyoacán. Desde entonces tuvimos esa amistad de un carácter siempre cordial, sostenido. Por eso también tuve acceso al pensamiento, a la posición de López Mateos en ese sentido; eso lo cuento yo por ahí, en el registro de historia oral que hizo Relaciones Exteriores. En las circunstancias del momento, que parecían negativas, en ese periodo de romanticismo de la Revolución triunfante en Cuba, decía López Mateos que lo importante era la Revolución, Castro y cualquier otro eran lo de menos, lo importante era la Revolución. Respecto a la posición de México ante la Revolución cubana, hay muchas cosas de gran importancia, sobre todo la que fue un hecho histórico: el voto contrario de México en la Organización de Estados Americanos.

Cuando se gestaba esa ruptura continental con Cuba, cuando la posición de Estados Unidos tomaba cierta dureza y empezaba ya a manifestarse la intención de minar, de oponerse, de conspirar, en pocas palabras, por parte los grupos de asilados cubanos, por la CIA famosa, en los últimos días de Eisenhower y los primeros de Kennedy, cuando se hacía sentir todo eso, entonces vino la iniciativa de López Mateos para una acción de lo que se llama "de buenos oficios", pero una acción amplia, no sería México el que interviniera solo para procurar que se atenuara la actitud ya perfectamente perfilada de Estados Unidos en contra de la Revolución cubana. Entonces se procuró la unión en torno de la iniciativa de México, secundada por Canadá y por Brasil, mientras Estados Unidos estaba a la expectativa, sí, en una posición de posible aceptación de una solución así; fue una iniciativa personal de López Mateos, que se trató también de una forma personal.

López Mateos me mandó una carta, en la que me explicaba la situación y lo que pensaba hacer al respecto; para ello se formuló un instructivo detallado para plantear y desarrollar la gestión de manera programada, para llevarla a cabo en las escalas y los grados de gestión dentro del gobierno cubano, es decir, con la más absoluta discreción que naturalmente corresponde a un acto de esa naturaleza en la Cancillería cubana y luego llevarla al presidente Dorticós y después a Fidel Castro. Conservo las cartas originales y tengo también las del presidente del Brasil, Juscelino Kubitschek, y del primer ministro canadiense. Lo que a mi juicio tiene cierta importancia, independientemente del resultado, es que fue un plan que se preparó de acuerdo con una técnica de gestión, la que aconsejaban las circunstancias, pero que fue formulado con mucho cuidado, con el agrupamiento de los argumentos que tenían que llevarse ante las escalas cubanas de gestión. La acción estuvo perfectamente delineada, yo tengo registro hasta por horas de cada circunstancia, que por momentos parecía que cerraban la posibilidad de que fructificara y se realizara, cosa que se explica muy bien, ¿no?, porque tenía esa amplitud internacional, y había que examinar por ejemplo la postura de Canadá, que señalaba ciertos puntos de partida, y luego la coordinación de la acción en La Habana con el representante de Brasil, todo el examen previo para plantear y formalizar un plan así.

Que pueda servir como experiencia, porque es cosa sabida que la diplomacia es gestión, el gestor tiene que tener el tacto, la inteligencia, la percepción del tiempo, el conocimiento de los personajes con quienes se va a tratar; la oportunidad del tiempo es muy valiosa, el saber los antecedentes de los presidentes, de las normas generales en la diplomacia para echar mano de eso y manejar los contactos. Todo eso para mí, como jefe de misión y encargado de conducir las negociaciones, no era cosa de improvisar, de decir "ora ya sé lo que quieren en el gobierno", porque de pronto se presentan ciertas circunstancias, y por mucha capacidad que se tenga, el jefe de misión tiene que enfrentarlas, tiene que estudiarlas. La naturaleza misma de cada asunto plantea la necesidad de una negociación de la misma naturaleza de la gestión, del orden para presentar en su parte principal el asunto o tratarlo por partes para llegar a la conclusión; todo eso, según la naturaleza del asunto que se vaya a tratar, es lo que se llamaría una técnica de negociación, que es absolutamente necesaria; ese documento que mencioné podría servir de experiencia de cómo conducir, en un caso de esa importancia, una negociación.

Por otra parte, cuando iba a venir a México el presidente Kennedy en una visita, el presidente López Mateos me mandó llamar e hice el viaje, que fue confidencial, con Laurita, vía Miami. Fui a ver a López Mateos, entrando por otra puerta a su despacho para que la prensa no se diera cuenta de mi presencia aquí en vísperas de la visita de Kennedy.

Hablamos algo más de tres horas, completamente aislados, examinando tanto los aspectos básicos, importantes, como los pequeños y secundarios de aquella situación, desde el punto de vista económico, desde el punto de vista político, desde el punto de vista militar, etcétera; con todos sus detalles, cada uno de ellos fue motivo de una reflexión, de un análisis, de un conocimiento profundo.

Poco después, López Mateos me contó cómo había sido su entrevista con Kennedy. Naturalmente trataron el asunto de Cuba, que estaba en el aire, que se imponía por su actualidad, por su importancia. Kennedy le dijo que en Cuba había un descontento general, que ya estaba a punto de reventar, que se había fracasado, que había un sentimiento contra Castro y su gente. López Mateos le contestó que él tenía otra visión de la situación, que aquí las cosas se veían de otro modo. Kennedy le aseguró que él tenía muy buena información; claro, sus agentes de la CIA, ¿no? López Mateos le dijo que él también contaba con muy buena información, porque el embajador se había ocupado muy cuidadosamente del asunto, "nuestro embajador tiene gran experiencia política y las cosas están de otro modo".

Claro que no parece haber convencido a Kennedy porque llevó adelante sus planes que desembocaron en Playa Girón.

¿Cómo concluyó su misión en Cuba?

Esos seis años del régimen revolucionario fueron para nosotros un panorama de observación, de meditación, de reflexión, de examen de la situación. Como decía, el voto de México en la OEA culminó con la visita de políticos cubanos, con esa actitud sostenida por parte del gobierno mexicano durante el periodo de López Mateos. Para entonces yo había rebasado, con ciertos excedentes, el límite de edad en el Servicio Diplomático, así que, conforme al decreto que estipulaba un límite de edad, yo lo sobrepasaba. Inmediatamente pedí instrucciones para comunicar al gobierno cubano mi retiro, pero recibí una carta del señor Manuel Tello, secretario de Relaciones, diciendo que me esperaban acá para hablar con el señor presidente sobre el asunto. Vine a México y López Mateos me pidió que continuara en la Embajada; la misma ley le daba al presidente la facultad de prolongar la estancia en el servicio de un diplomático aun cuando hubiera llegado al límite de edad; entonces, cada año venía acá para renovar mi solicitud de retiro.

En realidad, yo tenía interés de disponer de tiempo para ciertos trabajos personales: ordenar mis libros, ordenar mis papeles, continuar algunos escritos, terminar ciertos ensayos, resolver algunas cosas de carácter personal que me interesaban de manera muy especial, pero me estuvieron renovando esa misión cada año, hasta que llegó la candidatura de Díaz Ordaz. Unos amigos míos, muy grandes amigos, hicieron el viaje a La Habana para comunicarme que se había llegado a un acuerdo en lo que ahora se llama la cúpula política, es decir, entre ex presidentes, para apoyar la candidatura de Gustavo Díaz Ordaz, supuesto paisano mío, poblano; ellos creían que podían contar con mi apoyo para esa postulación, pero yo la rechacé y les dije desde luego que no contaran conmigo porque había conocido bastante a ese señor. Tuvimos una amplia plática en la cual, respetando la opinión de mis amigos, muy estimados, rechacé el mensaje que me transmitían. Vino después la campaña política y se presentó la inevitable ascensión de ese señor a la Presidencia.

Entonces yo hablé con López Mateos y le dije: "Yo me voy antes de que llegue este señor, no quiero absolutamente nada, ni siquiera estar en el caso de renunciar ante él, ni ninguna de esas cosas". En fin, llegamos a ciertos arreglos sobre plazos y fechas para aceptar mi retiro, pues el último de ellos era en septiembre de 1964, pero se prolongó todavía más. Yo le expliqué, naturalmente por esa confianza que había entre nosotros, las razones que tenía para no estar ni un segundo al servicio de este señor. No por agravios personales, por nada personal, que no lo había, sino porque yo sabía quién era, cómo era y los inconvenientes que a mi juicio tenía, por más que fuera poblano (apareció siempre como poblano, una cosa un tanto dudosa). En fin, mi estancia en Cuba se fue prolongando, porque había ciertas cosas que realmente había que terminar, algunos problemas que no eran considerables, pero que de todos modos había que dejar arreglados; el mismo Fidel Castro tuvo la disposición de que se terminaran de solucionar todos los pequeños problemas antes de que yo me retirara. Finalmente, apareció en el *Diario Oficial,* con fecha de 15 de noviembre de 1964, la lista de las personas que entrábamos al estatuto de retiro, pero López Mateos sacó un decreto especial por el que prolongaba mi nombramiento por 15 días, porque se empeñó en que saliera yo en la misma fecha en que él dejaba la Presidencia de la República. Tengo casi la seguridad de que le dijo a Díaz Ordaz que yo me había negado a continuar en el Servicio Diplomático, porque tiempo después el señor secretario, Antonio Carrillo Flores, me preguntó, en presencia de algunas personas de la Embajada de Cuba, por qué me había negado a colaborar con el gobierno del señor Díaz Ordaz. No era el momento de darle explicaciones, porque estábamos en una mesa como 10 o 12 personas, pero ya no tuve ninguna relación con este señor. Por lo que comentó Díaz Ordaz después, y lo que en esa ocasión dijo

Carrillo Flores, él sabía que yo me había negado a colaborar con él. Las relaciones con él fueron de una distancia bastante significativa, sí.

Ése fue el final de la misión que desempeñé en La Habana, siempre con la actitud cordial, amistosa, abierta de todo el gobierno revolucionario, de Fidel, del Che Guevara.

Fui muy amigo del Che Guevara. Me visitaba en las tardes en la Embajada, me hablaba antes por teléfono y llegaba ahí; salíamos y nos sentábamos en la terraza donde sosteníamos largas charlas acerca de algunos problemas económicos de la isla y otros temas; iba acompañado sólo por una persona. Hay por ahí una fotografía de la última recepción a la que concurrí con todos los del gobierno: ahí están Fidel, el Che Guevara, todo el gobierno; fue una reunión muy amistosa, cordial, esa cena última que me dieron los componentes del gabinete de Fidel Castro. Por cierto que el Che Guevara dijo: "Pues yo no sé cómo andará el protocolo, pero yo me voy a sentar junto al embajador", y después de la cena nos quedamos hablando como hasta las dos de la mañana el Che Guevara y yo. Por el tiempo que había pasado en Cuba, yo tenía conocimiento de muchas cosas, de situaciones especiales que había que tener en cuenta, como antecedentes, para contemplar ciertos problemas, todos ellos de carácter económico. Fue una gran amistad la que tuve con el Che Guevara y con todos los demás miembros del gobierno, como Raúl Roa, que fue una amistad muy grande, familiar, que se ha prolongado hasta ahora con la familia, con la viuda, Ada Kouri de Roa, con su hijo Raúl Roa Kouri, que ahora está en París. Con Fidel Castro también, hasta lo último; cuando supo que yo me retiraba dijo: "La recepción tiene que ser una cosa muy especial", pues sí lo fue, con la asistencia que se registró en esa fotografía de conjunto, en esa imagen.

Con Fidel Castro, la amistad fue también muy especial, en algunas ocasiones me hablaba por el teléfono e iba a la Embajada. Como ya he contado, él supo que había yo traído a México un barco de Cuba con pertrechos de guerra, en una expedición en sentido contrario al del *Granma,* y quiso conocer todos los incidentes de aquella expedición; nos pasamos un buen tiempo, una, dos o tres horas platicando. Es un hombre que siempre está atento, que le gusta penetrar las cosas, conocerlas a fondo, en todos sus detalles. Así que la despedida fue muy, muy cordial.

Privaba en el ambiente, en la opinión del pueblo cubano, la actitud de México manifestada en ese acto tan de relieve, tan resonante como fue el voto de México en la OEA, que se expresaba con el temperamento cubano, tan explosivo y entusiasta, de tal manera que cuando pasaba el coche de la Embajada de México por las calles de La Habana se oían los gritos de "¡Viva México!". Los últimos días que estuve allá estuvieron marcados, por un lado, por la inminente toma de posesión de Díaz Ordaz y, por la otra, por la actitud amistosa del pueblo cubano, del gobierno revolucionario, que se ha mantenido, a pesar de que han pasado tantos años. Se conservó la relación con los cubanos que conocí aquí cuando estuvieron asilados, como Juan Marinello, Nicolás Guillén y muchos otros, y después mi amistad con don Fernando Ortiz, de suerte que allá contaba con muy buenos amigos, gente de esa importancia, de esa gran categoría, de gran estatura intelectual, y muy amistosa.

DE VUELTA EN CASA, 1965-1995

¿Recibió alguna condecoración?

Recuerdo que en Argentina, allá por los años veinte o poco antes, se produjo la rebelión de los estudiantes de la ciudad de Córdoba, que fue un movimiento de mucha significación. Protestaban precisamente contra el régimen de enseñanza universitario establecido con algunos prejuicios y procedimientos que ellos consideraban que no encajaban en la dignidad universitaria, en una posición universal de categoría intelectual. Tuvo una gran resonancia en Buenos Aires, en la Universidad, y cuando llegó el momento de los premios, unos 10 estudiantes de Ciencias Exactas y otros de Sociología, de la Facultad de Ciencias Sociales, que habían sido premiados con medallas de oro por sus altas calificaciones, con esa mentalidad de protesta de los estudiantes de Córdoba, los de Buenos Aires rechazaron las medallas afirmando que ellos habían estudiado, habían puesto su esfuerzo, sus desvelos, para formar una personalidad de servicio, que no lo habían hecho para obtener ninguna recompensa y que no aceptaban ese tipo de premios, así que el señor rector de la Universidad se quedó con sus medallas, porque esos chicos se negaron a recibirlas. Entonces empezó a correr un pensamiento en el sentido de ir en contra de una costumbre que está en la mentalidad burguesa, la de la recompensa, la reproducción de premios, de reconocimientos, de homenajes y de todas esas cosas que entran en el amplio campo de la recompensa. Hay quienes se desviven en Europa por una medalla, aunque sea la de la Legión de Honor de Francia que como pan caliente se da a casi a cualquier persona.

Ya ha cundido esa característica de los regímenes de mentalidad burguesa, la del premio, la recompensa, la medallita; hasta los mismos países socialistas andan colgando su medalla en el saco, en la solapa, en el traje. En Suecia eso no se admite entre los miembros del partido; lo rehúsan como una costumbre burguesa. Uno como diplomático se ve obligado a aceptar algunas cosas de ésas porque no se pueden rechazar, por la representación misma que se tiene; sería una descortesía, pero yo me permití, en algunos casos, no aceptar condecoraciones que yo creí que no tenían más explicación que la simple cortesía.

He aceptado, naturalmente, condecoraciones que me han dado algunos gobiernos, pero por lo hecho; en Portugal, por ejemplo, por el reconocimiento a una acción de base de todo el pueblo portugués, por algo un tanto diferente de otras formalidades. Las Palmas Académicas de Francia no las acepté. Resulta que un señor Decivit, que era algo así como un agente de enlace con los mexicanos —él era mexicano-francés—, me dijo que el embajador de Francia me invitaba a su casa, con asistencia de gente del cine, con motivo de mi designación como cónsul general en París. Por ese antecedente, di dos pequeñas pláticas por la radio sobre cultura francesa, a propósito de la exposición de 1937. Cuando me ofrecieron la condecoración al llegar a París en 1939 dije que no la aceptaba porque no consideraba que hubiera hecho nada de importancia; mi respuesta llamó un tanto la atención, pero así fue y hasta ahora no tengo ninguna condecoración francesa.

Bueno, después en La Habana, la Unión de Veteranos de la Independencia, que era un cuerpo muy batistiano por cierto, formado por Batista, me ofreció la condecoración con banda y placa y esas cosas, pero yo les contesté diciendo que yo no tenía nada que ver con eso, que ellos habían participado en la última lucha de la Independencia, pero yo ni siquiera había hecho alguna declaración formal, que consideraba su ofrecimiento como una simple atención y no acepté.

Las demás condecoraciones han sido expresamente por servicios concretos o por determinadas actitudes. Algunas tienen una justificación perfectamente clara y corresponden a una gestión caracterizada, formal y de cierta importancia; fueron un reconocimiento, que acepté, con la declaración expresa de que las aceptaba por una gestión que correspondía a mi país. Uno lleva la representación diplomática, los principios, las posiciones, las actitudes de nuestro país, entonces en esos casos no se pueden rehusar. Tengo grandes cruces.

En Suecia me otorgaron la Estrella Polar, que es la más alta condecoración, pero me la dieron antes de que yo saliera, con motivo de la Gran Exposición; como ya he contado, me la impuso el rey, a quien le había impresionado bastante la muestra y rompió con el protocolo real establecido, que estipulaba que el rey personalmente no ponía ninguna condecoración a extranjeros, sólo a los suecos, y el hecho provocó un poquito de extrañeza, pero dijeron que estaba justificado. Así fui condecorado con la Gran Cruz de la Estrella Polar por esa acción expresa. Entonces, sí.

En el caso de la República española, también fui condecorado por todo el trabajo que se realizó en nombre de México: la ayuda, el auxilio, la admisión de los españoles, su embarque. Entonces me dieron el título de Maestrante de la Orden de la Liberación de España, que corresponde a actos concretos.

p. 342

De otro modo, que porque se tiene un puesto lluevan las condecoraciones, las medallitas, con eso francamente yo no estoy de acuerdo, lo juzgo como una deformación mental, una enfermedad burguesa.

No he aceptado homenajes, me los han propuesto en estos días recientes y los he rehusado. Porque sería hacer el juego a algo respecto del cual uno tiene una actitud contraria.

He rehusado la Medalla Belisario Domínguez, que me propusieron dos veces. Sería un anacronismo ir a presentarme como un hombre de la Revolución mexicana, ¿en qué ambiente?, ¿en qué atmósfera?, ¿en qué marco? Sería una cosa completamente contradictoria, sin justificación, porque es una medalla que se estableció por un acto de carácter revolucionario de don Belisario Domínguez, que tiene un acento, un sentido revolucionario. Para qué, entonces, si ya estamos dentro de la contrarrevolución, ir a hacer ¿qué? Sería una presencia completamente injustificada para mí, completamente inadmisible porque yo no concibo una recompensa de quienes están completamente dentro de esa posición. Sin que uno se considere en el pasado, apegado al pasado, uno mantiene un pensamiento adelantado, que es el sentido y la condición integral de un revolucionario.

Un revolucionario tiene que ser integral, ésa es la esencia de un revolucionario; otras cosas cambiarán, pero siempre hay un camino hacia adelante, una esperanza también puesta hacia adelante, para mejores días de transformación de nuestros pueblos.

Cuando uno realmente crea lazos de intensidad con la historia, ya sea como espectador, como participante, como protagonista, como parte de un esfuerzo, se produce cierta formación, se modela una persona o una personalidad, o una mente; son elementos formativos y por lo mismo dinámicos, que no pueden quedarse en el momento en que se para el proceso, cuando se retrocede porque todo lo demás tiene una inercia. El revolucionario integral tiene que estar en esa marcha, en esa dinámica permanente, ¿para qué?, para que el pensamiento siga siendo uno de transformación benéfica y positiva, que es el pensamiento revolucionario, que es una cosa de actitud, de conducta, de respuesta, de afirmaciones, de pensamiento adelantado. Si no se está en condiciones de una acción positiva, de una actuación real, entonces, al menos, está uno dentro del planteamiento de mejores postulados para los hombres.

SECCIÓN DOCUMENTAL

ESTUDIOS, ACTIVIDADES REVOLUCIONARIAS, POLÍTICAS Y CULTURALES

Chiautla de Tapia, Puebla, *ca.* 1897

Su padre, Cornelio Bosques

Su madre,
María de la Paz Saldívar

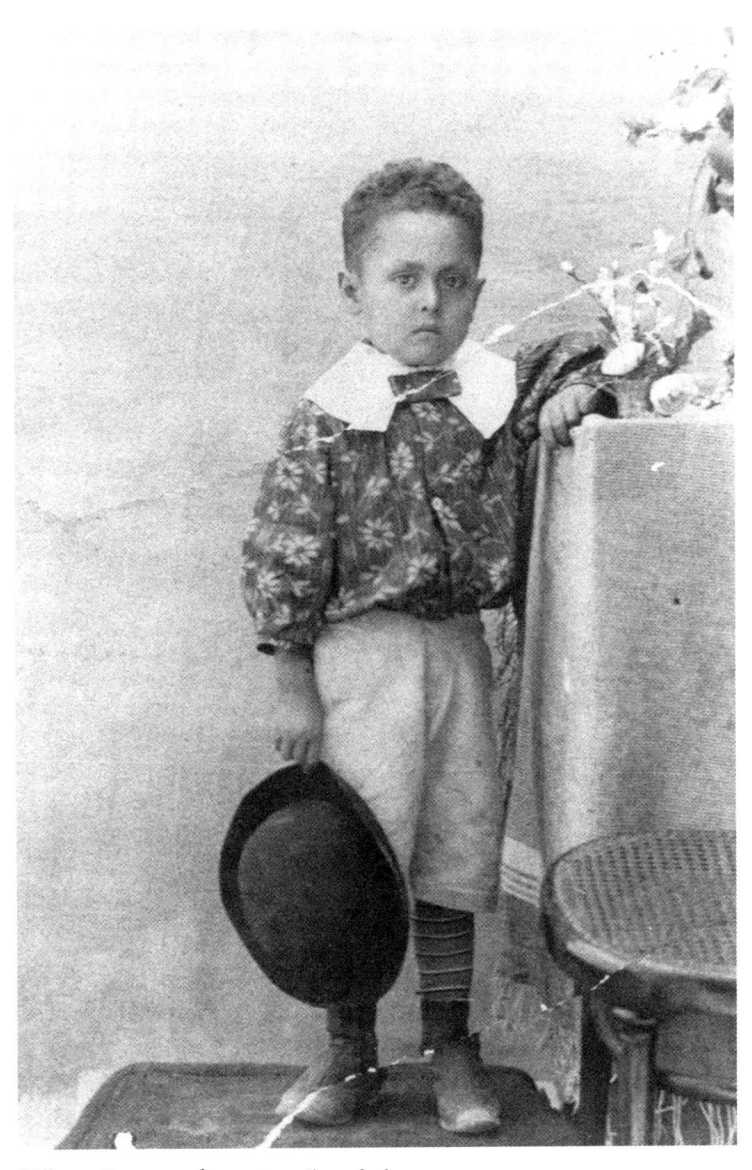

Gilberto Bosques a los cuatro años, 1896

Preparándose para la lucha armada, 1910

En la tropa maderista; con su tío, el general Agustín Quiroz (a caballo), 1910

Revolucionarios en la sierra de Puebla, 1910

Año I.—1ª Epoca.   México, Agosto 7 de 1900.   Tomo I.— Núm. 1.

Regeneración.

PERIÓDICO JURÍDICO INDEPENDIENTE.

La libertad de imprenta no tiene más límites, que el respeto á la vida privada, á la moral y á la paz pública (Art. 7.º de la Constitución.)

Cuando la República pronuncie su voz soberana, será forzoso someterse ó dimitir.
GAMBETTA.

Nuestra primera arma es el Foro

DIRECTORES:
Lic. Jesús Flores Magón.—Lic. Antonio Horcasitas.—Ricardo Flores Magón.

Oficinas: Centro Mercantil, 3er. piso, núm. 20. (México, D. F.) Teléfono 264.
Administrador: Ricardo Flores Magón.

CONDICIONES.

"REGENERACIÓN" sale los días 7, 15, 23 y último de cada mes, y los precios de subscripción son:

Para la Capital, trimestre adelantado .... $ 1 50
Para los Estados, id   id   .... ,, 2 00
Para el Extranjero, id.   id   en oro ..... ,, 2 00
Números sueltos 15 cts. Números atrasados 25 cts.

Se entenderá aceptada la subscripción, en caso de que no se devuelva el periódico y se girará por el importe de un trimestre á los agentes se les abonará el 15 por ciento.
No se devuelven originales.
Para los anuncios é el periódico, pídanse tarifas

"REGENERACIÓN"

Este periódico es el producto de una convicción dolorosa.

En el discurso pronunciado en la sesión solemne del 9 del pasado Marzo, al reanudarse las sesiones de la Academia Central Mexicana de Jurisprudencia y Legislación, decía sabiamente el Sr. Lic. D. Luis Méndez: «Cuando la justicia se corrompe, cuando alguna vez las causas se deciden más por consideraciones estrañas á la ley que por la ley misma, ¿qué corresponderá hacer á los que ejercen la noble profesión del postulante ó á los que velan por intereses que no tienen mas garantía para su vida y desarrollo, que una honrada administración de justicia? ¿No deberíamos todos, llegado el caso, constituir en el acto un grupo firme como una muralla para resistir injustos ataques, ó vigoroso como una falange griega, para atacar injustas resistencias?».

Tal como se encuentra, con muy honrosas excepciones, la Administración de Justicia en la República, esa falange griega de que habla el ilustre abogado, se estrellaría, como se han estrellado otras muchas energías al protestar contra la venalidad de algunos funcionarios, consiguiendo tan solo persecuciones injustas ó las injustas resistencias de que habla el Sr. Méndez.

Nosotros no tenemos la pretensión de constituir una falange; pero nuestro vigor juvenil y nuestro patriotismo, nos indúcen á buscar un remedio, y al efecto, señalar, denunciar todos aquellos actos de los funcionarios judiciales que no se acomoden á los preceptos de la ley escrita, para que la vergüenza pública haga con ellos la justicia que se merecen.

Habría otro remedio. Para que los intereses de los litigantes, actores ó reos, tengan una garantía, la ley señala los casos en que hay lugar á exigir responsabilidades á los jueces, pero solo una vez, parece mentira, en el reciente asunto Díez de Bonilla, se declaró haber lugar á exigir responsabilidades, aunque no se ha concluido la substanciación del procedimiento, necesitándose que la Suprema Corte de Justicia de la Nación, con toda su autoridad y peso, considerase que los hechos cometidos por el Juez 1º Correccional Wistano Velázquez, ameritaban la consignación del referido juez al Tribunal Superior de Justicia del Distrito Federal á fin de que procediera en su contra con arreglo á derecho por los delitos de que aparecía responsable, «como lo exigen la justicia, la conveniencia social y EL PRESTIGIO DE LA AUTORIDAD».

La Suprema Corte honradamente denun-

Regeneración, tomo I, núm. 1, 7 de agosto de 1900, con anotación manuscrita de Gilberto Bosques

Discurso de Belisario Domínguez dirigido al Senado de la República,
17 de septiembre de 1913

nuestro crédito en agonía, la prensa entera de la República amordasada o cobardemente vendida al Gobierno y ocultando sistemáticamente la verdad, nuestro campo abandonado, muchos pueblos arrasados y por último el hambre y la miseria en todas sus formas amenazan extenderse en toda la superficie de nuestra amada Patria ¿A qué se debe tan triste situación? Primero y ante todo a que el pueblo mexicano no puede resignarse a tener por Presidente de la República a V. Huerta, al soldado que se amparó del poder por medio de la traición, y cuyo primer acto al subir a la Presidencia fué asesinar cobardemente al Presidente y al Vicepresidente legalmente ungidos por el voto popular, habiendo sido el primero de estos quien colmó de ascensos y honores y distinciones a Dn. V. Huerta, habiendo sido él igualmente a quien Victoriano Huerta juró públicamente lealtad y fidelidad inquebrantables. Segundo se debe esta triste situación a los medios que Dn. V. Huerta se ha propuesto emplear para conseguir la pacificación. Estos medios ya sabeis cuales han sido: únicamente muerte y exterminio para todos los hombres, familias, pueblos que no simpaticen con su Gobierno. "La paz se hará cueste lo que cueste", ha dicho Don Victoriano Huerta ¿Habeis profundizado, los Senadores, lo que significan esas palabras en el criterio egoista y feroz de Don V. Huerta? Esas palabras significan que Dn. Victoriano Huerta está dispuesto a derramar toda la sangre mexicana, a cubrir de cadáveres el territorio Nacional, a convertir en una inmensa ruina toda la extensión de nuestra amada Patria, con tal de que él no abandone la Presidencia y no derrame una gota de su propia sangre. En su loco afán de conservar la Presidencia está cometiendo otra infamia: está provocando con el pueblo de los Estados Unidos de América un conflicto internacional en el que si llegara a resolverse por las armas, irían es tomarmente a dar y a encontrar la muerte todos los mexicanos sobrevivientes a las matanzas de Dn. V. Huerta todos, menos Don V. Huerta y Dn. Aureliano Blanquet porque esos desgraciados están manchados con el estigma de la traición y el pueblo y el Ejército los repudiarían, llegado el caso.

Esa es en resumen la triste realidad. Para los espíritus débiles parece que nuestra ruina es inevitable porque Don Victoriano Huerta se ha adueñado tanto del poder que para asegurar el triunfo de su candidatura a la Presidencia de la República en la parodia de elecciones anunciadas para el 26 de octubre próximo, no ha vacilado en violar la soberanía de la mayor parte de los Estados, quitando a los Gobernadores Constitucionales e imponiendo Gobernadores militares que se encargan de burlar a los pueblos por medio de farsas ridículas y criminales.

Sin embargo, señores, un supremo esfuerzo puede salvarlo todo. Cumpla con su deber la Representación Nacional y la Patria está salvada, y volverá a florecer más grande, más unida que nunca. La Representación Nacional debe deponer de la Presidencia de la República a Don Victoriano Huerta por ser él contra quien protestan con mucha razón todos nuestros hermanos alzados en armas; y de consiguiente por ser él quien mejor puede llevar a efecto la pacificación, supremo anhelo de todos los mexicanos.

Me diréis señores que la tentativa es peligrosa porque Don V. Huerta es un soldado sanguinario y feroz que asesina sin vacilación ni escrúpulo a todo aquel que le sirve de obstáculo. Pues importa, señores, la Patria os exige que cumpláis vuestro deber con el peligro, con la seguridad de perder la existencia. Si en vuestra ansiedad de volver a ser reinar la paz en la República, os habéis equivocado, habéis creído las palabras falsas de un hombre que os ofreció pacificar a la Nación en dos meses, y lo habéis nombrado Presidente de la República, y hoy que veis que ese hombre es un impostor inepto y malvado que lleva a la Patria con toda celeridad hacia la ruina ¿Dejaréis por temor a la muerte que continúe en el poder? Penetrad en vosotros mismos, señores, y resolved esta pregunta ¿Qué se diría de la tripulación de un gran barco que en la más violenta tempestad y en un mar proceloso nombrara piloto a un carnicero que sin ningún conocimiento náutico navegara por primera vez y no tuviera más recomendación que la de haber traicionado y asesinado al capitán del barco?

Vuestro deber es imprescindible, señores, y la Patria espera que sabeis cumplirlo. Cumplido ese primer deber será fácil a la Representación Nacional cumplir los otros que de él se derivan, solicitando enseguida a todos los Jefes Revolucionarios que cese toda hostilidad y nombren sus Delegados para que de común acuerdo elijan al Presidente que deba convocar a elecciones presidenciales y cuidar que éstas se efectúen con toda legalidad.

El mundo está pendiente de vosotros, señores miembros del Congreso Nacional Mexicano y la Patria espera que la honraréis ante el mundo, evitando la vergüenza de tener por mandatarios a un traidor y asesino.

Dr. Belisario Domínguez.
Senador por el estado de Chiapas

Nota: Urge que el pueblo mexicano conozca esta discurso para que apoye a la representación Nacional, no pudiendo disponer de una imprenta, recomiendo a todo el que lo lea haga 5 ó más copias insertando también esta nota, y las distribuya a sus amigos de la Capital y de los Estados.

¡Ojalá hubiera un impresor honrado y con miedo!

EL CIUDADANO INGENIERO LUIS LAVAT, OFICIAL MAYOR DEL DEPARTAMENTO DE FOMENTO, INSTRUCCION PUBLICA Y ESTADISTICA DE LA SECRETARIA GENERAL DEL DEPARTAMENTO EJECUTIVO DEL ESTADO,

CERTIFICA: QUE EN EL EXPEDIENTE NÚMERO 57 DEL AÑO DE 1914 REFERENTE A NOMBRAMIENTOS, LICENCIAS, CAMBIOS, CESES ETC. DEL PERSONAL DE LAS ESCUELAS DE LA CAPITAL, OBRA UNA CONSTANCIA QUE A LA LETRA DICE:

"AL CIUDADANO SECRETARIO GENERAL DEL DEPARTAMENTO EJECUTIVO.-PRESENTE.-PUEBLA DE ZARAGOZA, 23 DE ABRIL DE MIL NOVECIENTOS CATORCE.- EL SUBSCRIPTO, AYUDANTE DE LA ESCUELA DE NIÑOS "LAFRAGUA", TIENE A HONRA MANIFESTAR A UD. QUE, CREYENDO SER PARA ÉL DEBER IMPERIOSO TOMAR LAS ARMAS EN DEFENSA DE LA PATRIA Y MARCHAR CUANTO ANTES AL ENCUENTRO DEL INVASOR,-AL CIUDADANO GOBERNADOR PIDE, POR EL DIGNO CONDUCTO DE UD. SE SIRVA CONCEDERLE UNA LICENCIA POR EL TIEMPO QUE LA PATRIA REQUIERA LA AYUDA DE SUS HIJOS.-PIDE ASIMISMO SE LE PERDONE LA FALTA DE ESTAMPILLAS EN ESTE DOCUMENTO.-PROTESTA SUS RESPETOS Y ALTA CONSIDERACIÓN.-G. BOSQUES.-RÚBRICA."------ PUEBLA, 24 ABRIL 1914.-.-POR DISPOSICIÓN SUPERIOR, SE CONCEDE SIN GOCE DE SUELDO, LA LICENCIA SOLICITADA.-DE LA TORRE.-RÚBRICA."

CONCUERDA CON SU ORIGINAL A QUE ME REMITO Y EN CUMPLIMIENTO DE LO MANDADO EN EL ACUERDO DICTADO EN LA SOLCITUD RESPECTIVA, EXTIENDO LA PRESENTE EN UNA FOJA CON EL TIMBRE DE LEY PARA EL C. PROFESOR GILBERTO BOSQUES.

"CONSTITUCION Y REFORMAS"

Vº Bº.
EL SRIO. GRAL. DE GOBIERNO.

COTEJADA.
EL OF. 1º DE INSTRUCCIÓN.

Licencia para ausentarse de su trabajo como ayudante en la escuela para ir a luchar contra el ejército norteamericano, 24 de abril de 1914

Título de profesor de instrucción primaria, 24 de octubre de 1914

A los 22 años, foto en su título, 1914

Reunión para la constitución del Partido Cooperatista, Puebla, 1918

Como secretario general de Gobierno del estado de Puebla, con el gobernador Claudio Nabor Tirado, 1921

En San Francisco Acatepec, Puebla, con el gobernador Tirado, 1922

Con Estanislao González, Puebla, 1922

Candidato a diputado al Congreso de la Unión
por el 7º distrito electoral del estado de Puebla, 1922

Convención del Partido Cooperatista, 1923

Diputado federal, XXX Legislatura (1922-1924)

Con su esposa, María Luisa C. Manjarrez, sus hijos Laura, Teresa y Gilberto, y David C. Manjarrez y su esposa, María Florencia del Ángel

Con José Vasconcelos, Federico González Garza e Ignacio García Téllez, entre otros, 1929

El Sembrador, 1929, ilustración de portada de Diego Rivera

Retrato de don Gilberto, por Leopoldo Méndez, 1958

"LAZARO CARDENAS"
PNR
CANDIDATO DEL P. N. R.
"LAZARO CARDENAS"
GARANTIA DEL PLAN SEXENAL
Cardenas Presidente
Bandala Senador
Bosques Diputado
SEXTO DISTRITO ELECTORAL DE PUEBLA
GARANTIA DEL PLAN SEXENAL
Cardenas Presidente
Bandala Senador
Bosques Diputado
SEXTO DISTRITO ELECTORAL DE PUEBLA
"LAZARO CARDENAS"

CONTESTACION

DEL

C. GILBERTO BOSQUES
PRESIDENTE DEL CONGRESO DE LA UNION

AL

MENSAJE PRESIDENCIAL

RENDIDO EL DIA PRIMERO DE
SEPTIEMBRE DE 1935

MEXICO, D. F.
IMPRENTA DE LA CAMARA DE DIPUTADOS
1935

Página anterior, arriba: En la campaña presidencial de Lázaro Cárdenas, Puebla, 1933

Página anterior, abajo: Reunión de diputados federales con el presidente Cárdenas, junio de 1934

Arriba: En el primer informe presidencial del general Cárdenas (de pie, detrás del Presidente, Luis I. Rodríguez), 1 de septiembre de 1935

Abajo: Portada del discurso de respuesta de Gilberto Bosques al primer informe de gobierno de Lázaro Cárdenas

Con un senador chileno, el presidente Cárdenas, Antonio Mayés Navarro, Ramón Beteta y el profesor Arnulfo Pérez H., 1936

Página siguiente, arriba: A caballo, en su precampaña para gobernador de Puebla, 1936

Página siguiente, abajo: Apoyo de ejidatarios y obreros poblanos a la precandidatura de Gilberto Bosques para gobernador y de Leónides Andreu Almazán para senador, Chignahuapan, 5 de abril de 1936

181

Leyendo su programa de gobierno, 1936

Página siguiente, arriba: Pronunciando un discurso durante su campaña para gobernador de Puebla, 1936

Página siguiente, abajo: En una reunión con obreros, 1936

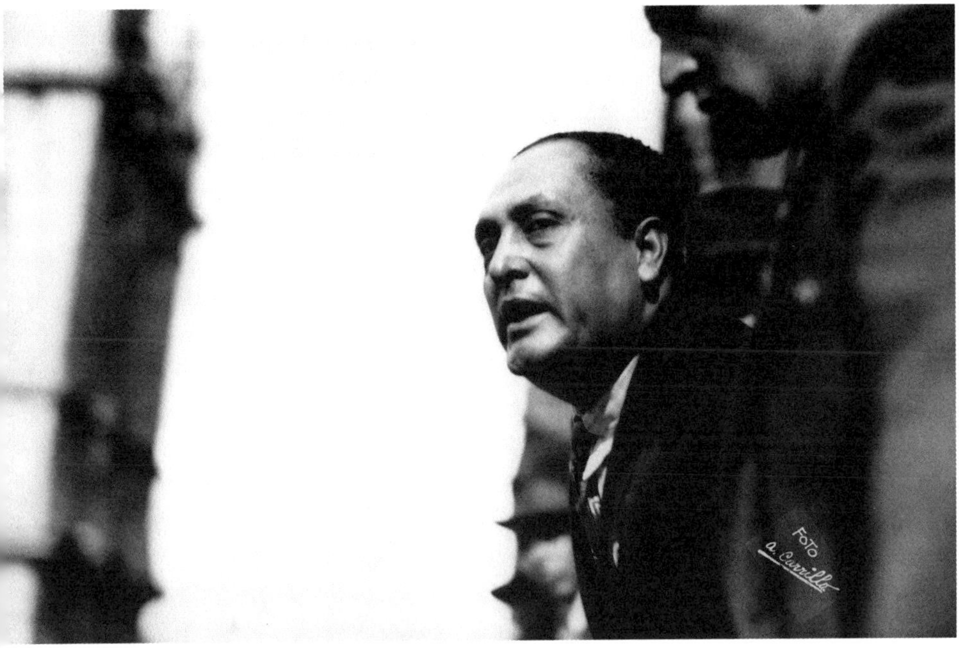
Foto
a. Carrillo

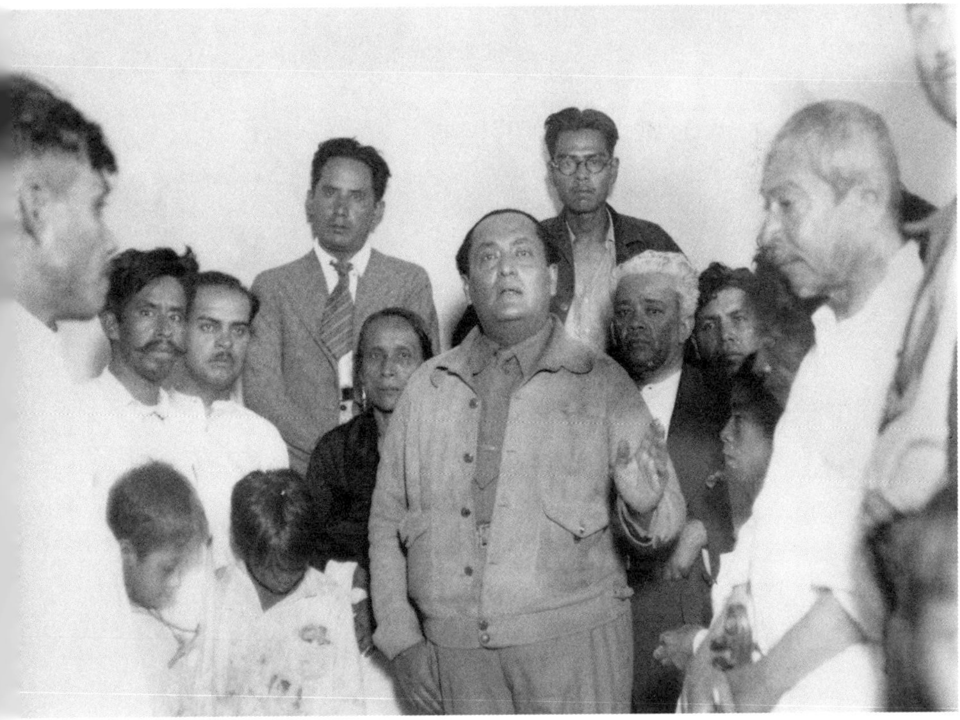

Campaña para gobernador, Chiautla, 1936

MISIÓN DIPLOMÁTICA EN FRANCIA

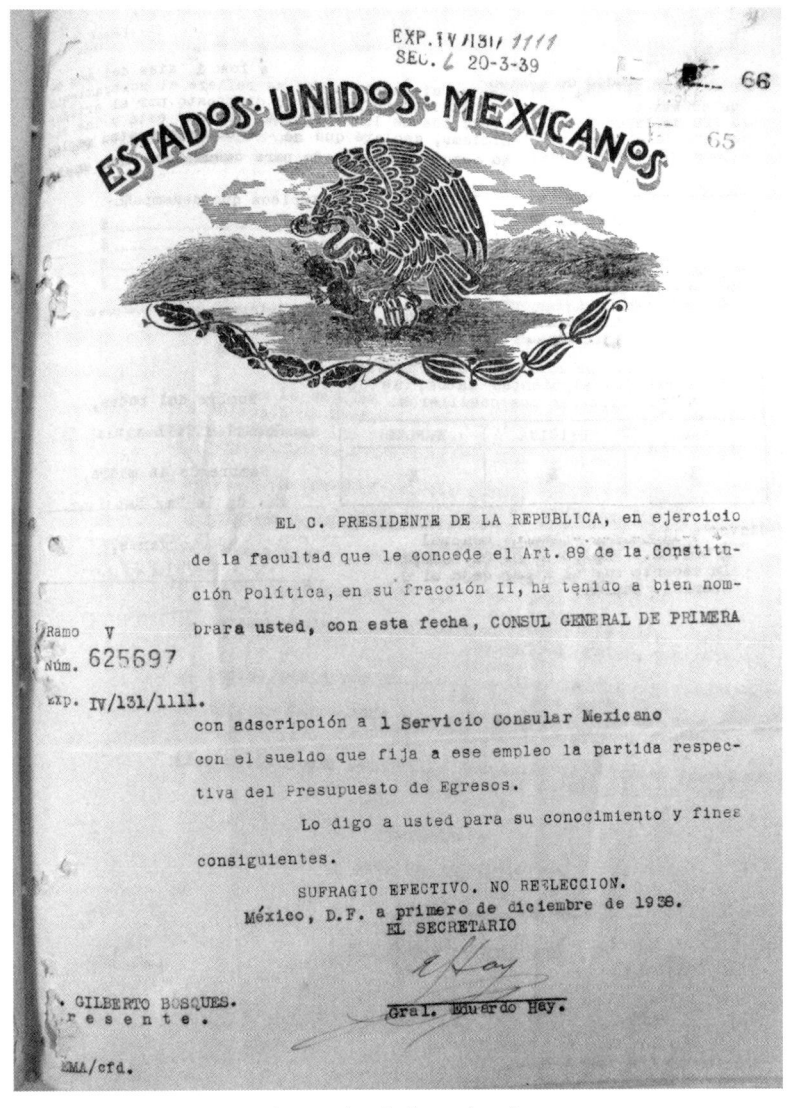

Nombramiento como cónsul general, 1 de diciembre de 1938

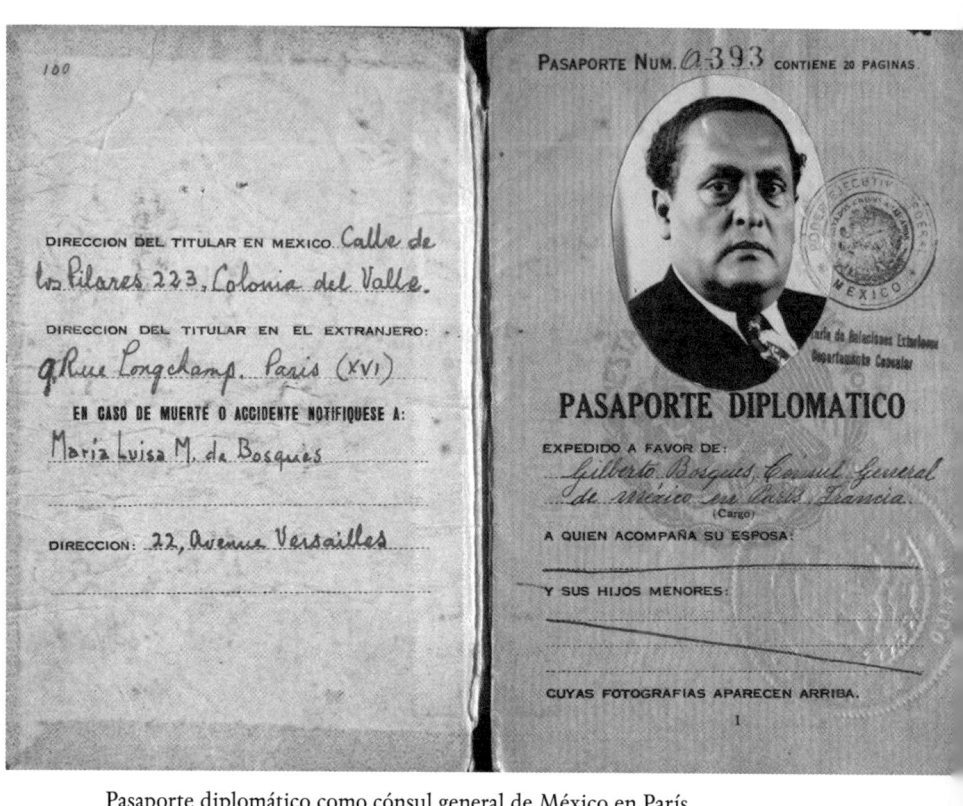

Pasaporte diplomático como cónsul general de México en París

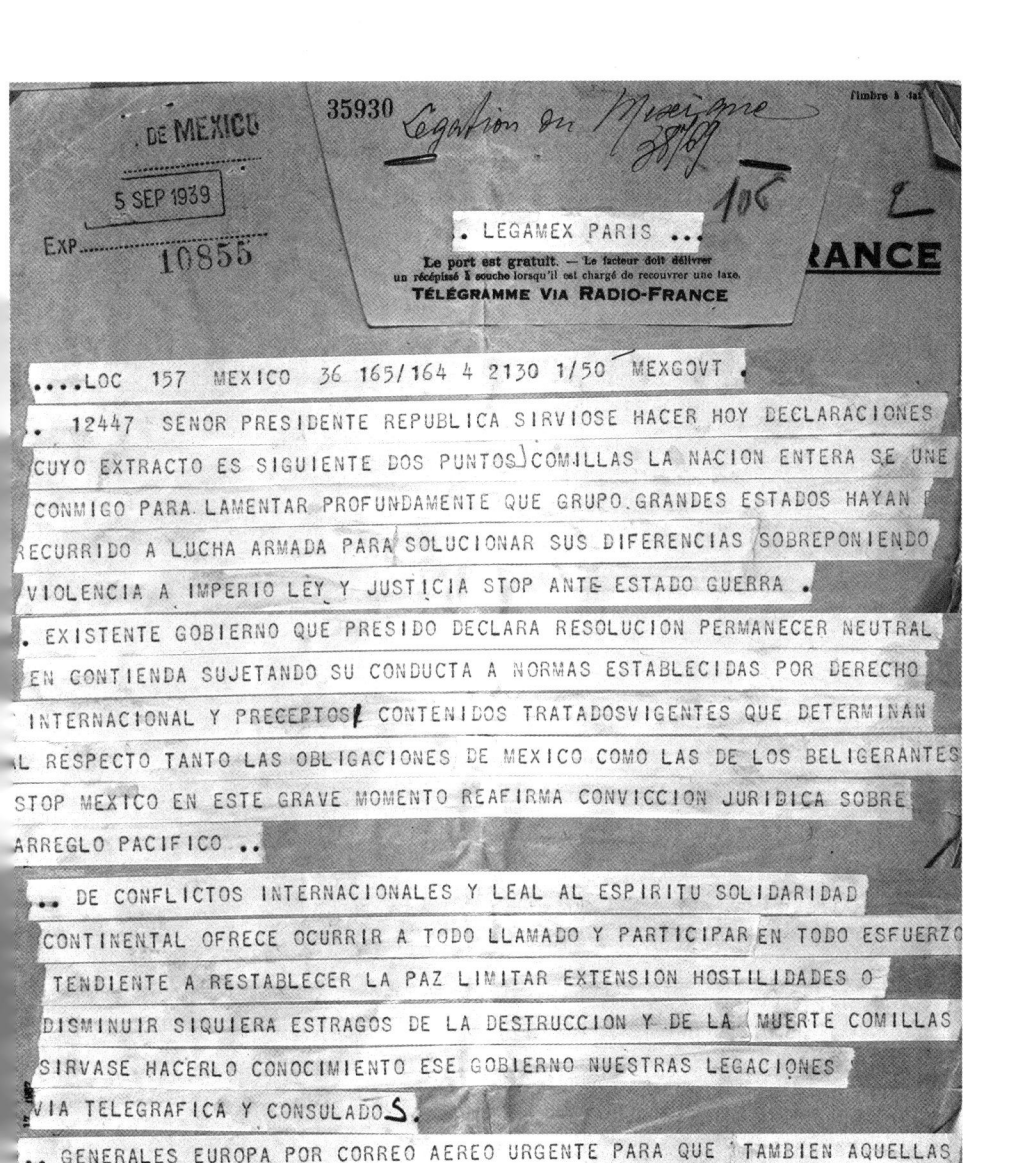

> **LEGAMEX PARIS**
> TÉLÉGRAMME VIA RADIO-FRANCE
>
> ...LOC 157 MEXICO 36 165/164 4 2130 1/50 MEXGOVT
>
> 12447 SENOR PRESIDENTE REPUBLICA SIRVIOSE HACER HOY DECLARACIONES CUYO EXTRACTO ES SIGUIENTE DOS PUNTOS COMILLAS LA NACION ENTERA SE UNE CONMIGO PARA LAMENTAR PROFUNDAMENTE QUE GRUPO GRANDES ESTADOS HAYAN RECURRIDO A LUCHA ARMADA PARA SOLUCIONAR SUS DIFERENCIAS SOBREPONIENDO VIOLENCIA A IMPERIO LEY Y JUSTICIA STOP ANTE ESTADO GUERRA EXISTENTE GOBIERNO QUE PRESIDO DECLARA RESOLUCION PERMANECER NEUTRAL EN CONTIENDA SUJETANDO SU CONDUCTA A NORMAS ESTABLECIDAS POR DERECHO INTERNACIONAL Y PRECEPTOS CONTENIDOS TRATADOS VIGENTES QUE DETERMINAN AL RESPECTO TANTO LAS OBLIGACIONES DE MEXICO COMO LAS DE LOS BELIGERANTES STOP MEXICO EN ESTE GRAVE MOMENTO REAFIRMA CONVICCION JURIDICA SOBRE ARREGLO PACIFICO .. DE CONFLICTOS INTERNACIONALES Y LEAL AL ESPIRITU SOLIDARIDAD CONTINENTAL OFRECE OCURRIR A TODO LLAMADO Y PARTICIPAR EN TODO ESFUERZO TENDIENTE A RESTABLECER LA PAZ LIMITAR EXTENSION HOSTILIDADES O DISMINUIR SIQUIERA ESTRAGOS DE LA DESTRUCCION Y DE LA MUERTE COMILLAS SIRVASE HACERLO CONOCIMIENTO ESE GOBIERNO NUESTRAS LEGACIONES VIA TELEGRAFICA Y CONSULADOS .. GENERALES EUROPA POR CORREO AEREO URGENTE PARA QUE TAMBIEN AQUELLAS HAGANLO CONOCIMIENTO GOBIERNOS RESPECTIVOS .. RELACIONES ...

Telegrama de Relaciones Exteriores con las declaraciones del presidente Cárdenas sobre la neutralidad de México en la contienda europea y haciendo un llamado a restablecer la paz, 5 de septiembre de 1939

BOLETIN CONFIDENCIAL DE INFORMACION PARA EL SERVICIO EXTERIOR MEXICANO

CORREO AEREO.

Secretaría
de
Relaciones Exteriores

No. 1   México, D. F., a de 18   enero   de 193-.

POR QUE MEXICO ACOGE A LOS EXCOMBATIENTES EN ESPAÑA.—El D.A.P.P. hizo publicar el siguiente Boletín:
"La Secretaría de Gobernación ha venido haciendo preparativos para la repatriación y acomodamiento de los mexicanos que residen especialmente en el Territorio de los Estados Unidos, y en unión del servicio exterior de la Secretaría de Relaciones, ha ayudado a nuestros nacionales frecuentemente repatriados a los que se han visto forzados a reincorporarse al país.
Precisamente porque el problema de la repatriación constituye uno de los más graves a que debe hacer frente la administración pública, se convocó a la primera Convención propoblación y se abrió una encuesta para buscar los medios adecuados, a fin de resolver las dificultades que padecen dichos mexicanos.
Buscando solución especial y técnica a ese problema, fueron organizadas diversas comisiones intersecretariales que están estudiando la localización de tierras en condiciones apropiadas para traer a los campesinos que encontrándose en Estados Unidos, tengan necesidad de volver.
Coincidiendo con el pleno desarrollo del estudio de las posibilidades de reincorporar a los compatriotas, se puso a la consideración de nuestro Gobierno la solicitud para que se admita a los extranjeros del Frente Republicano Español, noticia que ha motivado infundados comentarios públicos; que por acuerdo del C. Presidente de la República conviene aclarar.
La anunciada visita de los ex combatientes, responde al interés vital del pueblo español para evidenciar ante la Liga de las Naciones y ante la conciencia mundial, que el Gobierno legítimo del Presidente Azaña persigue el triunfo de la noble causa que sustenta, contando solo con el apoyo de su propio pueblo, reduciendo así el conflicto a una lucha doméstica, en la que los españoles, por sí mismos, resuelvan sus destinos. En cooperación con la heroica España representativa de las instituciones democráticas amenazadas seriamente en la esencia de su soberanía nacional, y para ayudarle a cumplir sus deberes de gratitud con quienes no pueden volver a sus países de origen sin peligro inminente de sus vidas, el Gobierno de México, sin menospreciar la atención preferente de sus connacionales y obligado por principios humanitarios de hospitalidad, que no sólo vinculan a los hombres, sino también a los pueblos por tratarse de la conservación de la existencia misma y de las libertades espirituales y colectivas a ellas inherentes, ha decidido facilitar a dichos perseguidos el asilo de su territorio, donde al mismo tiempo que hagan fructificar tierras ociosas, puedan encontrar el pan y el sosiego que sin derecho se les niega en sus patrias, sólo por haberse entregado a la defensa de las conquistas sociales, que en todas las épocas han dignificado a la humanidad.
La hospitalidad de México prevalecerá mientras los ex combatientes puedan regresar a sus países al desaparecer las enconadas persecuciones y disfrutar de las garantías indispensables para la libre convivencia. El número de los asilados será mínimo en relación con los que recibirán los demás países demócratas que cooperan para la solución pacífica de la cruenta lucha española. El Gobierno rechazará a los indeseables, sancionará a los que violen la hospitalidad brindada y procurará igualmente que, lejos de constituirse en motivos de intranquilidad o de carga social, con tribuyan con su esfuerzo disciplinado y productivo al florecimiento de regiones agrícolas poco pobladas en las costas de Jalisco, Guerrero y Michoacán.
La Secretaría espera se aprecie serenamente la actitud de nuestro Gobierno fundada en decretos de solidaridad por la paz universal y de fraternidad con el glorioso pueblo español, con el que nos unen supremos vínculos de histórica tradición.

Boletín confidencial de la Secretaría de Relaciones Exteriores para el Servicio Exterior Mexicano sobre la repatriación de compatriotas en Estados Unidos y el asilo a los republicanos españoles perseguidos, 18 de enero de 1939

Tarjeta de identificación como asilada política expedida por el Consulado de México en París a Cecilia Elío Bernal, 15 de enero de 1940. Es una de las primeras firmadas por Gilberto Bosques.

LEGACIÓN
DE LOS
ESTADOS UNIDOS MEXICANOS
EN
FRANCIA

Paris, le 10 Juin 1940.

    La Légation du Mexique se permet de recommander aux autorités civiles et militaires françaises M. Gilberto BOSQUES, Consul Général du Mexique à Paris, qui par ordre du Gouvernement se dirige vers le Sud de la France.

    La Légation remercie d'avance les autorités civiles et militaires de leur obligeante attention.

Le Ministre du Mexique

Lic. Luis I. Rodríguez.

Carta del embajador Luis I. Rodríguez a las autoridades civiles y militares de Francia, solicitando facilidades para el traslado del cónsul Gilberto Bosques al sur del país, 10 de junio de 1940

Telegrama de la Secretaría de Relaciones Exteriores con las declaraciones de la Secretaría de Gobernación sobre el asilo a los extranjeros que buscan seguridad para su vida y ambiente de libertad a sus ideas

Relación del personal de las diversas dependencias del gobierno mexicano que, de acuerdo con las instrucciones del embajador de México en Francia y del cónsul de México en París, que fueron evacuados de París hacia las ciudades indicadas, el 11 de junio de 1940*

NOMBRE DEL FUNCIONARIO O EMPLEADO	NÚMERO DE PERSONAS	LUGAR EN EL QUE SE ENCUENTRAN LAS PERSONAS EN LA FECHA DEL INFORME
PERSONAL DE LA LEGACIÓN DE MÉXICO EN PARÍS		
Luis I. Rodríguez, enviado extraordinario y ministro plenipotenciario en Francia, y su esposa	2	En Montauban, camino a Vichy
Francisco Vaca, consejero jurídico que acompaña al ministro Bernardo Reyes, primer secretario, su esposa y su hija	3	En Biarritz, esperando instrucciones del ministro
Gabriel Lucio, segundo secretario, que acompaña al ministro	1	En Montauban
Ernesto Arnoux, tercer secretario, que acompaña al ministro	1	En Montauban
Alfonso Castro Valle, canciller, que acompaña al ministro	1	En Montauban
Alfredo Martínez-Baca, canciller, su esposa y los dos hijos del ministro	4	En Bayona, esperando instrucciones del ministro
René Zivy, traductor, y su esposa	2	En Pau, esperando instrucciones del ministro
Andrée Gabriel, canciller	1	En Marsella, esperando instrucciones del ministro
Ernesto Santiago López, canciller, y su esposa	2	En Marsella, esperando instrucciones del ministro
PERSONAL MILITAR AGREGADO A LA LEGACIÓN DE MÉXICO EN PARÍS		
General de división Ignacio L. Pesqueira	2	En Biarritz, a punto de abandonar la zona ocupada
Coronel Luis Alamillo Flores y su esposa	6	En Biarritz, a punto de salir para unirse al ministro
Mayor Kladio Ruiz	1	En Biarritz, con el coronel Alamillo
Capitán Antonio Haro Oliva y su esposa	2	En Montauban, acompañando al ministro

)MBRE DEL JNCIONARIO EMPLEADO	NÚMERO DE PERSONAS	LUGAR EN EL QUE SE ENCUENTRAN LAS PERSONAS EN LA FECHA DEL INFORME
RSONAL DE LA LEGACIÓN DE MÉXICO EN MARSELLA		
me Torres Bodet, encargado de negocios en Bélgica	1	En Marsella, esperando instrucciones de la Secretaría de Relaciones Exteriores
sé María González de Mendoza	1	En Marsella, esperando instrucciones de la Secretaría de Relaciones Exteriores
RSONAL DEL CONSULADO GENERAL DE MÉXICO EN PARÍS		
lberto Bosques, cónsul general, su esposa y sus tres hijos	5	En Marsella
rnando Alatorre, cónsul, y su hijo	2	En Marsella
rlos Serrano, vicecónsul, y su esposa	2	En Pau, de camino a Marsella
.é Muñoz Zapata	1	En Marsella
argarita Assimans, canciller	1	En Marsella
uricio Fresco, canciller[1]	1	En París, pese a las instrucciones recibidas de dirigirse a Bayona
NCIONARIOS CONSULARES DEL CONSULADO GENERAL DE MÉXICO EN PARÍS		
nsul Edmundo González Roa	1	En Marsella
nsul José Aurelio Zepeda y su esposa	2	En Marsella
nsul Eduardo Prado y su madre	2	En Marsella
ecónsul Enrique Llano	1	En Marsella
RSONAL DE LA DELEGACIÓN FISCAL DE PARÍS		
legado fiscal Agustín Alva Cejudo	1	En Montauban, con el ministro
delegado Leopoldo Urrea	1	En Montauban, con el ministro
nón Loyola	1	En Marsella, según las instrucciones del delegado fiscal
ato Leduc[2]	1	En París
María Domínguez[2]	1	En París
ardo Colmenero	1	Viajando de Bayona a Marsella

NOMBRE DEL FUNCIONARIO O EMPLEADO	NÚMERO DE PERSONAS	LUGAR EN EL QUE SE ENCUENTRAN LAS PERSONAS EN LA FECHA DEL INFORME
ADEMÁS DE LAS PERSONAS CITADAS, PARTIERON CON NOSOTROS		
Doctor Luis Lara Pardo	1	En Bayona, preparando su viaje hacia Marsella
Francisco Gutiérrez Ochoa y su esposa	1	En Marsella
Carlos Okhuysen, estudiante pensionado por la Secretaría de Educación Pública	1	En Marsella
Rubén Montiel	1	En Hendaya, intentando llegar a Lisboa
Óscar Martínez	1	En Hendaya, intentando llegar a Lisboa
Alfonso Molina, chofer de la delegación de México en Bruselas	1	En Marsella

[*] Tomada de G. Malgat, *Gilberto Bosques. La diplomacia al servicio de la libertad. París-Marsella (1939-1942)*, México, Conaculta, 2013.

NOTA: con excepción del canciller Fresco, quien desobedeció las órdenes que le fueron dadas, y de dos empleados de la delegación fiscal, el resto del personal citado, o sea 60 personas, abandonó París.

[1] Mauricio Fresco es autor de *La emigración republicana española: una victoria de México*, Editores Asociados, México, 1950.

[2] Los dos miembros de la delegación fiscal que no siguieron las recomendaciones de Gilberto Bosques y permanecieron también en París fueron Renato Leduc y José María Domínguez.

ACUERDO FRANCO-MEXICANO

República Francesa, Ministerio de Negocios Extranjeros. V.2054
Vichy, 23 de agosto de 1940

Señor ministro [Luis I. Rodríguez]: En escrito de 12 de los corrientes usted ha tenido a bien comunicarme lo siguiente:

"Tengo el honor de poner en conocimiento de Su Excelencia que, como resultado de las conferencias que por invitación expresa de ese Ministerio he tenido el gusto de celebrar con los representantes de los ministerios de Negocios Extranjeros, del Interior, Defensa Nacional, Guerra, Agricultura y Producción Industrial y del Trabajo, a propósito de la evacuación de los refugiados españoles residentes en Francia, en las colonias francesas y en los países de protectorado francés, con destino a los Estados Unidos Mexicanos, tengo la satisfacción de dirigirme a S. E. para confirmarle por escrito las instrucciones que, a este respecto, he recibido de mi gobierno, por acuerdo directo de S. E. el señor presidente de la República, general Lázaro Cárdenas, y que me ha sido especialmente grato poder comunicar verbalmente a S. E. el señor mariscal de Francia, jefe del Estado francés, en diferentes ocasiones anteriores. 1º) El gobierno y pueblo mexicanos, impulsados por una profunda simpatía hacia los refugiados españoles que se origina en motivos de orden histórico, y deseosos de poder servir con eficacia en la solución de sus problemas internos al gobierno y pueblo de Francia, con los que ha mantenido tradicionales relaciones de leal amistad, manifiesta su propósito de recibir con positiva complacencia en el suelo mexicano y sin distinción de sexos ni edades, cualquiera que sea su filiación política o religiosa, a todos los españoles que se encuentran actualmente refugiados en Francia, en sus colonias y países de protectorado francés, con la simple formalidad de que expresen libremente su solicitud de acogerse al beneficio que les ofrece un país amigo en nombre de la más alta comprensión humana. 2º) Si el Estado francés, fiel a los principios jurídicos y a las tradiciones humanitarias que han inspirado constantemente su acción, estimara oportuno hacer saber, por lo que le concierne, que mantiene y asegura a las personas que han buscado asilo en su territorio, el respeto de su vida y de su libertad, limitando sólo a los acusados por crímenes o delitos de derecho común no conexos a otros de orden político toda medida de extradición y excluyendo cualquiera represión que no sea de la competencia de los tribunales franceses, el gobierno y el pueblo mexicanos manifiestan desde ahora su decisión de acudir, con sus propios recursos y por medio de su Legación de Vichy, a la subsistencia de todos los refugiados españoles, que sin estar comprendidos en los grupos que vienen recibiendo ayuda económica de las autoridades francesas por prestaciones de servicios u otros conceptos, se vean obligados a permanecer en este país hasta el día de su emigración. 3º) El gobierno y pueblo de mi país, para completar su obra de beneficio a los refugiados españoles residentes en Francia, en sus colonias y países de protectorado francés, han resuelto además tomar a su cargo la transportación marítima de éstos hasta territorio mexicano, contando para el efecto y en fechas muy próximas con barcos que ampare su bandera o la de países neutrales. 4º) Para poder coordinar todos los trabajos que reclame esta importante emigración, se hace indispensable el funcionamiento de un servicio especial, dependiente de la Legación de México, que seguramente obtendrá la colaboración necesaria de las autoridades francesas para el mejor desempeño de su cometido. Estas ideas, expresadas en lo general, constituyen la aportación que el gobierno y el pueblo de mi país quieren dar para la solución del problema que significan más de 100 000 refugiados en Francia. Al transmitirlas a usted con la más limpia satisfacción de mi vida, quiero agregarle el convencimiento que tengo del absoluto desinterés que las anima. Dígnese considerarlo así, justipreciar lealmente el afecto que Francia inspira a mi patria y aceptar las seguridades de mi distinguida atención. *El ministro de México, Lic. Luis I. Rodríguez*".

En debida respuesta tengo el honor de participarle que el gobierno francés ha acogido con gran simpatía esta generosa iniciativa y que, sensible a las consideraciones elevadas que la han inspirado, se felicita de poder participar, en colaboración con el gobierno y la nación mexicanos en una obra de la que hay motivos para esperar las más favorables repercusiones. Agradeciendo al señor presidente de la República, general Lázaro Cárdenas, el haber querido ofrecer una hospitalidad tan amplia a los refugiados españoles para quienes Francia, en razón de las circunstancias, no está ya en condiciones de poder asegurarles el mantenimiento de una existencia suficiente, el gobierno francés se congratula en expresarle a usted su completo acuerdo sobre el principio y sobre las modalidades del proyecto que se le ha sometido. Consciente de colaborar en esta forma a una de las empresas de emigración más considerables que hayan sido intentadas, y firmemente persuadido de que está destinada a producir importantes resultados en todos los aspectos, el gobierno francés no duda, ni por un momento, que esta obra, llevada en común con el gobierno mexicano, servirá para estrechar aún más los lazos tradicionales de amistad que unen a Francia y México. Aprovecho esta ocasión para expresarle, señor ministro, mi gratitud personal por la participación que usted ha tomado en la solución de este importante problema y le ruego acepte las seguridades de mi muy alta consideración. *Paul Baudouin, ministro de Negocios Extranjeros.*

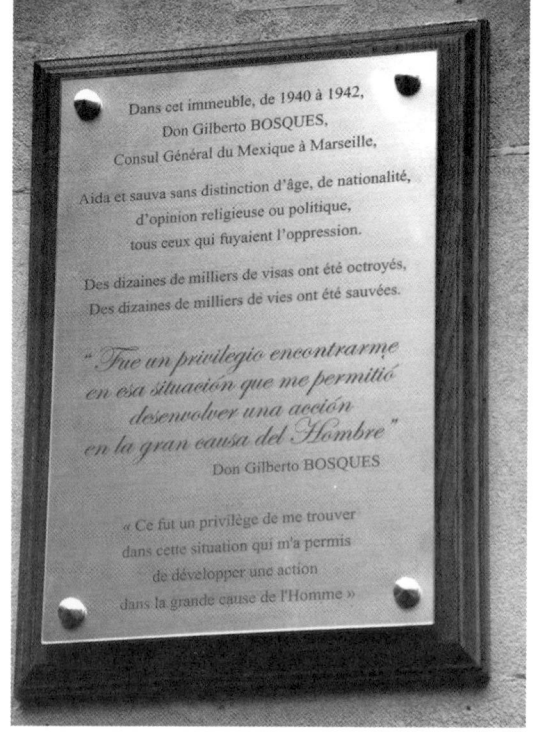

Fotografía actual del edificio donde estuvo el Consulado de México en Marsella

Placa en la fachada del edificio en Marsella donde estuvo el Consulado de México, 2013

Delegación mexicana en el Consulado en Marsella

La familia Bosques en Francia

MINISTÈRE
L'INTÉRIEUR

ÉTAT FRANÇAIS

ION CENTRALE
DE LA
É NATIONALE

VICHY, le **11 NOV 1940**

TION DE LA POLICE
OIRE ET DES ÉTRANGERS

UREAU

LE MINISTRE
SECRETAIRE D'ETAT à L'INTERIEUR

à Monsieur le MINISTRE SECRETAIRE D'ETAT
aux AFFAIRES ETRANGERES
(Direction Politique- Europe)

Par une lettre du 25 Octobre 1940, vous m'avez demandé un certain nombre de renseignements concernant l'hébergement par la France des réfugiés espagnols, afin de permettre à notre Ministre à Guatemala de répondre à des campagnes tendancieuses entreprises contre notre pays sur cette question

J'ai l'honneur de vous transmettre ces indications, dans l'ordre dans lequel vous me les avez demandées :

1°- Chiffre total des réfugiés espagnols entrés en France pendant la guerre civile :

Avant le grand exode de Catalogne, 5.946 réfugiés se trouvaient sur notre territoire.

Au 1er mars 1939, après cet exode, ce chiffre s'éleva à 514.337, se décomposant comme suit :

300.000 miliciens
214.337 civils (dont 78.162 femmes, 78.629 enfants, 57.546 vieillards et invalides).

2°- Au 1er Septembre 1939, il n'avait pu être rapatrié qu'au nombre très faible de ces réfugiés: environ 5.000 miliciens, et une dizaine de milliers de civils.

Au 30 Avril 1940, des résultats plus importants avaient pu être acquis, puisqu'il restait chez nous, à cette époque:

79.992 miliciens

(dont 30.000 environ dans les camps, 36 ou 37.000 dans les unités de travailleurs, 1.400 en équipes agricoles, 12.000 dans des hopitaux), et

61.776 civils

Carta sobre la cantidad de refugiados españoles y brigadistas que han llegado a Francia, 11 de noviembre de 1940 (traducción en las páginas enfrentadas)

Vichy, 11 de noviembre de 1940

EL MINISTRO
SECRETARIO DE ESTADO DEL INTERIOR,
al señor MINISTRO SECRETARIO DE ESTADO
de ASUNTOS EXTRANJEROS
(Dirección Política-Europa)

En una carta del 25 de octubre de 1940 me solicitó usted un cierto número de informes relacionados con la acogida de refugiados españoles por parte de Francia, con el fin de permitir a nuestro ministro en Guatemala responder las campañas tendenciosas llevadas a cabo contra nuestro país en torno a este asunto.

Tengo el honor de transmitirle estos datos en el orden en que usted me los ha solicitado.

1º. Cifra total de refugiados españoles que han entrado a Francia durante la guerra civil:

Antes del gran éxodo por Cataluña, 5,946 refugiados se encontraban en nuestro territorio.

El primero de marzo de 1939, después de ese éxodo, esta cifra aumentó a 514,337, que se desglosan como sigue:

300,000 milicianos
214,337 civiles (de los cuales, 78,162 mujeres, 78,629 niños, 57,546 personas mayores e inválidos).

2º. Al primero de septiembre de 1939 no se había podido repatriar sino a un número muy pequeño de estos refugiados: alrededor de 5,000 milicianos y una decena de millares de civiles.

Al 30 de abril de 1940 habían podido conseguirse los resultados más importantes, ya que sólo quedaban en Francia en esta época:

79,992 milicianos

(de los cuales, alrededor de 30,000 en los campos, 36 o 37,000 en las unidades de trabajadores, 1,400 en cuadrillas agrícolas y 12,000 en hospitales), y

61,776 civiles

(dont 23.727 femmes, 27.272 enfants, 10.477 vieillards et invalides).

Il faut y ajouter 25.000 civils à charge de l'initiative privée.

3°- Il n'a pu être dirigé sur d'autres pays étrangers qu'une proportion très faible de réfugiés espagnols:

    12.000 vers le Méxique
    500 ou 600 vers la Russie.

4°- Nombre des réfugiés espagnols demeurant sur notre sol au 1er septembre 1939 et au 30 Avril 1940: voir la réponse à la 2ème question.

(Au 1er Novembre 1940, il reste encore 77.000 sujets à la charge de l'Etat.)

5°- Chiffre total des dépenses supportées par le Trésor français: avant 1939, les crédits nécessaires, très faibles étaient pris sur des chapitres généraux.

C'est à partir de 1939 que les dépenses sont devenues assez importantes pour réclamer l'ouverture de crédits spéciaux :

Décret du 1er février 1939	:	11.280.000 Frs.
" " 8 "	:	20.000.000 "
" " 18 "	:	20.000.000 "
" " 5 Mars 1939	:	50.000.000 "
" " 30 Mars "	:	50.000.000 "
Loi du 7 Avril 1939	:	150.000.000 "
Décret loi du 6 Juin 1939	:	300.000.000 "
" " 29 Juillet 1939	:	200.000.000 "
Loi du 31 Décembre 1939	:	40.000.000 "
TOTAL :		841.280.000 Frs.

Et les dépenses ne sont pas closes.

Il pourrait être fait état avec profit du double effort qui a consisté, en ce qui concernait les réfugiés civils, à classer les enfants dans des familles françaises afin qu'ils retrouvent le plus possible une atmosphère familiale, et en ce qui concernait les miliciens, à les organiser en unités de travailleurs, afin de leur éviter la penible oisivité des camps.

Je vous rappelle que lorsque M. de St-QUENTIN était Ambassadeur de France à Washington, une campagne de presse

....

(de los cuales, 23,727 mujeres, 27,272 niños, 10,477 personas mayores e inválidos)

Es necesario agregar 25,000 civiles a cargo de la iniciativa privada.

3º. No se pudieron dirigir a otros países extranjeros más que una proporción muy pequeña de refugiados españoles:

12,000 hacia México
500 o 600 hacia Rusia.

4º. Número de refugiados españoles que permanecen en nuestro territorio al 1 de septiembre de 1939 y al 30 de abril de 1940: ver la respuesta a la segunda cuestión.

(Al primero de noviembre de 1940, aún quedan 77,000 sujetos a cargo del Estado).

5º. Cifra total de gastos erogados por el Tesoro francés: antes de 1939, los créditos necesarios, muy bajos, eran tomados de rubros generales.

A partir de 1939 los gastos se volvieron bastante importantes y hubo que solicitar la apertura de créditos especiales:

Decreto del 1 de febrero de 1939	11,280,000 francos
” 8 ”	20,000,000 ”
” 16 ”	20,000,000 ”
” 5 de marzo ”	50,000,000 ”
” 30 ”	50,000,000 ”
Ley del 7 de abril de 1939	150,000,000 ”
Decreto-Ley del 6 de junio de 1939	300,000,000 ”
” 29 de julio ”	200,000,000 ”
Ley del 31 de diciembre de 1939	40,000,000 ”
TOTAL	841,280,000 ”

Y los gastos no han terminado.

Se podría ver con optimismo el doble esfuerzo que ha consistido en lo que concernía a los refugiados civiles: colocar a los niños en familias francesas, con el fin de que retomen hasta donde sea posible una atmósfera familiar, y en lo que concierne a los milicianos, organizarlos en unidades de trabajadores para evitar el ocio en los campos.

Le recuerdo que cuando el señor de Saint-Quentin era embajador de Francia en Washington hubo una campaña de prensa

MINISTÈRE
DE L'INTÉRIEUR

ÉTAT FRANÇAIS

20

analogue à celle que vous signale M. BARDIER fut déclenchée, et mon Département fournit alors au Ministère des Affaires Etrangères les informations nécessaires pour réfuter les allégations qui déformaient l'hospitalité accordée par la France aux victimes de la guerre civile d'Espagne.

J'espère que la présente communication vous apportera les éléments d'une réponse satisfaisante.

P. le Ministre
Secrétaire d'Etat à l'Intérieur
Le Directeur Général de la
Sûreté Nationale

similar a la que usted señala. El señor Bardier fue despedido, y mi Departamento proporciona desde entonces al Ministerio de Asuntos Extranjeros la información necesaria para refutar las imputaciones que deforman la hospitalidad acordada por Francia a las víctimas de la guerra civil de España.

Espero que la presente comunicación le aporte los elementos para una respuesta satisfactoria.

Por el ministro\
secretario del Interior,\
el director general de la\
Seguridad Nacional\
[rúbrica]

POR AVION

Marsella, 5 de septiembre de 1940.

NUM. 461 RESERVADO

EXP : 44/11-553.1/G.

ASUNTO : Sobre la admisión en México del grupo de diamanteros israelitas de Amberes.

C. Secretario de Relaciones Exteriores, Dpto. Consular,
México, D.F.

El señor Lourié, por sí y en nombre de treinta familias israelitas que, procedentes de Amberes, se encuentran refugiadas en Francia, me ha dirigido la siguiente carta:

" Confirmo a usted mi carta del 22 del corr..ente y tengo el honor de adjuntar a la presente la lista de familias que desean establecerse en México, indicando en ella la especialidad comercial de cada jefe de familia.- Conforme lo comuniqué a usted, cada jefe de familia podrá demostrar en cualquier momento que está en posesión de una suma mayor de 100.000 (cien mil) pesos mexicanos, o de su equivalente en dólares, para tener el derecho de establecerse en la capital de México.= La misma prueba podrá ser efectuada, si es necesario, al momento de nuestra llegada a México.- La actividad a la cual desean consagrarse estos comerciantes e industriales es la misma que han ejercido durante 35 años en Bélgica: importación de diamantes en bruto, corte, modelado y tallado de la piedra, y exportación del producto ya terminado.- En suma, todos harán lo que de su parte está para establecer en México un comercio y una industria enteramente nuevos en aquel país, los que, como en Bélgica, serán de gran valor para la economía de dicho país."

Por su parte, el señor Carlos Villaverde, Capitán republicano del Ejército Español, en nombre de su suegro Nathan Mandel y de los hermanos de este último, me dice lo siguiente :

" En relación a la petición hecha por el Capitán Esp. Carlos Villaverde, en fecha 13 de agosto de 1940, referente al permiso de emigrar a México, de los familiares de mi esposa Anita Mandel-Villaverde, me permito de solicitar se digne agregar los Jefes de Familia a la relación nominal del grupo de los 27 Diamanteros de Amberes, los cuales son personas de la misma industria diamantífera.- Dichos Jefes de Familia son : 1) Nathan Mandel-Kwadrat, joyero y fabricante de diamantes (de prof. modelador); 2) Chaim Mandel, diamantes en bruto y tallados y fabricante; 3) Elias Z. Mandel, diamantes en bruto y tallados y fabricante (de prof. Cortador); 4) Sam Mandel, diamantes en bruto y fabricación; 5) Walter Mandel, diamantes en bruto y tallados y fabricación (de prof. Cortador), los cuales disponen de un capital de dólares 100.000 (cien mil dólares) que convertido en moneda mexicana representa un capital de 500.000 (quinientos mil pesos).-

Carta de Bosques sobre la solicitud de diamanteros judíos para ser admitidos en México, 5 de septiembre de 1940

Estos jefes de familia van acompañados de sus respectivas esposas e hijos, cuya relación detallo adjunto a la presente petición.- Con la firme esperanza de que se dignará otorgarme dicho favor, etc.."

El grupo de las 50 familias a que hacen referencia los oficios preinsertos, cuyos jefes constituyen el núcleo principal de la industria diamantera en Amberes, está refugiado en Francia desde la última ocupación de Bélgica y al solicitar establecerse en nuestro país aportan un capital de más de un millón de dólares para continuar su actividad industrial en México.- Acompaño al presente oficio un informe sobre la industria diamantera en Amberes y sobre lo que podría representar para nuestro país el establecimiento allí de los mismos, por cuyo motivo no entro en consideraciones sobre el particular.

Debo hacer especial mención en el hecho de que el grupo solicitante ha resuelto salir de Europa, negándose a permanecer en Francia y no aceptando la invitación de Inglaterra; por otra parte los Gobiernos del Canadá, del Brasil y de la Argentina han dado la autorización para muchos de estos industriales, invitación y autorización que no aceptan por considerar que su establecimiento en México tiene mayores ventajas en el orden comercial y de seguridades personales por la actitud de nuestro país de firmeza en sus prácticas democráticas y de elevación sobre prejuicios raciales.

Como la evolución del estado de cosas en Europa puede impedir de un momento a otro la salida de ese grupo u originar su dispersión, me permito sugerir la conveniencia de que la Secretaría de Gobernación resuelva, con carácter urgente, la petición de los industriales a que me he venido refiriendo, comunicándome por cable su acuerdo en cualquier sentido, para darlo a conocer a los interesados y que éstos sepan desde luego a qué atenerse.

Reitero a usted las seguridades de mi muy atenta y distinguida consideración.

SUFRAGIO EFECTIVO.NO REELECCION.
El Cónsul General

Gilberto Bosques

- c.c.p. el trámite.
- FA/ag
- ANEXOS

Palacio Nacional, a 16 de octubre
de 1940.

Sr. Prof. Gilberto Bosques.
Cónsul General de México.
MARSELLA, Francia.

Estimado Profesor y amigo:

Tuve el agrado de enterarme, en su oportunidad, de la atenta carta de usted fechada el 5 de septiembre próximo anterior, que se contrae a las gestiones iniciadas por un grupo de israelitas, que según me dice representa el núcleo más importante de la industria diamantera de Amberes y cuyos componentes tienen el propósito de venir a establecerse a nuestro país.

Ya he ordenado a las Secretarías de Relaciones Exteriores y de la Economía Nacional conozcan del caso, para que resuelvan desde luego sobre el particular.

Lo saluda con afecto su atento amigo y servidor.

Lázaro Cárdenas.

El presidente Cárdenas informa al cónsul Bosques que ha turnado la solicitud de los diamanteros a las secretarías de Relaciones Exteriores y de la Economía Nacional, 16 de octubre de 1940

El puerto de Marsella, 1941

En Marsella

La policía colaboracionista francesa revisa documentos de identidad en Marsella

Pierre Laval, jefe del Gobierno y ministro secretario de Estado de Asuntos Extranjeros, y Henri Philippe Pétain, jefe del Estado francés

CAMPOS DE INTERNAMIENTO
PARA REFUGIADOS EN FRANCIA

Registro de detenidos en un campo de internamiento francés

Barracas y alambradas de un campo de internamiento

En el campo de Argelès-sur-Mer

Hombres pelando papas

Niños españoles en un campo de internamiento

Entrada al campo de Vernet

La vida en Argelès-sur-Mer

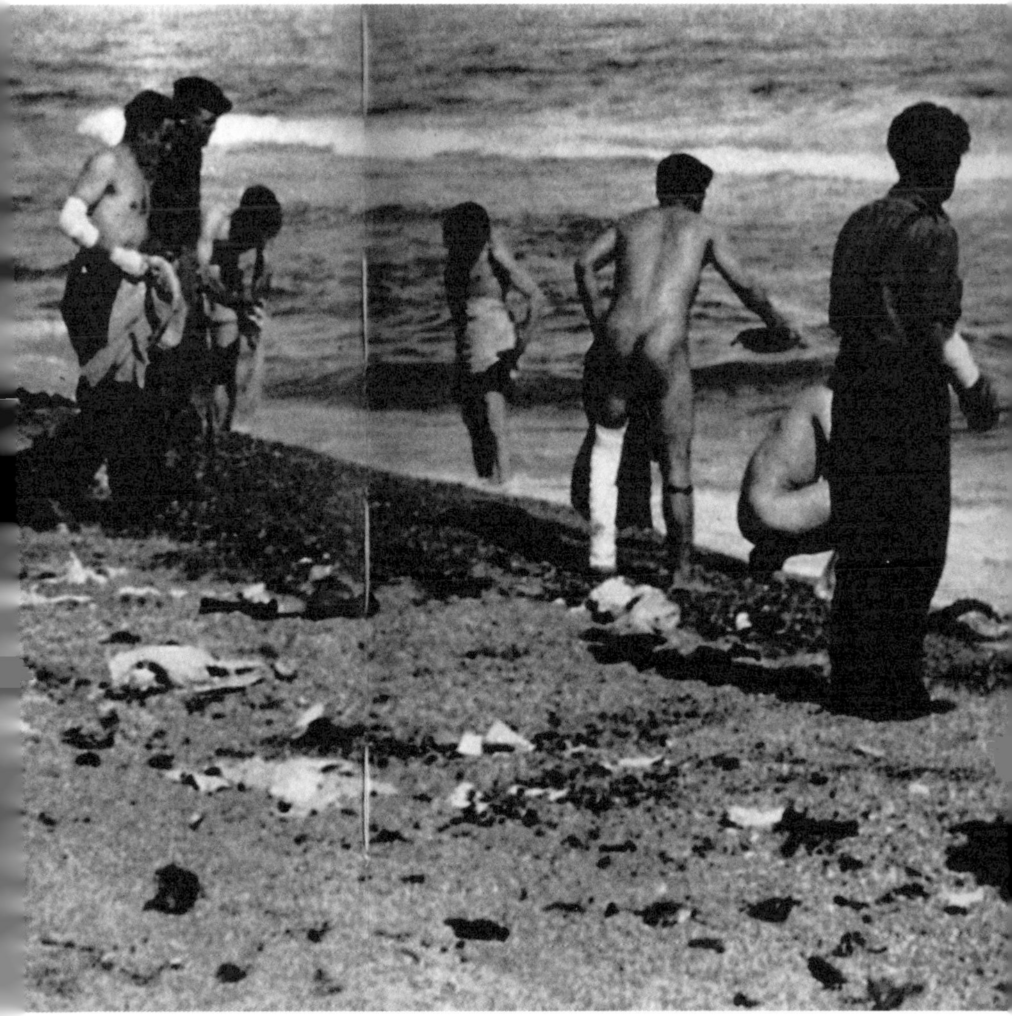

00 005

MINISTERE
DE L'INTÉRIEUR

ÉTAT FRANÇAIS

DIRECTION GÉNÉRALE
DE LA
SURETÉ NATIONALE

VICHY, le 9 JANV 1941

DIRECTION DE LA POLICE
TERRITOIRE ET DES ÉTRANGERS

7e BUREAU

LE MINISTRE
SECRÉTAIRE D'ETAT À L'INTÉRIEUR

à Monsieur le MINISTRE SECRETAIRE D'ETAT
aux AFFAIRES ETRANGERES
(Sous-Direction Amérique)

  Par diverses communications, la dernière en date du 18 Décembre 1940, j'ai appelé votre attention sur le fait que de nombreux espagnols s'évadent du centre d'ARGELES à la suite de convocations que leur adresse le Consulat du Mexique à MARSEILLE.

  J'ai l'honneur de vous transmettre copie d'une lettre de M. le Préfet des Pyrénées-Orientales en date du 9 Décembre 1940, dans laquelle ce Haut Fonctionnaire se plaint à nouveau des agissements des Autorités Mexicaines.

  Je vous saurais gré de vouloir bien intervenir auprès de la Légation du Mexique afin que son Représentant à MARSEILLE soit invité à ne plus correspondre que par l'intermédiaire de l'Administration avec les ressortissants étrangers auxquels il se propose de venir en aide et de faciliter l'émigration.

  D'autre part, je vous serais obligé de vouloir bien me faire connaître si la Délégation allemande de WIESBADEN a répondu à la nouvelle intervention de M. ST-HARDOUIN, demandant que les autorités allemandes ne s'opposent pas au départ des espagnols pour le MEXIQUE.

P. le Ministre
Secrétaire d'Etat à l'Intérieur
Le Directeur Général de la
Sûreté Nationale

La policía francesa informa a sus superiores sobre la evasión de españoles de Argelès-sur-Mer, 9 de enero de 1941 (traducción en página enfrentada)

ESTADO FRANCÉS

Vichy, 9 de enero de 1941

EL MINISTRO
SECRETARIO DE ESTADO DEL INTERIOR

Al señor MINISTRO SECRETARIO de ESTADO
DE ASUNTOS EXTRANJEROS
(Subdirección América)

Por diversas comunicaciones, la última fechada el 18 de diciembre de 1940, llamé su atención ante el hecho de que muchos españoles se escapan del centro de ARGELÈS al recibir convocatorias dirigidas por el Consulado de México en MARSELLA.
Tengo el honor de transmitirle copia de una carta del Sr. Prefecto de los Pirineos Orientales de fecha 9 de diciembre de 1940, en la que este alto funcionario se queja de nuevo de las actuaciones de las autoridades mexicanas.
Le agradeceré su intervención ante la Legación de México con el fin de que su representante en MARSELLA sea invitado a no enviar correspondencia más que por vía de la Administración con los residentes extranjeros a los cuales se proponga ayudar y facilitar la emigración.
Por otra parte, le agradeceré que me haga saber si la delegación alemana WIESBADEN ha respondido a la nueva intervención del Sr. Saint-HARDOUIN, solicitando que las autoridades alemanas no se opongan a la partida de los españoles a México.

Por el Ministro
Secretario de Estado del Interior,
el director general de la
Seguridad Nacional
[rúbrica]

LAS RESIDENCIAS PARA REFUGIADOS EN LA REYNARDE Y MONTGRAND

Arriba: Edificio principal de La Reynarde
Abajo: Refugiados españoles en la entrada de La Reynarde

Arriba: Fachada de Montgrand
Abajo: Acto cultural en Montgrand

Tras la derrota y ante un futuro incierto

Don Gilberto Bosques en La Reynarde

R.EE.UU.M.

HORARIO por el que se regirán los diversos actos de la Residencia del "CHATEAU de la REYNARDE"

HORAS	ACTOS
7h 30	Levantarse los residentes.- Aseo personal.
8h	Parte de novedades.- Designación del personal para diversos trabajos.
8h 30	Desayuno y Reconocimiento Médico.
9h	Principia el trabajo.- Ejercicios gimnásticos para el personal libre de trabajos.
12h	Cesa el trabajo.
12h 30	Comida.
14h	Reanudación del trabajo.
17h 30	Cesa el trabajo.
19h	Cena.
20h	Cierre de la Residencia, (excepto los domingos que se cerrará a las 21 horas.
22h	Silencio.

Horario de actividades de un día en La Reynarde

Barracas para alojar a un mayor número de refugiados

**CONSULADO GENERAL
DE MEXICO**

Numéro 3/1819

Exp:131

Le soussigné, GILBERTO BOSQUES, Consul Général du Mexique en France, Marseille, Membre de la Commission Franco-Mexicaine pour l'évacuation des réfugiés espagnols au Mexique, ----------------------------------

CERTIFIE que: Mr. Francisco Simarro, né le 25 octobre 1902 à Montmelo -, Espagne, profession Commandant, se trouve au service de la Résidence servant à accueillir les réfugiés espagnols, située au Chateau de la Reynarde à St. Menet, Bouches-du-Rhone et qu'il fait partie de son personnel technique administratif.

La mission principale de Mr. Francisco Simarro, consiste à remplir les fonctions de Intendant Général de la résidence des réfugiés espagnols.

Le Consul Général Bosques prie les Autorités locales de bien vouloir accorder à Mr. F. Simarro, toutes les facilités possibles pour l'éxécution de la mission qui lui est confiée.

Marseille, le 22 novembre 1940.

LE CONSUL GENERAL DU MEXIQUE.

Gilberto Bosques

Acreditación de Francisco Simarro como intendente general de la residencia en La Reynarde, 22 de noviembre de 1940

NUM: 2395
EXP: 44-11/ 524.9

CONSULADO GENERAL
DE MEXICO

        Le soussigné, Gilberto Bosques, Consul Général du Mexique en France, Membre de la Commission Franco-Mexicaine pour l'évacuation des réfugiés espagnols au Mexique, - - - - - - - - - - - - - - - -

        ATTESTE que Monsieur Pelayo Vilar Canales, de nationalité espagnole, Docteur en Médecine, se trouve au Service de la Résidence servant à accueillir les réfugiés espagnols, située au Château de la Reynarde à St. Menet, Bouches du Rhône, et qu'il fait partie de son personnel technique.

        La mission principale de M. Pelayo Vilar Canales consiste à remplir les fonctions d'Assistant au Service d'Hygiène de la Résidence.

        Gilberto Bosques, prie les Autorités locales de bien vouloir accorder à M. Pelayo Vilar toutes les facilités possibles pour l'exécution de la mission qui lui est confiée.

        Marseille, le 19 Décembre 1940

        LE CONSUL GENERAL

        Gilberto Bosques.

GB/MA-

Acreditación de Pelayo Vilar Canales como miembro del personal médico de La Reynarde

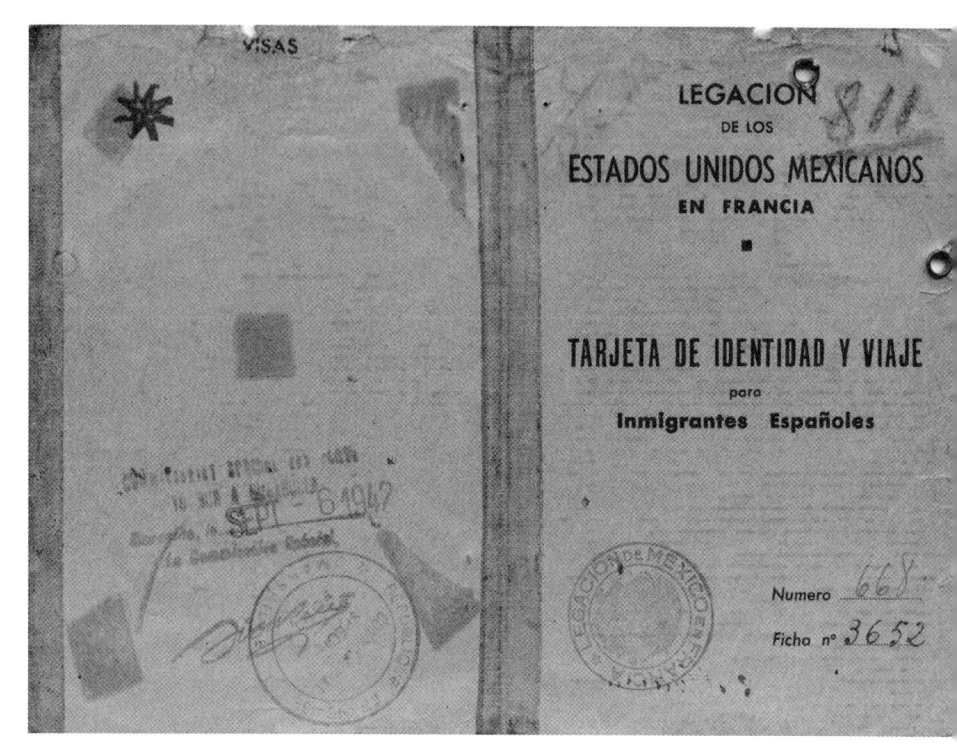

Tarjeta de identidad y viaje de Pelayo Vilar Canales

FAMILIARES QUE ACOMPAÑAN AL TITULAR

VISAS
VISA ESPECIAL

Núm. 758   Derechos Cobrados : GRATIS
Expedida a favor de Pelayo Vilar Canales
de nacionalidad española, para que pueda
dirigirse a la República Mexicana.
Acuerdo FRANCO-MEXICANO de 22 de Agosto de 1940
Marsella, Francia, a. 18 de Abril 1941

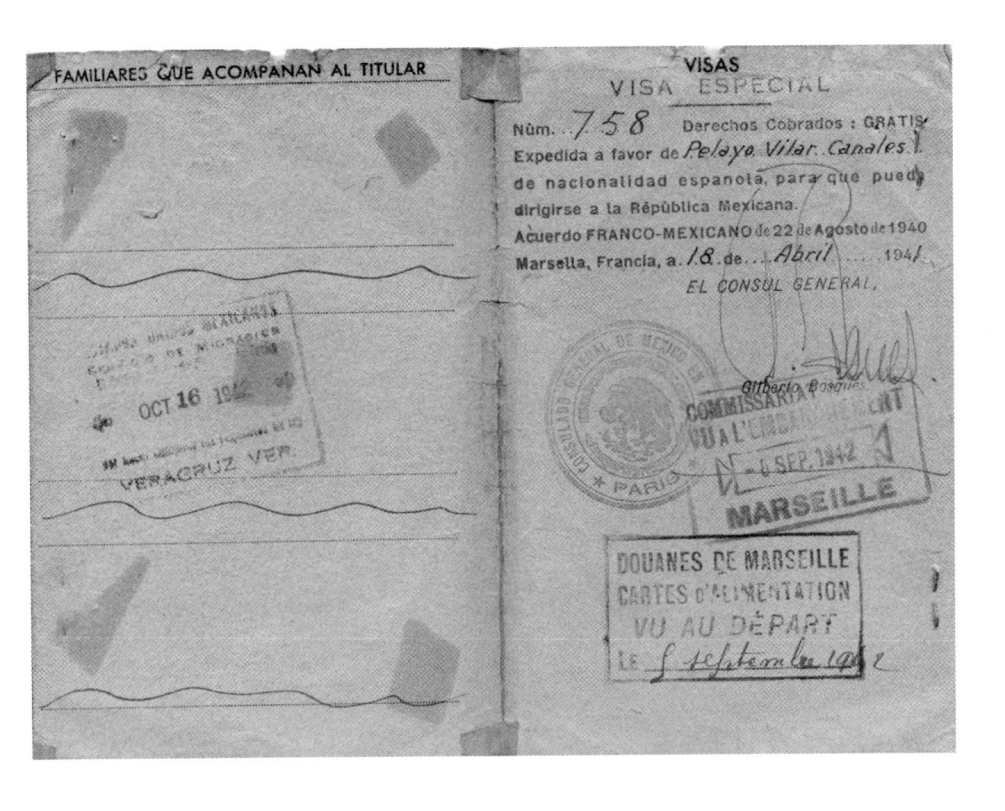

EL CONSUL GENERAL,

Gilberto Bosques

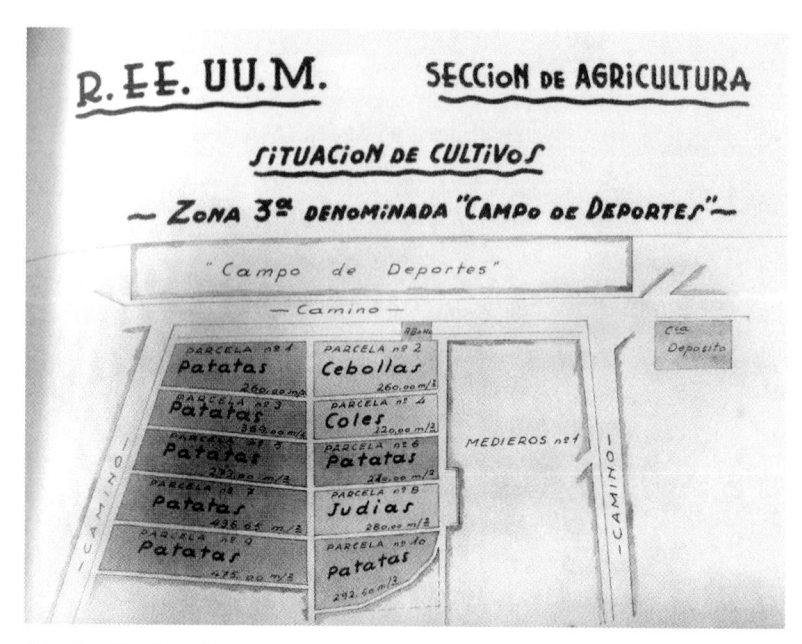

Distribución de cultivos

Trabajando en la hortaliza

La cocina de Montgrand

Ordeña de leche para los niños

La comida en el patio

Lectura para los niños

Lectura y estudio

El lavado de ropa

Personal médico ante la enfermería; sentados, de izquierda a derecha, Pelayo Vilar Canales, Francisco Aramburo, Luis Lara Pardo y Alfredo Beltrán Logroño

El doctor Pelayo Vilar con un grupo de enfermeras

Pachuca, Hgo., a 22 de noviembre de 1943.

C. Gral. de División.
D. Lázaro Cárdenas.
Secretario de la Defensa Nacional.
México, D. F.

Mi General:

Desde los gloriosos y desgraciados días de los combates en los frentes de España, hice para mí un compromiso de honor el corresponder a la noble y desinteresada ayuda que México prestó a España.

El C. Presidente de la República, acaba de decir: "Alejado hasta ahora de las batallas que los soldados de las Naciones Unidas libran heroicamente, el Ejército Mexicano está dispuesto a actuar donde las circunstancias lo necesiten. Aquí en nuestro territorio, si así la guerra lo demandase, e incluso, fuera de nuestro territorio si por motivos justificados nuestros aliados nos lo pidiesen".

Mi General: si cualquiera de las circunstancias que el C. Presidente enumera, se produjesen, solicito el honor de formar parte de las unidades que dentro o fuera del territorio Nacional combatan con el enemigo.

Mi General a vuestras órdenes.

Firmado: Mayor Médico en campaña del Ejército Español.

Pelayo Vilar.

Años después, ya en México, el Dr. Vilar se pone a disposición del general Cárdenas, secretario de la Defensa Nacional

Oficio Núm. CH-498.

SECRETARIA
DE LA
DEFENSA NACIONAL

Sr. Mayor Médico del Ejecto. Español.
PELAYO VILAR.
Hidalgo Núm. 52.
Pachuca, Hgo.

    Tengo el agrado de referirme a la atenta carta de usted fecha 22 de noviembre último, para manifestarle que se le tiene presente por su actitud patriótica al ofrecer sus servicios al Gobierno de la República, para la defensa de la causa democrática, que ya hago conocer al señor Presidente de la República.

    Al felicitar a usted por ello, lo saludo afectuosamente y quedo su atento amigo y servidor.

SUFRAGIO EFECTIVO. NO REELECCION.
EL SECRETARIO DE LA DEFENSA.

Lázaro Cárdenas.

LC/m-ch/gr.

Respuesta del general Cárdenas a la carta anterior

Función de teatro infantil

Programa de
La zapatera prodigiosa

Concierto de la Orquesta España

Un equipo de futbol

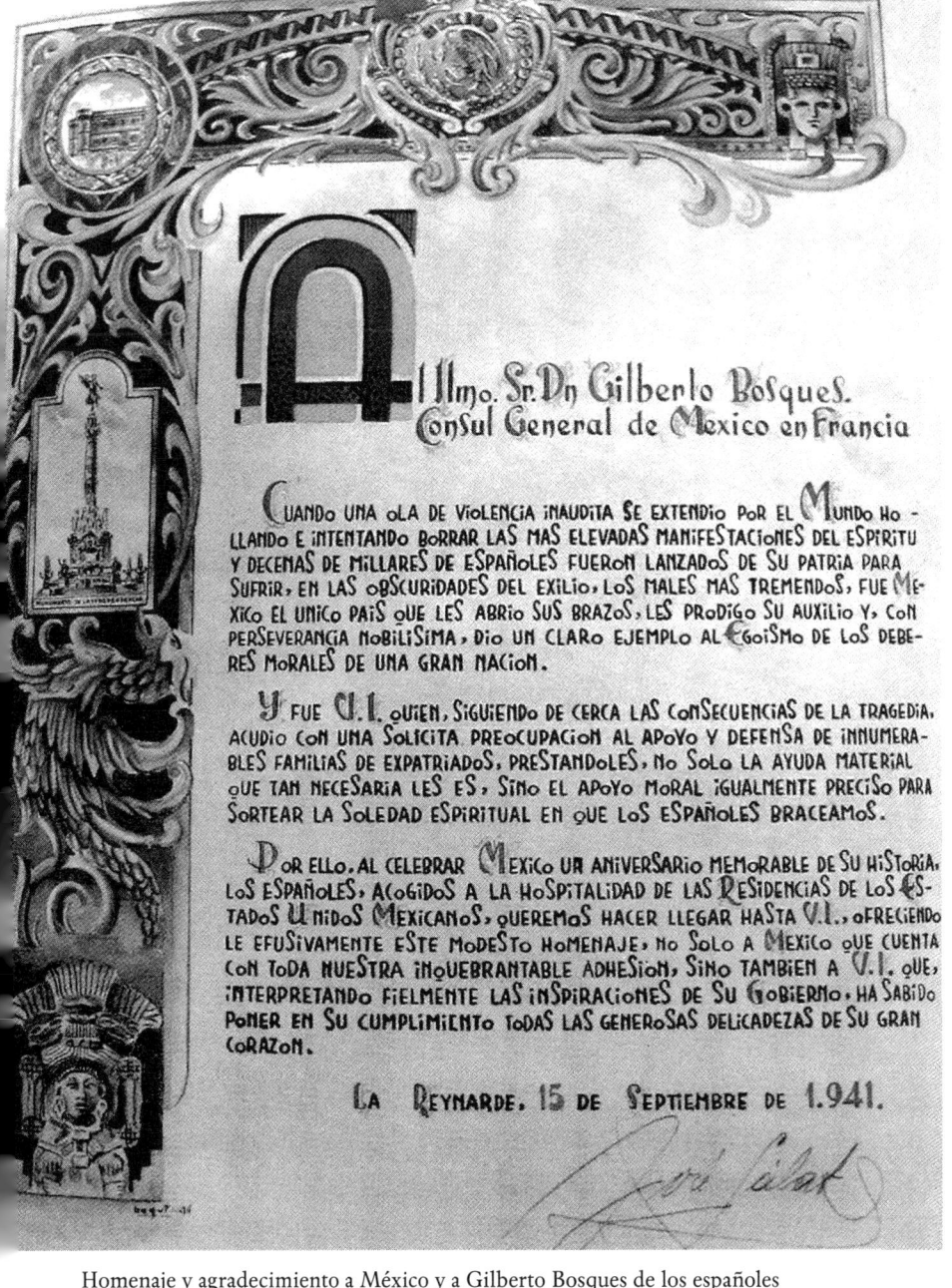

A Ilmo. Sr. Dn Gilberto Bosques.
Consul General de México en Francia

Cuando una ola de violencia inaudita se extendio por el Mundo hollando e intentando borrar las mas elevadas manifestaciones del espiritu y decenas de millares de españoles fueron lanzados de su patria para sufrir, en las obscuridades del exilio, los males mas tremendos, fue México el unico país que les abrio sus brazos, les prodigo su auxilio y, con perseverancia nobilisima, dio un claro ejemplo al egoismo de los deberes morales de una gran nacion.

Y fue U.I. quien, siguiendo de cerca las consecuencias de la tragedia, acudio con una solicita preocupacion al apoyo y defensa de innumerables familias de expatriados, prestandoles, no solo la ayuda material que tan necesaria les es, sino el apoyo moral igualmente preciso para sortear la soledad espiritual en que los españoles braceamos.

Por ello, al celebrar México un aniversario memorable de su historia, los españoles, acogidos a la hospitalidad de las Residencias de los Estados Unidos Mexicanos, queremos hacer llegar hasta U.I. ofreciendo le efusivamente este modesto homenaje, no solo a México que cuenta con toda nuestra inquebrantable adhesion, sino tambien a U.I. que, interpretando fielmente las inspiraciones de su Gobierno, ha sabido poner en su cumplimiento todas las generosas delicadezas de su gran corazon.

La Reynarde, 15 de Septiembre de 1.941.

Homenaje y agradecimiento a México y a Gilberto Bosques de los españoles acogidos a la hospitalidad de las residencias, 15 de septiembre de 1941

Mi voz que recoge el eco de todos los niños españoles refugiados en Francia, quiere inaugurar esta fiesta, y abrir el programa, con una acción de gracias a la Legación Mexicana, por sus muchos favores hacia los españoles, de todos los cuales, es el mayor, el de haberse hecho paladina de la causa nuestra, aparentemente perdida, entre las muchas corrientes que con aspectos humanos cruzan el mundo.

Mi acción de gracias, llega a Vd., señora de Domingo, como gentil representación de la Legación de México en este festival, y de Vd., se vale para que sea la misma, la portadora de un mensaje de amor y gratitud, en el que van fundidos los corazones de todos los niños españoles refugiados en Francia. Y en este sencillo homenaje de agradecimiento, quedan incluidos todos aquellos españoles, que como Vd., procuran por el mayor bienestar de sus compatriotas, y ponen todo su empeño y su entusiasmo, en el alivio de una situación dolorosa, que, México y Vds (ustedes) mitigan en gran parte.

A México, y a Vds. (ustedes), los nobles mediadores, nuestro profundo amor. —

Mensaje de agradecimiento de los niños refugiados

OTRAS ACTIVIDADES DE APOYO EN MARSELLA

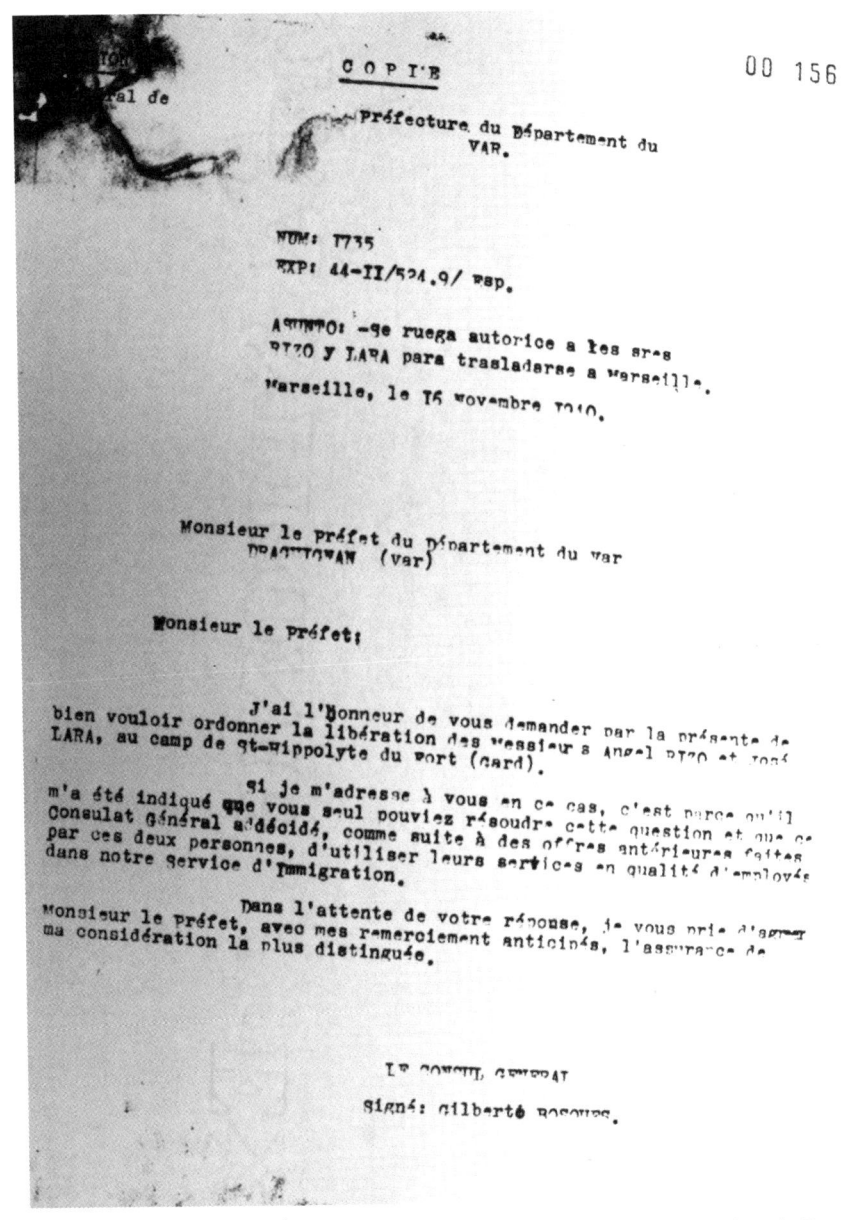

Solicitud de liberación de Ángel Rizo y José Lara del campo de Saint-Hippolyte du Port, 16 de noviembre y 4 de diciembre de 1940

La Légation du Mexique a l'honneur de porter à la connaissance du Ministère de l'Intérieur que le Consulat Général du Mexique à Marseille a installé dans cette ville deux centres d'accueil pour les réfugiés espagnols, un pour les hommes, de 1.500 places, l'autre pour les femmes, de 600 places.

Tous les frais de nourriture et de logement sont à la charge de la Légation du Mexique. Le Consulat du Mexique qui gère ces deux centres d'accueil, a pris toutes les mesures d'hygiène conformément aux dispositions de la législation française.

Ces deux refuges ne sont pas pleins actuellement, spécialement celui reservé aux femmes qui pourrait encore en recevoir un certain nombre. Cette constatation nous amène à demander au Ministère de l'Intérieur de vouloir bien examiner la possibilité de transférer à Marseille une soixantaine de femmes espagnoles hébergées actuellement au camp de Rieucros (Lozère), où elles sont à la charge de l'Etat Français.

M. le Ministre du Mexique, lors d'un récent voyage dans le midi de la France, a visité ces réfugiées espagnoles de Rieucros qui ont exprimé leur gratitude pour l'hospitalité généreuse que les autorités françaises leur ont offerte ; mais presque toutes ont des parents ou des amis dans des agglomérations françaises importantes où existent des organismes d'assistance placés sous les auspices de notre Légation, comme c'est le cas pour Marseille. Elles ont fait savoir à M. le Ministre du Mexique combien elles seraient reconnaissantes au Gouvernement Français de leur permettre de vivre plus près des leurs. La Légation du Mexique est prête à héberger ces femmes dans son centre d'accueil de Marseille, et à prendre à sa charge les frais de logement et de nourriture.

La Légation du Mexique se permet de présenter ce cas à la bienveillante attention du Ministère de l'Intérieur et le remercie à l'avance pour tout ce qu'il jugerait utile de faire dans ce sens.

VICHY, 6 décembre de 1940.

MINISTÈRE DE L'INTÉRIEUR.- VICHY.
Communiqué au Ministère des Affaires Etrangères.

Solicitud al gobierno francés para trasladar a Marsella a mujeres y niños españoles que se encontraban en el campo de Rieucros (Lozére), 6 de diciembre de 1940 (traducción en página enfrentada)

La Legación de México tiene el honor de hacer del conocimiento del Ministerio del Interior que el Consulado General de México en Marsella ha instalado en esta ciudad dos centros de acogida para los refugiados españoles; uno para hombres de 1,500 plazas, el otro para mujeres, de 600 plazas.

Todos los gastos de alimentación y alojamiento están a cargo de la Legación de México. El Consulado de México que gestiona estos dos centros de acogida ha tomado todas las medidas de higiene conforme a las disposiciones de la legislación francesa.

Estos dos refugios no están llenos actualmente, en especial el reservado a mujeres que podría todavía recibir un cierto número de personas. Esta constancia nos lleva a solicitar al Ministerio del Interior que examine la posibilidad de transferir a Marsella a unas sesenta mujeres españolas albergadas actualmente en el campo de Rieucros (Lozère), donde están a cargo del Estado francés.

El Sr. Ministro de México, en un reciente viaje al sur de Francia, visitó a estas refugiadas españolas de Rieucros que le expresaron su gratitud por la generosa hospitalidad que las autoridades francesas les han ofrecido; pero casi todas tienen familiares o amigos en las concentraciones francesas importantes donde existen organismos de asistencia que funcionan bajo los auspicios de nuestra Legación, como es el caso de Marsella. Ellas le han hecho saber al Sr. Ministro de México cuánto le agradecerían al gobierno francés si les permitiera vivir más cerca de los suyos. La Legación de México está preparada para albergar a estas mujeres en su centro de acogida de Marsella, y tomar a su cargo los gastos de alojamiento y de alimentación.

La Legación de México se permite presentar este caso a la condescendiente atención del Ministerio del Interior y le agradece de antemano por todo lo que juzgue útil hacer en este sentido.

Vichy, 6 de diciembre de 1940

MINISTERIO DEL INTERIOR. – VICHY
Comunicado al Ministerio de Asuntos Extranjeros

OO 161

...-ORIENTALES
... - Strangers

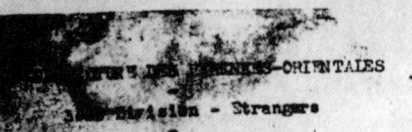

Perpignan le 9 Décembre 1940

LevPREFET des PYRENEES-ORIENTALES

à Monsieur le MINISTRE SECRETAIRE D'ETAT à l'INTERIEUR
(Direction Générale de la Sureté Nationale)
Direction de la Police du Territoire et des
Etrangers - 8ème Bureau -

VICHY.

J'ai l'honneur de vous rendre compte que de nombreux réfugiés espagnols internés au camp d'Argelès-sur-Mer reçoivent directement du Consul du Mexique à Marseille, des convocations les invitant à se présenter à son Consulat en vue de se faire inscrire sur les listes d'émigration pour le Mexique ou pour parfaire la documentation nécessaire pour cette émigration.

Ces faits sont confirmés par des lettres reçues par ces mêmes internés (et interceptées par le Commissariat du camp), émanant de parents ou amis résidant à Marseille, les pressant de se rendre dans cette ville, où, en attendant leur départ, diverses facilités de séjour leur seraient accordées.

Les réfugiés espagnols désirant émigrer au Mexique ne pouvant bénéficier des dispositions de votre circulaire n° 49 du 10 Octobre, les demandes de transfert à Marseille ne peuvent donc être satisfaites et les convocations des agents consulaires provoquent ainsi, involontairement, des évasions auxquelles les services du camp s'efforcent de parer mais qui n'en exercent pas moins une influence fâcheuse sur l'état d'esprit des autres internés.

Dans ces conditions, je ne puis que vous laisser le soin d'envisager la possibilité, en attendant que le départ collectif au Mexique soit entré dans une phase de réalisation pratique, d'intervenir auprès de la Légation du Mexique en vue d'inviter son Consul à Marseille à saisir les Préfets intéressés de tous faits se rapportant au départ pour ce pays de réfugiés espagnols internés, ou, tout au moins, d'adresser la correspondance aux intéressés par l'intermédiaire de l'Administration.

J'ajoute qu'en ce qui concerne la correspondance adressée au camp d'Argelès-sur-Mer par des étrangers séjournant à Marseille, j'ai demandé à mon Collègue des Bouches-du-Rhône de faire procéder à ce sujet à toutes investigations nécessaires.

R. de Belot.

El prefecto del Departamento de los Pirineos Orientales informa al ministro secretario de Estado del Interior en Vichy sobre la invitación a refugiados españoles en Argelès para presentarse en el consulado mexicano en Marsella, 9 de diciembre de 1940 (traducción en página enfrentada)

PREFECTURA DE LOS PIRINEOS ORIENTALES

Perpignan 9 de diciembre 1940

EL PREFECTO DE LOS PIRINEOS ORIENTALES

Al Señor Ministro Secretario de Estado del Interior
(Dirección General de la Seguridad Nacional)
Dirección de la Policía del Territorio y de los Extranjeros – 7ª oficina

VICHY.

Tengo el honor de informarle que muchos refugiados españoles internos en el campo de Argelès-sur-Mer reciben directamente del Cónsul de México en Marsella convocatorias invitándolos a presentarse en su Consulado para inscribirse en las listas de emigración hacia México o para reunir la documentación necesaria para esta emigración.

Estos hechos se confirman por cartas recibidas por estos mismos internos (e interceptadas por el Comisariado del campo), enviadas por familiares o amigos que residen en Marsella, presionándolos para que se presenten en esta ciudad o, en espera de su partida, ofreciéndoles diversas facilidades de estancia.

Los refugiados españoles que desean emigrar a México no pueden beneficiarse de las disposiciones de su circular N° 49 del 10 de octubre, por lo que las solicitudes de transferencia a Marsella no pueden ser satisfechas y las convocatorias de los agentes consulares provocan así, involuntariamente, evasiones que los servicios del campo se esfuerzan por detener, pero que no impiden que se ejerza una influencia nefasta en el ánimo de los demás internos.

En estas condiciones, no puedo sino solicitarle se plantee la posibilidad, en espera de que la partida colectiva a México haya entrado en una fase de realización práctica, de intervenir ante la Legación de México con la intención de invitar a su Cónsul en Marsella a detener a quienes están interesados en estos asuntos que tienen que ver con la partida a este país de refugiados españoles internos o, por lo menos, a que dirija la correspondencia a los interesados por medio de la Administración.

Agrego que en lo referente a la correspondencia dirigida al campo de Argelès-sur-Mer por extranjeros que temporalmente están en Marsella, he solicitado a mi colega de Bouches-du-Rhône proceder en este asunto a realizar todas las investigaciones necesarias.

R. de Belot

DE L'INTÉRIEUR
Générale

Marseille le 17 Décembre 1940.

00 167

L'Inspecteur de Police Spéciale DRUILLET Victor
en mission à MARSEILLE

à Monsieur le DIRECTEUR de la POLICE D'ETAT

à V I C H Y

J'ai l'honneur de vous faire connaître qu'il m'est revenu de source absolument certaine, que M. le Consul Général du Mexique à Marseille, avait l'intention de faire faire une protestation par la Légation de son Gouvernement auprès des Affaires Etrangères à VICHY, au sujet d'une perquisition que j'ai effectuée à MARSEILLE, dans les circonstances suivantes :

Le Samedi 13 Décembre, à 7 heures du matin, j'effectuais à l'Hôtel Astoria, 10, Bd. Garibaldi à MARSEILLE, 3 visites domiciliaires successives dans des chambres occupées par des sujets espagnols, dénommés ESCOFIET, FONT et LOZANO. Ces trois individus m'avaient été signalés comme emportant avec eux de VICHY à MARSEILLE, une très grosse somme d'argent venant du trésor Espagnol emporté au Mexique par M. NEGRIN. Elle était destinée à être remise aux ex-chefs communistes Espagnols à MARSEILLE. La perquisition n'a donné aucun résultat, en ce qui concerne les deux premiers intéressés. Le troisième avait en sa possession, une chemise pleine de documents qui, à première vue, m'ont paru intéressants et que j'ai saisis en exécution de la commission rogatoire dont j'étais porteur. Cet étranger m'a déclaré être employé à l'Ambassade du Mexique à VICHY, mais n'a excipé aucun document confirmant ses dires.

A la direction de la Sûreté à MARSEILLE, j'ai minutieusement examiné ses papiers qui, en effet, venaient de l'Ambassade du Mexique, à VICHY. Ne présentant aucun intérêt pour mon enquête, j'ai immédiatement fait faire une convocation par le service de M. FLEURY, Chef de la Sûreté, invitant le sieur LOZANO à venir reprendre ses documents. Avec deux jours de retard, il s'est présenté à la convocation et a refusé de les reprendre. Ils sont à la disposition de cet Espagnol jusqu'à demain midi, 18 Décembre, heure à laquelle je les placerai sous scellés, pour être adressés au Juge d'Instruction de Cusset.

Dès que j'ai connu la démarche de M. le Consul Général, je suis allé en informer M. le Procureur de Marseille, qui a reconnu mon opération, comme parfaitement régulière.

A la recherche des raisons qui ont pu pousser M. BOSQUES, Consul Général du Mexique, à s'insurger contre cette mesure, il apparaît que lui et ses services à MARSEILLE, ont particulièrement été affectés par toutes les opérations que j'ai menées dans cette ville, durant lesquelles j'ai trouvé partout, une fois de plus, la collusion des représentants du Gouvernement Mexicain, avec les ex-chefs communistes et autres de l'ancien front populaire Espagnol. J'aurai l'occasion de parler de tout cela dans mon rapport d'ensemble à la fin de mon enquête. Toutefois je dois ajouter que ce diplomate a également fait faire des protestations au sujet d'une saisie de 79 caisses de matériel entreposées dans un garde-meuble public de MARSEILLE. Ces caisses portent toutes une étiquette du Consulat du Mexique bien que contenant des archives appartenant aux anciennes organisations rouges espagnoles de Paris comme j'en ai donné la preuve à Monsieur le Procureur de MARSEILLE qu'

/..

El inspector de la Policía Especial en Marsella informa al director de la Policía de Estado en Vichy de la protesta del cónsul Bosques por la pesquisa del 13 de diciembre, 17 de diciembre de 1940 (traducción en páginas enfrentadas)

Marsella 17 de diciembre de 1940.
El Inspector de Policía Especial DRUILLET Victor
en misión en Marsella
Al Señor DIRECTOR de la POLICÍA DE ESTADO
en VICHY

Tengo el honor de informarle que me ha llegado de una fuente absolutamente cierta, que el Sr. Cónsul General de México en Marsella, tenía la intención de llevar a cabo una protesta por parte de la Legación de su Gobierno ante Asuntos Extranjeros en VICHY, en la siguientes circunstancias:

El sábado 13 de diciembre, a las 7 de la mañana, yo efectuaba en el Hotel Astoria, en el número 10 del bulevar Garibaldi en MARSELLA, 3 visitas domiciliarias sucesivas en cuartos ocupados por sujetos españoles, llamados ESCOFET, FONT y LOZANO. Estos tres individuos me habían sido señalados como portadores, de VICHY a MARSELLA, de una suma muy importante de dinero proveniente del tesoro español llevado a México por el Sr. NEGRIN. Estaba destinada a ser entregada a los ex-jefes comunistas españoles en MARSELLA. La pesquisa no dio ningún resultado, en lo relativo a los dos primeros interesados. El tercero tenía en su poder una camisa llena de documentos que, a primera vista, me parecieron interesantes y que decomisé en ejecución de la comisión obligatoria de la que yo era portador. Este extranjero declaró que era empleado de la Embajada de México en Vichy, pero no exhibió ningún documento que confirmara sus dichos.

En la dirección de la Seguridad de MARSELLA, examiné minuciosamente estos papeles que, en efecto, venían de la Embajada de México en Vichy. Como no presentaban ningún interés para mi investigación, inmediatamente convoqué, por medio del Sr. FLEURY, Jefe de la Seguridad, invitando al señor LOZANO a venir a recoger sus documentos. Con dos días de retraso, se presentó a mi convocatoria y se rehusó a retomarlos. Están a la disposición de este español hasta mañana a mediodía, 18 de diciembre, hora a la cual los colocaré bajo sello, para que sean entregados al Juez de Instrucción de Cusset.

Desde que supe de la gestión del Sr. Cónsul General, fui a informar al Sr. Procurador de Marsella, quien reconoció mi operación como perfectamente regular.

En busca de las razones que hubieran podido llevar al Sr. Bosques, Cónsul General de México, a protestar contra esta medida, parece que él y sus colaboradores en MARSELLA, han sido particularmente afectados por todas las operaciones que llevé a cabo en esta ciudad, durante las cuales he encontrado en todas partes, una vez más, la colusión de los representantes del Gobierno mexicano, con los ex-jefes comunistas y otros del antiguo frente popular español. Tendré la ocasión de hablar de todo eso en mi informe completo al final de mi investigación. Sin embargo debo agregar que este diplomático ha llevado a cabo protestas con relación al decomiso de 79 cajas de material depositado en un guardamuebles público de MARSELLA. Todas estas cajas llevan la etiqueta del Consulado de México aún cuando contienen archivos que pertenecen a las antiguas organizaciones rojas españolas en París como le demostré al Sr. Procurador de MARSELLA qui a signalé le fait à VICHY, dont il attend les instructions.

Il est devenu évident, maintenant, que le MEXIQUE ne pouvoir compter sur l'immigration des sujets Espagnols en France et encore sous l'autorité des principaux chefs que :

PORTELA-VALLADARES, ex-président du Conseil ;
ANSO Mariano, ex-ministre de la Justice ;
LORATA Canton, ex-secrétaire d'Etat à l'hygiène ;

qui sont détenus.

D'autres arrestations sont imminentes.

Afin de vous tenir informé, j'ai voulu vous rendre compte de ce que j'ai fait procéder aux arrestations des individus sus-indiqués, fait saisir environ 1 million de francs, des bijoux, tableaux et autres objets de valeurs.

15 à 20 perquisitions ont été effectuées.

Je considère de mon devoir de signaler la parfaite correction de M. URRACA, Commissaire de Police Espagnol qui m'accompagne et celle de M. DE SAULNES, chargé par l'Ambassade d'Espagne de la récupération des biens espagnols (accords JORDANA-BERARD).

Egalement je signale que j'ai trouvé à MARSEILLE, NICE, et ST. RAPHAEL l'aide spontanée et totale de tous les Parquets, des serives de Police, qui m'ont ainsi facilité une tâche qui n'est pas encore terminée.

L'Inspecteur de Police Spéciale,

quien informó del hecho a VICHY, y está a la espera de instrucciones.

Se ha hecho evidente, ahora, que MÉXICO no va a poder contar con la inmigración de los sujetos españoles que están en Francia y todavía bajo la autoridad de los principales jefes [ilegible] que:

PORTELA-VALLADARES, ex-presidente del Consejo;
ANSÓ Mariano, ex-ministro de Justicia;
MORATA Canton, ex-secretario de Estado para la salud;

que están detenidos.

Son inminentes otros arrestos.

Con el fin de mantenerle informado, he querido tenerlo al tanto de que he procedido con los arrestos de los individuos arriba indicados y logré decomisar alrededor de un millón de francos, joyas, cuadros y otros objetos de valor.

Se llevaron a cabo entre 15 y 20 pesquisas.

Considero mi deber señalar la perfecta corrección del Sr. URRACA, Comisario de la Policía Española quien me acompaña y la del Sr. DE SAULNES, encargado por la Embajada de España de la recuperación de los bienes españoles (acuerdos JORDANA-BERARD).

Igualmente le señalo que he encontrado en MARSELLA, NIZA y SAN RAFAEL, la ayuda espontánea y total de todos los ministerios fiscales, de los servicios de policía, que me han facilitado de esta forma una tarea que aún no ha sido terminada.

El Inspector de Policía Especial,

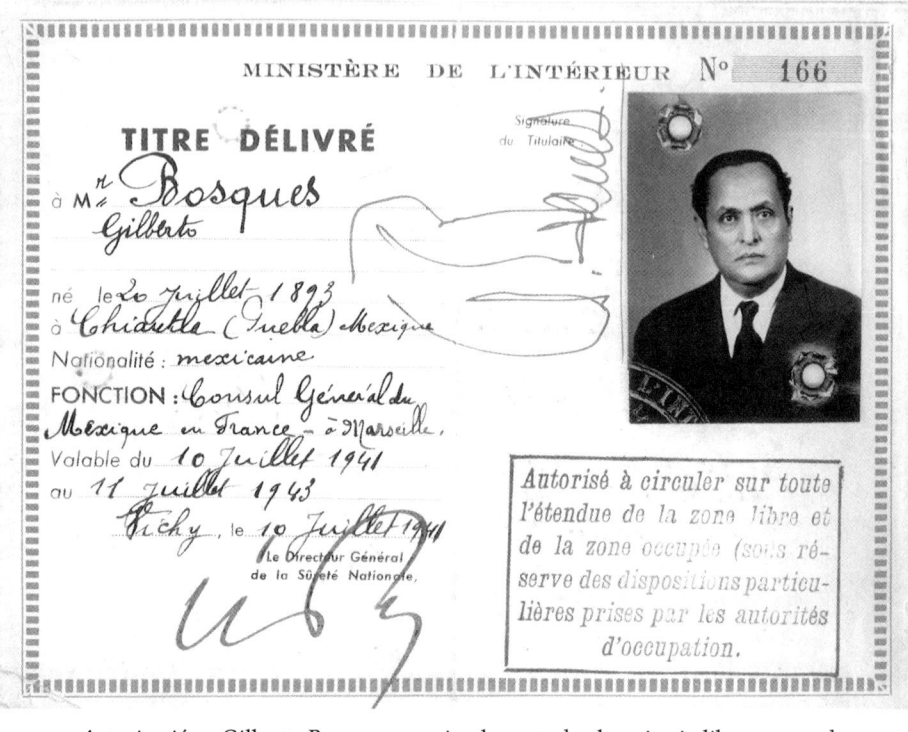

Autorización a Gilberto Bosques para circular en todo el territorio libre y ocupado de Francia, Ministerio del Interior, 10 de julio de 1941

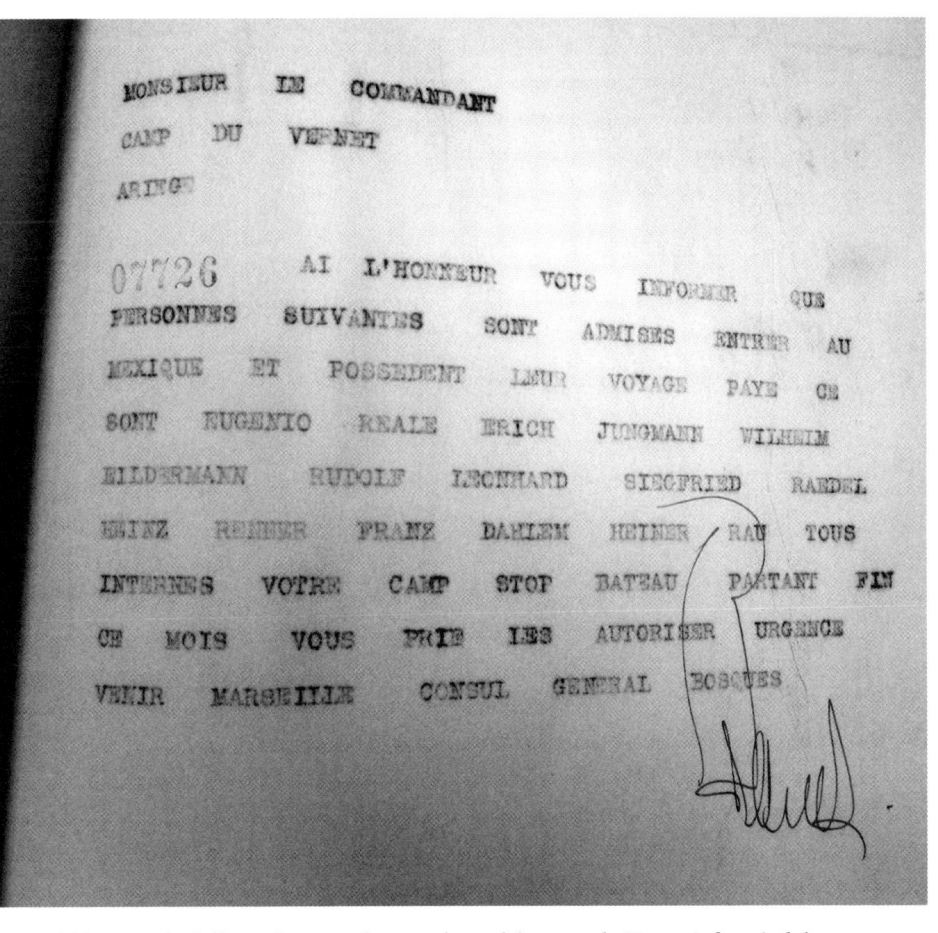

```
MONSIEUR LE COMMANDANT
CAMP DU VERNET
ARIEGE

07726    AI L'HONNEUR VOUS INFORMER QUE
PERSONNES SUIVANTES SONT ADMISES ENTRER AU
MEXIQUE ET POSSEDENT LEUR VOYAGE PAYE CE
SONT EUGENIO REALE ERICH JUNGMANN WILHELM
BILDERMANN RUDOLF LEONHARD SIEGFRIED RAEDEL
HEINZ REINER FRANZ DAHLEM HEINER RAU TOUS
INTERNES VOTRE CAMP STOP BATEAU PARTANT FIN
CE MOIS VOUS PRIE LES AUTORISER URGENCE
VENIR MARSEILLE CONSUL GENERAL BOSQUES
```

Telegrama de Gilberto Bosques al comandante del campo de Vernet informándole los nombres de personas que han sido admitidas para viajar a México

DATOS REQUERIDOS POR LA LEGACION DE MEXICO
DE LOS REPUBLICANOS ESPAÑOLES QUE SOLICI-
TAN RADICARSE EN LA REPUBLICA MEXICANA.

Nombre CESAREO SAIZ MUÑIZ.

Sexo VARON.

Lugar de Nacimiento CABEZON DE LA SAL (SANTANDER) ESPAÑA.

Edad 26 AÑOS.

Profesión, Oficio TIPOGRAFO.
u ocupación

Familiares que le acompañan que ROSA FERNANDEZ REMIS.(Esposa,de
dependen económicamente del so-
licitante.(Indicar sexo,edad y   años,y CESAR MANUEL SAIZ FERNAND
parentesco).
hijo de doce meses de edad.

Ocupación de dichos familiares Maestra Nacional de España.
hábiles para el trabajo.

Ultimo lugar de residencia BARCELONA.Calle Angel Guimerá 3.-En
en España.
suelo,derecha.

Cuando salió de España ? A PRIMEROS DE FEBRERO DE 1.939.

Ultimo trabajo desempeñado en España Jefe Bgda.Agts. del S.I.M.
                                      taluña.
Ocupaciones anteriores a la guerra Tipógrafo,en la Casa ALDUS.
y diferentes representaciones.

Ocupaciones durante la guerra, hasta febrero de 1939 Teniente
dante,de la Sección 11 del E.M. del 17 Cuerpo de Ejercito.(Astur
Teniente de Infantería en Bon,Especial del Ministerio de Defensa
nal en Barcelona,y mas tarde, Jefe de la Brigada de Agentes del
Investigacion Militar de la Demarcación de Cataluña.

Ejemplo de solicitud para radicarse en México

Ejemplo de ficha con datos personales de un solicitante

NUM:
EXP: 44-11/ 553/Gen.

ASUNTO:- Que tenga a bien presentarse en estas oficinas.

Marseille, le 25 Mars 1941

Monsieur Walter Janka
Camp du Vernet d'Ariège
(Ariège)

Monsieur,

Comme suite à votre demande d'entrée au Mexique et en vue d'un examen de votre situation, je vous prie de bien vouloir solliciter des Autorités Françaises l'autorisation de venir à Marseille afin de vous présenter à nos bureaux.

Veuillez agréer, Monsieur, mes salutations très distinguées.

LE CONSUL GENERAL

Gilberto Bosques.

GB/MA-

Carta a Walter Janka en el campo de Vernet para que se presente al consulado en Marsella, 25 de marzo de 1941

CONSULAT GENERAL DU MEXIQUE   04080
                               NUM :
                               EXP : 44 -11/ 524.9/Esp.
pertenecientes a las   ASUNTO : Internacion en México de les CC.
Brigadas Internacionales   españoles, refugiados en Francia.
                               Marseille, le 3 mai 1941

    Monsieur Walter Jahnka
    Quartier C
    Camp du Verret
        par Pamiers (Ariège)

                    V/ lettre du

        J'ai l'honneur de vous informer que conformément
à l'accord Franco-Méxicain du 22 Août dernier, tout citoyen
espagnol, réfugié en France, est admis sur sa demande à en-
trer au Mexique, où il pourra se rendre en compagnie de ses
proches parents.

        Afin de rendre notre tâche plus aisée, il a été
convenu que nous inscririons sur nos listes les demandeurs,
ainsi que nous le faisons aujourd'hui pour vous, et qu'ils
devront attendre au lieu de leur résidence actuelle, nos
instructions concernant leur embarquement.

        Veuillez agréer, Monsieur, mes salutations très
distinguées.

                            LE CONSUL GENERAL

                            Gilberto Bosques.

Aviso de autorización de visa a Walter Janka, 3 de mayo de 1941

Visa de Walter Janka, 28 de mayo de 1941

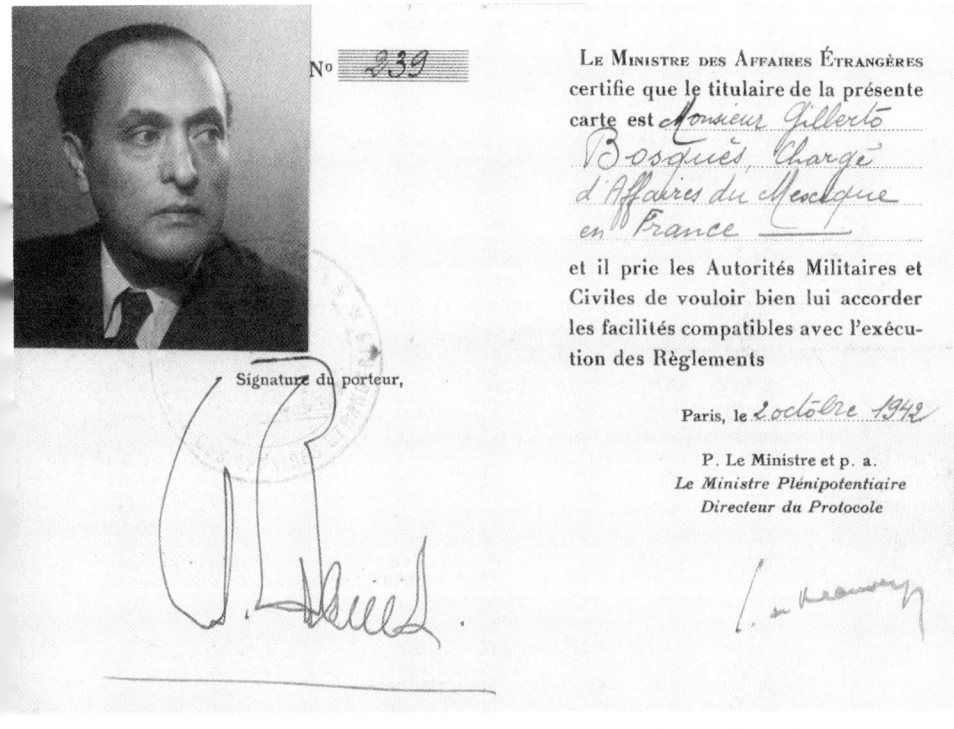

Documento del Ministerio de Asuntos Extranjeros que acredita a Gilberto Bosques como encargado de negocios de México en Francia, 2 de octubre de 1942

Lettre de S.E. Monseigneur l'Archevêque de Toulouse
sur la personne humaine

Mes très chers frères,

Il y a une morale chrétienne, il y a une morale humaine qui impose des devoirs et reconnaît des droits. Ces devoirs et ces droits tiennent à la nature de l'homme. Ils viennent de Dieu. On peut les violer. Il n'est au pouvoir d'aucun mortel de les supprimer.

Que des enfants, des femmes, ~~des~~ des pères et de mères soient traités comme un vil troupeau, que les membres d'une famille soient séparés les uns des autres et embarqués pour une destination inconnue, il était réservé à notre temps de voir ce triste spectacle.

Pourquoi le droit d'asile dans nos églises n'existe-t-il plus?

Pourquoi sommes-nous des vaincus?

Seigneur, ayez pitié de nous!

Notre-Dame, priez pour la France!

Dans notre diocèse, des scènes émouvantes ont eu lieu dans les camps de Noé et de Récébédou. Les Juifs sont des hommes, les Juives sont des femmes. Les étrangers sont des hommes, les étrangères sont des femmes. Tout n'est pas permis contre eux, contre ces hommes, contre ces femmes, contre ces pères et mères de famille. Ils font partie du genre humain. Ils sont nos frères comme tant d'autres. Un chrétien ne peut l'oublier.

France, patrie bien-aimée, France qui porte dans la conscience de tous tes enfants la tradition du respect de la personne humaine, France chevaleresque et généreuse, je n'en doute pas, tu n'es pas responsable de ces erreurs.

Recevez, mes chers frères, l'assurance de mon affectueux dévouement.

Jules-Géraud SALIÈGE

Archevêque de Toulouse.

-A lire dimanche prochain sans commentaire.

Carta pastoral del arzobispo de Toulouse sobre la persona humana
(traducción en página enfrentada)

Carta de S. E. Monseñor Arzobispo de Toulouse
sobre la persona humana

Mis muy queridos hermanos,

Hay una moral cristiana, hay una moral humana que impone deberes y reconoce derechos. Estos deberes y estos derechos se relacionan con la naturaleza del hombre. Vienen de Dios. Los podemos violar, pero no está en el poder de ningún mortal suprimirlos.

Que los niños, las mujeres, los padres y las madres sean tratados como un vil rebaño, que los miembros de una familia estén separados unos de otros y embarcados hacia un destino desconocido: estaba reservado a nuestro tiempo ver este triste espectáculo.

¿Por qué el derecho de asilo en nuestras iglesias ya no existe?

¿Por qué somos nosotros los vencidos?

Señor, ¡ten piedad de nosotros!

Nuestra Señora, ¡ruega por Francia!

En nuestra diócesis han tenido lugar escenas conmovedoras en los campos de Noé y Récébéon. Los judíos son hombres, las judías son mujeres, los extranjeros son hombres, las extranjeras son mujeres. Esto no está permitido contra ellos, contra estos hombres, contra estas mujeres, contra estos padres y madres de familia. Ellos forman parte del género humano. Son nuestros hermanos como tantos otros. Un cristiano no lo puede olvidar.

Francia, patria bienamada, Francia que llevas en la conciencia de todos los niños la tradición del respeto a la persona humana, Francia caballerosa y generosa, no lo dudo, tú no eres responsable de estos errores.

Recibid, mis queridos hermanos, la seguridad de mi afectuosa benevolencia.

Jules-Gérard SALIÈGE
Arzobispo de Toulouse

Para ser leída el próximo domingo sin comentario

Francia

Adresse des Cardinaux et Archevêques de zone occupée
à Monsieur le Maréchal Pétain.

Profondément émus par ce qu'on nous rapporte des arrestations massives
d'Israélites opérées la semaine dernière et des durs traitements qui leur
ont été infligés, notamment au Vélodrome d'Hiver, nous ne pouvons étouffer
le cri de notre conscience.
    C'est au nom de l'humanité et des principes chrétiens que notre voix s'élève pour une protestation en faveur des droits imprescriptibles de la personne humaine.
    C'est aussi un appel angoissé à la pitié pour ces immenses souffrances, pour celles surtout qui atteignent tant de mères et d'enfants.
    Nous vous demandons, Monsieur le Maréchal, qu'il vous plaise d'en tenir compte, afin que soient respectées les exigences de la justice et les droits de la Charité.

Llamado de los cardenales y arzobispos de la zona ocupada
al mariscal Pétain (traducción en página enfrentada)

Llamado de los cardenales y arzobispos de la zona ocupada
a la atención del señor mariscal Pétain

Profundamente conmovidos por lo que nos informan acerca de los arrestos masivos de israelitas que han tenido lugar la semana pasada y del duro trato que les es impuesto, especialmente en el Velódromo de Invierno, no podemos ahogar el grito de nuestra conciencia.

En nombre de la humanidad y de los principios cristianos nuestra voz eleva una protesta a favor de los derechos imprescriptibles de la persona humana.

Es también un angustioso llamado a la piedad por estos inmensos sufrimientos, sobre todo por los que afectan a tantas madres y niños.

Les pedimos, señor mariscal, que por favor lo tenga en cuenta con el fin de que sean respetadas las exigencias de la justicia y los derechos de la caridad.

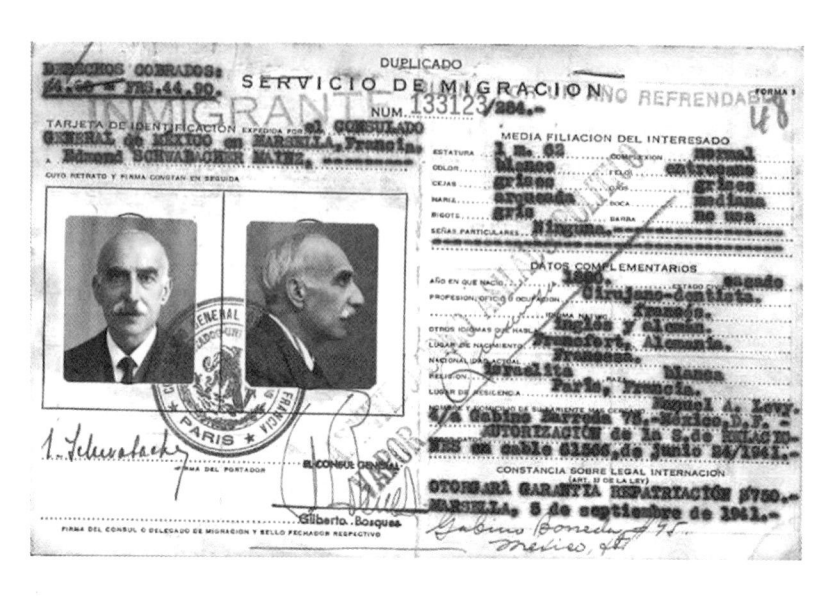

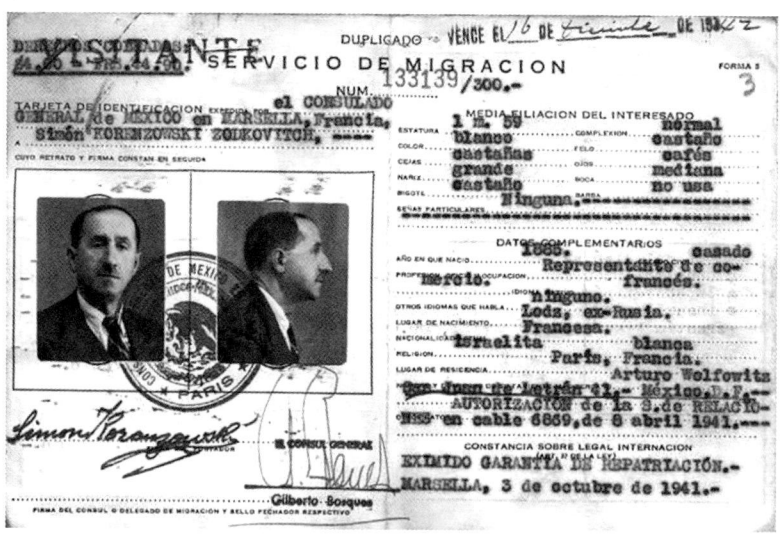

Visas firmadas por Gilberto Bosques para judíos franceses, 1940, 1941 y 1942

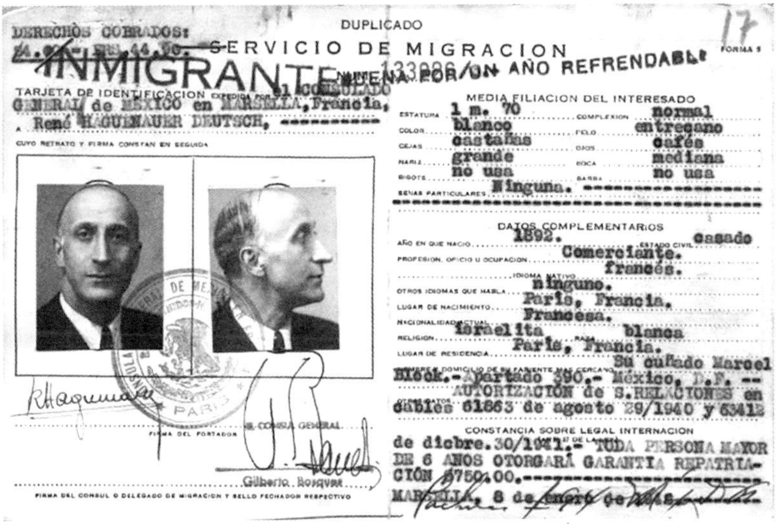

DUPLICADO

DERECHOS COBRADOS: $4.00 = FRS.44.No.

SERVICIO DE MIGRACION

INMIGRANTE NUM. 133086/ VIGENCIA POR UN AÑO REFRENDABLE

FORMA 5

17

TARJETA DE IDENTIFICACION EXPEDIDA POR el CONSULADO GENERAL de MÉXICO en MARSELLA, Francia,

A René HAGUENAUER DEUTSCH, ---------

CUYO RETRATO Y FIRMA CONSTAN EN SEGUIDA

FIRMA DEL PORTADOR

EL CONSUL GENERAL

Gilberto Bosques

FIRMA DEL CONSUL O DELEGADO DE MIGRACION Y SELLO FECHADOR RESPECTIVO

MEDIA FILIACION DEL INTERESADO

ESTATURA	1 m. 70	COMPLEXION	normal
COLOR	blanco	PELO	entrecano
CEJAS	castañas	OJOS	cafés
NARIZ	grande	BOCA	mediana
BIGOTE	no usa	BARBA	no usa

SEÑAS PARTICULARES Ninguna. ------------------

DATOS COMPLEMENTARIOS

AÑO EN QUE NACIO 1892. ESTADO CIVIL casado

PROFESION, OFICIO U OCUPACION Comerciante.

IDIOMA NATIVO francés.

OTROS IDIOMAS QUE HABLA ninguno.

LUGAR DE NACIMIENTO París, Francia.

NACIONALIDAD ACTUAL Francesa.

RELIGION israelita RAZA blanca

LUGAR DE RESIDENCIA París, Francia.

NOMBRE Y DOMICILIO DE SU PARIENTE MAS CERCANO Su cuñado Marcel Block.- Apartado 390.- México, D.F. --

OTROS DATOS AUTORIZACIÓN de S.RELACIONES en cables 61863 de agosto 29/1940 y 63412 de dicbre.30/1941.-

CONSTANCIA SOBRE LEGAL INTERNACION (ART. 17 DE LA LEY)

TODA PERSONA MAYOR DE 6 AÑOS OTORGARÁ GARANTIA REPATRIACIÓN $750.00.-----------------

MARSELLA, 8 de enero de 1942.

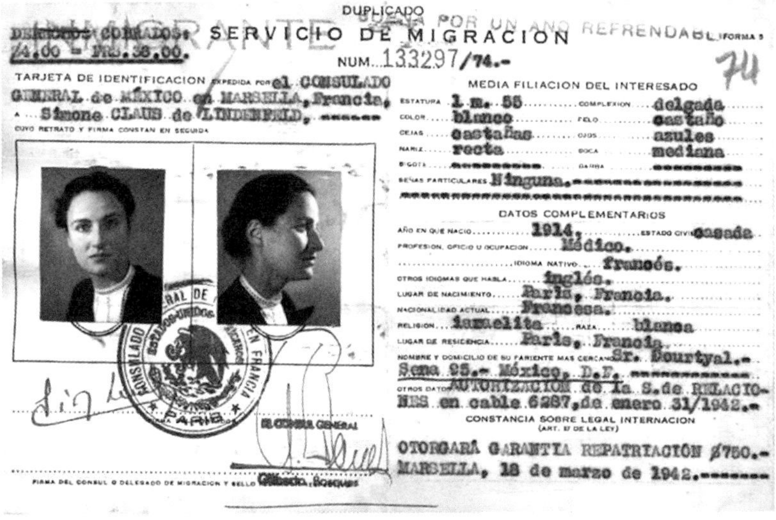

DUPLICADO

DERECHOS COBRADOS: $4.00 = FRS.38.00.

SERVICIO DE MIGRACION

INMIGRANTE VIGENCIA POR UN AÑO REFRENDABLE

FORMA 5

NUM. 133297/74.-

74

TARJETA DE IDENTIFICACION EXPEDIDA POR el CONSULADO GENERAL de MÉXICO en MARSELLA, Francia,

A Simone CLAUS de LINDENFELD, ------

CUYO RETRATO Y FIRMA CONSTAN EN SEGUIDA

EL CONSUL GENERAL

FIRMA DEL CONSUL O DELEGADO DE MIGRACION Y SELLO Gilberto Bosques

MEDIA FILIACION DEL INTERESADO

ESTATURA	1 m. 55	COMPLEXION	delgada
COLOR	blanco	PELO	castaño
CEJAS	castañas	OJOS	azules
NARIZ	recta	BOCA	mediana
BIGOTE	----------	BARBA	----------

SEÑAS PARTICULARES Ninguna.------------------

DATOS COMPLEMENTARIOS

AÑO EN QUE NACIO 1914. ESTADO CIVIL casada

PROFESION, OFICIO U OCUPACION Médico.

IDIOMA NATIVO francés.

OTROS IDIOMAS QUE HABLA inglés.

LUGAR DE NACIMIENTO París, Francia.

NACIONALIDAD ACTUAL Francesa.

RELIGION israelita RAZA blanca

LUGAR DE RESIDENCIA París, Francia.

NOMBRE Y DOMICILIO DE SU PARIENTE MAS CERCANO Sr. Dourtyal.- Sena 25.- México, D.F. -----------

OTROS DATOS AUTORIZACION de la S.de RELACIONES en cable 6287, de enero 31/1942.-

CONSTANCIA SOBRE LEGAL INTERNACION (ART. 17 DE LA LEY)

OTORGARÁ GARANTIA REPATRIACIÓN $750.-

MARSELLA, 18 de marzo de 1942.-------

Marsella, a 17 de septiembre de 1942

Señor Apolonio Carvalho
Marsella.

Muy estimado señor:

Relacionado con las sumas de dinero que me remitió el "Comité Panamericano de Coordinación de las Organizaciones de Ayuda a España" para ser distribuidas entre varios refugiados políticos, me permito informar a usted que me ha sido imposible efectuar el pago ordenado a favor de las siguientes personas:

Señor Peter Polyko, Campo de Djelfa
Señor Shir Gerson Mischa, Campo de Djelfa
Señor Jan Melerowicz, Campo de Djelfa
Señor Kufera Jozef, Campo de Djelfa.

De acuerdo con las instrucciones de los interesados, se había intentado nuevamente -en el mes de junio último- de remitir dichas cantidades al Campo de Djelfa pero, como en otras ocasiones, el Comandante del Campo las rehusó. El 8 de julio próximo pasado, escribí a cada uno de estos señores dándoles a conocer lo sucedido y pidiendo nuevas instrucciones. Por mas que toda nuestra correspondencia ha sido enviada certificada, hasta la fecha no se ha recibido noticia alguna sobre estos cuatro casos.

Con objeto de dejar saldada la cuenta del "Comité Panamericano" y ateniéndome a las instrucciones dadas por el Sr. Barsky en su carta de 3 de abril de 1942, me permito hacer entrega a usted del saldo que aún obra en mi poder y cuyo monto es de frs. 16.279.35 (Dieciséis mil doscientos setentinueve francos franceses con 35/100).

Quedo a su disposición para proporcionarle cualquier dato que pueda serle útil y aprovecho la oportunidad para reiterarle las seguridades de mi atenta y distinguida consideración.

Gilberto Bosques
Encargado de Negocios de México.

c.c.p. el Comité Panamericano de Coordinación de las Organizaciones de Ayuda a España.

Carta de Bosques sobre los fondos para refugiados en el campo de Djelfa, 17 de septiembre de 1942

COMPTOIR NATIONAL D'ESCOMPTE
DE PARIS
Société Anonyme
J.D.
Capital : 400 Millions de Francs

ENTIÈREMENT VERSÉS
Registre du Commerce Paris N° 50.816
Adresse Télégraphique :
COMPTONIA

AGENCE DE MARSEILLE

Marseille, le 6 Janvier 19 42

Monsieur Gilberto BOSQUES
Consul Général du Mexique
MARSEILLE
K/K/K/K/K/K/K

Monsieur,

    Comme suite à notre entretien touchant le remboursement d'une somme de Frs. 35.000 versée à nos guichets par divers passagers du s/s "Winnipeg", nous vous confirmons qu'il est nécessaire que les passagers en question déposent dans une banque américaine ou nous fassent parvenir une procuration légalisée vous autorisant à encaisser cette somme.

    Sur votre demande, et sauf erreur de notre part, nous vous donnons, ci-dessous, les noms des personnes à qui ont été délivrés les reçus suivants :

N° 926.871 - DAUB Philippe et Mme. HEINFURTH Else
N° 926.062 - MONTAGNANA Mario
N° 926.061 - MARCHWITZA Johann
N° 925.656 - ROTSTEIN Brunhilde
N° 925.655 - GERHARD Eisler

Veuillez agréer, Monsieur, nos salutations distinguées.

LE DIRECTEUR.

Carta a Bosques sobre pasajeros del *Winnipeg*, 6 de enero de 1942

Núm.: 00328

Exp.: 44.11/524.9/Ext.

ASUNTO: Pago de diversas sumas a varios escritores, por cuenta de "The League of American Writers".

Marsella, 8 de agosto de 1941.

Delegación Fiscal de Hacienda.
70, Pine Street.
Nueva York, N.Y.

    Hago referencia a mi nota número 4549; girada el 23 de mayo último a nuestra Delegación Fiscal de Hacienda en Lisboa. En dicha nota comunico a la Oficina mencionada que con mi oficio número 2674, de 31 de diciembre de 1940, había remitido recibos de las personas cuyos nombres detallo a continuación, por idénticas sumas:

    Rudolf Leohnard..................Dls. 100
    Anna Seghers (Annette Radvani)...... " 200
    Ruth Jerusalem.................... " 100
    Doctor Paul Westheim.............. " 100
    Hans Marchwitsa................... " 100

    Al final de la expresada nota, dice:

    "Aunque con mi oficio primeramente citado remití a usted recibos de la señora Anna Seghers (Annette Radvani), debo informar a usted que la suma de Dls. 200 no fué entregada a la interesada por cuyo motivo, y siguiendo instrucciones de ella misma, con esta fecha devuelvo la citada cantidad a The League of American Writers, para que la haga llegar a poder de la interesada, quien se encuentra en México."

    Ahora bien; The National City Bank, en carta de 8 de julio último, dirigida al señor Cónsul Alatorre, me dice:

    "Remarks: To debit your account Dls. 168.68 for payment to The League of American Writers, New York, N.Y. - In accordance with your request, we wish to advise that we have applied for a License to effect the transaction instructed."

    La cantidad de Dls. 168.68 a que hace referencia la carta preinserta, junto con la de 31.32 Dls. erogados por cuenta de la Sra. Seghers, completa la cantidad de Dls. 200.00, que le fué enviada por The League of American Writers. En consecuencia tan pronto como The National City Bank haga entrega a la Liga en cuestión de la cantidad mencionada, queda cerrado el expediente respectivo.

    Muy atentamente.
    SUFRAGIO EFECTIVO. NO REELECCION.
    El Cónsul General.

    Gilberto Bosques.

C. c.p. el Encargado de los asuntos de la extinta Delegación Fiscal de Hacienda en Lisboa. c c. p. el trámite.

Carta de Bosques sobre el pago de diversas sumas a escritores, por cuenta de la Liga de Escritores Americanos, 8 de agosto de 1941

COMITÉ CENTRAL ISRAELITA DE MEXICO
TACUBA 15, ALTOS   MEXICO, D. F.
DIRECCION CABLEGRAFICA: COCENTIS

Ref. No. 4517

ASUNTO: "Serpapinto"

POR AVION

México, D. F., a 10 de enero de 1942.

Dr. Bernhard Kahn,
Joint Distribution Committee,
100 East 42nd Street,
New York, N.Y.

Muy estimado Dr. Kahn:

Adjunto tenemos el honor de remitirle una lista completa de los refugiados israelitas y no-israelitas que llegaron a México recientemente a bordo del "Serpapinto" y que fueron registrados y atendidos por esta Institución. El número total de los refugiados ha sido de 182 personas, pero en este Comité sólo han sido registrados hasta hoy 128. Sin embargo, en Veracruz fueron atendidos todos los 182 o casi todos; al llegar a la capital, no volvieron a presentarse más que los 128.

Hasta ayer, 9 de enero, el Comité Central Israelita de México gastó a favor de esos refugiados las siguientes cantidades que arrojan nuestros libros de caja:
Gastos de desembarque, transporte y varios
hechos en Veracruz por nuestra Comisión especial...$7.206.90
Asistencia General (alimentación, hospedaje, etc.). 5.213.40
Asistencia Legal.............................. 2.226.00
Asistencia Médica............................. 808.30
Gastos varios (cables, despacho de cartas de refu--
giados, ayudas diversas)....................... 515.05
                                Total.......$15.369.65

Nos permitimos suplicarle tome en consideración las siguientes aclaraciones:

1.- Como Comité ISRAELITA, de fondos muy reducidos, hemos creído de nuestra obligación ayudar sólo a los refugiados israelitas; pero para poder desembarcar con éxito a estos refugiados, como lo hemos hecho y por lo cual nos felicitamos,-- hemos tenido que aceptar a nuestro cargo también a los no-israelitas, según convenio hecho con algunos organismos de influencia ante las Autoridades. Actualmente, estamos tratando de cambiar la índole aparente de este arreglo, en el sentido de entregar sumas globales, con carácter de Asistencia Legal, a dichos Organismos, a fin de que ellos aprovechen estas cantidades para asistir directamente a los no-israelitas. Al hacer estos arreglos, debemos tener muy en cuenta el hecho de que en el futuro deberemos - desembarcar a otros refugiados israelitas y necesitaremos de la cooperación de los citados Organismos.

2.- Como usted verá por la lista anexa, hay varios matrimonios MIXTOS entre los refugiados, y a estos debemos considerar como familias israelitas (En la lista anexa, cada familia está separada por una raya. En el capítulo "Religión" hemos subrayado a los no-israelitas, se acuerdo con las declaraciones que hicieron los mismos ante el Comité).

3.- Una gran parte de los refugiados del "Serpa--

Carta del Comité Central Israelita en México al Dr. Bernhard Kahn, con la lista de refugiados israelitas y no israelitas llegados a México en el *Serpa Pinto*, 10 de enero de 1942

COMITE CENTRAL ISRAELITA
DE MEXICO
CUBA 15, ALTOS   MEXICO, D. F.
DIRECCION CABLEGRAFICA: COCENTIS

No. 4517

ASUNTO:

México, D. F., a   de   de 194

Hoja #2.

pinto" han llegado a México enfermos y necesitan asistencia médica. Por fortuna, este capítulo no ha sido muy costoso para nosotros hasta hoy, en virtud de que casi todos los médicos israelitas residentes en México han ofrecido gratuitamente sus servicios. Los gastos hechos son por medicinas. Las farmacias todavía no han presentado sus cuentas principales por este concepto, de modo que el egreso por este concepto será en realidad mucho mayor.

4.- En la imposibilidad de controlar efectivamente la situación económica de los refugiados, hemos acordado ayudar a todo aquel que declare no tener medios de subsistencia, mientras no tengan derecho de trabajar para ello. Una vez teniendo este derecho, y en vista de que no tienen capital, y de que, por otra parte, las Autoridades sólo les permiten establecerse con talleres y negocios propios, por pequeños que sean, el problema aumenta enormemente, ya que casi todos los refugiados ocurrirán a esta Institución pidiendo ayudas, en forma de préstamos, para establecerse.

Ahora bien, el Comité Central Israelita de México tiene un ingreso normal de cuatro mil pesos mensuales aproximadamente, por concepto de cuotas de socios y devoluciones de préstamos. Es decir, que en tres semanas hemos gastado para los refugiados LOS INGRESOS NORMALES DE CUATRO MESES. Ello ha sido posible gracias al saldo anterior que tuvimos y gracias a una colecta extraordinaria que se hizo entre algunos grupos de israelitas; pero en estos momentos NOS ENCONTRAMOS CASI EN LA BANCARROTA, y sobre todo, si se consideran los siguientes hechos:

1.- Que, además de las solicitudes de préstamos de refugiados para establecerse, debemos ahora pagar por cada refugiado unos trescientos pesos por concepto de Asitencia Legal, al obtener cada uno su tarjeta de identificación (trátase sólo de los refugiados israelitas);

2.- que esta Institución tiene otros gastos diversos, además de los gastos pro refugiados, ya que es un COMITE CENTRAL que debe ocuparse de TODOS los problemas de la Comunidad y - ya que por ello, y no sólo para ayudar a refugiados, los socios - contribuyen con sus cuotas, y

3.- que otro barco con refugiados se espera en breve en Veracruz.

Tomando en consideración estos hechos, encarecemos a Ud., estimado Dr. Kahn, presente a la consideración del J.D.C.- nuestra SOLICITUD URGENTE para que nos sea remitida una cantidad apropiada a fin de resolver los problemas de refugiados que hemos enumerado.

Agradecemos de antemano por su cooperación y nos es grato repetirnos de usted, muy atentamente,
COMITE CENTRAL ISRAELITA DE MEXICO.
Por orden del Presidente:

M. Glikowski,
Srio. Ejecutivo.

1 anexo.

MG/mg.

N°	Nombre	Edad	Nacionalidad original	Religión	Profesión
	ABUSCH Alexandre	40	Austriaco	Israelita	Escritor
	" Hildegard	35	Alemana	"	Profesora
	" María Luisa	3	Francesa		----
	Altmann Edith	36	Alemán	NO ISRAELITA	-----
5.-	" Hans	14	"	? " "	-----
6.-	ARZT Ingeborg	37	"	PROTESTANTE	Sabe idiomas
7.-	" Harold	6	--	" ---	-----
8.-	BAHLKE Henri	30	Alemán	PROTESTANTE	Carpintero
9.-	BAUMGARTEN Hans	50	"	NO ISRAELITA	Tornero
10.-	BENDAYAN Isaac	35	Español	Israelita	Comerciante
11.-	BENOLOL COHEN Albert	31	"	"	"
12.-	BERGMANN Febise	38	Austriaca		Ingeniero
13.-	BOERNER Otto	35	Alemán	NO ISRAELITA	Tipógrafo
14.-	BRAUN Oscar	35	Austriaco	Israelita	Cerrajero
15.-	CALLAM Albert	55	Alemán	NO ISRAELITA	Periodista
16.-	CAPLAN Samuel	33	Polaco	Israelita	Chofer
17.-	DAUGSCHAT Karl	34	Alemán	CATOLICO	Metalúrgico
18.-	EILDERMANN Louise	43	Alemana	NO ISRAELITA	?
19.-	EWERT Andreas	49	"	"	Talabartero
20.-	" Olga	44	"	"	---
21.-	FIRL Else	45	"	"	Modista
22.-	FRISCHAUF Marie	60	Austriaca	Israelita	Médica
23.-	GARETTO Joseph	46	Italiano	NO ISRAELITA	Escritor
24.-	" Anna	28	Polaca	Israelita	Profesora
25.-	GLASE Max	39	Alemán	PROTESTANTE	Relojero
26.-	GOLDFEIN Eliezer	34	Belga	Israelita	Diamantero
27.-	" Renneé	30	"	"	Secr.Ricem
28.-	" David	4	"	"	-----
29.-	" Argee	33	(hermano) Belga	"	?
30.-	" Isaac	29	Belga	"	Médico
31.-	" Mendel	?	Ruso	"	?
32.-	" Sara	?	"	"	?
33.-	GOLDSTEIN León	30	Belga	"	Comerciante
34.-	GROMULAT Albert	60	Alemán	NO ISRAELITA	"
35.-	" Berthe	62	"	"	
36.-	GRUMBLAT Jaques	32	Polaco	Israelita	Médido.
37.-	GURLAND Raphael	33	Turco	"	Sabe idiomas
38.-	HARTMANN Paul	46	Alemán	NO ISRAELITA	Retocador
39.-	HERCOG Alfredo	36	Checo	Israelita	Tipógrafo
40.-	" Isabel	37	Española	PROTESTANTE	Enfermera
41.-	HIRSCH León	30	Alemán	Israelita	Comerciante
42.-	" María	32	"	CATOLICA	-----
43.-	" Gloria	2	Franc.	---	----
44.-	HOLLENDER Heinz	43	Alemán	CATOLICO	Metalúrgico
45.-	" Lisa	36	Polaca	Israelita	Enfermera
46.-	" Julio	3	Español	---	----
47.-	HUEBER Arthur	52	Polaco	Israelita	Compositor
48.-	" Stella	36	"	"	Hotel-Restauran
49.-	JACOBSOHN Jacob	65	Alemán	"	Farmacéutico
50.-	" Margareta	65	"	"	-----
51.-	JANKA Walter	28	"	PROTESTANTE	Tipógrafo
52.-	JULIUSBURGER Georg	52	"	Israelita	Cinematógrafo
53.-	KATZENELLENBOGEN Max	30	Belga	"	Abogado
54.-	KERSTEN Ellen	31	Alemana	NO ISRAELITA	Modista
55.-	KON Azmul	41	Polaco	Israelita	Sastre
56.-	" Dorota	34	"	"	
57.-	" Suzane	10	Franc.	"	---

Sigue.

LISTA DE REFUGIADOS DEL "SERPAPINTO" ATENDIDOS POR EL C.C.I.M.

N°	Nombre	Edad	Nac.Original	Religión	Profesión
	KRAUTER Paul	40	Alemán	NO ISRAELITA	Mecánico Electr.
	" Ida	40	"	"	Enfermera
60.-	KRENICER Boris	43	Polaco	Israelita	Médico
61.-	KUSSEL Johanna	73	Alemana	"	----
62.-	" Martha	38	"	"	-----
63.-	LEIPEN Helmuth	38	Austriaco	"	Periodista
64.-	" Francisca	38	Húngara	"	Asist.Social
65.-	" Jorge	4	Español	"	
66.-	LENNHOFF Herbert	31	Alemán	"	Médico
67.-	" Martha	28	Austriaca	"	Idiomas.
68.-	" Michael	2	Franc.	"	-----
69.-	LICHTENSTEIN Kaete	35	Alemana	"	Enfermera
70.-	" Miriam	6	Españ.	"	----
71.-	LINER Rosa	37	Austriaca	"	Modista
72.-	MARGON Juan Oscar	31	Alemán	"	Empleado Comercio
73.-	MAYER Paul	36	Alemán	CATOLICO	?
74.-	" Alma	27	Italiana	"	Modista
75.-	MENZEL Margarete	39	Alemán	NO ISRAELITA	Enfermera
76.-	MICHEL Jenny	56	"	Israelita	----
77.-	MUTH Clara	40	Alemana	PROTESTANTE	Modista
8.-	NIDDAN Salomón	29	Español	Israelita	Comerciante
79.-	OETINGHAUS Walter	59	Alemán	PROTESTANTE	Ing.Electricista
80.-	PERET Víctor Manuel	43	Francés	NO ISRAELITA	Escritor
81.-	POSSEL Robert	45	Polaco	Israelita	Sastre
82.-	" Fanny	33	"	"	Modista
83.-	" Iach	6	Francia	"	-----
84.-	REINER Helene	26	Checa	"	Periodista
85.-	ROGGE Frederic	47	Alemán	NO ISRAELITA	Modelista
86.-	" Elisabeth	42	"	"	---
87.-	" Sonia	17	"	"	----
88.-	RUGE-SCHWARZ Carlota	47	"	"	Intérprete
89.-	RUSCHIN Guenter	38	"	Israelita	Artista Teatral
90.-	" Stefania	38	Austriaca	"	"
91.-	" Thomás	9	Francés	"	----
92.-	SCHACH León	29	Alemán	"	Comerciante Fruta
93.-	" Erna	28	"	"	----
94.-	" Gerald	2	Franc.	"	----
95.-	SCHUMACHER Joseph	36	Holandés	NO ISRAELITA	Aviador
96.-	" Anita	33	"	"	Enfermera
97.-	" SCHWARZ Julia	59	Alemana	Israelita	-----
98.-	SELKE Rudolf	33	Rusa	"	Escritor
99.-	" Sita	24	Alemana	(mixta)	Mecanógrafa
100.-	SILVEIRA DOS SANTOS J.	28	Brasileño	CATOLICO	Profesor
101.-	SPATENKA Manuel	43	Checo	NO ISRAELITA	Mayordomo
102.-	" Elena	44	"	"	Cocinera
103.-	STIBI Georg	41	Alemán	"	Periodista
104.-	HENNY STIBI	40	"	"	Enfermera
105.-	STRAUSS Bruno	51	Alemán	Israelita?	Médico Psiquiatra
106.-	SZTAJER Mordka M.	31	Polaco	"	Jabonero
107.-	" Hendel	31	"	"	Modista
108.-	" Rosine	1	Franc.	"	----
109.-	TEITELBAUM Alter	38	Ruso	"	Sombrerero
110.-	TIFENBRUN Adolfo	32	Polaco	"	Impermeablero
111.-	TREU Eva	10	Alemana	"	----
112.-	" Ruth	9	"	"	----
113.-	VAINTRAUB Israel	59	Ruso	"	Banquero
114.-	WALLIS Kurt	37	Austriaco	"	Médico
115.-	" Henriete	35	Rusa	"	Profesora Piano

Sigue

276

Nombre	Edad	Nac.Original	Religión	Profesión
WASSERMANN Angeline	32	Austriaca	Israelita	Enfermera
WEILL Germaine	39	Francesa	"	Profesora
WEISS Emeric	31	Húngaro	"	Periodista
WESTHEIM Paul	56	Alemán	"	Crítico de arte
WINTERGERST Gisela	31	"	PROTESTANTE	Asist.Social
WORMOWA Charlotte	28	Checa	NO ISRAELITA	Secretaria
ZENKER Walter	44	Alemán	PROTESTANTE	Encuadernador
ZUCKERMAN Leo	34	Polaco	Israelita	Abogado
" Lydia	32	Francesa	"	Prof.Literatura
" Marc Michel	2	"	"	
ZUCKERMAN Rudolf	32	Alemán	"	Asist. Médico
" Henny	32	"	"	Estud.Medicina
" Georg Andrew	1	---		

En el malecón de Marsella, para embarcar

Embarque hacia la libertad

El vapor portugués *Serpa Pinto* en alta mar

El *Nyassa* abandona el puerto de Marsella

Llegada de refugiadas a Veracruz

RUPTURA DE RELACIONES.
TRASLADO DE LOS MIEMBROS DEL SERVICIO EXTERIOR MEXICANO A ALEMANIA

> LEGACIÓN
> DE LOS
> ESTADOS UNIDOS MEXICANOS
> EN
> FRANCIA
>
> Vichy, le 11 Novembre 1942.
>
> Monsieur le Président,
>
> J'ai l'honneur de porter à votre connaissance que je viens de recevoir des instructions de mon Gouvernement pour vous confirmer que, pour les motifs qu'il a communiqués à votre représentant au Mexique, Monsieur Clauzel, il a résolu de rompre, à la date du 9 courant, ses relations diplomatiques et consulaires avec votre Gouvernement.
>
> Je vous prie d'agréer, Monsieur le Président, les assurances de ma haute considération.
>
> Le Chargé d'Affaires, a.i.
> Gilberto BOSQUES.
>
> Son Excellence
> Monsieur le Président Pierre LAVAL
> Chef du Gouvernement, Secrétaire aux
> Affaires Étrangères. VICHY.

El cónsul Bosques confirma al presidente Laval la ruptura de relaciones diplomáticas y consulares con su gobierno, 11 de noviembre de 1942 (traducción en la página siguiente)

Vichy, 11 de noviembre de 1942

Señor Presidente:
Tengo el honor de hacer de su conocimiento que acabo de recibir instrucciones de mi Gobierno para confirmarle que, por los motivos que ha comunicado a su representante en México, Señor Clauzel, ha resuelto romper, con fecha 9 de los corrientes, las relaciones diplomáticas y consulares con su Gobierno.

Le ruego recibir, Señor Presidente, las seguridades de mi alta consideración.

El Encargado de Negocios, a.i.

Gilberto Bosques
(rúbrica)

[A] Su Excelencia
Señor Presidente Pierre LAVAL
Jefe del Gobierno, Secretario de
Asuntos Extranjeros. VICHY

LEGACIÓN
DE LOS
ESTADOS UNIDOS MEXICANOS
EN
FRANCIA

En la ciudad de Vichy, a las diez horas del día catorce de noviembre de mil novecientos cuarenta y dos, reunidos en la pieza número 22 del Hôtel des Lilas, local de la Legación de México en Francia, el C. Profesor Gilberto Bosques, Encargado de Negocios, el C. Profesor Gabriel Lucio, Primer Secretario, el C. Alfredo Martínez Baca, Canciller de Segunda y la señorita Margarita Assimans, Canciller de Segunda, todos ellos pertenecientes al personal de la Legación de México en Francia, se acordó levantar la presente acta para hacer constar en ella cómo se sucedieron los acontecimientos relativos al allanamiento, por elementos del Ejército Alemán, del local oficial de la Legación de México en Francia. De acuerdo con esta resolución, se pasa a hacer el relato de lo sucedido: el día 12 del mes en curso, aproximadamente a las 15 horas 45 minutos, se encontraban en el despacho del C. Encargado de Negocios, sito en la misma pieza número 22 del Hôtel des Lilas, en Vichy, los signatarios de la presente acta, a excepción del C. Canciller Martínez Baca, quien como se explica más adelante llegó con posterioridad; el C. Encargado de Negocios y el C. Primer Secretario estaban dedicados a cifrar un cable dirigido a la Secretaría de Relaciones Exteriores de nuestro país expresando que la Legación de Suecia en Francia acababa de manifestar que hasta ese momento no tenía instrucciones para hacerse cargo de los archivos y efectos que la Legación de México debía entregarle y que urgía apresurar las gestiones relativas, pues la situación en Vichy adquiría caracteres de suma gravedad; los Cancilleres Assimans y Zapata esperaban la terminación del trabajo de cifra para hacer en máquina el cablegrama respectivo, cuando simultáneamente se escuchó que llamaban a la puerta de entrada de la pieza y que sonaba el teléfono. El Canciller Zapata fué a ver quien estaba a la puerta mientras la señorita Assimans atendía al teléfono, encontrándose el primero con un grupo de militares alemanes que violentamente irrumpieron en la pieza y escuchando la segunda que la Dirección del Hôtel informaba que elementos del Ejército Alemán habían expresado que se dirigían a la Legación de México.

Acta de allanamiento, por el ejército alemán y la Gestapo, de la Legación mexicana en Vichy, 14 de noviembre de 1942

LEGACIÓN
DE LOS
ESTADOS UNIDOS MEXICANOS
EN
FRANCIA

- 2 -

El oficial alemán, jefe del grupo, por medio de un intérprete, después de determinar quien era el Jefe de la Misión, le hizo saber que todos los mexicanos presentes quedaban a su disposición así como todos los locales de la Legación (piezas 16, 17, 22, 23, 34 y una sin número en la planta baja), pues tenía instrucciones de sus autoridades superiores de proceder a un registro y recoger todos los documentos de la Legación.

El C. Encargado de Negocios protestó en forma enérgica contra el procedimiento que se seguía haciendo ver que ello constituía un atropello al derecho internacional toda vez que se allanaba, en territorio de la jurisdicción del Gobierno Francés, un local protegido por el derecho de extraterritorialidad y toda vez que el mismo Gobierno Francés acababa de reiterarle que la Legación de México disfrutaría de las garantías debidas. El Jefe Militar Alemán respondió que lamentaba lo que ocurría, que se daba cuenta de la resonancia que tal hecho tendría, pero que el estado de guerra los obligaba de pasar sobre todo género de derechos y que él estaba obligado a cumplir las órdenes militares que había recibido, que en tal virtud disponía que los mexicanos presentes pasaran desde luego a la pieza inmediata (la núm.23) hasta tanto se terminara el registro y el acarreo de los documentos y objetos que juzgara interesantes. El C. Encargado de Negocios se negó categóricamente a abandonar la pieza donde se hallaba, ante cuya actitud el jefe militar alemán optó por dejarlo en ella así como al resto del personal, procediendo a apoderarse de los documentos que allí se hallaban, principiando por los que estaban sobre el escritorio, entre los cuales se encontraban las claves y el telegrama que se estaba cifrando.

A la vez que se llevaba a cabo el registro y la sustracción de documentos en la pieza número 22, otros elementos del ejército alemán hacían lo propio en las demás piezas del hotel ocupadas por la Legación.

A cosa de las dieciseis horas treinta minutos, el Canciller Matínez Baca, a quien se había encomendado realizar determinadas gestiones cerca del Ministerio de Negocios Extranjeros, se presentó a la pieza número 22, donde fué identificado por el jefe militar alemán, pero

**LEGACIÓN
DE LOS
ESTADOS UNIDOS MEXICANOS
EN
FRANCIA**

como no fué notificado de que no debía salir de dicha pieza, el C. Encargado de Negocios hablando en español le dió instrucciones de ir urgentemente al Ministerio de Negocios Extranjeros a fín de dar cuenta de lo que ocurría y de solicitar la intervención de las autoridades francesas para impedir el atropello que se estaba cometiendo, haciendo ver que habían ofrecido que la Legación gozaría de las garantías al que tenía derecho, y asimismo de dirigirse al C. Ministro de Suecia a fin de rogar su intervención amistosa, puesto que México había solicitado que fuese Suecia quien se encargara de los asuntos mexicanos. El expresado Canciller, pudo salir y regresó una hora después dando cuenta de que en el Ministerio de Negocios Extranjeros, después de reiteradas instancias, había logrado hablar con el señor de Seguin, Director de la Sección de América, quien le había ofrecido que haría todo lo que estuviera a su alcance para que cesase el atropello que reconocía se estaba cometiendo, y con el señor de Beauverger, Jefe del Protocolo, quien, le manifestó que lamentaba lo que ocurría pero que el Gobierno Francés no podía hacer nada para impedirlo; el mismo Canciller Martínez Baca expresó que el Ministro de Suecia, informado de lo ocurrido y toda vez que no podía intervenir pues aún no recibía instrucciones de Estocolmo para hacerse cargo de los intereses mexicanos, aceptó inmediatamente poner los hechos en conocimiento del Gobierno Sueco, por cablegrama para que él mismo los hiciera saber al Gobierno Mexicano.

Asimismo, mientras se efectuaba el allanamiento de la Legación de México, se presentó el señor Embajador de la República Argentina, quien tenía concertado visitar esa tarde al C. Encargado de Negocios de México; éste aprovechó la oportunidad para informarle de lo que estaba ocurriendo, y para suplicarle su intervención cerca del Gobierno Francés, pero, desgraciadamente, el señor Embajador de la Argentina, en forma muy cortés se excusó de intervenir en el caso expresando que el mismo allanamiento se estaba cometiendo con la Embajada del Brazil, pero que el Gobierno Francés no podía intervenir.

Una vez terminado el registro y la extracción de documentos de los diferentes locales de la Legación,

LEGACIÓN DE LOS ESTADOS UNIDOS MEXICANOS EN FRANCIA

el Jefe Militar alemán requirió al C. Encargado de Negocios de México que procediera a la apertura del Cofre-fuerte que se encontraba en su despacho, a lo cual se negó categóricamente el C. Profesor Bosques; entonces el Jefe Militar Alemán indicó que ello no tenía para él ninguna importancia pues daría instrucciones de transportarlo al camión que tenía a la puerta del Hotel a fin de proceder a abrirlo, que en cambio si el C. Encargado de Negocios aceptaba a abrirlo, no tendría inconveniente en extender y firmar un recibo de los fondos que en él se hallaban. El C. Profesor Bosques, después de tomar la opinión del C. Secretario Lucio y de los CC. Cancilleres Martínez Baca, Assimans y Zapata, visto que todos estaban acordes en que era preferible obtener un recibo de los fondos existentes, para fundar la posterior reclamación o represalia del Gobierno Mexicano, decidió abrir el cofre, en el que se encontraban Frs.6.180.757.50 (seis millones ciento ochenta mil setecientos cincuenta y siete francos cincuenta céntimos) pertenecientes a los Fondos de Auxilio de los Refugiados Españoles y $u.s.a.700.- (setecientos dólares) en Oro;$us 103 (ciento tres dólares) y Frs.3.682.- (tres mil seiscientos ochenta y dos francos) en billetes franceses, fondos traídos recientemente de Suiza, donde se procedió a cambiar la mayor cantidad posible en oro, por tratarse de una cantidad destinada a repatriación de mexicanos y existir la circunstancia de que ya cuando se efectuó el cobro respectivo en Suiza, los pasajes para mexicanos, por no poder estos embarcar en África, debían pagarse, mediante divisas extranjeras, con excepción de dólares billetes, por lo cual la mejor forma de garantizar los fondos de repatriación era tenerlos en divisas oro, no sujetas a las naturales fluctuaciones de las divisas papel.

El C. Encargado de Negocios, además del recibo, exigió que en el mismo se hiciera constar su protesta por lo ocurrido, lo que después de una discusión aceptó el Jefe Militar Alemán, quien en un principio manifestaba que su papel era el de cumplir órdenes militares pero no de aceptar protestas.

A las veinte horas treinta minutos, aproximadamente, una vez que había terminado el registro y la substracción de los documentos de la Legación, el Jefe Militar Alemán expresó al C. Encargado de Negocios de México y a los demás funcionarios y empleados presentes que podían retirarse, entendidos de que quedaban, en sus domicilios, a disposición de las autoridades militares alemanas, que

LEGACIÓN DE LOS ESTADOS UNIDOS MEXICANOS EN FRANCIA

- 5 -

los locales de la Legación quedaban ocupados por el Ejército Alemán hasta las primeras horas del día 14, a fin de terminar el registro iniciado y que ninguno de los mexicanos presentes podía salir de Vichy.

Por lo que hace a la señorita Andrea Gabriel, Canciller de Segunda, y al C. Rubén Montiel, Traductor, la primera tenía autorización del Jefe de la Misión para estar ausente esa tarde a fin de arreglar sus equipajes, por lo que no estuvo presente, y el segundo, autorizado para una consulta médica, llegó a cosa de las cinco de la tarde y fué sujeto a las medidas que se habían aplicado a los firmantes, permaneciendo por lo mismo con el resto del personal hasta el final de los acontecimientos.

El día de hoy, los suscritos han examinado las diferentes piezas ocupadas por la Legación de México donde faltan todos los expedientes que se habían preparado para ser entregados a la Legación de Suecia, así como, por encontrarse entre ellos, los libros de contabilidad y comprobantes de las cuentas oficiales de la Legación y de la oficina de auxilio a los refugiados españoles, y diferentes útiles de escritorio que no es posible determinar ya que el inventario se hallaba en los expedientes que como antes se indica debían ser entregados a la Legación de Suecia.

Para constancia, y de acuerdo todos los presentes sobre la veracidad de lo asentado, firman a continuación.

LEGACIÓN
DE LOS
ESTADOS UNIDOS MEXICANOS
EN
FRANCIA

'5

Ce jour, 12 Novembre 1942, à l'Hôtel des Lilas, à Vichy, dans les bureaux de la Légation du Mexique en France, ont été saisies par les Autorités militaires allemandes les sommes suivantes:

```
       Francs Français  5.000.000.oo (contenus dans cinq
                                      paquets de un million
                                      non recomptés)
          "        "    1.000.000.oo  recomptés
          "        "       70.000.oo  do.
          "        "      110.757.50  do.
          "        "        3.682.oo  do.
TOTAL FRANCS FRANÇAIS  6.184.439.50
```

ainsi que les sommes de :

Dollars américains 700 en or américain
   "   "   103 en billets de banque

Sur la demande du Chargé d'Affaires du Mexique en France, il est demandé qu'il soit fait acte de sa formelle protestation.

Gilberto Bosques   Capitaine Niggemann
Chargé d'Affaires du Mexique   de l'Armée Allemande

Je certifie que la présente est la copie fidèle de l'original que je garde en mon pouvoir.

Chargé d'Affaires du Mexique

Recibo del capitán Niggeman, del Ejército alemán, del dinero incautado por los nazis durante el allanamiento a la sede de la Legación mexicana en Vichy, 12 de noviembre de 1942

Borrador
G. B.—

El Mont-Dore, 30 de enero de 1943.

Señor Jefe del Gobierno,

A fin de consignar los hechos que, por su alcance y su significación, deben servir para establecer, en el dominio del derecho y de la moral internacionales, las responsabilidades de vuestro Gobierno, manifiesto lo siguiente:

1) Cuando el Gobierno de mi país decidió romper las relaciones diplomáticas con vuestro Gobierno, siguiendo instrucciones de la Cancillería mexicana, presenté la Nota formal de ruptura, fechada el 11 de noviembre de 1942, que en vuestra ausencia y en la del Señor Rochat, entregué personalmente al Señor Lagarde, Jefe de la Dirección Política de los Negocios Extranjeros. A este funcionario le comuniqué la actitud nítida, clara, caballeresca del Gobierno mexicano en sus dos aspectos sustanciales: por una parte, expresando sin ambajes que considerábase necesario romper las relaciones diplomáticas entre los dos Gobiernos porque estimó que el gobierno francés había abdicado de los últimos rasgos de soberanía en los que xxxxxxxxxxxxxxxxx parecía reflejarse el patriotismo y la dignidad tradicionales del pueblo francés; por otra parte, manifestando la firme confianza del Gobierno y del pueblo mexicanos en las fuerzas inmanentes de Francia para liberarse del invasor y recobrar el puesto a que tiene derecho entre los pueblos soberanos,

2) Informó igualmente al Señor Lagarde que había yo recibido instrucciones de mi Gobierno para proceder a la salida inmediata del territorio francés de las Misiones diplomática y Consular mexicanas, y recibí de dicho funcionario, a nombre de su Gobierno, las seguridades de que tendríamos todas las garantías y facilidades de estilo para transferir nuestros asuntos

Borrador de la nota de Gilberto Bosques a Pierre Laval, Mont Dore, 30 de enero de 1943 a la potencia que se encargaría de los intereses mexicanos en Francia y para efectuar nuestra partida.

3) Inmediatamente después, es decir al día siguiente, la Legación de México en Vichy fue asaltada por fuerzas armadas alemanas, y a nuestra petición urgente de garantías, por medio de una rápida intervención del Gobierno francés para hacer cesar la acción atentatoria, se nos respondió categóricamente que nada podía hacerse en ese sentido. Por una inexcusable carencia del Gobierno francés, se entregaba de ese modo la Misión mexicana al arbitrio de las fuerzas armadas alemanas –con cuyo régimen político mi país estaba ya en guerra– y ello en la sede misma de vuestro Gobierno.

4) El 13 de noviembre, se nos dijo que, como resultado de negociaciones hechas cerca del Consulado General de Alemania en Vichy, dejaríamos de estar bajo la jurisdicción militar alemana y que vuestro Gobierno nos tomaría bajo su protección en los límites que imponían las circunstancias.

5) Más tarde, en la noche del 17 de noviembre, se me comunicó que la Comuna de Amélie-les-Bains (Pirineos Orientales) había sido fijada como residencia de todo el personal diplomático y Consular mexicano, durante el tiempo necesario para la conclusión de las negociaciones relativas a nuestra partida de territorio francés, y que un representante del Protocolo y un grupo de Inspectores de la Policía francesa se encargarían de nuestra protección, con la misión de evitar todo género de dificultades ó intervenciones de parte de las fuerzas o de las autoridades de ocupación. Tomando en consideración las razones expuestas, no protestamos ante esa situación. Con dignidad sufrimos ese estado de cosas, sin solicitar favores, ni protección, ni consideraciones de carácter personal, convencidos como estábamos que no podía ser la voluntad del ocupante excluir todos los matices de la cortesía y de la vieja hospitalidad francesas.

6) En ese momento, mi Gobierno –por la declaración

- 3 -

que transmitió la Legación de Suecia en Vichy- que las misiones diplomática y consular francesas en México gozaban de toda libertad y garantías y que podrían salir del país en el momento que lo desearan, añadiendo que el Gobierno mexicano esperaba, en reciprocidad, igual tratamiento para sus representantes en Francia.

7) Finalmente, el 21 de enero último, me comunicó la Legación de Suecia en Vichy, por teléfono, que vuestr Gobierno había decidido, sin dar explicaciones que justificaran su determinación, transferirnos al Mont-Dore (Puy-de-Dôme), donde deberíamos residir con otras Misiones diplomáticas Centro y Sudamericanas hasta la partida hacia nuestros respectivos países.

8) Al llegar a nuestra nueva residencia, nos encontramos en poder de la Gestapo, con centinelas alemanes en los hoteles donde estamos internados, entregados pura y simplemente como prisioneros; la policía y los funcionarios franceses colaborando estrechamente para mantener el régimen de reclusión a que estamos sometidos. Se nos dijo oficialmente que debemos prepararnos para ser conducidos a Alemania en breve plazo, con todas las Misiones traídas aquí por la policía francesa. Vuestro Gobierno se dispone a entregarnos a Alemania, hollando así los más elementales principios del Derecho Internacional al que ha dado Francia tan preciosa contribución. Vuestro Gobierno no podrá invocar ningún argumento válido, ni jurídico, ni moral, ni político, para permitir un atentado de ese género, como lo ha permitido ya en el caso de la Misión norteamericana.

La Historia registra períodos oscuros y críticos de decadencia política y humana, a través de los cuales las fuerzas reinvicatorias del pueblo han acabado siempre por abrirse paso. En esa lucha titánica por la restauración de la libertad y del derecho, y por la edificación de un mundo nuevo sin tiranos ni oprobios, en la que Mxico asume ~~la posición~~ el papel que le dicta su tradición de país indomable frente a la agresión y de pueblo fiel a la causa de la libertad, Francia recobrará, sin duda, gracias al esfuerzo y al sacrificio de sus verdaderos patriotas, el alto prestigio universal que es la esencia misma de su historia y que los actos negativos de este trágico período podrán eclipsar momentáneamente, pero que no borrarán jamás.

Gilberto Bosques
Encargado de Negocios de México.

Señor Pierre Laval,
Jefe del Gobierno francés,
Secretario de Estado de Negocios Extranjeros.

LISTE DU PERSONNEL DE LA LEGATION DU MEXIQUE
EN FRANCE

M. Gilberto BOSQUES, Chargé d'Affaires du Mexique
Mme Maria Luisa MANJARREZ DE BOSQUES
Melle Laura BOSQUES
Melle Maria Teresa BOSQUES
M. Gilbert BOSQUES Jr.

M. Gabriel LUCIO ARGUELLES, Premier secrétaire

M. Alfredo MARTINEZ BACA, Deuxième secrétaire
Mme Martinez Baca
Melle Adrienne Martinez Baca
M. Jaime Martinez Baca

M. Vicente NAJERA, Attaché civil à l'Air
Mme Clémentine Najera
Melle Beatriz Najera

M. Ruben MONTIEL, Attaché civil

M. José MUNOZ ZAPATA, attaché civil

Melle Andrée GABRIEL, Chancelier

Melle Margarita A. SIMANS, Chancelier

M. Sergio YTURBE, employé
M. Francisco S. de Yturbe
M. Fernando LUNA, employé
Mme F. Luna

M. Jésus ROGEL, employé

M. Rodolfo A. NERVO, Conseiller spécial
Mme Marguerite Janine de Noyant de Nervo
Melle Juanita Susana Nervo

Personal de la Legación de México en Francia y sus familiares trasladados primero a Amélie-les-Bains y después a Mont-Dore, donde quedan en poder de la Gestapo, 26 de enero de 1943

LISTE DU PERSONNEL DU CONSULAT GENERAL DU MEXIQUE EN FRANCE

-:-:-:-:-:-:-:-:-:-:-:-:-

Monsieur Edmundo GONZALEZ ROA, Consul Général du Mexique
Madame Hermine B. de GONZALEZ ROA
Mademoiselle Hermelin da MOLINA, bonne mexicaine

Monsieur Bernardo REYES, Consul adjoint
Madame Denise L. de REYES
Melle Marine REYES (enfant)
Melle NEVES, bonne d'enfant, *Portugaise*

Monsieur Eduardo PRADO, Consul
Madame Margarita M. de PRADO

Monsieur Carlos SERRANO, Vice-Consul
Madame Paulette B. de SERRANO

Monsieur Pedro INZUNZA, Chancelier
Madame Maria Luisa B. de INZUNZA

Monsieur José SCHEERS, Chancelier
Madame SCHEERS
Melle Gilberte SCHEERS
Melle Louise SCHEERS

Monsieur Francisco GUTIERREZ OCHOA, Employé
Madame Dolores Rates Estany de GUTIERREZ

Monsieur Ernesto SOCQUET, Employé

Monsieur Luis Lara PARDO, Employé
Madame Lara PARDO

Personal del Consulado General de México en Francia trasladado a Mont-Dore, 26 de enero de 1943

RETENIDOS EN BAD GODESBERG, ALEMANIA

Diplomáticos mexicanos y sus familias en Bad Godesberg

Diplomáticos latinoamericanos en Bad Godesberg

MEXICO, D. F., MIERCOLES 16 DE JUNIO DE 1943

GILBERTO BOSQUES, PRISIONERO DE LOS NAZIS

Por JUAN MANUEL TORT

Gilberto Bosques fue para los españoles en Francia, mucho más que el Representante Diplomático de una nación amiga, cuyo Gobierno no sólo había aceptado nuestra entrada en México, sino también se encargó de nuestra protección en territorio francés, en la medida que las autoridades de Vichy lo permitían, que no era muy amplia por cierto. Mexicano y notable periodista —Gilberto Bosques— desde su puesto de Cónsul General en Marsella, liberó del campo de concentración, de las compañías de trabajo; de las prisiones de Francia, y de la "marcha forzada" a las industrias de guerra en la zona ocupada y en la propia Alemania —que era lo más terrible— a centenares, a millares de republicanos españoles, que paseaban la tristeza de su derrota por suelo francés, bajo la persecución implacable de la gendarmería, alentada por las órdenes del nefasto Darlan y más tarde del repugnante Pierre Laval.

Laval adquirió el compromiso de proporcionar a Hitler doscientos mil trabajadores, cuando hace un año los alemanes comenzaron a sentir la falta del hombre en sus industrias bélicas. Se recrudeció la campaña de persecuciones sin límite contra extranjeros — especialmente españoles y judíos—cercándolos por hambre, privaciones y penalidades para que optasen por su enrolamiento "voluntario" en las fábricas nazis, los que no eran conducidos a viva fuerza. Y allí estaba Gilberto Bosques, para intentar—por desgracia, no siempre lo consiguió—arrancar la presa de las garras de los inhumanos gendarmes y policías franceses.

Muy relativa era la "atención" que los representantes diplomáticos mexicanos merecían a las autoridades de Vichy y sus delegados, pero la persistencia de Bosques y los funcionarios de la Legación, siempre obtenía algún resultado. ¡Cuántos españoles de los que tuvimos la suerte de llegar hasta aquí y otros de los que quedaron en suelo francés—cuya situación nos preocupa y nos aterra—debieron su liberación a los mexicanos, y especialmente a Gilberto Bosques! Durante nuestra permanencia en Marsella, donde radicaba el mayor núcleo de refugiados, raro era el español que no había "caído" en una de las frecuentes redadas organizadas por la odiosa policía de Vichy. Dos barcos en el muelle de la ciudad marsellesa fueron colmados en una ocasión de republicanos españoles, en su mayoría. Y allí estaba Gilberto Bosques, incansable, luchando con las autoridades francesas día tras día, hasta conseguir la liberación de gran parte de los detenidos, secundado en su abnegado esfuerzo por el personal del Consulado de México.

Con regocijo unánime de los refugiados, Gilberto Bosques fue elevado por el Gobierno de México a la categoría de Encargado de Negocios en Vichy, con funciones de Ministro. Y otra vez puso a prueba su amor y su interés por los republicanos españoles. Los que conocimos de cerca su trabajo sabemos de la emoción que Gilberto Bosques puso siempre en el desempeño de su labor como representante de México en Francia. Cuántas personas llegaron hasta él, fueron atendidas con su amabilidad peculiar. Sus posibilidades eran limitadas y no pudo resolver todos los casos que se le planteaban. Nos consta, que en más de una ocasión proporcionó socorros de su peculio particular. Y cuando no podía hacer otra cosa, daba ánimos y esperanzas —que en los momentos de desgracia tienen gran valor—a los refugiados para que siguieran luchando con desventaja, contra la inicua persecución de la policía de Petain.

Hoy, Gilberto Bosques, el hombre que liberó tantos españoles de las garras del nazismo, es prisionero de éste. Según todas las noticias Bosques se encuentra, con sus familiares y el personal diplomático y consular mexicano, en un campo de concentración en suelo alemán. Seguramente que este buen mexicano, después de sufrir de cerca los rigores del confinamiento se sentirá más satisfecho de su meritoria labor.

En su México querido, ante sus paisanos y amigos, dedico un sencillo y emocionado recuerdo a Gilberto Bosques, prisionero de guerra en Alemania, capturado por los nazis en el cumplimiento de su humanitario deber. Este hombre de gran corazón, que está padeciendo las penalidades que trató de ahorrar a otros muchos, podrá darse cuenta por la intensidad de sus propios sufrimientos de cuán grande es la gratitud de aquellos a quienes logró evitarlos.

Recorte de prensa "Gilberto Bosques, prisionero de los nazis", 16 de junio de 1943

Canje de Prisioneros de E. U. y Alemania

LISBOA, Portugal, febrero 9. (A P)—Veintenas de ciudadanos norteamericanos y latinoamericanos, inclusive algunos diplomáticos, serán canjeados en Lisboa por cierto número de diplomáticos del Eje, según se informó hoy en esta capital.

Súpose que ya la legación de los Estados Unidos se ha acercado a las autoridades portuguesas a pedir las facilidades habituales para el canje de diplomáticos. Se cree que para él se empleará el barco sueco "Gripsholm".

Recorte "Canje de prisioneros de EU y Alemania", 9 de febrero de 1944

SALE EL "GRIPSHOLM" EN DIRECCION A LISBOA

Lleva a bordo buen número de repatriados alemanes y franceses, con el fin de reanudar el canje de prisioneros

United Press

JERSEY CITY, febrero 15.—El vapor sueco "Gripsholm" para el canje de repatriados extranjeros del Eje y Aliados saldrá hoy rumbo a Lisboa y llevará a bordo repatriados alemanes y franceses.

En la capital portuguesa el "Gripsholm" recogerá a diplomáticos, corresponsales y otros ciudadanos de los Estados Unidos y América Latina que se hallaban en Francia cuando los nazis invadieron ese país.

(Se ha rumorado con insistencia que el profesor Gilberto Bosques, Ministro Plenipotenciario de México ante el gobierno de Petáin antes de que los alemanes invadieran la parte meridional de Francia, será canjeado en este viaje del Gripsholm.

(El diplomático mexicano y su familia fueron internados por los nazis y durante mucho tiempo no se tuvieron noticias suyas).

Recorte "Sale el *Gripsholm* en dirección a Lisboa",
15 de febrero de 1944

Mexicanos que Vienen en el "Gripsholm"

Lista de Repatriados que Lograron Salir de la Europa Ocupada

WASHINGTON, marzo 11. (AP) —El Departamento de Estado anunció hoy que más de 100 nacionales de las demás Repúblicas americanas, que fueron repatriados de Francia y Alemania, se hallan a bordo de la motonave "Gripsholm", que se espera atracará en el muelle de Jersey City, Nueva Jersey, alrededor del 15 de marzo.

He aquí la lista de los mexicanos que viajan a bordo del "Gripsholm":

Margarita Assimans, que figura en la lista como canciller; Marie Baucovic, (yugoeslava); Gilberto Bosques, encargado de negocios; señora Luisa Manjarrez de Bosques, Laura Bosques, María Teresa Bosques, Gilberto Bosques, hijo; Andrea Gabriel, que figura como canciller; Edmundo González Roa, identificado como cónsul general; señora M. Hermine de González Roa; Pedro Inzunza, canciller; María Luisa Inzunza Argüelles; Gabriel Lucio, identificado como primer secretario; Fernando Luna, escribiente; señora María Eva de Luna; Yvonne Marcin; Alfredo Martínez Baca, segundo secretario; Ghilaine de Martínez Baca; Adriana Martínez Baca; Jaime Martínez Baca; Hermelinda Molina, sirvienta; Rubén Montiel, agregado; José Núñez Zapata, agregado; Vicente Nájera, agregado; señora Clementina de Nájera; Juanita Nájera; Rodolfo Nervo, consejero; señora Margarita de Noyante de Nervo; Juanita Nervo; Helaine Orcier; Luis Lara Pardo, escribiente; Eduardo Prado, cónsul; señora Margarita Prado; Eduardo Fernando Prado; Jesús Rogel, escribiente; José Scheers, canciller; señora Luisa de Scheers; Gilberta Scheers, Luisa Scheers, Carlos Serrano, identificado como vicecónsul; señora Paulette de Serrano, Francisca Serrano, Ernesto Socquet, escribiente; Fidel Ugarte, Francisco Yturbe, escribiente; Sergio Yturbe, Oscar Francisco Gutiérrez, escribiente, y señora Dolores de Gutiérrez.

Llegó a Jersey City el "Gripsholm", con 43 Mexicanos, Entre Otros :: ::

United Press

NUEVA YORK, marzo 17.— El vapor "Gripsholm", que trajo de Europa a diplomáticos, periodistas y prisioneros heridos, canjeados entre Alemania y los Estados Unidos, atracó en Jersey City, trayendo un grupo de 43 mexicanos, encabezado por el profesor Gilberto Bosques, encargado de negocios de la Embajada mexicana en Vichy Francia.

Todos los mexicanos están alojados en el hotel Wardorf-Astoria, aquí en Nueva York, y se muestran ansiosos de efectuar la última etapa de su regreso a la patria, tan pronto como se lo permitan las condiciones de viaje.

Arriba: Recorte "Mexicanos que vienen en el *Gripsholm*", 11 de marzo de 1944

Abajo: Recorte "Llegó a Jersey City el *Gripsholm,* con 43 mexicanos, entre otros", 17 de marzo de 1944

Páginas siguientes: Recorte "Cómo son, vistos más de cerca, los repatriados que trajo el *Gripsholm*", 21 de marzo de 1944

Cómo son, Vistos más de Cerca, los Repatriados que Trajo el "Gripsholm"

Por el Dr. LUIS LARA PARDO
Corresponsal de EXCELSIOR en Europa.

NUEVA YORK, marzo 21.—En el "Gripsholm" que nos trajo de Lisboa, veníamos casi setecientos pasajeros. Entre ellos, mereciendo primer lugar, una veintena de combatientes norteamericanos convalecientes de graves heridas. La mayoría eran aviadores caídos del cielo en rudos combates aéreos. Otros eran de las fuerzas de tierra, entre ellos uno, tripulante de un tanque norteamericano destruido por la artillería alemana y que fué cogido prisionero bajo el vehículo en llamas. Tenía la cara atrozmente desfigurada por las quemaduras y necesitaba una serie de operaciones autoplásticas para devolver a su rostro expresión humana y salvar sus ojos, que la retracción cicatricial de los párpados dejaba continuamente al descubierto. Otro era un piloto derribado cerca de nuestra prisión, durante uno de los grandes bombardeos de Colonia, efectuado el primero de septiembre del año último. Cayó en paracaídas, pero su descenso no fué tan dichoso que le impidiera una lesión vertebral bastante grave para tenerlo meses en cama.

De Godesberg veníamos menos de 150 entre diplomáticos y asimilados. De Baden-Baden, prisión de los estadounidenses, menos de doscientos entre cónsules, diplomáticos, periodistas y otros.

El resto eran rescatados de campos de concentración en Alemania, Francia y otros países. La mayoría eran mujeres. Parecería que los alemanes encargados de elegir a los sujetos canjeables, se esforzaron en que no retornaran a su patria muchos hombres útiles para la lucha. Había unas veinte monjas.

UNA MAYORIA DE NORTEAMERICANOS

La mayoría eran ciudadanos de los Estados Unidos, pero no todos por ascendencia y algunos ni siquiera por nacimiento sino por naturalización. Encontré algunas mujeres que no hablaban inglés. Eran de ascendencia polaca, nacidas por casualidad en los Estados Unidos, pero que habían regresado a Europa desde niñas. Muchos fueron enviados precipitadamente, sin siquiera pasaportes. Por lo general cada grupo tenía pasaporte colectivo, y a veces faltaban piezas individuales de identidad. La mayoría habían sido más infelices que nosotros. Hablé con algunos que venían de campos de concentración. Antes de haber sido designados para este canje, no tenían ya ninguna esperanza de salir con vida del cautiverio a no ser que una rápida victoria viniera a rescatarlos. La victoria, sí. Pero después de la victoria, Europa no recobraría instantáneamente el equilibrio en cuanto sonara el último disparo y cayera del cielo la última bomba. El período de la reconstrucción sería, como siempre, largo y penoso.

Así en todos ellos el júbilo era patente al descubrir en el horizonte tierra americana. La mayoría eran desheredados. En los campos de concentración, especialmente en los de Francia, el mercado negro florece y los que poseen pueden proporcionarse cuanto quieran. Los desheredados no. Una joven era nacida en América, de padres griegos. Muy pequeña, sus padres regresaron a su tierra natal, llevándola consigo. Allí los sorprendió la invasión alemana. Como muchas otras, la familia fué disuelta, los padres reconcentrados en un sitio, el hermano enviado a trabajar en las fábricas de guerra de Alemania, y ella internada en Salónica, por haber hecho valer su nacionalidad norteamericana. Hoy venía gozosa y entusiasta, a tierra de libertad. Desembarcaría en país totalmente desconocido, sin hablar apenas la lengua, y desprovista completamente de recursos. Venía tranquila y confiada. Nosotros desembarcamos antes, con los grupos diplomáticos que siguieron inmediatamente a los gloriosos heridos de guerra. Ella quedó sonriente y confiada. Cuanto el Destino pueda depararle, será infinitamente mejor que haberse quedado en aquel rincón de los Balcanes, donde, me refirió ella, vió morir de hambre a no pocos de los habitantes.

EN EL "GRIPSHOLM" QUEDARON SETENTA

Pienso que habrá desembarcado sin dificultades. De los casi setecientos pasajeros traídos por el "Gripsholm", quedaron setenta que, por no haber mostrado papeles perfectamente en regla, fueron trasladados a Ellis Island, la isla fatídica para los inmigrantes, mientras se investigan minuciosamente sus casos.

Ya dentro de la inmensa bahía de Nueva York, la más grande del mundo, en el puerto febril que a distancia semejaba una selva de mástiles y chimeneas entre las cuales se destacaba la silueta broncínea de la estatua empuñando la simbólica antorcha, la multitud de rescatados miraba ansiosa y atónita hacia lo que era para nosotros la tierra prometida, después del cautiverio. Mientras el barco atracaba y comenzaba la febril agitación de alistar papeles y bagajes y aguardábamos la inspección oficial de los pasajeros, nuestros pensamientos fueron hacia todos aquellos americanos del norte y del sur y del centro, que no tuvieron cabida en este convoy y quedan todavía en los centros de confinamiento y campos de concentración, a merced de contingencias imprevisibles, pero que pueden ser atroces.

Un alabado surgió de los pechos al bajar precipitadamente por la escalera que nos conducía a tierra firme. Volvíamos por fin la espalda al volcán cuyas flamas arden cada vez más intensas, y cuya humareda asfixiante se extiende por toda Europa.

# Partieron Ayer los 45 Mexicanos Canjeados

Los ex Cautivos de Hitler Están Jubilosos por su Vuelta a México

Por PHIL CLARKE, corresponsal de la AP.

NUEVA YORK, marzo 25. (AP)—Cuarenta y cinco mexicanos repatriados, rebosantes de felicidad, partieron hoy, a las 6.05 de la tarde de la estación neoyorquina de Pennsylvania y emprendieron la última parte de su largo viaje desde Alemania, país en el que estuvieron internados y que actualmente es azotado por la guerra.

El grupo de mexicanos hace el viaje en un coche especial añadido al famoso tren "The Spirit of St. Louis" del ferrocarril Pennsylvania. Deben llegar a St. Louis, Missouri, a la 1.20 de la tarde del domingo. De esa ciudad saldrán a las 5.50 p. m. del mismo día, para llegar a Laredo, Tex., a las 11.30 de la mañana del lunes. Arribarán a la ciudad de México a las 8.45 de la mañana del miércoles próximo.

Durante los diez días que permanecieron en Nueva York, muchos de los mexicanos se dedicaron a recorrer los museos, las bibliotecas, las galerías de arte y los teatros. Empero, la mayoría se conformó con permanecer en los hoteles donde se hospedaban, para dormir mucho y comer abundantemente.

Recorte "Partieron ayer los 45 mexicanos canjeados", 25 de marzo de 1944

SON ESPERADOS HOY LOS MEXICANOS PRISIONEROS

Don Gilberto Bosques y el personal de la Legación en Vichy pasaron por Laredo

Telegrama para EL UNIVERSAL

NUEVO LAREDO, Tamps., 28 de marzo de 1944.—Más de treinta diplomáticos mexicanos que regresan de Godesburg, Alemania, en donde estaban en calidad de prisioneros, partieron hoy de esta ciudad a las 2 de la mañana, con destino a la Capital de la República a bordo de un carro especial agregado al tren directo procedente de Nueva York.

En cabeza el grupo el profesor Gilberto Bosques, quien me manifestó que los diplomáticos que vuelven a la patria pertenecían unos a la antigua Legación en Vichy, Francia, y otros al Consulado General en Marsella. El propio señor Bosques actuó de Cónsul General en París hasta la ocupación, pasando luego al Consulado General en Marsela hasta agosto de 1942, en que quedó como Encargado de Negocios en Vichy. Con ese carácter tuvo que comunicar el rompimiento de

(Sigue en la Página Sies, Columna Séptima)

relaciones diplomáticas con el régimen de Petain. Juntamente con la misión diplomática y consular de México fué internado primero en Francia y después en Alemania en donde estuvieron prisioneros más de un año.

Se excusó mi entrevistado de revelar las penalidades que sufrieron con sus respectivas familias todos los que le acompañaban en aquella prisión; pero sí se expresó muy complacido de las atenciones y consideraciones que recibieron de parte del gobierno americano desde que pisaron el vecino país.

LOS QUE REGRESAN

Anoté entre los diplomáticos, además del profesor Bosques, a quien acompañan su esposa, dos hijas y un hijo, a los señores Martínez Baca, su esposa y dos hijos; Vicente Nájera, su esposa y su hija; el doctor Lara, el periodista Carlos Serrano, su esposa y su hija; Pedro Insunza y su esposa; José Muñoz Zapata, José Scheers, su esposa y dos hijas; la señora Prado, la señorita Andree Gabriel, la señorita Margarita Asimana, el señor Rodolfo Nervo, Consejero de la Legación en Francia, hermano del poeta Amado Nervo, su esposa y una hija; el señor Rubén Montiel, el señor Fidel Ugarte y la señorita Hermelinda Molina.

Los compatriotas que retornan vienen acompañados desde San Antonio, Tex., por el señor Manuel Nájera, del Consulado General en esa ciudad, y el señor Javier Osornio, Cónsul mexicano en Laredo, Tex., quienes estuvieron en la estación de esta ciudad a despedirlos.

Jubilosos en extremo se muestran los viajeros desde el momento en que pisaron el territorio de su patria.

EL CORRESPONSAL.

Recorte "Son esperados hoy los mexicanos prisioneros", 28 de marzo de 1944

Cálida Recepción a Compatriotas

Centenares de Personas les Dieron la Bienvenida en la Est. Central

Por LUIS SPOTA.

—¡No tengo palabras, no puedo decir más que tiemblo de emoción, que lloro de alegría porque nuevamente estoy en México!

Con el pelo en desorden; rota la camisa por las manos—las miles de manos—que intentaban tocarlo, palparlo, abrazarlo; pintada de rouge la cara morena; con el brillo salado de las lágrimas en los ojos enrojecidos por las vigilias; trémulo y sudoroso, en fin, el profesor Gilberto Bosques, que con otros cuarenta y cuatro mexicanos sufrió hambre, privaciones, dolor en la prisión nazi del Hotel Godemberg, declaró lo anterior, rápidamente, a este reportero de ULTIMAS NOTICIAS, Segunda Edición.

Bosques vivió esta tarde—hace una hora—la emoción del retorno. Sus familiares, su hija, lloraron sobre su pecho, mientras él, mudo, naufragaba entre una ávida muchedumbre; ávida muchedumbre de mexicanos y españoles que propugnaban acercársele, estrellándose ante apretada barrera de hombres y mujeres histéricos, jadeantes, enloquecidos.

Fué un momento emocionante. Más de tres mil cabezas —de ancianos, de hombres, de mujeres, de niños— se asomaron, ansiosas, al largo patio de la estación. Entrando a cambios —tan lenta, torpemente—, venía la máquina. Tres pitazos, tres pitazos, y negro, majestuoso, rodó el convoy sobre los rieles.

Entonces un millar de chiquillas lanzaron un ¡viva el profesor Bosques!, desgarrador, dramático, inmenso. Tres banderas —dos mexicanas a los lados, la española rojo, gualda y morado al centro— se agitaron, trémulamente, al izarlas sus portadoras.

Fué primero como un ruido ensordecedor; después aumentó de volumen, hasta hacer vibrar el techo y el piso; segundos más tarde, cuando el tren frenó y los porters vestidos de blanco abrieron la puerta del carro especial en el que hicieron el viaje los repatriados, convirtióse en uno sólo, grande grito.

Sigue en la última plana.

En la estación de Buenavista: recorte "Cálida recepción a compatriotas", 29 de marzo de 1944

Recorte-foto "Regreso de los mexicanos que estuvieron cautivos de Hitler"

Página siguiente: Recorte-foto "Gráficas nacionales"

GRAFICAS NACIONALES

El profesor Gilberto Bosques, jefe de la misión diplomática mexicana que acaba de ser rescatado de la prisión nazi, recibido en hombros por numerosos compatriotas que se reunieron a recibir a los mexicanos a su llegada a esta capital la semana pasada.

MÉXICO, D. F., JUEVES 30 DE MARZO DE 1944

Elevada Actitud de Nuestros Nacionales Bajo la Cautividad

"Difícil es Describir la Emoción que Siento por Encontrarme de Nuevo en mi Patria", Dijo el Prof. Bosques

CON ORGULLO Y JÚBILO SE RECIBIÓ A NUESTROS LEALES COMPATRIOTAS

Está Vivo aún el Recuerdo de Pesadilla de la Gestapo. La Estancia en Godesberg. Canciones de México. ¡Al fin, Libres!

México recibió ayer, con orgullo y con júbilo al mismo tiempo, al grupo de compatriotas leales a nuestra tradición de pueblo defensor de la dignidad humana y de los principios de libertad y de justicia social, que después de prolongada odisea, retornaron a la Patria, encabezados por el señor profesor Gilberto Bosques, ex Encargado de Negocios en Vichy.

EL NACIONAL presenta amplia información de este acontecimiento de gran significación histórica, con las impresiones del profesor Bosques, de su esposa, de sus hijos y de sus compañeros de reclusión bajo la opresión de los nazis en Godesberg, Alemania, así como la reseña de la entusiasta recepción que se organizó en honor del Jefe de la Misión Mexicana, del profesor Gabriel Lucio y demás nacionales reintegrados a nuestro país en la Estación Central, donde el Jefe de Ayudantes del señor Presidente de la República, teniente coronel Luis Viñals Carsi, llevó un cordial saludo del Jefe de la Nación.

Cuatro de nuestros redactores fueron hasta Huichapan, Hidalgo, a recibir a nuestros compatriotas, llevando un cordial saludo del Director-Gerente de EL NACIONAL, señor Raúl Noriega, de los redactores y demás trabajadores de esta casa para el profesor Bosques y compañeros de odisea. En Huehuetoca, en Cuautitlán y en la Estación Central otros compañeros se unieron a los representantes de este Diario para recepcionar a nuestro antiguo Director.

Transcribimos las notas de nuestros compañeros Campos Bravo, Marcelo Jover, Alberto Morales Jiménez, Luis Pérez Orozco y Juan B. Climent.

Por Alejandro Campos Bravo
Enviado Especial de EL NACIONAL

Recorte "Elevada actitud de nuestros nacionales bajo la cautividad",
30 de marzo de 1944

Recorte-foto sin título (Bosques en hombros)

MISIÓN EN PORTUGAL, EN SUECIA Y EN FINLANDIA

Presentación de cartas credenciales, Lisboa, enero de 1946, con António Carmona, presidente de la República Portuguesa

En la Embajada de México en Lisboa

Día de campo en Portugal

Gilberto Bosques y su esposa en Lisboa

Presentación de cartas credenciales, Estocolmo, 1950

Sigvald Linné, arqueólogo sueco que trabajó en Teotihuacán, explica una pieza al rey Gustavo VI Adolfo, ante el embajador Bosques y Fernando Gamboa, curador de la exposición, Estocolmo, 1952

Con el presidente de Finlandia Juho Kusti Paasikivi, presentación de cartas credenciales, Helsinki, 1950

MISIÓN EN CUBA

Con Fidel Castro, La Habana

Con Raúl y Fidel Castro, y el Che Guevara

Reunión en la Embajada de México en La Habana

Con Nicolás Guillén y Juan Marinello

Con el general Heriberto Jara y Raúl Castro

Raúl Roa, Gilberto Bosques, María Luisa Manjarrez de Bosques, Fidel Castro, Teresa Bosques y Camilo Cienfuegos

En la inauguración de la Escuela Emiliano Zapata, con Raúl Roa, el presidente Osvaldo Dorticós y Armando Hart

Con el presidente Dorticós, el general Cárdenas y Raúl Roa en la Embajada, 1961

Adiós a Cuba y a la diplomacia, 1964

RECONOCIMIENTOS, DISTINCIONES, HOMENAJES

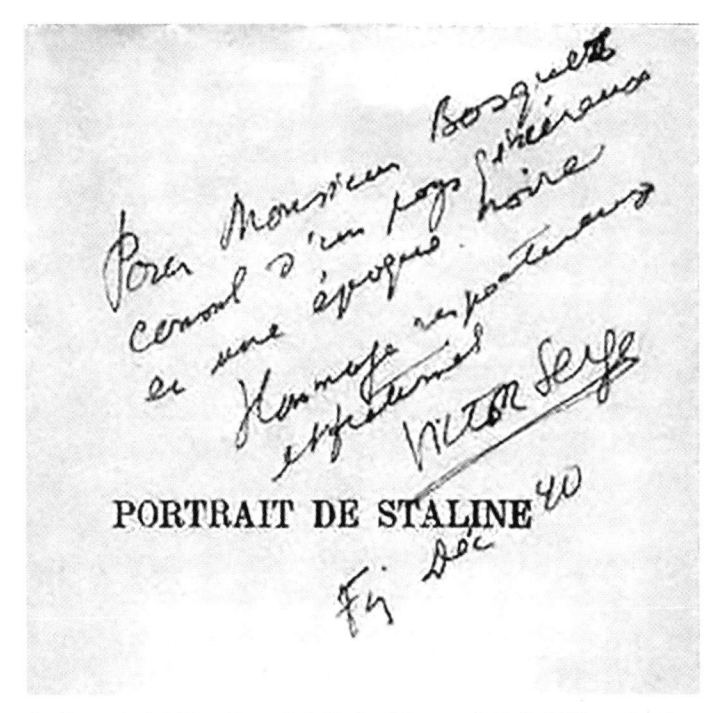

Dedicatoria del libro *Portrait de Staline* (*Retrato de Stalin*). "Para el señor Bosques, cónsul de un país generoso en una época negra. Homenaje respetuoso y fraternal. *Victor Serge*", fines de diciembre de 1940

Colección

Monsieur le Professeur,

au moment de monter sur le "Serpa Pinto" qui doit m'amener dans votre pays, je tiens à vous remercier sincèrement de tout ce que vous avez fait en faveur des réfugiés. Je ne manquerai pas à dire à nos amis au Mexique et dans les États-Unis d'Amérique combien votre aide nous a été à tous précieuse et le sera encore beaucoup plus dans les mois à venir.

Si je pars maintenant, laissant tant d'amis dans une situation extrêmement précaire, je pense pouvoir le faire sachant qu'ils trouveront toujours en vous un appui qui ne les décevra pas.

Aussi vous serais-je reconnaissant, Monsieur le Professeur, de vouloir bien accorder à mes successeurs le même accueil bienveillant et attentif que vous m'avez toujours témoigné.

J'espère de tout mon cœur, Monsieur le Professeur, vous revoir bientôt dans des circonstances moins pénibles et, en attendant, je vous présente tous mes respects.

Leo Lambert

19 Novembre 1941.

Carta de Leo Lambert, 19 de noviembre de 1941

Dedicatoria del libro *Djelfa:* "A Gilberto Bosques,
que me sacó de allí, con la amistad de *Max Aub*", ca. 1941

Carta de André Gide, 1 de julio de 1942

COUPS DE BARRE

Dedicatoria del libro *Coups de barre* (*Fatigas*). "Para el señor Gilberto Bosques, sin la ayuda del cual yo sería un bello cadáver en uno de los campos de concentración, mi cordial amistad". *Jean Malaquais, 1945*

Dedicatoria del libro *Huit mille traités de paix* (*Ocho mil tratados de paz*). "A Su Excelencia, el señor profesor Gilberto Bosques, con mi muy afectuoso recuerdo de antiguo colaborador durante los terribles años de la ocupación alemana y la expresión de mi profunda simpatía y de mi admiración". *Gaston Bouthoul*

Dedicatoria del Movimiento Alemania Libre de México de *El libro negro del terror nazi en Europa*, 1 de abril de 1944

La Séptima Cruz

Dedicatoria del libro *La séptima cruz*. "A Gilberto Bosques, quien tanto hizo para nosotros, con mi profunda gratitud". *Anna Seghers,* 15 de abril de 1944

Dedicatoria del libro *Leutnant Bertram* (*Teniente Bertram*). "A Gilberto Bosques, gran amigo de los refugiados antifascistas alemanes, con gratitud por su ayuda a los voluntarios de la XI Brigada Internacional". *Bodo Uhse,* 15 de abril de 1944

Dedicatoria del libro *La batalla de Rusia*. "Al gran amigo de los refugiados políticos Profesor Gilberto Bosques". *André Simone,* 15 de abril de 1944

HOMENAJE A MEXICO
De los españoles amparados por su Bandera
PALACIO DE LAS BELLAS ARTES
Lunes 1º. de Mayo, a los 8 p. m.
1944

Los Españoles demócratas que vivimos en México al amparo de una hermandad jamás desmentida,

Al noble pueblo mexicano, que nos ofreció su bandera de libertad, cuando la nuestra fué arriada en España por la fuerza de las armas extranjeras.

EN medio de los dolores, de las angustias y de los sufrimientos morales de esta década, crucial en la Historia de la Humanidad, el pueblo mexicano ha sabido mantener su recia personalidad de defensor del Derecho, de paladín de las causas justas. En el huracán de las bajas pasiones, de los intereses bastardos, de las actitudes aconsejadas por el odio o por el miedo, el prestigio de muchas naciones no ha podido encontrar su norte.

México, en cambio, ha sabido hallar el rumbo porque supo utilizar como brújula su corazón generoso, su profundo sentido humano. Hoy, mientras otros tienen que reparar—¡con cuánto sacrificio!—los errores de una travesía accidentada, México recibe el pago de su noble conducta en un elogio unánime, en una fervorosa gratitud que le rinden todos los hombres libres.

Hace cuatrocientos años, la voz de Francisco de Vitoria clamaba por el respeto al derecho de gentes, por el trato humano a los pueblos de América. México recogió aquellas nobles palabras, las grabó en su corazón ardiente. Cuando la fuerza bruta se abatió sobre España, puso en práctica los principios que había conservado como el legado más preciado de la civilización hispana.

Una conducta... un ejemplo...

Invitación al Homenaje a México en Bellas Artes de los españoles que vivían en México, 1 de mayo de 1944

Tel. Ericsson 10-13-69

PAUL MERKER
Av. Tamaulipas No 129-6
MEXICO, D. F.

Tel. Mexicana L-24-46

13 de octubre de 1944.

Sr. Prof. Gilberto Bosques.
Los Pilares 223,
Colonia del Valle, D.F.

Muy estimado señor Profesor:

    Me permito enviar a usted con la presente mi último libro publicado recientemente en la Editorial "El Libro Libre", como testimonio de mi gratitud al gran pueblo de México y a su Gobierno que, al concederme asilo, me salvó de ser entregado a la Gestapo.

    En esta obra traté de exponer las razones históricas y políticas que motivaron la caída de la República Alemana y de que no se evitara el triunfo de Hitler. Una exposición de esta naturaleza no puede limitarse al relato de las luchas parlamentarias; por eso traté de realizar un estudio objetivo y documental del desarrollo político de Alemania, examinando en forma crítica las fuerzas progresistas y las reaccionarias.

    Espero haber logrado mi propósito de aclarar los problemas tan discutidos desde 1933 y de proporcionar al lector latinoamericano un conocimiento exacto de esa época de la historia alemana.

    Actualmente estoy ocupado en terminar el segundo tomo, que es una continuación del presente libro. Este nuevo trabajo trata sobre la política interior y exterior del nazismo, sobre la teoría racial fascista y el ejército alemán.

    Agradecería a usted sobre manera me transmitiera sus opiniones sobre el presente libro y la utilidad del mismo para el lector latinoamericano.

    Aprovecho esta oportunidad para suscribirme de usted

Muy atentamente.

Paul Merker

Carta de Paul Merker, 13 de octubre de 1944

UNIÓN DEMOCRATICA POLACO MEXICANA
o
TADEUSZ KOSCIUSZKO
GOMEZ FARIAS NO. 43 DPTO. 7
MEXICO, D. F.

-I-

Discurso pronunciado en el banquete, el día II de Diciembre por la señora Liza Namiot, secretaria de la Unión Democrática Polaco-Mexicana "Tadeusz Kosciuszko".

Excelentísimo Señor Ministro, Prof. Gilbrto Bosques.
Estimada Señora María Luisa de Bosques.
Señoras y Señores:

Con profunda emoción tomo la palabra en nombre de la Unión Democrática Polaco-Mexicana "Tadeusz Kosciuszko" para agradecer y rendir homenaje a Mexico, al grande, noble y hospitalitario país, que se convirtió para nosotros en una segunda Patria.

Si el nombre de Mexico es hoy día símbolo de verdadera democracia, justicia y humanitarismo, y si el nombre de Mexico resuena con profunda gratitud en los corazones de millares de refugiados, si el nombre de Mexico se verá escrito en los anales de honor, en todos los paises amantes de la libertad, lo debe en gran parte a una de sus más nobles, finas y destacadas personalidades - al Prof. Gilberto Bosques.

Cuando las siniestras tropas de Hitler se extendían por todo el continente europeo, cuando sembraban el terror y la muerte, el profesór Bosques, entonces digno representante de Mexico en Francia, se dedicó a la noble tarea de salvar a cuantos pudo.

Guiado por la secular tradición de justicia de su gran Pueblo, por los altos ideales de la gloriosa Revolución Mexicana, por el espíritu de ferviente luchador antifascista cumplió su extraordinaria misión honradamente.

Discurso de la señora Liza Namiot (brigadista internacional) en el acto organizado por la Unión Democrática Polaco-Mexicana, 11 de diciembre de 1946

UNION DEMOCRATICA POLACO MEXICANA
o
TADEUSZ KOSCIUSZKO
GOMEZ FARIAS NO. 45 DPTO. 7
MEXICO, D. F.

-2-

Los refugiados españoles, que fueron las primeras víctimas del fascismo italo-alemán, gozaron de su cuidado y apoyo, verdaderamente fraternales.

Valiéndose del pacto existente entre el gobierno de Mexico y el gobierno de Vichy, el prof. Gilberto Bosques trataba de enviar a su generosa patria, el mayor número de refugiados posible.

La ingenuidad del prof. Bosques para hallar base jurídica que posibilitase la salida de los infelices, que en su mayoria gemían en los campos de concentración, ha sido enorme.

Soy una de aquellos que debe su vida y la de su esposo e hijo a la bondad, a la fineza y al gran corazón del prof. Bosques.

Una noche de Octubre de 1941, en el campo Bompard de Marsella, en donde fuí internada, vinieron los gendarmes de Petain para llevarme al campo de concentración de Rieucros. Para mi, polaca y refugiada española, solo existia una posibilidad: deportación a Alemania y de allí a los campos de muerte de Maidanek ó de Osviecim.

Me hallaba entonces, gravemente enferma, con 40 grados de fiebre. Me vino la idea de negarme a ir con ellos. No fuí y a mi mayor sorpresa no me llevaron a fuerza.

En mi desesperada situación mis compañeros me aconsejaron de ir a ver al prof. Bosques personalmente. Me recibió en la Embajada y escuchó con gran interés mi relato de como salí de España, como me internaron inmediatamente y separaron de mi único hijo. No tenía ningún documento comprobante de que

UNION DEMOCRATICA POLACO MEXICANA
o
TADEUSZ KOSCIUSZKO
GOMEZ FARIAS NO. 43 OPTO. 7
MEXICO, D. F.

-3-

pertenecía a las Brigadas Internacionales. Habia quemado toda mi documentación ante el avance del ejercito nazi en Francia.

El prof. Bosques se hallaba visiblemente emocionado y a la vez muy afligido. Ningún sufrimiento humano ha sido ajeno a su alma generosa.

¿"Como puedo ayudarle, Señora¿ me preguntó apenado"Necesito cualquier papel para las autoridades de Vichy". No pude contestarle nada. El silencio duró algun tiempo. De repente su rostro se aclaró, una sonrisa felíz lo iluminó. "Ya lo tengo¡ exclamó. Su hijo nació en Barcelona es, entonces, español y tiene el derecho de ir a Mexico y Ustedes tienen que acompañarle porque apenas tiene tres años y no puede ir solo.

Este hecho no ha sido el único. Semejantes intervenciones del prof. Bosques, se pueden multiplicar indefinidamente. Pero es suficiente para ilustrar en qué forma el prof. Bosques trataba su noble tarea y de que manera la cumplía.

Y cuando tuvo que pagar el alto precio del cautiverio en la guarida nazi, este hombre de espíritu inquebrantable, llevó la cruz con la misma indomable valentía que caracterizó todos sus actoas.

La Unión Democrática Polaco-Mexicana "Tadeusz Kosciuszko" tiene el honor de contar a este gran hombre entre sus mejores amigos y patrocinadores. Con su fina inteligencia compprendió en seguida que los ideales difundidos por nuestra Unión defienden una causa justa y progresiva.

UNION DEMOCRATICA POLACO MEXICANA
o
TADEUSZ KOSCIUSZKO
GOMEZ FARIAS NO. 43 DPTO. 7
MEXICO, D. F.

-4-

Fué apenas en los principios de nuestra organización. El problema polaco ha sido utilizado por la reacción internacional para sus turbios fines. Nuestra posición ha sido muy dificil y muchas han sido las contrariedades que tuvimos que vencer.

Apenas llegado a Mexico, consintió en hablar en el mitín organizado por nuestra Unión, en 1946, para conmemorar la Heróica lucha de los Judíos en el Ghetto de Varsovia.

El prof. Bosques nos apoyó en nuestra lucha. Muchas veces nos ayudó con sus valiosos consejos, nos animó en momentos difíciles y nos sostuvo siempre. Jamás dejó de demostrarnos su sincera simpatía para Polonia democrática y su pueblo heróico.

Hoy celebramos nuestra victoria. Mañana llega a Mexico el legítimo representante del Pueblo Polaco. La justicia y la verdad tuvieron que vencer. El martirizado pueblo polaco es hoy dueño de su país. El Gobierno Polaco de Unidad Nacional reconocido por todos los aliados construye en Polonia una nueva vida Próspera y felíz.

Somos felices de poder celebrar la victoria en presencia del prof. Bosques, nuestro inolvidable amigo.

Hoy nos despedimos de Ud., querido amigo. Resulta difícil despedirse, pero la convicción que en cualquier lugar, siempre seguirá Ud. siendo el gran y digno amigo del Pueblo Polaco nos consuela.

Le deseamos mucho éxito en su tarea. Esperando poder saludarle una vez más, como representante de Mexico en Polonia, le deseamos a Ud. querido amigo, así como a su distinguida señora

UNION DEMOCRATICA POLACO MEXICANA

TADEUSZ KOSCIUSZKO
GOMEZ FARIAS NO. 43 DPTO. 7
MEXICO, D. F.

-5-

esposa e hijas un buen viaje y muchas felicidades. Permitame entregarle, profesor, un pequeño recuerdo en nombre de la Unión Democrática Polaco-Mexicana "Tadeusz Kosciuszko" -una joya de la literatura polaca., distinguida con el premio Nobel.

Muchas gracias, profesor por haber estado siempre con nosotros.

Título de Maestrante de la Orden de la Liberación de España, otorgado por el Presidente de la República Española [en el exilio], 11 de enero de 1956

Condecoración como Maestrante de la Orden de la Liberación de España en la Embajada de la República Española en México, con el embajador Manuel Martínez Feduchy, enero de 1956

marzo 944

GILBERTO BOSQUES: EL PRIMER
MEXICANO QUE CONOCÍ.

Por Mario Montagna.

Conocí al señor Gilberto Bosques en Marsella, a fines de 1940, cuando era Cónsul General de México en Francia.

Entonces yo estaba internado en el campo de concentración del Vernet y había obtenido el permiso para ir a Marsella, acompañado por un Guardia Móvil, con el objeto de retirar el visado de emigración para México que el Gobierno del General Lázaro Cárdenas me había otorgado algunos meses antes -sin que ni siquiera yo lo supiese- por la intervención de mi amigo Vittorio Vidali y de un Comité de personalidades que presidía el doctor Enrique Arreguín.

No era fácil sacarme, ni aunque fuera sólo por pocos días, del infernal campo del Vernet, en la portada del cual se hubieran podido escribir las trágicas palabras de Dante: "¡Oh, los que entráis, dejad toda esperanza!" Sin embargo las insistencias de Bosques lograron hacer este milagro.

Antes de ir al Consulado General de México estuve -siempre acompañado por mi "ángel custodio" en uniforme- en el magnífico y suntuoso Consulado de otro país, para pedir un simple visado de tránsito, válido por muy pocos días, sin el cual el Gobierno de Vichy no permitía a nadie salir de Francia, puesto que no existía, en aquel entonces, ningún medio de transporte directo entre Francia y México. En este Consulado tuve que contestar a una infinidad de preguntas -cuáles eran mis opiniones políticas, a cuáles partidos había pertenecido y pertenecía, etc., etc., -y por fin me comunicaron que muy difícilmente me otorgarían el visado de tránsito y, en ningún caso, antes de muchas semanas. En verdad fuí tratado -a pesar que se sabía que yo estaba internado a causa de mis ideas antifascistas- ni más ni menos que como un solicitante fastidioso, así como fueron tratados, por otra parte, todos los refugiados políticos de todos los países que se encontraban en aquel Consulado.

Con este precedente, yo esperaba un interrogatorio mucho más minucioso, mucho más severo por parte del Consulado de México, por ser el país que debía otorgarme no un simple visado de tránsito, sino el permiso de vivir

"Gilberto Bosques: el primer mexicano que conocí", escrito de Mario Montagna

(2)

indefinidamente en su territorio. Grande fue pues mi sorpresa y mi alegría al observar no sólo que el personal del Consulado, desde el más modesto empleado hasta el señor Cónsul Bosques, demostraban conmigo y con todos los refugiados que llenaban las oficinas, una cortesía exquisita y una evidente simpatía, sino que para entregarme los papeles necesarios al viaje (yo no tenía, claro está, el pasaporte italiano) y el visado de entrada en México, no me pidieron otra cosa que la prueba de mis generalidades y de mi calidad de refugiado político antifascista.

-¡ El señor Bosques me ha reconciliado con la diplomacia! -decía algunos días después a mis amigos del campo del Vernet, donde había sido obligado a volver....

Dejar definitivamente este campo y salir de Francia era en efecto muy difícil, casi imposible, sin el visado de tránsito que yo había pedido, pues mientras a otros refugiados, menos conocidos como militantes de izquierda ó, tal vez, considerados menos "peligrosos" que yo, se les otorgó al fin este visado, yo nunca pude conseguirlo.

Una vez más, sólo el interés demostrado por el Consulado de México y por el señor Bosques personalmente, junto con la buena voluntad de algunos funcionarios franceses, pudieron, superando una infinidad de obstáculos, permitirme embarcar con mi esposa, el 6 de mayo de 1941, en el barco que debía llevarme a la Martinica.

x x x

Lo que Gilberto Bosques ha hecho por mí, con el fin de sacarme del campo de concentración haciéndome posible llegar a este gran país libre, democrático y hospitalario, él y sus colaboradores lo han realizado -y mucho más aún,- en numerosas ocasiones por centenares y millares de otras víctimas del nazifascismo.

Nada de burocrático, nada de "reglamentario" nada de humillante había en su actitud sino por el contrario, una sencillez, una comprensión de nuestros sufrimientos y una manifiesta voluntad de ayudarnos que nunca podremos olvidar y que nos hizo amar, antes aún de conocerlos, el lejano país hacia el cual debíamos dirigirnos, su pueblo y sus gobernantes.

(3)

          Fueron aquellos nuestros primeros contactos con México. Pero fueron suficientes para hacernos comprender que no se trataba de un país y de un gobierno como casi todos los otros y que, en México nos encontraríamos como hermanos entre hermanos, como hombres libres entre hombres libres. El porvenir confirmó plenamente esta primera impresión.

          Por esto, cuando supimos todos los refugiados en México que tuvimos la dicha de conocer a Gilberto Bosques en Francia que se encontraba prisionero de los alemanes, nos afligimos profundamente. Y durante el largo período de tiempo en que Gilberto Bosques estuvo entre las garras de los nazis, aislado de México y del mundo, pensábamos en él a menudo no sólo como un hombre con el cual teníamos una gran deuda, sino como en el capitán de un barco que, para salvar al más grande número posible de pasajeros, que él ni siquiera conoce, se queda en el puesto del peligro hasta el último momento, aún a costa de pagar con la vida su abnegación y su heroísmo.

          ¿Cómo extrañarse, pues, si ahora que se sabe que Gilberto Bosques está libre y que pronto llegará a su patria que centenares y millares de refugiados políticos antifascistas de todos los países, lo esperan aquí en México como se espera a un bienhechor y a un amigo y se preparan a ofrecerle, aunque sea muy modestamente el testimonio de su admiración, de su gratitud y de su cariño?

Diploma de la Condecoración al Mérito Revolucionario, 31 de enero de 1964

EMBAJADA DE AUSTRIA

No. 2513-A/88

Traducción del alemán

REPUBLICA DE AUSTRIA
EL PRESIDENTE DEL CONSEJO NACIONAL

Viena, 9 de mayo de 1988

Muy estimado Profesor Bósques:

Con motivo de la conmemoración de los sucesos del año de 1938 me es un grato deber expresar a Ud., estimado Sr. Profesor, mi profundo agradecimiento por su actuación abnegada y altruista, mediante la cual ayudó a muchos conterráneos austriacos en Francia a lograr su salida durante los años de 1939 hasta 1943. Sin su apoyo, que brindó como Embajador de su país, muchos austriacos hubieran perdido su vida entonces. Su profundo humanismo es símbolo de la postura de su país, que fue el único en no reconocer la anexión de Austria en 1938.

Quedo de Ud., muy estimado Profesor Bósques, con la expresión de mi distinguida consideración,

(firma: Leopold Gratz)

Sr. Profesor
Gilberto BOSQUES

Carta del Presidente del Consejo Nacional de Austria, Leopold Gratz, 9 de mayo de 1988

Entrega del diploma de reconocimiento de la emigración republicana española. Con don Gilberto, Felisa de Varea, Amalia Solórzano Vda. de Cárdenas y Enrique Martín Moreno

La Quincuagésima Legislatura del Honorable Congreso Constitucional del Estado Libre y Soberano de Puebla

Acordó como Justo Homenaje de Admiración y Reconocimiento del Pueblo de Esta Entidad Federativa hacia el Ciudadano Profesor y Embajador

Gilberto Bosques Saldivar

Diputado Constituyente, precursor de la Revolución y Diplomático Distinguido, inscribir con letras de oro su Nombre en el lugar destinado para tal efecto en el Salón de Sesiones del H. Congreso Local.

H. Puebla de Z., a 8 de septiembre de 1988.

El Diputado Presidente

Lic. Manola Álvarez Sepúlveda

El Diputado Secretario

Lic. Jorge René Sánchez J.

El Diputado Secretario

Lic. Saúl Coronel Aguirre

Diploma con motivo de la inscripción del nombre de Gilberto Bosques en el recinto del Congreso Local del Estado de Puebla, 8 de septiembre de 1988

Develación del nombre de Gilberto Bosques Saldívar en el Salón de Sesiones del H. Congreso Local del Estado de Puebla, 8 de septiembre de 1988

Ing. Nicolas Bodek

Minerva 310-C, Colonia Florida
01030 México, D. F.
MEXICO

26 mayo 1997 1/2

Teléfono: (52-5) 662-4126

El presente escrito quiere ser un reconocimiento de gratitud a la memoria del Sr. Don Gilberto Bosques quien se merece esto y mucho más por su comportamiento tan especial y humano, en aquellos momentos tan difíciles como fueron aquellos años de guerra en que él fué Cónsul de México en Francia con domicilio en Marsella.

Nosotros, mi madre, mi hermano y yo estábamos en aquel entonces viviendo en un hogar para niños de la organización OSE en donde mi madre estaba de cocinera.

Después de haber tocado inútilmente a las puertas de Brasil y Estados Unidos, tuvimos la fortuna de ser avisados mediante telegrama que yos presentaramos en la oficina del Cónsul de México en Marsella para obtener la visa para México.

Inmediatamente nos trasladamos a Marsella para encontrarnos con el Sr. Gilberto Bosques, el cual nos recibió en su oficina. El se sorprendió mucho al encontrarse con refugiados judíos de Alemania que le hablaban en español. Le explicamos la razón, ya que de Alemania habíamos emigrado a España y de allí a Francia. El Sr. Bosques nos participó que faltaba un detalle burocrático para poder entregarnos la visa, lo cual, afortunadamente, se pudo arreglar a satisfacción en pocos días mediante vía telegráfica. Pero mientras tanto el Sr. Bosques con su conversación, con su calidez humana, pudo hacernos olvidar el presente horrible y de pesadilla que se estaba viviendo en aquellos tiempos de noviembre 1941. El nos confortó y logró que empezaramos a soñar con un futuro mejor en aquel país lejano llamado México.

Escrito de Nicolas Bodek, de reconocimiento
a don Gilberto Bosques, 26 de mayo de 1997

Ing. Nicolas Bodek   26 mayo 1997   2/2

Minerva 310-C, Colonia Florida
01030 México, D. F.
MEXICO   Teléfono: (52-5) 662-4126

Cuando salimos la última vez de su despacho con la visa estampada en nuestros documentos de viaje éramos otros seres humanos otra vez, que teníamos una esperanza bien fundada hacia una vida distinta y mejor y dentro de un tiempo no muy lejano.

Efectivamente a mediados de enero 1942 zarpamos de Marsella vía Casablanca hacia Veracruz en donde llegamos el día 2 de marzo 1942.

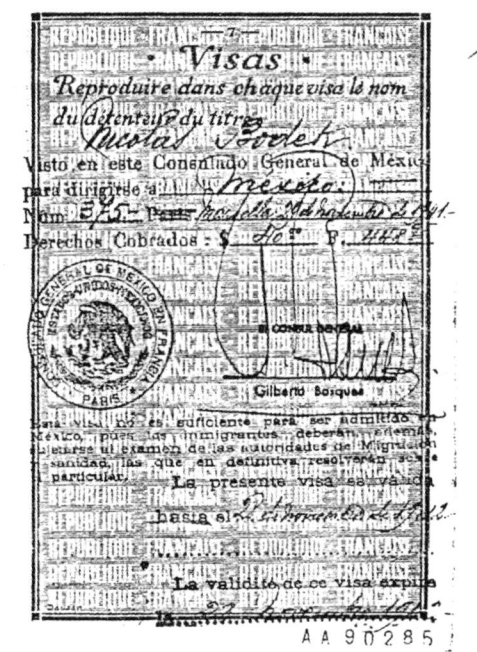

Nicolás Bodek

PÁRRAFOS DE HERMAN WEITZ

La habitación estaba a oscuras, las cortinas cerradas casi por completo. Bosques me miró desde su escritorio y me dijo: "Monsieur Weitz, usted nunca va a poder entrar a México porque le ofreció dinero a un empleado consular".

Era una de mis últimas oportunidades, ya no me importaba lo que los demás pensaran o hicieran, pero al final estaba a punto de aclarar las cosas. Le respondí que en ningún momento le había ofrecido dinero a un funcionario consular (lo cual era verdad, ya que le había ofrecido dinero a un general español, no a un funcionario mexicano); que le habían mentido y que quería ver qué tipo de evidencia existía para probar que yo había hecho ese intento de soborno, porque eso es lo que era, un soborno, que yo nunca había hecho y cuya existencia dañaba mi reputación. Continué de este modo por un tiempo cuando, para mi sorpresa, el cónsul finalmente accedió a otorgarme la visa. Con unos movimientos de su lapicera hizo su firma y luego llamó a su secretaria para agregar el sello oficial en los papeles.

Yo no podía creerlo cuando salí de la oficina con los documentos firmados. ¡Lo había hecho, verdaderamente lo había hecho! ¡Finalmente estábamos fuera de Europa!

Del libro *Mi historia, mi vida*, editado en 1991

TESTIMONIO DE BRUNO SCHWEBEL

Mi padre, Theodor Schwebel, era judío y también miembro del Partido Socialdemócrata de Austria. Poco después de la "Noche de los Cristales Rotos" huyó, llevándose a mi hermano Helmut; cruzaron ilegalmente a Francia en la frontera francoalemana en Lauterbourg. Entretanto, mi madre Theresia y yo permanecimos en Purkersdorf (cerca de Viena) por algunas semanas para vender muebles y enseres domésticos y prepararnos para el viaje. Partimos de Viena por tren el 10 de diciembre de 1938, siguiendo la misma ruta que habían tomado mi padre y mi hermano, llegando a París el 22 de diciembre de 1938.

Mi hermano y yo fuimos internados en una pensión para niños judíos en Montmorency, cerca de París, dirigida por la organización internacional OSE (Oeuvre de Secours aux Enfants, Sociedad de Ayuda a los Niños); mi madre encontró empleo en la misma pensión.

Cerca de un año después, cuando se declaró la guerra entre Francia y Alemania, mi padre fue internado como "ciudadano de país enemigo" en un campo de concentración francés. Y en junio de 1940, cuando las tropas alemanas ya se acercaban a París, mi madre, hermano y yo huimos a Montauban, en el sur de Francia. Con el desmoronamiento de las autoridades civiles francesas, mi padre pudo salir del campo y reunirse con nosotros en Montauban. De ahí en adelante, la meta familiar era conseguir una visa, cualquier visa, para el país que fuera. Las únicas posibilidades prácticas eran México y Nueva Zelanda, ya que las "cuotas" para otros países como Estados Unidos o Inglaterra estaban completas o el papeleo burocrático correspondiente era demasiado lento.

Finalmente, el 6 de noviembre de 1941, el Sr. Gilberto Bosques, Cónsul de México en Marsella, nos extendió una visa para México. Si no hubiera sido por la postura antifascista del gobierno de México, así como por la iniciativa personal del Sr. Bosques para salvar la mayor cantidad posible de gente cuyas vidas estaban amenazadas por el fascismo, probablemente mi familia y yo no hubiéramos sobrevivido.

Organizaciones judías socialdemócratas de México financiaron nuestro pasaje en el *Nyassa* de Lisboa a Veracruz, que zarparía los primeros días de febrero de 1942. Después de permanecer un mes en la capital portuguesa y un mes en el *Nyassa,* llegamos a Veracruz, donde fuimos acogidos como refugiados políticos.

Más de 50 años después, en noviembre de 1993, fue para mí una experiencia conmovedora, así como un gran honor, participar en el descubrimiento de un busto de Gilberto Bosques en el Instituto del Derecho de Asilo y las Libertades Públicas, en Coyoacán, Ciudad de México. La ceremonia fue organizada por el Instituto de Investigaciones Interculturales Germano-Mexicanas y por la comunidad de exiliados de habla alemana en México, como reconocimiento a las acciones humanitarias del Sr. Gilberto Bosques.

Bruno Schwebel, mayo de 1997

Sepelio de don Gilberto Bosques en Chiautla de Tapia, 5 de julio de 1995

SE INAUGURA EN VIENA
PASEO DEDICADO A SALVADOR MEXICANO

Con los auspicios de la Municipalidad de la ciudad de Viena, el Centro de Documentación de la Resistencia Austríaca y la Embajada de México, y la presencia de la Fundación Internacional Raoul Wallenberg, fue inaugurada el 4 de junio de 2003 una arteria de la capital austríaca con el nombre de "Promenade Gilberto Bosques", en tributo al diplomático mexicano salvador de judíos y otros perseguidos por el nazismo durante el holocausto.

A la ceremonia de inauguración asistieron Laura y María Teresa Bosques, hijas del diplomático, entre otras personalidades.

Austria reconoce así, gracias a una iniciativa del Dr. Christian Kloyber, investigador del exilio austríaco del Instituto para la Educación de Adultos de la Secretaría de Educación de Austria, la firme oposición del gobierno de México a la invasión y anexión de Austria por Alemania, en 1938.

Bosques pertenece a la categoría de diplomáticos que cumplieron con su mandato de auxiliar al semejante, como Raoul Wallenberg, Sempo Sugihara, Aristides de Sousa Mendes o Hiram Bingham IV, entre tantos otros funcionarios ejemplares (texto de The Raoul Wallenberg Foundation).

22., Gilberto-Bosques-Promenade

Gilberto Bosques (1892-1995)
Mexikanischer Diplomat, half vielen
Menschen bei der Flucht vor dem NS-Regime

Placa del Paseo dedicado a Gilberto Bosques en Viena, 4 de junio de 2003. "Diplomático mexicano, ayudó a muchas personas en su huida del régimen nacionalsocialista"

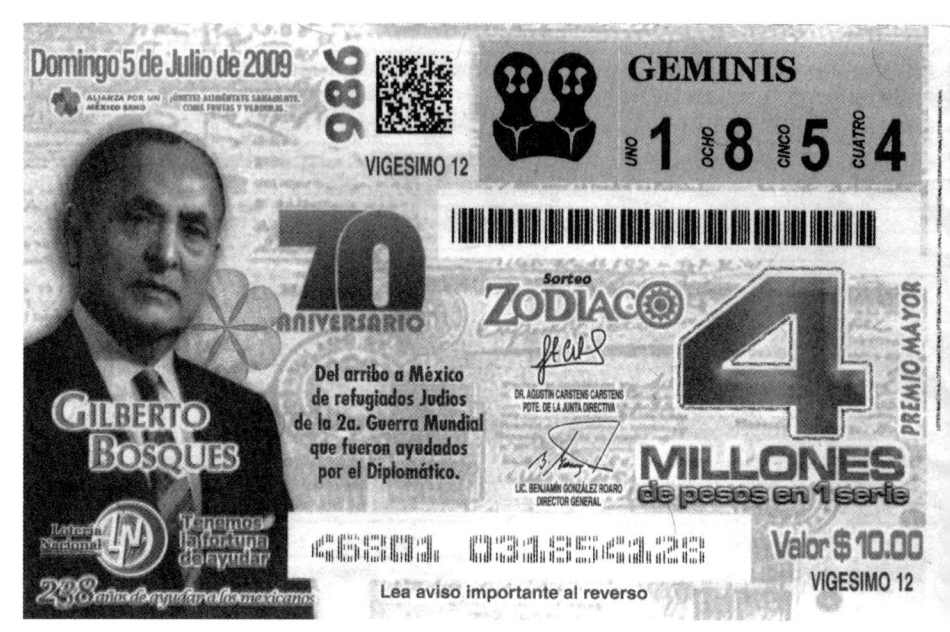

Billete de la Lotería Nacional, para conmemorar el "70 aniversario del arribo a México de refugiados judíos de la segunda Guerra Mundial que fueron ayudados por el diplomático", 5 de julio de 2009

Maqueta del díptico de timbres postales franceses, de una emisión conjunta Francia-México, conmemorativos del vigésimo aniversario de su fallecimiento, 2015

OTRAS ENTREVISTAS

ENTREVISTA A PEDRO CASTRO

¿Nos puede hacer un esbozo de la vida de don Gilberto Bosques?

La de don Gilberto es una vida que empieza con la Revolución, precisamente en ese momento que se considera el fundacional del movimiento armado. Me refiero a la actividad de los hermanos Serdán en Puebla; él tuvo la oportunidad, siendo prácticamente un adolescente, de tener amistad con Aquiles Serdán y con sus hermanos y hermanas, y de participar en la oposición, a pesar de que su juventud le impedía hacer muchas cosas, pero estuvo presente en el momento germinal de la Revolución mexicana, en el episodio de la familia Serdán y lo que finalmente ocurrió.

Los hermanos Serdán estaban muy comprometidos con la vía armada contra Porfirio Díaz; pensaban que ya no existía más alternativa que tomar las armas. En un episodio trágico, los Serdán se adelantaron de alguna manera y acabaron siendo masacrados por las tropas del gobierno, por la policía de Puebla. Los Serdán eran muy conocidos en Puebla como opositores y, desde luego, su desaparición fue un hecho muy sonado, precisamente porque eran muy conocidos y por la forma como murieron. Don Gilberto los conoció, los trató y fue partidario de ellos. No quisiera detenerme más en esos momentos tan intensos de la vida de don Gilberto que llegaron hasta principios de los años veinte.

Tiempo después, don Gilberto ocupa una posición muy destacada dentro del grupo que va a tomar el poder a raíz de la muerte de Carranza. Él va a ser un elemento muy importante en un partido que llega tener la mayoría de diputados en su momento, el Partido Nacional Cooperatista, que había sido fundado por jóvenes, entre los que destacaba Jorge Prieto Laurens. Traía consigo una rica experiencia de ese tipo en Puebla, por lo que ocupa un papel preponderante en esa agrupación política, pero no logra sin embargo ser constituyente debido a su edad. Para poder entender lo que era el Partido Nacional

Cooperatista hay que señalar que quienes ganan finalmente la Revolución no están agrupados en un solo partido, sino que los partidos se van a constituir en torno a personajes, y estoy hablando fundamentalmente del general Álvaro Obregón.

Don Gilberto es diputado, y es un diputado muy activo, es muy buen orador y un buen articulador de argumentos; en consecuencia, yo diría que forma parte de esa plana mayor de cinco de los más importantes miembros del Partido Nacional Cooperatista, entre quienes se encuentran también, ni más ni menos, que Martín Luis Guzmán y el mismo Emilio Portes Gil; estamos hablando, pues, de la gente más destacada.

El problema que se va a presentar, ya entrados los años veinte, es que el grupo que triunfa en la Revolución, el que llamaríamos obregonista, sufre una escisión porque Obregón debe dejar el poder en 1924 en manos de un sucesor y no había más sucesor posible que alguien de esa coalición gobernante. Había dos candidatos a sucederlo: el que se dio en llamar después el candidato oficial, que fue el general Plutarco Elías Calles, y un candidato de la oposición, que yo calificaría de paradójico, que fue justamente Adolfo de la Huerta, el ex presidente provisional en 1920. Este pleito de familia llama mucho la atención porque tanto Obregón como Calles y De la Huerta habían formado un grupo compacto desde mucho tiempo atrás y esto les había permitido llegar a donde llegaron, pero ocurre que en 1923 hay una polarización en el ambiente político porque no todo el mundo está de acuerdo en que Calles sea quien suceda a Obregón, y quienes no lo aceptan lo que van a hacer es justamente apoyar a don Adolfo de la Huerta.

Entre los apoyos de Adolfo de la Huerta se encuentra el Partido Nacional Cooperatista y como parte de esta agrupación política está precisamente Gilberto Bosques. Don Gilberto es un delahuertista convencido siempre; a él le toca presenciar los momentos de la ruptura definitiva entre Obregón y De la Huerta. En el momento en que estalla la rebelión delahuertista, en diciembre de 1923, don Gilberto decide incorporarse a ella.

La rebelión delahuertista no fue una rebelión común y corriente, fue la expresión armada de ese rompimiento, de esa polarización que se había dado en el área político-electoral desde uno o dos años antes, que fue muy seria porque el país no contaba con instituciones, como las de ahora, que permitieran dirimir los conflictos de una manera pacífica.

¿Qué va a hacer entonces Gilberto Bosques? Como delahuertista convencido, a don Gilberto le encargan algunas misiones importantes, como el viaje a Cuba, acompañado por el doctor Francisco del Río y por el ingeniero Luis Enrique Erro, adonde van a conseguir armas para la rebelión, armas que les fueron vendidas varias veces por el presidente Gerardo Machado y así llegaron acá. Se tenía que ir a Cuba y a otros lugares porque había un embargo norteamericano contra los rebeldes, que no podían adquirir armamento de ningún tipo.

Don Gilberto fue un *negociador* de armas y lo destaco, porque una de sus características fue justamente ser un negociador; quienes lo conocimos pudimos advertir de inmediato esta característica: era un hombre que creía en el valor de la palabra, del diálogo, del argumento justo y del convencimiento. En ese caso fue negociador de armas. En una ocasión, don Gilberto y Luis Enrique Erro consiguen armas, como lo habían hecho en otras ocasiones, y las traen a México cuando la rebelión delahuertista agonizaba.

Como Cuba y México están muy cerca no era tan difícil el transporte de las armas por mar, aunque la vigilancia siempre era un gran riesgo. En el que fue el último viaje de don Gilberto, cuando ya estaban muy cerca de Puerto Progreso, se enteran de que esta población ya está en manos del gobierno y que la rebelión delahuertista ya no tenía mucho futuro. De los últimos lugares que quedaron en manos de los delahuertistas fueron los estados de Tabasco y Yucatán, que eran muy importantes en términos estratégicos para el gobierno, justamente porque por Progreso entraban las armas. Total, cuando se van acercando a Puerto Progreso ven que ahí están ya los soldados organizando una cacería y que unos barcos están del otro lado, e inmediatamente tiran las armas al mar, pero no les valió de mucho porque ya estaban identificados. El gobierno de Obregón, con la ayuda del de Estados Unidos, tenía muy vigilados a los delahuertistas en todas partes. El caso es que identificaron de inmediato a estos personajes, y digo personajes porque lo eran, y después lo fueron todavía más; los detuvieron y fueron llevados a prisión. No sé dónde les hicieron una causa militar muy truculenta y se dio la orden de que se les fusilara, ni más ni menos que a Gilberto Bosques y a Luis Enrique Erro. El hecho de que ellos hayan sido de la clase política en la que todo mundo se conocía, hacía que fuera como un pleito de amigos o de hermanos, es decir, un pleito de familia. Hubo por ahí alguien que no permitió que se llevara a cabo el fusilamiento, y afortunadamente para ellos, para México y para el mundo, sobrevivieron. Quién no sabe ahora quién fue don Gilberto o quién fue Luis Enrique Erro. Poco después se aplacan los conflictos, vienen las amnistías y, en buena parte con el respaldo de Froylán C. Manjarrez, que era su cuñado y había sido también delahuertista pero quien logra entenderse con Calles, se abre la posibilidad de que don Gilberto se reintegre a la vida civil, pero ya no va ser el político de antes, ya no tiene esa posibilidad, porque, además, él no es muy partidario de ser del PRI, es decir, del abuelo del PRI, el Partido Nacional Revolucionario en aquel entonces, que era una especie de partido de clanes políticos a los que él no pertenecía ni quería pertenecer.

Cuando en su momento don Gilberto decide ingresar a la diplomacia, lo hace por la puerta grande. Es una persona muy conocida en los medios políticos y además tiene una muy buena relación con el presidente Lázaro Cárdenas, luego con el presidente Ávila Camacho y posteriormente con quienes en su tiempo mandaron en este país.

¿Cómo se explica el apoyo de Cárdenas a Maximino Ávila Camacho en la precampaña para la gubernatura de Puebla?

Con todo respeto, sobre todo para Manuel Ávila Camacho, su hermano Maximino era un hombre muy poderoso en Puebla. La manera como se gobernaba y como de alguna manera se sigue gobernando actualmente es que el presidente tenía muy claras sus afinidades y sus alianzas con gente poderosa en los estados, en las regiones, en las localidades. Es el único modo que uno tiene de explicarse por qué el presidente Cárdenas apoya a Maximino, que era un elemento muy difícil, muy conflictivo, a quien más valía tener en paz. Eso es lo que creo que explica el apoyo de Cárdenas a Maximino. Lázaro Cárdenas es un estadista con proyecto, es un presidente con una idea de lo que debe ser México, pero también un hombre muy práctico; en esta línea había que hacer las alianzas, quizá no tanto con el que más se quisiera, sino con el más adecuado en su momento.

A propósito de Maximino, recuerdo que el embajador Bosques me platicó que Maximino le dijo en una ocasión que lo iba a matar. Cuando una amenaza de muerte viene de un personaje como Maximino Ávila Camacho, hay que tener miedo, porque él sí era de los que utilizaba la vía rápida para quitarse a sus enemigos de enfrente. El anecdotario de Maximino al respecto es enorme y ha sido incluso objeto de tratamientos literarios.

El caso es que Maximino no podía ver ni en pintura a don Gilberto; éste me contó que un día, al ir caminando, se encontró con Maximino en Puebla y don Gilberto pensó "pues hasta aquí llegué". Pero se mantuvo firme, y como don Gilberto también imponía física y psicológicamente, el otro titubeó y ya no supo qué hacer y no pudo sacar su pistola. Esta anécdota revela precisamente cómo don Gilberto era un hombre acostumbrado incluso a jugarse la vida, era un aventurero, un temerario, pero de las buenas causas, por decirlo así.

Don Gilberto fue también un testigo privilegiado de la historia de México a lo largo de muchos años, por el mismo hecho de haber vivido lo que vivió, dentro y fuera del gobierno, él siempre estaba muy al tanto de lo que sucedía. Cuando, por ejemplo, está en sus difíciles misiones en Europa, tiene muy buen cuidado de tener un equipo dedicado nada más a recoger la información que se iba generando en distintos ámbitos políticos, económicos y sociales. Desde cualquier ángulo o perspectiva, don Gilberto fue un personaje muy completo, muy, muy completo.

En esta época hay un cambio generacional muy importante, cambio al que no escapa don Gilberto porque se encuentra justamente en ese escenario modificado, revuelto, de políticos inquietos, de jóvenes que encuentran su oportunidad. En aquel entonces está muy interesado en las cuestiones educativas, porque él mismo había sido profesor; su propia juventud era útil en muchos sentidos, incluso se podía ser joven y ser maduro al mismo tiempo, dadas las circunstancias de la época. Como dice por ahí una persona muy querida, que vivió esos tiempos: "Los jóvenes maduraron muy rápidamente, porque no había otra posibilidad más que ésa". Era una juventud muy distinta a la de ahora.

Don Gilberto Bosques, estoy poniéndole el don aunque en ese momento es un muchacho, tiene todas las condiciones para ser diputado constituyente debido a su cercanía con el grupo de Carranza, pero algún problema legal por su edad lo mantuvo fuera del Congreso Constituyente de 1916-1917; esto al final no fue tan importante para él, porque había mucho camino por recorrer.

Entonces se concentra en las tareas de construir el Partido Cooperatista Nacional, o Partido Nacional Cooperatista como también se le llamó, y finalmente llega a ser diputado a principios de los años veinte. Era un momento muy complicado porque la Revolución en esa época ya es una Revolución cansada. El país había pasado por demasiadas pérdidas materiales, había sufrido pérdidas humanas muy considerables, había visto demasiados cambios; llegaba entonces el momento de reconstruir el país y como parte de ese proceso estaba justamente construir instituciones.

Estamos hablando de un proceso largo. Primero había que definir con toda claridad quiénes tenían el poder y, una vez desaparecido Obregón, quien lo tiene es Calles; es decir, el "Jefe Máximo" de la Revolución es ya el jefe incontestable de la clase política que va a construir instituciones. A Calles se le llama precisamente el constructor de instituciones, y en ese proceso funda en 1929 el Partido Nacional Revolucionario que es, como decíamos, el abuelo del PRI.

Cuando hablamos de Cárdenas, estamos un paso más adelante en esa construcción de instituciones: el momento cuando las instituciones maduran y se consolidan, desde luego bajo la guía del estadista que fue el general Lázaro Cárdenas, sin duda uno de los constructores de este país. Afortunadamente, entre las muchas cualidades que tuvo Cárdenas, una fue su capacidad para atraerse gente muy valiosa, y entre esas personas valiosas estaba precisamente don Gilberto Bosques. Él trabaja con el presidente Cárdenas en la diplomacia y también con Ávila Camacho y otros presidentes. Es en el campo diplomático donde don Gilberto resulta ser un grande, con su enorme capacidad para negociar y también para tomar decisiones, algunas de ellas incluso al margen de la Secretaría de Relaciones Exteriores, que es un organismo muy burocrático, muy pesado, muy afanoso en la cuestión de la disciplina, pero siempre que don Gilberto consideró que debía utilizar sus facultades como representante mexicano en el exterior lo hizo y lo hizo muy bien, y además pagaba las consecuencias, desde luego amortiguadas por la buena relación que tenía con los presidentes, en particular con Cárdenas y con Ávila Camacho.

Justamente con ellos es con quienes comparte su etapa más interesante, aunque quizá esto sea un poco exagerado, porque en realidad hubo otras etapas muy interesantes, pero en esos años es cuando vamos a ver a don Gilberto en los famosos acontecimientos que tuvieron lugar en Francia, con todas las repercusiones para México, un país con un gran prestigio internacional, y también para muchas personas que eran perseguidas por su ideología o por su raza y que encontraron el camino hacia México —gracias a don Gilberto Bosques y otros funcionarios muy destacados— y que además confiaban plenamente en las capacidades de don Gilberto.

La labor de don Gilberto en Francia se concentra básicamente en Marsella, en los asuntos consulares. De su papel en la Legación hay una cantidad de episodios memorables que creo que los mexicanos debemos tener siempre presentes, como lo están en la memoria de muchas personas que salvó. El aparato que armó para salvar vidas es un ejemplo de los alcances que en ese momento tuvo la diplomacia mexicana, desde luego en manos de don Gilberto Bosques.

Ese aparato era fundamentalmente de ayuda, proveniente sobre todo de la Presidencia de la República, y abarcaba muchos aspectos, desde el asilo, el alojamiento, la sanidad y la localización de personas, hasta la defensa ante el espionaje de los alemanes, de los colaboracionistas franceses y del gobierno de Franco. Fue una actividad muy intensa, dirigida precisamente a salvar vidas y en la que don Gilberto fue incansable; me parece que de esa gran labor falta mucho por reconocer a don Gilberto Bosques y espero que tarde o temprano tal reconocimiento llegue a su justo nivel.

Creo que en la actualidad encontramos en don Gilberto una figura creciente por todo lo que estamos platicando; hay que decir también que Bosques no solamente hizo las cosas bien, en el sentido de eficiencia para salvar vidas humanas, sino que lo hizo de manera cinematográfica. La vida que él organizó en esos castillos, en los que tenía asiladas a más de 800 personas en Marsella, a mí me parece absolutamente cinematográfica, digna de un tratamiento mucho mayor de lo que uno se pueda imaginar.

Eso de que los niños estudiaran, que jugaran, que los adultos estuvieran en orquestas, en coros, que jugaran ajedrez, que pintaran, que participaran en concursos de oratoria, que declamaran y todo eso, resultó ser una terapia para ellos, porque estamos hablando de perseguidos, de gente proveniente de todas partes de Europa, sobre todo de España, de Austria, Alemania, Italia o Yugoslavia, ciudadanos de todas las edades que solamente con los mexicanos encontraron la salvación de sus vidas. Esta vida merece ser recreada en el mismo castillo de La Reynarde, en Marsella, saber cómo lograban mantener los niveles adecuados de alimentación y de salud, no sólo para los niños, que eran la prioridad, sino también para los adultos. Hay que recordar que estamos hablando de una Europa en guerra donde hay racionamiento, donde los alimentos están contados, donde los franceses sufren enormemente. Saber, en fin, cómo ese equipo de mexicanos encabezados por don Gilberto logró lo que logró.

Cuando él está en Francia y la Legación cae en manos de los nazis, don Gilberto, con su estilo acostumbrado, se les pone enfrente a los de la Gestapo que habían invadido la Legación mexicana y los obliga a que le den un recibo por el dinero que se están llevando. No me resulta difícil imaginar a don Gilberto, con el carácter, la valentía y la honestidad que tenía; no se deja amedrentar y hace que el oficial a cargo le entregue un recibo por el dinero que pertenecía a la Legación. Hay que decir que este oficial tenía la orden de no dejar ningún papel, ningún recibo, y que después fue llamado a cuentas por sus superiores, que cuando se enteran de que el ministro mexicano recibió un documento firmado por él, deciden que sea fusilado, porque la orden era lisa y llanamente llevarse el dinero y, por supuesto, también los archivos de la Legación mexicana en París, en los que se concentraba información de muchas personas de diversas partes de Europa.

Además de la situación que se vive en esos momentos en Europa, con la guerra, con la ocupación alemana, él mismo sufre las consecuencias y acaba en Alemania, recluido en un hotel-balneario, en una especie de arresto domiciliario junto con otras personas, y ahí pasa una buena temporada encerrado y desde luego bajo la estrechísima vigilancia de la Gestapo.

El balance de lo que hizo don Gilberto como diplomático, como político, como negociador y como humanista se puede resumir en la cantidad incontable de familias que lograron sobrevivir gracias a su acción. Han sido los perseguidos mismos, o sus descendientes, los que se salvaron de esas terribles horas de Europa, quienes siempre se acordaron de don Gilberto y siempre le han rendido homenaje, tanto en vida como ahora que ha fallecido.

Yo quería recordar también la vena humanística de don Gilberto cuando fue nombrado embajador en Portugal, que si mal no recuerdo fue en la época de Ávila Camacho; él se mostraba algo renuente a regresar a Europa precisamente por todo lo que había pasado, pero ante la insistencia del presidente aceptó la muy conflictiva Embajada de México en Portugal, cuando el dictador António de Oliveira Salazar hacía su política ante la que México no sabía muy bien cómo reaccionar. Hay que situarnos un poco en el contexto del momento del estamos hablando. Oliveira Salazar fue un dictador muy singular en Portugal: se decía que ninguna hoja de un árbol se movía si no tenía su permiso.

Oliveira era muy reaccionario, profundamente conservador, sin embargo era un hombre muy culto, que gobernaba su país por medio de la policía; tenía además una serie de compromisos internacionales, sobre todo con los británicos, como siempre los han tenido los portugueses, pero también los tenía con su vecina España, que acababa de pasar por la Guerra Civil y había mucha gente que huía, que trataba de salvar su vida escondiéndose y que buscaba la manera de salir, como lo hicieron hacia Francia en su momento, donde don Gilberto ayudó mucho a los refugiados españoles. Quienes no tenían otra posibilidad pasaban a Portugal y la policía portuguesa los detenía y los entregaba de vuelta al gobierno franquista, porque había un acuerdo con Franco en el sentido de que no podía haber refugiados españoles en Portugal y tenían que ser devueltos a España.

Debo decir también, y esto no se menciona mucho pero es verdad, que Oliveira Salazar, aunque era aliado de Franco, no tenía una muy alta opinión de él. Lo consideraba una especie de militar patán, y esto ayudó justamente en la negociación de don Gilberto, para que se pudiera mejorar la situación de los refugiados españoles que llegaban a Portugal y no fueran entregados al gobierno franquista.

Oliveira Salazar era un dictador solitario. No acordaba con sus ministros, con quienes tenía una relación distante y sólo les enviaba las órdenes; era un hombre muy reservado, impenetrable, y, dicho sea de paso, un solterón, sin familia, preocupado por mantener la integridad de Portugal frente a los vendavales europeos, y lo que siguió después, que pudieran afectar a Portugal.

El caso es que Bosques, gracias a sus habilidades, se hizo amigo de Oliveira Salazar, algo verdaderamente nunca visto, porque no sólo mantenía a distancia a sus propios ministros, sino también, y bajo control, a los jefes del ejército y a los de la Iglesia católica; con mayor razón debía tener lejos a los embajadores, con excepción naturalmente del embajador de Estados Unidos, de la Gran Bretaña y el pintoresco embajador de España en Portugal que era Nicolás Franco, hermano de Francisco Franco.

Don Gilberto siguió una estrategia muy inteligente: ganarse primero a Nicolás Franco, quien siempre quería contrastarse con su hermano, que era un hombre muy seco, muy duro. Nicolás Franco era lo que decimos actualmente una persona buena onda, simpático; don Gilberto lo advirtió inmediatamente y por medio suyo logró colarse a los altos círculos del poder, específicamente al de Oliveira.

En las varias ocasiones que estuvo frente a frente con Oliveira, don Gilberto habló del tema de los refugiados españoles y le expresó que México estaba muy interesado en que se mantuvieran la vida y la seguridad de esos refugiados. En un principio, Oliveira se mostró renuente a hablar del tema, pero de algún modo empezó a plantearle a don Gilberto una serie de acertijos jurídicos que si eran bien respondidos iban a dar pie justamente a hacer algo distinto de lo que se estaba haciendo en ese asunto, y se dio entre ellos un intercambio de ideas de tipo legal. Debo decir que Oliveira Salazar era abogado egresado de la Universidad de Coimbra y aunque don Gilberto no era abogado, estaba muy bien informado sobre derecho internacional y logró darle un argumento legal definitivo, basado en el derecho internacional, ante el cual se rindió Oliveira Salazar, quien entonces dijo: "Bueno, nosotros ya no vamos a detener a los refugiados españoles, porque el gobierno de México va a quedar como garante de que estos señores no se queden en Portugal y de que no van a constituir un problema diplomático para nosotros".

Pues dicho y hecho: se abrieron las fronteras para los refugiados españoles, salvaron su vida muchísimas personas, fueron a los barcos y salieron de Lisboa rumbo a México; así lograron sobrevivir una buena cantidad de españoles. He aquí de nuevo la habilidad negociadora de don Gilberto, quien por cierto logró que se expidieran documentos para los españoles, que si mal no recuerdo llevaban el nombre de algo así como *cartas de porte,* que eran pasaportes provisionales que dio Oliveira Salazar a los refugiados españoles, para que pudieran estar temporalmente en Portugal.

Lo que estamos diciendo respecto a Bosques y Oliveira no es cualquier cosa, porque Oliveira tendía a honrar sus compromisos, incluso con ese patán, como le llamaba a Francisco Franco, pero encontró la posibilidad de darle una vuelta, y lo hizo; así fue como ocurrió este famoso episodio.

Esto es algo de lo que fue su experiencia europea. Don Gilberto también estuvo en Suecia, donde realizó una actividad muy intensa en la difusión del arte y de la arqueología de México, pero ése es ya un tema de muy distinta naturaleza; lo que sí nos dice es que don Gilberto era un magnífico diplomático que supo ganarse también a los suecos.

Posteriormente don Gilberto va a Cuba y llega también en condiciones especiales, tal como había sucedido en Francia y en Portugal. El caso de Cuba era especial precisamente porque para México las relaciones con Batista eran un embrollo; Batista era un dictador muy corrupto, a quien México nunca vio con buenos ojos, pero por su misma posición de tener buenas relaciones internacionales con todos los países, había que llevar una buena relación con Batista; por otro lado, México tuvo mucha simpatía por los opositores, especialmente la oposición armada contra Batista; son episodios muy conocidos que tienen que ver justamente con Fidel Castro, el cuartel Moncada, la invasión revolucionaria a Cuba que partió de Tuxpan. Cuando don Gilberto llega hace buenas migas con algunas personas cercanas a Batista y logra resolver ciertos problemas derivados de las dificultades políticas que tenía él con sus opositores y que estaban relacionadas con México.

Don Gilberto decía que la diplomacia era negociación y que quien fuera diplomático tenía que ser un buen negociador y contar con ciertas características de flexibilidad, que él siempre practicó. Siempre se dejó un margen frente a la Cancillería, la cual, insisto, a lo largo de la vida diplomática de don Gilberto fue burocrática y yo diría que en muchos aspectos incluso estorbosa; si don Gilberto hubiera sido un burócrata disciplinado a cuanta instrucción se le daba desde México, seguramente no hubiera hecho lo que hizo.

En el caso de Cuba uno de los temas más importantes era el asilo diplomático. El asilo es una institución muy de nosotros, muy de los países latinoamericanos que tienen que ver con una larga historia de golpes de Estado, de revoluciones, de rebeliones. Todo eso hizo necesario que en las embajadas se practicara asiduamente el asilo, de acuerdo, desde luego, con normas internacionales. Entonces don Gilberto tuvo que asilar en la Embajada mexicana a opositores al régimen de Batista, y después, cuando llega Fidel Castro al poder, tiene que hacer exactamente lo mismo con los opositores de Fidel.

A él le toca el tránsito entre Batista y la Revolución cubana, a él le toca estar, como buen diplomático que es, en buenos términos con Batista y luego con Fidel Castro, con quien tiene además una estrechísima amistad, una relación muy intensa, lo que permitía desde luego que las relaciones con México transcurrieran con relativa facilidad ante una situación internacional que se iba haciendo cada vez más complicada, porque sabemos muy bien que Fidel Castro entra en conflicto con Estados Unidos, entra en la política de la Guerra Fría en América Latina, y México desempeña un papel muy importante en la mediación entre los intereses más poderosos que estaban en la región y también en la defensa misma de la Revolución cubana, porque para el gobierno de México la Revolución cubana tenía mucho de mexicana y para el gobierno de Cuba la rebelión cubana tenía que ver mucho con la Revolución mexicana.

Esta identidad y esta coincidencia ideológica, por decirlo de alguna manera, hizo que México adoptara una política muy distinta de la que siguieron otros países latinoamericanos, que fue la de romper relaciones con Cuba. México no rompe relaciones con Cuba, lo que busca es mantener hasta donde fuera posible la buena relación con este país con el que nos unen vínculos históricos muy poderosos, sin molestar demasiado a Estados Unidos. Ahí encontramos al embajador Gilberto Bosques operando en medio de ese clima tan difícil que fue el de la Revolución cubana, la Guerra Fría, las malas relaciones con Estados Unidos. Con el episodio cubano don Gilberto ve coronada su carrera diplomática y finalmente se retira, después de muchos años, justamente durante el periodo del presidente Díaz Ordaz. Él lo conocía porque los dos eran de la política poblana, sabía bien quién era él; en una ocasión me comentó que no estuvo dispuesto de ninguna manera a trabajar para el gobierno de Díaz Ordaz.

Después vino el periodo de redacción de las largas memorias de don Gilberto, de los homenajes que se le han hecho por las personas que han reconocido su valía y su contribución; también ha habido algunos homenajes internacionales, por ejemplo, hay una avenida Gilberto Bosques en Viena y hay bustos de él por aquí y por allá. Estoy seguro de que don Gilberto Bosques va a ocupar el lugar que le corresponde en la galería de los grandes diplomáticos humanistas.

Yo quiero llamar la atención precisamente sobre ese tema: hay una galería de héroes salvadores de perseguidos por diversos motivos que actuaron fundamentalmente durante la segunda Guerra Mundial, gente de distintas nacionalidades, como algún sueco, un alemán, un portugués, también, por cierto, un funcionario menor de un consulado norteamericano, pero falta que se hable de don Gilberto Bosques, porque entre esos personajes se encuentra en primera línea don Gilberto.

En él veo un humanista de talla universal, cuya memoria no debe ser olvidada, cuya memoria debe de estar presente en este mundo. Hay personas que a pesar de todas las dificultades no renuncian a sus convicciones y una de ellas fue Gilberto Bosques; ciertamente, su actividad diplomática y política es parte de una personalidad fincada en la integridad, en la entereza ética y moral.

Quisiera que a él se le conociera más, que se recuperara todo lo que dijo sobre las muchas y distintas cosas que hizo, que sirva como ejemplo para todos y no solamente para los que vivimos aquí, sino para todo el mundo.

Tenemos pocos mexicanos de talla universal, de genuina esencia, y creo que don Gilberto es uno de ellos y debemos conocerlo más.

Quiero pensar que la llama sigue encendida y que deberá seguir así, porque dicen que quien no conoce la historia está condenado a repetirla; quien conoce su pasado conoce de alguna manera su futuro o, cuando menos, puede planear su futuro. A mí me parece inadmisible que se olvide o se trivialice la historia de nuestros personajes, en este caso particular de don Gilberto Bosques.

ENTREVISTA A LUIS PRIETO

¿Conociste bien a don Gilberto?, ¿conversaste mucho con él?

Tuvimos muchas pláticas con motivo de una entrevista larga que le hice. Me contó que empezó a acercarse a la Revolución cuando en 1903 en su pueblo, Chiautla, hubo un intento de rebelión contra Porfirio Díaz y él, siendo niño, ha de haber tenido unos 10 u 11 años, se fue a recorrer el pueblo después de la batalla que fue un 3 de mayo, aprovechando el día de la Santa Cruz con sus cohetes. Un grupo de campesinos, que no eran agraristas sino pequeños propietarios que habían sido despojados de sus tierras por los hacendados, se animaron a retomarlas y se produjo una matanza espantosa, que a él le impresionó mucho.

Le pregunté a don Gilberto cuál era su origen y qué me podía platicar de Chiautla, y lo que me contó es muy interesante: Chiautla es una zona de origen náhuatl, con una vieja tradición indígena, pero además desde la invasión francesa tiene una hermosa tradición liberal contraria a toda forma de conservadurismo.

Don Gilberto fue elaborando durante toda su vida una conciencia que venía de atrás, no la inventó, y por eso afirmaba con mucho orgullo: "Mi abuelo fue gente de Juárez y estuvo en las guerrillas contra los franceses, y un antepasado mío estuvo con Hidalgo". Por lo tanto, no era de generación espontánea; era un hombre que también elaboraba sus ideas. Esa larga entrevista la disfruté muchísimo, porque don Gilberto era un excelente conversador.

Además, entre las muchas razones para entender que él fuera revolucionario, está la de que se casó con una mujer que venía de una familia bastante progresista.

Don Gilberto Bosques estaba convencido de que, a pesar de muchos errores y muchos retrocesos, la Revolución mexicana había sido una revolución en serio porque había cambiado las condiciones de desarrollo del país.

¿Cuál fue la participación de don Gilberto en la Revolución?

Don Gilberto empezó desde estudiante, cuando entró a la Normal de Puebla que, por lo que él contaba, era una escuela muy avanzada. Los estudiantes eran por lo pronto anticlericales; él contaba que en una ocasión, azuzados y protegidos por la propia policía, fueron y apedrearon el Arzobispado en Puebla porque se quería abrir una universidad católica. Comentaba eso como una de las extrañas situaciones que se presentaban en el Porfiriato, porque al mismo tiempo los perseguían. En la Normal organizó unos círculos de lectura, un ateneo, donde decían leer a sor Juana pero en verdad leían documentos sobre todo de los hermanos Flores Magón. Eran reuniones dizque culturales, pero lo que hacían, muy inteligentemente, era organizarse y esto fue muy importante. Era un poquito la corriente anarcosindicalista que ellos manejaban mucho.

Necesitaban disfrazarse aún más de estudiantes pues el jefe de la policía de Puebla era enemigo personal de la familia Bosques porque había vivido en su casa en Chiautla, en una parte que ellos le habían rentado, y el señor no les había pagado, una típica mexicanada. A don Gilberto y a sus amigos, este tipo los tenía bien fichados, como diríamos hoy.

Cuando empiezan a surgir las corrientes revolucionarias, primero la del general Bernardo Reyes, y se inicia el movimiento contra Porfirio Díaz, entonces comenzó la represión. Don Gilberto y su grupo estaban muy ligados a los obreros de la región de Puebla que tenían una vieja tradición de lucha, sobre todo en Cholula. Ellos iban a la zona industrial, en la periferia de la ciudad de Puebla, a vender el periódico *Regeneración* y las otras publicaciones de los Flores Magón; esto les causaba corretizas y los perseguían. Fue un muchacho que desde muy joven estuvo ligado a la Revolución.

Es el momento en que Francisco I. Madero pide en su famoso Plan de San Luis que el pueblo, a las seis de la tarde del 20 de noviembre, tome las armas contra la tiranía. Pero desde el día 18 empiezan los problemas porque es cuando atacan la casa de Aquiles Serdán; los hermanos Serdán responden y se da la matanza y todo eso.

Mientras tanto, don Gilberto andaba escapando de la policía, cerca de Chiautla, hablando con campesinos, creo que preparando el terreno definitivamente para la lucha armada. Entonces era muy joven, tenía por entonces unos 18 años, esto era en 1910, por ahí andaba.

Por ello, el levantamiento de Madero le toca lejos; lo trata de agarrar el ejército y tiene que escaparse y andar escondido. Y empieza un periodo realmente difícil, porque se va a la ciudad de México con un pariente, que era colaboracionista con el gobierno de Díaz, pero es en ese tiempo cuando don Gilberto madura su posición revolucionaria. Está convencido, yo creo que es una de las personas que estuvieron convencidas desde siempre de que ésta no era una revolución para quitar a Porfirio Díaz, sino para quitar todo lo que representaba Porfirio Díaz. Luego se va a la zona boscosa en su estado, y ahí anda con otros grupos, los primeros guerrilleros, digamos. Platicaba que en algunos lugares sabía dónde había tejocotes y que muchos días comió tejocotes porque era con lo que se podían alimentar.

La gente los protegía, ¿verdad?

Claro, sobre todo los obreros de la periferia de Puebla, que cuando andaban repartiendo los periódicos les decían "váyanse, porque ya vienen por ustedes".

Tengo la impresión de que Madero pensó en comenzar la Revolución el 20 de noviembre, porque el 20 de noviembre de 1876 Porfirio Díaz entró a la ciudad de México después de derrocar a Lerdo —debe haber sido como a las seis de la tarde—, y como Madero manejaba todas esas cosas esotéricas inventó esa similitud. Don Gilberto tenía un enorme respeto, admiración y cariño por Madero; a diferencia de otros que lo consideraban loquito y espiritista, él decía con mucha razón que fue Madero quien le puso el cascabel al gato y el gato no era un gato, era un tigre de Bengala.

Porque hasta ese momento cuanto levantamiento había habido contra Porfirio Díaz, éste lo había acabado; si no, pregúntenle a los Flores Magón de 1906 y a los obreros a quienes metía en las tinajas de San Juan de Ulúa. Así que Porfirio Díaz no era un gatito al que se le podía poner fácilmente un cascabel, y eso lo entendía muy bien don Gilberto y por eso respetaba tanto al presidente Madero.

En el periodo de la contrarrevolución de Huerta y su golpe de

Estado, regresó otra vez la violencia. Entonces don Gilberto decidió levantarse en armas contra el dictador, por la zona entre Puebla y Veracruz.

Casi al mismo tiempo, en 1914, se dio la ocupación del puerto de Veracruz por los norteamericanos y Gilberto Bosques se fue para allá junto con un pariente que había organizado el batallón de San Carlos y él tomó parte con ellos en la defensa, porque como había aprendido de chico, montaba muy bien a caballo, sabía usar el máuser, disparar y todo eso. Huerta quiso utilizar ese grupo de voluntarios para aplastar el movimiento carrancista, con el cual don Gilberto estaba relacionado y conocía el Plan de Guadalupe, de marzo de 1913. La invasión gringa empezó el 21 de abril de 1914.

Llegaron a un pueblo que se llama Tejería y ahí el general más huertista que había, les ordenó que se regresaran, pero él dijo que no, "De aquí no nos vamos y en el momento en que un gringo quiera entrar, aquí nos lo sonamos". No los dejaban ir de Tejería para arriba, porque eso hubiera sido peligrosísimo. El presidente Wilson no pretendía que sus tropas fueran a la ciudad de México, lo que quería era presionar a favor de sus intereses en la negociación. Se quedaron ocho meses en Veracruz y luego se fueron solitos, sin mayor presión... Y es también el momento, además, en que Victoriano Huerta huyó, pero no lo hizo por Veracruz, como dice mucha gente, porque el puerto estaba ocupado por los gringos.

Huerta huyó por Alvarado y lo hizo justamente en el *Ipiranga*, el mismo barco en el que se había ido Porfirio Díaz. Don Gilberto contaba que él y sus amigos se mezclaron entre un grupo de gentes en Alvarado, y que vieron el desastre que era Huerta, porque era alcohólico, y como el barco no podía llegar al mero puerto, porque el de Alvarado era un puerto muy chico, los tenían que llevar en lancha para que se subieran al barco; como Huerta iba totalmente borracho, dos veces estuvo a punto de caerse al mar. Todo eso lo vieron ellos, no sé desde dónde, me imagino que escondidos por ahí, porque eran muy jóvenes y muy audaces. Eso que presenciaron fue una muestra del desastre que fue el huertismo.

Creo que la parte más avanzada de la Revolución mexicana está representada en cierta forma en Puebla por Gilberto Bosques y por Froylán C. Manjarrez, su cuñado. La relación de las dos familias fue muy importante; siempre he pensado que alrededor de un hombre importante hay una mujer importante y si don Gilberto se hubiera casado con una idiota no hubiera llegado a ningún lado.

Se casó con doña María Luisa Manjarrez, una espléndida persona, fuerte, inteligente, que lo acompañó toda la vida en situaciones dificilísimas. Las familias Manjarrez y Bosques se hacen una unidad y cuando Puebla tuvo el primer gobierno constitucional, encabezado por el hermano de Luis Cabrera —creo que se llamaba Alfonso—, ellos insisten en que se aplique la primera ley obrera, con la jornada de ocho horas y otras cosas que eran muy avanzadas para su momento.

Para entonces, don Gilberto Bosques empieza a ver la situación nacional con más amplitud, no nada más desde Puebla. Él no era de una zona de agraristas ni de comunidades, era de un pueblo antiguo pero donde no había agraristas. Era pequeña propiedad, eso lo dice en sus apuntes, y claro, cuando estalla la parte violenta de la Revolución, él pertenece a una corriente que se entiende con Carranza.

Venustiano Carranza nunca pensó en las leyes obreras, se las impusieron Francisco J. Múgica, Heriberto Jara y otras gentes. Había una corriente muy importante de pensadores, a quienes podríamos llamar anarcosindicalistas, que redactaron el artículo 123, y fue en ese periodo largo cuando Carranza reconoció y aceptó la Constitución, pero de mal modo, porque en todo lo que pudo nunca la aplicó; las leyes reglamentarias del artículo tercero, del artículo 27, del artículo 123 se hacen muchos años después de él.

Pero de todas maneras Carranza aceptó y juró la Constitución; en Puebla se pensaba que Carranza había impuesto al doctor Alfonso Cabrera, quien era su brazo derecho y éste se niega a darle a la Constitución local del estado un contenido revolucionario, y son los constitucionalistas locales, entre ellos Gilberto Bosques, quienes imponen la jornada laboral de ocho horas, el respeto al séptimo día, el salario mínimo. Bosques es el primero en exigir el reparto de utilidades, y esto le acarrea toda la maldad y la animadversión de los riquillos, esos que ahora llaman clases emergentes, que se le avientan a don Gilberto y le hacen la vida muy difícil, al grado que tiene que irse a Tlaxcala, y en Santa Ana Chiautempan organiza el primer congreso nacional de educación, muy avanzado para su tiempo.

Y es ahí cuando le empiezan a hacer intriguillas en el mundo de los carrancistas y me lo mandan a Tabasco con la mejor intención de que ahí le dieran todas la fiebres del mundo y se muriera.

En Tabasco conoce todo el problemón terrible que había en esa zona, con una acumulación de riqueza en unos estratos muy rígidos, y empieza a figurar el general Múgica que también anda por esos rumbos. Y es ahí donde le da a don Gilberto una fiebre y por poco se muere.

Carranza le había ordenado que organizara la educación. Él empieza a estudiar todo lo de la educación fundamental del pueblo. Y convierte en escuelas muchas iglesias que estaban abandonadas, porque los tabasqueños no eran tan creyentes como los poblanos. Muchas parroquias las convierte en bibliotecas y en escuelas y está haciendo un trabajo muy interesante cuando empiezan los problemas internos de los tabasqueños; en ese momento debe regresar a Puebla y a Tlaxcala porque está gravísimo. Lo que Gilberto Bosques consideraba fundamental de la Revolución no era sólo el problema material sino el problema mental, espiritual, que la gente dejara de creer en tantas tonterías y encontrara una solución lógica dentro de la racionalidad. Se fundan entonces las primeras escuelas racionalistas, las cuales varios meses después, años después, Tomás Garrido Canabal y otros tratarían de generalizar.

¿Cómo es que don Gilberto llegó a ser constitucionalista, si todavía no tenía la edad?

La mayoría de edad era a los 21 años, por eso no puede ser constitucionalista de la Constitución del 17, pero sí lo es de la Constitución local de Puebla. El que tampoco podía serlo era el cuñado, Froylán C. Manjarrez, pero él sí se lanza como constituyente y se va a Querétaro y se queda hasta febrero del año siguiente, cuando se proclama la Constitución del 17. La de Puebla fue en 1918, y en lo obrero fue más avanzada, no tanto en lo campesino. Curiosamente, para entonces don Gilberto ya es producto de una mentalidad urbana; aunque Puebla tuviera una población muy chica, era una ciudad y una enorme ciudad para su tiempo, y las preocupaciones eran las de una clase trabajadora industrial.

Don Gilberto fue un admirador del movimiento de los Flores Magón y del movimiento obrero. Estaba convencido de que el trabajo humano era definitivo en el desarrollo de la economía.

Cuando tumban a Carranza hay un periodo muy interesante de Gilberto Bosques porque, aunque él no se identifica totalmente con el grupo de Agua Prieta, con Adolfo de la Huerta tuvo una hermosa relación, muy bonita, porque De la Huerta fue de ese grupo, era quien estaba más a la izquierda en esos tiempos.

Hay un famoso discurso de Carranza, pronunciado en Hermosillo, creo que sobre la libertad de prensa, en el que hace un elogio del socialismo, que es muy avanzado para la época (porque en ese entonces todo lo que fuera el soviet era maldecido por la mayoría de esas gentes), y Carranza pronuncia un discurso muy favorable a lo que estaba pasando en Rusia; hay que recordar que don Venustiano no era de izquierda, era liberal, respetable, honorable. Parece que el texto lo redactó Adolfo de la Huerta, porque éste simpatizó mucho al principio con la Unión Soviética.

Se me olvidó mencionar que cuando le impiden a Belisario Domínguez pronunciar un discurso en el Senado contra Victoriano Huerta, Gilberto Bosques, siendo estudiante, hace copias del texto de don Belisario y las distribuye, arriesgándose a que lo mataran. Y cuando asesinan a Serapio Rendón y a Belisario Domínguez, es uno de los primeros en protestar. Todo ese periodo del huertismo fue pavoroso; después, en la época de Obregón, asesinan a Francisco Field Jurado casi igual que a Serapio Rendón y a Belisario Domínguez; fue un acto de brutalidad de Obregón y Calles. Por cierto, Obregón también manda a matar a Villa, a quien Adolfo de la Huerta había metido al orden.

¿Cuál fue la participación de don Gilberto en la rebelión delahuertista?

Él se afilió al grupo delahuertista porque de los tres norteños —Calles, Obregón y De la Huerta, signatarios del Plan de Agua Prieta—, indudablemente De la Huerta era el más avanzado. Entonces don Gilberto y otras gentes de su época consideraban que la Revolución mexicana no se podía quedar en simples enunciados, sino que tenía que responder a las necesidades por las que se había hecho. Don Gilberto y un grupo de profesionistas, sobre todo maestros, se sintieron muy impresionados por el —en ese momento— presidente provisional Adolfo de la Huerta. Pasa el tiempo y a De la Huerta lo hacen secretario de Hacienda, empieza todos los trámites para que Estados Unidos reconozca al gobierno de Obregón como gobierno legítimo, y accede a muchas cosas muy desagradables, porque este pobre país desde hace mucho rato está pagando deudas por cosas que no ha cometido, desde mil ochocientos treinta y tantos, cuando se aceptó la deuda inglesa; luego en 1884, el infeliz de Porfirio Díaz y sus cómplices firmaron esos tratados por los que México acabó reconociendo la deuda de Maximiliano, que es algo de lo más indignante. Luego, durante la Revolución hubo muchos trenes volados y cosas de ésas, pero se estaba negociando la deuda. Un gringo vino a negociar todo eso, y hubo un conflicto muy serio entre De la Huerta, Calles y Obregón. Terminaba el gobierno de Obregón y se pensaba en la candidatura de Calles, quien también se cargaba un poco a la izquierda. Ya había habido en la prensa algunas agresiones contra él acusándolo de bolchevique y cosas así. Finalmente Obregón piensa que su mejor personaje para la Presidencia de la República es Calles y se empieza a hostilizar a De la Huerta.

Obregón vivía en una casa, que todavía existe, abajo del castillo de Chapultepec y es donde ahora está la dirección del Museo Nacional de Historia, porque arriba nada más se hacían las recepciones. Ahí abajo vivían los presidentes, entre ellos Obregón; su secretario De la Huerta vivía en lo que actualmente es la Casa del Lago. Hay una historia que me contó don Gilberto: De la Huerta, que ya estaba muy molesto con Obregón, escribe su renuncia, pero no se la entrega al presidente sino que la deja en alguna de las oficinas que estaban en la casa presidencial; por ahí llega Martín Luis Guzmán —que escribió sobre Villa y era periodista— y ve la renuncia, se la guarda y la publica, y cuando De la Huerta tiene su acuerdo con el presidente, la prensa ya la había publicado y ahí se da el rompimiento definitivo.

Empiezan entonces las amenazas contra De la Huerta, porque lo apoya el Partido Cooperatista. Había varios otros partidos en esa época: el Constitucional Laborista, el Liberal Mexicano, el Nacional Agrarista, medio mundo andaba metido ahí. En el Partido Cooperatista una de las figuras que más ruido hacía era mi tío Jorge Prieto

Laurens, con quien Gilberto Bosques tuvo siempre una buena relación, por lo menos civilizada. Prieto Laurens, que pretendía ser gobernador de San Luis Potosí, de hecho ya era gobernador electo, le había ganado las elecciones a Aurelio Manrique, quien era obregonista de hueso colorado y en ese momento presidente municipal del Distrito Federal (que en ese tiempo era por elección directa), y además era presidente del Congreso; tenía 27 años y era un hombre con una carrera política ascendente.

Ya para diciembre de 1923 se decide ir a la rebelión con el apoyo de muchísimos militares, muchísimos, entre ellos Enrique Estrada, en la que se llamó "la huelga de los generales", porque todos se fueron en contra de Calles y en favor de De la Huerta. Todo esto porque Calles, quien era secretario de Gobernación, tuvo conflictos serios con toda la élite militar, porque él no era precisamente un militar de campaña, se decía que era un general de escritorio.

Viene el inicio del levantamiento delahuertista y Bosques y Manjarrez se van para Veracruz, siguiendo una ruta parecidísima a la de Carranza. Les pasan cincuenta mil cosas raras, pero por fin llegan a Veracruz justo cuando el general que encabezaba la rebelión era derrotado, así que no les queda más remedio que irse a Tabasco, y de Tabasco a Yucatán. Ahí don Gilberto se encuentra con un grupo de personas a quienes los delahuertistas habían metido a la cárcel; ninguno de ellos era de izquierda, ninguno era revolucionario, eran de la vieja guardia porfiriana, enemigos de la Revolución, pero con todos don Gilberto tuvo buena amistad, por lo que los familiares lo fueron a ver, y él les llevó comida y procuró que los soltaran. Eso le sirvió mucho a don Gilberto porque él no era un basilisco, era un hombre con una conciencia revolucionaria muy clara, y consideraba que la gente, por su cuna, no tenía que ser buena o mala, sino que era producto de su posición, de su conducta propia, del medio. Don Gilberto, entre otras cosas, fue un hombre que analizó mucho el medio que lo rodeaba; eso debe haber venido de su familia, de su vieja tradición liberal, progresista.

Luego él se va a Cuba a conseguir armas. Ya entonces está casado con doña María Luisa Manjarrez y muy identificado con sus cuñados, con quienes llevó siempre una muy buena relación. Con unos amigos se va a Cuba a comprar armas y alquilan un barco, que en el camino se les descompone. Pasan un largo rato en altamar; afortunadamente no era temporada de ciclones, ni nada. Ya no me acuerdo cómo se enteraron, pero supieron que ya todo Progreso y Yucatán habían caído en poder de Obregón; lo que sucedía en aquella época era que después de estar en un bando, algunos se pasaban con una tranquilidad infinita al otro lado, pero esto no ocurrió nunca con don Gilberto, quien tenía una claridad muy especial de lo que quería él y de lo que quería para la Revolución.

Llegan a Progreso, desembarcan y los meten a la cárcel. Les hacen un juicio sumario y aquellas gentes que él había ayudado (miembros de la "casta divina", que curiosamente ya estaban con Obregón, por esas cosas raras que pasan en México, que habían estado contra Carrillo Puerto, a quien había fusilado un general delahuertista en contra de la opinión del propio De la Huerta y de Gilberto Bosques), los riquillos de Yucatán, son quienes les mandan un abogado que los defiende y así se evita que los fusilen después del juicio sumario. Don Gilberto sale y después de muchos líos lo mandan en un barco de mala calidad hasta Veracruz; ahí toma el tren El Mexicano, pero al llegar a un lugar determinado se pasa al Interoceánico, porque ahí él tenía mucho apoyo de los ferrocarrileros. Don Gilberto mencionó muchas veces que tuvo un gran apoyo de los trabajadores del ferrocarril, que eran naturalmente los de las industrias de la zona de Puebla; fueron muy amigos suyos y lo ayudaron mucho.

Todo esto demuestra que la Revolución mexicana tuvo una corriente muy de progreso, que algunos no entendieron, entre ellos Siqueiros. En la entrada de la iglesia de Coyoacán hay un letrero que dice en latín: "No hay sino ésta, la casa de Dios, y es la única entrada al cielo". Eso lo dijo uno de los primeros padres de la Iglesia católica, no me acuerdo del texto en latín, que un día yo traduje, y es lo mismo que "no hay más ruta que la nuestra", como afirmaba Siqueiros, que es pura cerrazón.

Después, él se va a trabajar con Vasconcelos y vuelve a las cuestiones políticas y, sobre todo, culturales; regresa a Puebla y ahí sigue su labor como maestro, haciendo todo lo que puede por la educación. En eso ocurre que el general Cárdenas se va al estado de Michoacán en 1928 como candidato a gobernador, nada menos que del Partido Socialista Michoacano, en pleno conflicto cristero.

Sobre ese conflicto, don Gilberto decía cosas muy interesantes, como que fue una cosa totalmente artificial que provocaron algunos colaboradores cercanos de Calles, porque los trabajadores empezaban a exigir que se cumplieran el artículo 123 y su ley reglamentaria. El artículo 123, producto de la Constitución del 17, se había quedado en veremos, porque Carranza no era precisamente obrerista: había reprimido a los tranviarios, había acabado con la Casa del Obrero Mundial, y yo creo que aunque no estaba en contra de la Constitución —porque la pudo haber anulado— tampoco tuvo ganas de reglamentarla, porque la Constitución, en los términos en los que está redactada necesita una reglamentación, y esto era en 1928, o sea que 11 años después de promulgada, y no había ley del trabajo. Entonces los trabajadores y los campesinos empezaron a exigir que el artículo 3º, el 27 y el 123 se cumplieran, y muy hábilmente o muy grillamente, los callistas se hicieron los locos e inventaron un problema.

El problema existía porque el artículo 130 constitucional no estaba reglamentado y a la hora de hacerlo empezaron con esas locuras de inventar que no hubiera sino un sacerdote por cada 100 000 fieles. En la ciudad de México, en un lugar tan terrible como era la zona de La Soledad, atrás de La Merced, alborotaron a un cura que creó la Iglesia Sismática Mexicana, eso fue un cruce de mota fuerte, y empezó el jaleo. A la Santa Madre Iglesia Católica, Apostólica y Romana mexicana lo que más le interesa es el dinero, y ésa es una zona que aporta mucho dinero, por eso ahí comenzaron las broncas. Ya Obregón había tenido líos con la Iglesia, y Carranza también, por supuesto. Habían sido conflictos muy fuertes, sobre todo cuando Obregón corrió al representante del Vaticano, alrededor de 1923, pero se habían acabado. En 1926 se organiza un movimiento religioso y son los curas los que cierran las iglesias en agosto de ese año, y con ello se producen unos problemas endemoniados. Decía don Gilberto: "Empecé a admirar al general Cárdenas porque mientras Calles y Obregón convertían las iglesias en cuarteles o les ponían un cuartel enfrente, Cárdenas no se metía con la Iglesia; si estaban cerradas era porque los curas así lo habían decidido, pero él lo que les ponía enfrente era una escuela, una solución inteligente". En ese tiempo empezó a tener una relación con el general Cárdenas, gracias a su cuñado, David Manjarrez, quien era ingeniero agrónomo y además un convencido de la lucha agraria.

Cárdenas había creado la Confederación Michoacana del Trabajo, en la que muy inteligentemente unía campesinos con obreros, porque el estado de Michoacán no era precisamente un estado industrializado. Cárdenas dio un paso fundamental con la entrega de los bosques a sus dueños, que eran los campesinos que habían sido despojados de ellos durante el Porfiriato. De ahí se ve que la relación de Bosques con Cárdenas fue por la posición revolucionaria del general.

Pasa el tiempo, viene primero el intento de reelección de Obregón, actitud que era totalmente contraria a la posición revolucionaria de Gilberto Bosques. Obregón pretende restablecer el periodo presidencial de seis años (que era de cuatro). Los seis años los había implantado Porfirio Díaz en 1904. Cuando triunfa la Revolución vuelven a ser cuatro años y Obregón, muy mañosamente, planea volver a los periodos de seis. Como a Obregón lo matan siendo presidente electo, nombran como presidente provisional a Emilio Portes Gil; la decisión fue de Calles porque Portes Gil, aunque era totalmente obregonista, era su aliado. Se llegó a decir que Calles había mandado matar a Obregón, porque su muerte fue rarísima: Toral le disparó a Obregón con un revólver que tenía cinco balas y en la autopsia se vio que el cuerpo de Obregón tenía veintitantas balas, así que ahí hubo algo misterioso.

Entra Portes Gil y dos años después convoca a elecciones para los últimos cuatro años que iba a ser presidente Obregón. Se decide poner a otro ligado a Obregón, Pascual Ortiz Rubio, a quien todo el mundo le decía "El Nopalito", por baboso. Ortiz Rubio dura dos años de presidente y luego se pelea con Calles, que ya era el "Jefe Máximo". Para entonces ya existía el Partido Nacional Revolucionario (el PNR), que fue una cosa muy inteligente de Calles, porque era la manera de aplacar a tanto militar y caciquillo que se sentían presidenciables.

En 1929 se lanza la candidatura de Vasconcelos, y José Gonzalo Escobar se levanta en armas contra el gobierno, en el que fue el último levantamiento serio, porque se dio en todo el norte, aunque sin ninguna batalla importante. Cárdenas pide permiso al gobierno del estado y se va a combatir a Escobar; parece que a este señor le soltaron una lana porque se fue al norte muy contento.

En los últimos dos años, de los cuatro que hubieran correspondido a Obregón, asume la presidencia Abelardo Rodríguez, un militar totalmente ajeno en lo ideológico a Cárdenas; los dos habían sido compañeros en varias batallas en Sonora, en el Valle del Yaqui, y eran muy cercanos a Calles (nadie podía estar en cargos importantes si no se tenía la amistad de Calles). Muchos creyeron que Cárdenas iba a ser manejable; le decían "El Chamaco" porque era muy joven, pero se les olvidaba lo que había hecho en el gobierno de Michoacán, donde intentó una reforma agraria seria y repartió tierras de la zona del altiplano, donde tanta gente había luchado por tenerlas. Por ejemplo, la hacienda de Guaracha, que tenía más de cuatro siglos de existencia: tres durante la Colonia (fue entregada a un paniaguado de Cortés en mil quinientos treinta y tantos) y siglo y medio después de la Independencia y de la posrevolución. En 1928 o 1929 Cárdenas trató de repartirla, pero resultó que uno de los últimos dueños era una señora Almada, íntima amiga de Calles, y entonces se echó abajo el intento de Cárdenas. Éste había organizado a los agraristas, pero afortunadamente, la oligarquía callista nunca lo registró como un peligro. Las gentes de izquierda, por su parte, y para eso me remito a Gilberto Bosques, a Heriberto Jara y muchos más, naturalmente empezaron a apoyar la candidatura presidencial de Cárdenas quien, en vez de quedarse en su casa e ir sólo a las capitales de los estados, hizo muchos recorridos a caballo (en aquella época no había carreteras) y usó mucho el avión; en sus memorias habla Cárdenas del trimotor, que era peligrosísimo.

Con estos antecedentes, los Manjarrez y los Bosques se ligaron muy profundamente al general Cárdenas. Don Gilberto fue diputado federal y presidente de la Cámara de Diputados de 1934 a 1937; era una cámara conflictivísima, porque Calles no era ningún pajarito, ni dulce ni tierno; donde ponía el ojo, ponía la bala. Ya habían matado al general Serrano rumbo a Cuernavaca, ya se habían echado al papá de Miguel Alemán, en fin, el señor era bravo.

El PNR era muy callista y estaba manejado por gentes muy turbias, como Ezequiel Padilla que era senador, un hombre siniestro que siempre hizo de las suyas. Había balazos, había broncas. Doña María Luisa estaba segura de que se iban a tronar a don Gilberto, pero él logró convencer (era la primera vez en muchos años que se veía algo así), no eliminar, a sus contrarios; quién sabe cómo le hacía don Gilberto, ha de haber sido medio brujo. Se iba a restaurantes, como La

Quinta Ramón, en Tlalpan, que a la fecha existe, y ahí tuvo muchas reuniones; así fue cambiando la opinión pública.

En el primer periodo de la Cámara de Diputados logró voltearle la sartén a los callistas, que luego se la cobraron, y empezó toda la bronca, que tuvo un gran costo político para Gilberto Bosques, para Lázaro Cárdenas y para todo el grupo que representaba el camino hacia la izquierda (Múgica, Jara y otros).

A un personaje totalmente gris, que hubiera sido un buen elevadorista, lo hicieron presidente de la República: Manuel Ávila Camacho. Todo su pasado era turbio (Padilla también era turbio, pero brillante, un orador de primera) y por él fusilan a medio mundo; además, este viejo se enteraba de que había una hacienda que estaba media quebrada y la compraba; era siniestro. Con Ávila Camacho se va creando la oligarquía en el concepto griego de la palabra, *oli,* chico, *argos* poder, el poder de unos cuantos. Se liga mucho a William Jenkins, otro personaje monstruoso, un aventurero, que un día representaba a los grupos protestantes, al otro se hacía católico; se autosecuestró, hizo horror y medio, pero representaba un gran poder en Puebla, y se fue infiltrando en el gobierno.

Había un militar oaxaqueño, el general Melgar, que tenía un influencia considerable en Puebla; en su casa se decidió la candidatura de Cárdenas para presidente de la República. Entonces se empieza a meter Ávila Camacho, el Manuelito, que tenía un hermano todavía más siniestro, Maximino, y empieza a apoyar a la CROM, enemiga de la CTM; aparece también otro poblano que a mí nunca me acabará de gustar, Vicente Lombardo Toledano.

En ese momento don Gilberto y su grupo vuelven a la práctica política, porque vieron que Cárdenas estaba cumpliendo con los anhelos de la Revolución, y fue en los primeros años del gobierno de Cárdenas cuando tuvieron una función clave. A los cuatro días de estar en el poder, Cárdenas mandó cerrar los casinos que era donde se hacían de dinero los políticos que habían surgido después de la Revolución.

Cuéntame acerca de la precandidatura de don Gilberto al gobierno de Puebla.

Ése es un momento muy interesante, porque siendo presidente del Congreso, Bosques contesta el primer informe presidencial de Lázaro Cárdenas. Bosques no busca para él la gubernatura de Puebla, sino que apoya la candidatura de Leobardo Coca, un líder obrero. En ese episodio hay algo turbio por parte de Lombardo Toledano: don Gilberto contaba que el día en que se iba a anunciar la candidatura de Coca quedaron en que Lombardo pasaría por don Gilberto para ir juntos al acto, pero a la mera hora se desapareció Lombardo, no llegó nunca.

Vicente Lombardo Toledano no es una figura fácil, venía de una familia muy rica, de origen italiano, que tenía minas de oro y de cobre en Teziutlán. Yo conocí mucho a su hermana, la esposa del doctor Caso, y cuando alguien comentaba que Lombardo recibía oro de Moscú, ella se ponía furiosa y decía: "era el oro de nuestra familia, que nos lo bajó a todos". Siempre estuvieron muy cerca los Lombardo y los Ávila Camacho, y esa situación ambivalente nunca la acabaré de entender.

Por un lado, Lombardo es clave para entender la expropiación petrolera porque logró la unidad de los trabajadores petroleros; de haber estado peleados o divididos, la expropiación no se hubiera podido realizar; pero por otro lado tiene una enorme amistad o por lo menos simpatía por los Ávila Camacho y esto lo aprovecha un hombre también muy inteligente, aunque un tanto gris, que es Manuel Ávila Camacho.

En ese acto público todo el mundo pensaba que Coca iba a ser el candidato, pero éste se echa para atrás, y entonces los propios obreros, a quienes Ávila Camacho no les tenía buena voluntad, apoyan a Gilberto Bosques como una posible salida. Él había trabajado en la redacción de la Constitución de Puebla; era un hombre con prestigio, desde mucho antes había andado haciendo campañas directamente con el pueblo, lo conocían, no era un invento, y esto provoca que el clero y la oligarquía se alboroten y Maximino Ávila Camacho y algunos militares empiezan a presionar para que su candidatura no saliera.

Un grupo de poblanos se traslada a la ciudad de México a apoyar la candidatura de Gilberto Bosques; ya no recuerdo si logran hablar con el general Cárdenas o con los del PNR, y ni modo, se acaba aceptando la candidatura de Maximino, y ahí la Revolución mexicana dio otra vuelta al voladero. No es posible pensar que el general Cárdenas haya tenido alguna simpatía por Maximino y que rechazara a Gilberto Bosques, aunque se conocían recientemente.

Estamos hablando de 1936, el mismo año que se expulsa del país a Calles; éste contaba con muchísima gente entre los militares, tenía mucho poder entre los norteños, quienes le habían hecho al general Cárdenas una serie de numeritos, como el de los famosos 14 puntos, cuando ellos anunciaron que se iban al paro patronal, y él les dijo: "Sí, si ustedes deciden parar, yo les entrego las fábricas a los trabajadores". Fueron años muy importantes porque la política del general Cárdenas se estaba afianzando: la expropiación de La Laguna, la expropiación de los terrenos del Yaqui y de toda esa zona, aunque desgraciadamente don Lázaro tuvo que ceder ante la presión de las fuerzas militares para evitar una guerra civil.

¿Por qué México le vendía petróleo a Alemania después de la nacionalización?

Ese periodo de las relaciones internacionales de nuestro país es complicadísimo: México necesitaba vender petróleo porque se estaba ahogando en chapopote. En Francia estaba el Frente Popular en el poder, y por seguirle el cuento a Chamberlain y a los ingleses le consintieron a Hitler todas sus barbaridades. México trató de venderle petróleo y gasolina a los franceses y éstos se negaron a comprar, porque los ingleses y los holandeses nos habían acusado de ladrones, a pesar de que se les pagó la empresa expropiada. Ante el bloqueo decidido por Estados Unidos y algunos países europeos, México le vendió a quien le comprara.

Entonces se decide mandar al exterior a varias gentes para defender la política internacional de México y a apoyar a Isidro Fabela y a Narciso Bassols, quienes habían hecho una labor impresionante en diplomacia. Así, Gilberto Bosques se va como cónsul a París en diciembre de 1938. Don Gilberto se propone analizar la situación de preguerra y se dedica también a estudiar la educación en Francia, porque este país tenía una vieja tradición de educación popular, aunque en verdad no era tan avanzada, porque el laicismo en Francia es de 1908-1909, cuando en México teníamos ya más de 50 años de laicismo.

Don Gilberto trabaja muy duramente en el Consulado. En agosto de 1939 la familia estaba de vacaciones en el Mar del Norte, en Francia, cuando les avisan que se ha firmado el pacto germano-soviético el 25 de agosto, día de san Luis, rey de Francia. Don Gilberto se da cuenta de que la guerra ya viene, y le manda un recado a Eduardo Hay, quien era el secretario de Relaciones Exteriores, informándole que la guerra estaba por estallar, pero no le creyeron, al igual que muchas personas que no pensaban que fuera a haber guerra.

Una vez firmado el pacto, los rusos ven el frente oriental tranquilito y los alemanes se sienten muy seguros, de tal manera que se avientan sobre Polonia el 1 de septiembre y estalla la guerra. Empieza entonces para don Gilberto y su familia una etapa verdaderamente heroica, primero porque lograron salir de París antes de que la ciudad cayera en manos de los alemanes. Estaban entrando los nazis por una parte de París y los Bosques estaban saliendo por la otra, y él convenció a su chofer de que tomara ciertas rutas, porque algunos se fueron por otro lado y así les fue. Van a dar primero a Toulouse, después a Bayona y luego a Marsella, donde sigue de cónsul general. Ahí le toca la salida de casi todos los funcionarios del gobierno francés y la derrota de su ejército en 1940.

En Marsella, Bosques hace una obra maravillosa, sacando gentes de todos colores. Él contaba que estando creo que en Biarritz llegó un grupo grande de judíos, muy poderoso, en sus coches, y dejaron en las oficinas que él tenía ahí improvisadas, una enorme cantidad de automóviles con sus llaves diciéndole que dejarían Francia en un barco que zarparía de Brest; poco después de salir del puerto los hundieron y todos esos coches luego se los quedaron los alemanes.

En Marsella es donde yo creo que este hombre se cubre de gloria porque se arriesgó a todo; contaba con el apoyo del general Cárdenas durante los últimos meses de su gobierno y por supuesto de García Téllez. Hay miles de telegramas de García Téllez autorizando visas, y cuando no se las autorizaban, don Gilberto las inventaba; se sabe de muchas visas para grupos comunistas fuertes y también para judíos, los Zuckermann por ejemplo; a algunos incluso les tenían que cambiar el nombre. Fue una obra maravillosa.

Francia es derrotada y el gobierno se instala en Vichy. Pétain organiza un gobierno con Laval y toda esa gentuza. Empieza entonces otro periodo dificilísimo, porque ya nombrado ministro de la Legación por Ávila Camacho, a don Gilberto le toca vivir el momento cuando los alemanes rechazan lo de la Francia Libre y ocupan todo el territorio francés. Los nazis toman la Legación mexicana y le exigen a Bosques no solamente los papeles, sino también el dinero de la representación diplomática. Don Gilberto, muy hábilmente, logró que un alemán aceptara firmarle, ante el representante de Suecia, un documento que decía: "recibimos la cantidad X", que eran muchos dólares o francos. Bosques lo hizo para que no lo acusaran después de haberse clavado el dinero, algo frecuente entre algunos diplomáticos de aquel entonces, que eran muy pintorescos, por no decirles de otra forma.

Cuando México le declara la guerra al Eje viene el rompimiento de relaciones con Francia y entonces se llevan a los diplomáticos mexicanos y a sus familias como prisioneros a Alemania, donde permancen casi un año. El mismo día en que llegan a Colonia, ya muy cerca del lugar a donde los llevaban, los rusos derrotan a los alemanes en Estalingrado. Los alemanes, que habían hecho el cuento de que eran un ejército invencible, se rindieron: más de 150 000 soldados de élite, preparados para matar, para asesinar, para destruir fueron derrotados por el pueblo soviético.

Derrotan a los alemanes y es el inicio de la victoria de los aliados y don Gilberto lo entendió muy bien. Ellos estaban recluidos en un hotel, al que llegaba Hitler algunas veces, que aparentemente era de lujo, pero tuvieron carencias de comida y sobre todo de seguridad, porque al único lugar adonde podían bajar durante los bombardeos, eran los sótanos donde estaban las calderas. Se pasaron un año bravo; en una ocasión tuvieron que llevar a doña María Luisa a ver a un médico y de regreso les tocó un bombardeo.

En la política local, Cárdenas fue heroico, porque se opuso a que los gringos instalaran bases militares. Como éramos aliados y estaban muy espantados porque habían perdido toda su flota del Pacífico, los gringos quisieron meterse a Baja California, pero Cárdenas los sacó creo que a panzazos.

Luego viene ese periodo maravilloso de Gilberto Bosques cuando regresa a México, no quiere colaborar más con el gobierno; después de un año, cuando llega la otra araña que es Miguel Alemán, acepta ser embajador en Portugal, que es clave también para entender muchas cosas. Él acepta ir a Portugal porque sigue defendiendo a la República española. La defensa que hizo Gilberto Bosques de todos los políticos republicanos es maravillosa. En Portugal se echa a la bolsa a Oliveira Salazar que era un monstruo de mochería, peor que Franco porque era más inteligente. Don Gilberto contaba que la frontera de España con Portugal se prestaba mucho al contrabando, sobre todo de bicicletas. Había unos tipos que iban y se robaban bicicletas, las sacaban, y lo que hacía entonces Gilberto Bosques era aprovechar eso para sacar de España a los republicanos que estaban siendo perseguidos por Franco. Una época durísima de la posguerra española.

Luego lo mandan a Suecia, que también es importante en su vida porque se liga con gentes que aplicaban la concepción socialista de los suecos, y el 23 de noviembre de 1953 lo nombran embajador en Cuba.

Le toca todavía el gobierno de Batista. Viene a México y habla con don Adolfo Ruiz Cortines y don Adolfo le dice que no hay más remedio que ir a ayudar a toda esa gente que estaba siendo asesinada por esa bestia. Después, don Gilberto se liga profundamente a la Revolución cubana, a la gente del 26 de Julio, que era también un camino al socialismo.

¿Cuál fue la relación de Gilberto Bosques con Fidel Castro?

No la conozco exactamente. El otro día le preguntaba a Laurita: "¿Te acuerdas poco antes de lo de Bahía de Cochinos?"; yo estaba de paseo en Cuba, y un día, estando en el hotel, me llegó un recado para que fuera urgentemente a la Embajada. Don Gilberto, quien era una persona curiosísima, me dice: "Le voy a enseñar mis sembradíos de chiles", y yo pensé "qué raro". Fuimos a donde estaban unas macetas y me dice: "No, aquí no se dan, porque la tierra no es buena", pero lo que don Gilberto quería era hablar conmigo sin que hubiera micrófonos. Entonces me dice: "Mire, aquí hay una carta que le ruego le entregue usted en mano, personalmente, a don Lázaro. Él sabía que yo había trabajado en la Comisión del Balsas y que tenía una relación muy remota, porque a mí, el general Cárdenas nunca me peló, pero que lo conocía, y don Gilberto confió en mí. Le dije que estaba de vacaciones y que acababa de pagar mi boleto de regreso para dentro de 15 días, y estar en Cuba por ocho días no me hacía ninguna gracia, y me dijo: "Esto urge, por eso lo vamos a mandar por Cubana de Aviación (yo había ido por Mexicana); se va usted por Cubana, pero tiene que salir mañana". Ante esos truenos, pues ahí voy. Llego a México y me pongo a corretear al general por todos lados, porque Cárdenas no paraba. Doña Amalia me dijo que parecía que estaba en Uruapan y ahí voy a alcanzarlo, y le entrego la carta. Carta que nunca abrí porque soy gente decente. El general la recibió, la leyó y me dice: "¡Ah, qué barbaridad!, te regresas conmigo". Me hacía a cada rato eso. Nos regresamos de inmediato porque la Conferencia Latinoamericana por la Soberanía Nacional, la Emancipación Económica y la Paz se iba a inaugurar en esos días. Yo no sé qué le decían en esa carta ni quién se la mandó. Pero lo raro es que haya sido tan fácil salir y regresar (en ese tiempo te exigían la visa y yo la tuve sin ningún problema); quiere decir que alguien de muy alto dio la orden. Me quedé a la Conferencia Latinoamericana y regresé con la delegación cubana a disfrutar mis vacaciones, que no disfruté gran cosa, porque al ratito vino lo de Bahía de Cochinos. Obviamente, don Gilberto tenía vara alta con los dirigentes.

Yo nunca vi a Fidel Castro en la Embajada ni al Che, pero sé que no salían de ahí; a la que vi un día fue a la esposa de Raúl, Vilma Espín, que era una maravilla de mujer. Lo mejor que tuvo la Revolución cubana fueron las mujeres, todas.

Yo no quiero presentarme como un actor de todo esto: yo fui oidor, veedor y disfruté mucho, nunca en la vida me sentí actor ni director de nada. Porque algunos políticos afirman: "El general Cárdenas me dijo...", a mí nunca me dijo nada, pero yo lo oí, lo oí incluso oponerse al término "cardenismo": "Yo nunca consideré encabezar una corriente, esa corriente existía antes de que yo existiera, yo vengo de una corriente que iniciaron el señor Hidalgo, el señor Morelos, el señor Juárez, y sobre todo mis generales Múgica y Jara", a quienes él quería y respetaba muchísimo.

¿Cómo termina la carrera de don Gilberto?

Don Gilberto dice en sus entrevistas que ya no quiso colaborar con el gobierno de Gustavo Díaz Ordaz, porque éste era un infeliz, sirviente primero de Maximino y después de todas las horribles causas. En la Biblia se habla mucho de las abominaciones, y Maximino era una abominación, todo lo que hizo fue abominable, aunque finalmente tuvo que respetar muchas cosas, lo mismo que su hermano Manuel, que no pudo echar atrás lo del petróleo, aunque ganas no le faltaron. Ezequiel Padilla era un reaccionario admirador de los gringos, y Alemán igualmente, pero Alemán era hipócrita.

¿Crees que Ezequiel Padilla tuvo algo que ver con que don Gilberto y los diplomáticos mexicanos se quedaran más de un año en Bad Godesberg?

Pienso que Padilla era tan lambiscón de los gringos, que don Gilberto y todos los que estaban en esa prisión no salieron hasta que los gringos lograron canjear a sus propios presos por presos alemanes. Padilla era tan demoniacamente reaccionario que inventa el Pacto Bracero. ¿Qué había sido la Revolución mexicana?, la entrega de la tierra a los campesinos. Ávila Camacho y toda su gente empiezan a restringir el crédito, la asistencia técnica, no entregan tierras, sólo lo hicieron cuando la presión popular fue muy fuerte, pero no les dieron con qué trabajar la tierra. Entonces Padilla inventa la alianza con los norteamericanos, que habían mandado tanta gente al frente a luchar por la democracia, que necesitaban mano de obra para trabajar lo que habían dejado de trabajar los gringos, y así se hace el Pacto Bracero, que fue un golpe contra la reforma agraria.

¿Qué hace don Gilberto una vez que regresa?

Pues le toca el 2 de octubre, que fue la maldad deliberada, y luego el 12 de octubre se celebra la Olimpiada, ya todo es un asco. Para entonces, don Gilberto tenía bastante tiempo negándose a trabajar en el gobierno. Había colaborado con el otro turbio de López Mateos, el del "jaramillazo", pero esto ya era demasiado.

¿Por qué Lázaro Cárdenas no permitió que bajaran de los barcos
Flandre y Quantas *los judíos que venían de la guerra?*

Eso fue en 1939; la situación internacional era muy seria, en México había un movimiento antijudío feroz, muy fuerte, que habían apoyado incluso los anarquistas que publicaban los periódicos *El Hombre Libre* y *Omega,* y ahí la agarraron contra los judíos porque éstos, que eran muy pocos, habían inventado comprar terrenos y le echaron el ojo a dos lugares, en Tabasco y Sonora, y eso dio lugar a una prensa muy hostil en general, también hostilísima a la reforma agraria y a la expropiación petrolera. En fin, era una situación sumamente difícil, pero yo les pregunto a todas esas gentes, ¿por qué nada más arman el escándalo de esos barcos en México? Los dos intentaron desembarcar a sus pasajeros judíos en Nueva York, en Baltimore, en Santo Domingo, en La Habana, en Veracruz y en Tampico, y no se los permiten.

Había una campaña de violencia terrible. Además, venían sin papeles, porque ésa fue la trampa de Hitler, los mandaba sin documentos, y Cárdenas ya había recibido una infinidad enorme de refugiados sin papeles, a quienes se les entregaron documentos en el puerto de Veracruz. A aquellos pobres les tocó la de bajada, pero en el *Orinoco,* por ejemplo, llegaron los Katz, que no eran precisamente arios.

¿Quiénes se oponían a que llegaran judíos a México?

Había gente ligada a Manuel Ávila Camacho, como un pariente suyo que no recuerdo bien quién era. Yo entré una vez a la casa de ellos, hace 20 o 30 años, y me acuerdo que había un retrato de Hitler junto al teléfono y se me pararon los pelos de punta cuando lo vi. Estaba también el secretario particular de Ávila Camacho que fue gobernador de Jalisco, Jesús González Gallo, papá de Fernando González Gortázar, el escultor. González Gallo era absolutamente pronazi y era una gente con mucha influencia. También tenía todavía mucho poder Juan Andreu Almazán, que estaba presionando por la candidatura presidencial, y mucha gente cercana a Calles que aún quedaba en México.

¿Crees que realmente había un riesgo de que Europa se hubiera vuelto comunista si la República española hubiera triunfado?

No para nada, yo creo que no. La República española era lo menos comunista del mundo. En primer lugar, la República se divide en dos: de 1931 a 1934 es bastante de derecha, es cuando aplastan el levantamiento anarquista de Asturias, y surge entonces la figura de Franco como opresor, y luego vienen todas las broncas internas: los trotskistas por un lado, los estalinistas por otro.

¿Te contó don Gilberto de la fotógrafa española que estaba dentro de la Legación?

Eso me lo contó Laurita, quien es buena informante. Hicieron travesura y media para poder darles las visas, improvisaron incluso un cuarto oscuro. Los japoneses pusieron debajo de las oficinas de la Legación un aparato para oír lo que se decía arriba, y entonces don Gilberto hacía unos ruidos terribles para molestarlos.

Fue un periodo heroico, porque no nada más salvaron españoles y judíos, sacaron a quién sabe cuántos yugoslavos.

Mi conclusión es la siguiente, don Gilberto Bosques es la figura que yo respeto más en la historia de México, junto con mi general Múgica, mi general Cárdenas, la doctora Matilde Rodríguez Cabo, doña Eulalia Guzmán, todas esas gentes que realmente entendieron lo que era la Revolución mexicana. Tan fue una revolución que cambió las estructuras políticas y socioeconómicas del país. Que ahorita la Revolución mexicana, como todas las revoluciones del mundo, esté hecha talco, eso es otra cosa. Todos ellos tuvieron una bandera, que fue la ética, en el sentido de Platón: "Lo único que justifica el poder es la ética. Llegar al poder sin ética, es llegar al poder por el poder mismo".

ENTREVISTA A ALBERTO ENRÍQUEZ PEREA

Háblanos por favor de las actividades de don Gilberto después de la Revolución.

Era un momento importante en la lucha política y en la parlamentaria, tanto en los congresos locales como en el federal con sus dos cámaras, la de Diputados y la de Senadores. Era una lucha parlamentaria en la que se defendían proyectos y visiones de los diferentes partidos políticos que en ese momento existían, y Bosques pertenecía a uno de esos partidos que proponía que no sólo se respetara y se siguiera al pie de la letra lo que la Constitución de 1917 establecía, sino ir más allá y eso justamente se va logrando. Se quiere que los trabajadores sean agentes del verdadero cambio social y que los campesinos también se organicen y vayan más allá de los asuntos de su sindicato, es decir, se pretende que estas nuevas fuerzas políticas vayan rehaciendo y construyendo un país que creo nos merecemos y por el que todavía seguimos luchando; esos años son fundamentales en la política local poblana y en la nacional.

Después llega una etapa, digamos de reposo, de reflexión, no nos olvidemos de que él estudió en el Instituto Normalista, era profesor y dio clases mucho tiempo, de eso se mantuvo. Luego, la segunda o tercera etapa importante de la vida de Bosques es justamente cuando empieza a participar en la política nacional. Ya los años de 1910 a 1917 había estado en la política, siguiendo a personajes muy importantes de nuestra historia, pero ahora hay un salto cualitativo, está luchando por ser el representante de uno de los distritos electorales de Puebla y quiere ganar para llegar al Congreso de la Unión y presentar una propuesta para apoyar de alguna manera a esa población que lo está proponiendo para ser su diputado federal. Lo consigue por medio del Partido Nacional Cooperatista y ahí empieza una etapa importante.

Estamos en los años del general Obregón, que son verdaderamente de mucha actividad política y parlamentaria. El parlamentarismo en

México tiene una larga y muy interesante historia con grandes tribunos; creo que México se puede sentir orgulloso de que desde el siglo XIX, cuando ya es un país independiente, y luego en el siglo XX, tuvo grandes tribunos. Las voces de los diputados y de los senadores eran verdaderas fuerzas, no solamente políticas sino también morales. De acuerdo con la situación del momento, se daba la lucha en el sentido de cuál sería el rumbo del país, cuál su destino, qué se hacía con los dineros públicos, de qué manera se iban a resolver mejor las cosas para los trabajadores, cómo defender a ultranza la soberanía nacional... y ahí empezaron los acuerdos y también los desacuerdos.

Como siempre pasa en política cuando se llega a algún momento álgido, en el cual no se puede resolver el problema mediante la negociación política, se recurre a las armas, y esto fue lo que sucedió en ese periodo, en el que cada uno de los grupos políticos va formando sus propias ideas, y ahí estará Bosques, quien va a acompañar a su cuñado, amigo y correligionario Froylán C. Manjarrez, en ese momento gobernador del estado de Puebla, y ambos se unen nada menos que a la rebelión de Adolfo de la Huerta.

La vida a veces parece de película o nuestras vidas son de película. Había necesidad de pertrechar a las fuerzas delahuertistas, así que Bosques y otros compañeros se fueron a La Habana a buscar armas y cuando ya venían de regreso a México y el barco donde traían las armas ya estaba cerca de Yucatán, vieron a lo lejos una patrulla; sin dudarlo, ante el peligro, tiraron las armas al mar. Si mal no recuerdo también traían dulces o algo así, y cuando llegaron a revisarlos no había armas, había dulces... Vino entonces su aprehensión y casi el fusilamiento.

Me interesa destacar aquí una cuestión muy humana (no quisiera entrar en los detalles de la guerra, porque realmente Bosques no estuvo en ninguna acción bélica): no cabe la menor duda de que cuando uno tiene una compañera con quien comparte la vida, toda la vida, uno puede decir que no solamente es afortunado al haber encontrado a la persona con quien uno va a pasar todo lo que le reste de vida, sino que además se comparten proyectos e ideales; en ese sentido la esposa de don Gilberto Bosques fue indudablemente una mujer excepcional, que se llamó María Luisa Manjarrez. Ella estaba en la ciudad de México cuando tuvo informes de que su esposo había sido aprehendido y también se enteró de noticias bastantes desagradables de sus hermanos, que estaban en la rebelión delahuertista, y de repente supo que por allá por Progreso estaba Bosques, que había llegado al puerto y había sido aprehendido y llevado a prisión, pero todavía le llegó la noticia más alarmante de que iba a ser fusilado.

Estamos a mitad de los años veinte, y ya se puede uno imaginar lo que era viajar de la ciudad de México a la península de Yucatán. De inmediato, María Luisa se fue a Yucatán a ver a su esposo y a medida que avanzaba en el camino le iban llegando noticias cada vez más desagradables, hasta llegarle a decir que Bosques había muerto. Sin embargo, Bosques no había sido fusilado y uno se pregunta ¿cómo es la suerte?, porque, en efecto, Bosques iba a ser fusilado por las fuerzas contrarias al delahuertismo, pero se encontró ahí a un amigo y entre la amistad y los problemas que había como en todas las guerras, las órdenes se posponen o se contraponen, y así se fue aplazando el fusilamiento hasta que definitivamente él salió libre y resulta que, por un lado, Bosques estaba tratando de regresar a México y, por el otro, su esposa estaba buscándolo. El encuentro debe haber sido de lo más emotivo para ambos, que verdaderamente eran un matrimonio excepcional: desde que se conocieron hasta que murieron fueron una pareja realmente extraordinaria. Ése es el aspecto que a mí me interesa destacar; lo demás, lo de la rebelión delahuertista, se puede documentar de otra manera.

Después de haberse reencontrado llegan a la ciudad de México y Bosques tiene una actividad ya no política, sino de otra naturaleza. Pero de su momento político habría que decir que tuvo mucha suerte, porque muchos adversarios en esos años no siempre salían con vida. Contaba que un día paseando por la capital se encontró con Obregón; éste lo vio y ambos se sostuvieron la mirada; contaba también que por órdenes del propio presidente Obregón la dieta como diputado se la siguieron dando.

Termina esa etapa y luego llega el momento cuando se dedica a vivir la vida; pone una imprenta donde publica, entre otras cosas, la revista *El Sembrador;* en la imprenta, que se llamaba Aztlán, sacan un libro con poemas de López Velarde. Así se va el tiempo, poco a poco, hasta llegar a los años treinta, sobre todo 1934, cuando empieza la mejor etapa en la vida política nacional de Bosques, que es justamente en el cardenismo.

En su campaña en Puebla también habían intentado matarlo, así eran las cosas en 1923, unos cuantos años después de haber terminado la Revolución, y todavía había muchos grupos y rivalidades políticas. La revolución delahuertista fue terrible, fue uno de los hechos armados más sangrientos, en el que se perdieron vidas muy notables de ambos bandos; las pérdidas en las rebeliones posteriores fueron menores porque justamente muchos de los actores políticos murieron en aquélla.

Cuando en 1929 estalla la última gran rebelión, la escobarista, ya realmente se puede controlar. Recuerdo que un día fui al Archivo General de la Nación y revisé la documentación que había al respecto y pensé "para esa etapa el Estado mexicano ya era otro, los actores políticos eran otros y tenían incluso planos". El gobierno se pudo dar el lujo de tener planos, de saber quiénes eran los escobaristas y cómo y cuándo iban a levantarse en armas. Muy diferente de la rebelión delahuertista, que fue una explosión en la que participaron grandes militares y perdieron la vida hombres que uno dice "caray, otra suerte hubiera tenido el país si no hubiera habido ese levantamiento, porque se perdieron verdaderas personalidades". Motivada sobre todo por los Tratados de Bucareli, ésta es una etapa interesante a la que todavía hay que meterle mucho el diente. Estados Unidos vio con anticipación muchas cosas; hacía muy pocos años que en México había terminado el conflicto armado y todavía quedaban problemas muy complicados, ni más ni menos que la cuestión de la tierra, el problema de la banca, el desarrollo industrial, el arreglo de conflictos políticos y todo lo demás. Ahí sí me parece que los estadounidenses tuvieron una visión muy amplia.

Esto es realmente interesante porque se nos ha dicho, de una manera creo que malintencionada, que tuvimos épocas en la historia de México muy tranquilas, en las que no pasaba nada, lápidas pesadas por los años en los que estuvo gobernando el partido oficial, y la verdad no es así, es parte de la demagogia, de la visión de los vencedores de hoy que tratan de imponer a la sociedad mexicana.

Cuando en 1929 se funda el periódico *El Nacional,* como órgano del Partido Nacional Revolucionario, estamos gobernados por los revolucionarios y en la Presidencia de la República se encuentra el licenciado Emilio Portes Gil. Hay documentación en el Archivo General de la Nación y en el archivo particular del embajador Gilberto Bosques, que hoy se encuentra en la Biblioteca Nacional, en la que se puede ver todo lo que hizo el presidente Portes Gil; por ejemplo, que todos aquellos hombres que se habían exiliado, como Froylán C. Manjarrez, pudieran regresar al país; habían pasado ya los tiempos de los enfrentamientos y era el momento de emprender en serio una verdadera reconstrucción del país.

Es verdad que en 1929-1930 se vivió la crisis mundial más importante y que ésta tuvo una fuerte repercusión en la vida económica de México, sin embargo, urgía que se diera oportunidad a las nuevas generaciones de mexicanos y se pudieran alcanzar otros estadios de mejoramiento económico y político.

En ese tiempo empiezan a regresar los exiliados, entre ellos Manjarrez, y por el vínculo familiar que tiene con Bosques trabajan juntos en ese periódico tan importante de los años treinta que fue *El Nacional*. Ahí se encuentran artículos y editoriales notables, pero el vuelco se da justamente cuando empieza la campaña presidencial del general Lázaro Cárdenas, el candidato del PNR. Para ayudar mejor a la campaña, Bosques regresa a Puebla, donde nuevamente será elegido diputado y formará parte de la XXXVI Legislatura del Congreso de la Unión, de 1934 a 1937, que es importantísima en la historia del país, entre otros hechos fundamentales, por el proyecto de educación socialista.

Era un proyecto que se venía trabajando desde la legislatura anterior y también en el Partido Nacional Revolucionario; más adelante llega como propuesta a la Cámara de Diputados, la cual designa a Bosques presidente de la Comisión de Educación, en la que se rodea de gente muy destacada como Luis Enrique Erro.

Algún familiar ha de conservar la máquina de escribir en la que Bosques empezó a redactar la que sería la iniciativa de reforma del artículo 3º constitucional. Tuve el privilegio de ver los borradores, ahí están, sin ningún tache; seguramente hizo otros borradores, pero el que se conserva no tiene absolutamente ninguna tachadura. Se nota, sin duda alguna, que estuvo bien pensado, bien estructurado, y que para 1934 hay un cambio muy importante en materia educativa: la educación socialista.

Por supuesto que durante la época de Cárdenas hubo otras iniciativas muy importantes, como la creación del Instituto Nacional de la

Investigación Científica, y, por supuesto, la ley de expropiación del petróleo.

Había indicios desde la legislatura anterior y en el debate interno en el Partido Nacional Revolucionario, de que la educación socialista sería muy polémica, al grado de que todavía hoy los estudiosos no se ponen de acuerdo y no está claro ni siquiera cuál fue su significado, qué sentido tenía y cuál fue su alcance. Están las visiones extremas sobre lo que fue la educación socialista, si fue demagogia o solamente un afán protagónico o qué significaba. Creo que tenemos que consultar de vez en cuando el *Diario de los Debates* del Congreso de la Unión para darnos cuenta de lo que ahí sucedía y podremos ver que tanto la iniciativa como los discursos quizá lo que se proponían era una cosa tan sencilla, o en apariencia tan sencilla, como que hubiera en México por primera vez una educación nacional, pero con un sentido social.

La educación tenía que ser para todos, tenía que cumplir con el espíritu del artículo 3º constitucional, debía ser una educación gratuita, con sentido socialista, ya no era la educación laica del artículo 3º original; en los debates queda claro por qué se había avanzado a esta concepción. Además, tenía que ser nacional y llegar a todos los rincones del país; la experiencia de esta época en materia educativa es importantísima, los maestros realizaron una actividad como nunca antes se había dado; me atrevo a decir que fue incluso más importante que la labor de Vasconcelos, a pesar de que todo el mundo sabe que ésta fue un verdadero parteaguas en la historia educativa de México.

Ahí estaba quizá el punto de cómo hacer que la educación socialista trascendiera y fuera una educación que abarcara todo el país; ahí se encuentra Bosques defendiendo la iniciativa que en su momento se aprueba en medio de grandes aplausos.

En octubre de 1934, faltando pocos días para que el general Cárdenas, presidente electo, tomara posesión como presidente constitucional, ya empezaban a moverse los grupos políticos, los cardenistas, los callistas y los indecisos de siempre, que andan buscando acomodo según como sople el viento.

A principios de 1935 un grupo de 15 o 20 diputados encabezados por Bosques empiezan a formar lo que se va a llamar el Ala Izquierda del Congreso, de la Cámara de Diputados. ¿Cuál es el objetivo de esta Ala Izquierda? En primer lugar, que el Congreso sea realmente una trinchera donde se capte y se trate todo lo relacionado con la política nacional; además, por ser un grupo cercano a los ideales de la Revolución mexicana, está indudablemente por la dignificación de la Presidencia de la República. Cuando llega el mes de junio y se da la famosa ruptura entre el general Calles y el general Cárdenas, este grupo minoritario, integrado sobre todo por diputados michoacanos, va a tener un papel protagónico en la política nacional, al dar su respaldo al presidente de la República. Es un grupo que entiende que hay un nuevo momento político en el país, que hay una orientación clara, que se requiere un Estado verdaderamente nacional, con una política de carácter social, y que los diputados deben apoyar al presidente en ese camino, sin dejar por supuesto de ser diputados nacionales.

A medida que se acerca el primero de septiembre, la pugna por el control de los cargos se hace más aguda. Sin embargo, aquel grupo minoritario se había ido convirtiendo en una mayoría, y quien va a contestar el primer informe de gobierno del presidente Cárdenas es precisamente Gilberto Bosques, el pionero o uno de los pioneros de ese grupo que fue el Ala Izquierda del Partido Nacional Revolucionario. La respuesta de Bosques al informe presidencial es verdaderamente importantísima; en la primera parte resalta la labor del presidente Cárdenas y en la segunda se refiere al compromiso de los diputados para seguir trabajando por el país.

Después de este hecho tan importante, Bosques se dedica otra vez a la actividad política en su estado natal, y ahí lleva a cabo una labor extraordinaria para convertirse en el precandidato a la gubernatura del estado de Puebla. Los contendientes son Gilberto Bosques y Maximino Ávila Camacho.

Vale la pena hacer una reflexión sobre estos momentos de la historia nacional, porque las masas se vuelcan, el país está viviendo una transformación: por un lado, el nacimiento de sindicatos obreros que se van a convertir en sindicatos nacionales y en organismos verdaderamente protagónicos de la historia del país; por otro lado, las organizaciones campesinas empiezan a integrarse en grandes centrales. Por primera vez vemos organizadas a las masas de trabajadores, haciendo política y también defendiendo sus fuentes de trabajo; ahí está el caso de los petroleros y la expropiación del petróleo en 1938.

Pero también está la cuestión del voto, que es un asunto en ese momento bastante delicado, porque a pesar de que hay todas las garantías para que el sufragio sea emitido, todavía existen prácticas que no se han desterrado, y justamente por esas prácticas se anula toda posibilidad de que Bosques sea el candidato del partido al gobierno del estado de Puebla.

Hay quien dice que por fortuna Bosques no fue gobernador de Puebla y que por fortuna también empezó años después su carrera diplomática. Seguramente hubiera sido un buen gobernador, pero hubiéramos perdido a un gran diplomático. El hecho es que no llegó a ser gobernador porque hubo un fallo adverso, a pesar de tener las actas y testimonios fidedignos de que él ganó el plebiscito que lo llevaría a ser el candidato a la gubernatura del estado de Puebla; ganó incluso en zonas que le eran tan adversas como, por ejemplo, el distrito de Atlixco y la capital del estado; en todas le ganó a Maximino Ávila Camacho. Fue una verdadera mala jugada del Partido Nacional Revolucionario no haberle dado el triunfo a Bosques, pero ese asunto quizá en otro momento se pueda explicar mejor.

Los trabajadores protestaron por esa decisión, no estaban conformes con el fallo del partido y fueron a la ciudad de Puebla a expresar su descontento, pero el fallo estaba dado y empezó entonces una nueva etapa para los trabajadores de Puebla, porque todo ese ímpetu, toda esa forma de luchar por tener un candidato suyo había fracasado, y la verdad sea dicha, el gobierno que llegó, el de Maximino Ávila Camacho, fue, como ya lo temían los trabajadores, un gobierno que los reprimió mucho.

Bosques, por su parte, sigue en el gobierno de la República, con su tarea de diputado federal, la cual termina en 1937; viene entonces otra etapa formidable aunque muy breve, quizá un año, el de 1938, como director del periódico *El Nacional*. La Guerra Civil española lleva ya poco más de año y medio y las páginas de *El Nacional* son una verdadera muestra de lo que pensaba y sentía el gobierno de México respecto a la República española.

Hay que acabar con la idea de que era por simpatías del régimen, aunque no dudo que las haya habido, pero lo más importante es que el gobierno de México estaba actuando de acuerdo con lo suscrito en la Sociedad de Naciones: en caso de agresión, defender a un país miembro de esa sociedad y, además, algo mucho más importante todavía, México estaba defendiendo un gobierno legalmente constituido, legítimamente elegido. Los españoles habían ido a las urnas, republicanos, socialistas, comunistas, con la orientación política republicana y de izquierda, votaron, ganaron y eligieron un gobierno presidido por don Manuel Azaña. Eso es lo más importante, que era un gobierno legalmente constituido, que además pertenecía a un organismo internacional, la Sociedad de Naciones, en el que si no mal recuerdo el artículo 6º o 7º del pacto establecía que en caso de agresión de un país miembro, era obligación de los países que formaban parte de esa sociedad defenderlo.

Ésa es la cuestión ética y política del gobierno del presidente Cárdenas; que no nos digan las derechas de cualquier tinte que era por simpatía política y era porque allá había comunistas y aquí también teníamos un gobierno comunista, no. Era todo mucho más sencillo, era justamente defender un gobierno legítimo y el derecho de los españoles de darse el gobierno que quisieran.

Las páginas de *El Nacional* son verdaderamente maravillosas; ahí encontramos las colaboraciones más extraordinarias de escritores, poetas, analistas políticos, tanto mexicanos como extranjeros; esas páginas son un testimonio de la solidaridad de México con la República española.

En marzo de 1938 se vive el suceso más importante y definitivo en la vida política del país: la expropiación petrolera. Los testimonios, tanto del embajador Daniels como los de los archivos de Washington y los de la Secretaría de Relaciones Exteriores, muestran lo que significó realmente la cuestión del petróleo, que sí fue un golpe duro y terrible que resintieron las empresas norteamericanas e inglesas.

Lo más interesante en el fondo eran dos cosas: primera, que el petróleo era la materia prima indispensable para el desarrollo de México, y segunda, que las empresas extranjeras invertían poco en México, todo lo que ganaban lo sacaban. Los impuestos que el gobierno mexicano obtenía de la industria petrolera se establecieron con Porfirio Díaz, después con el presidente Madero y luego con Carranza. En esos tiempos, los impuestos eran muy bajos, insignificantes, pero en la época de Cárdenas se empieza a negociar otro tipo de acuerdos, incluso los relacionados con los terrenos nacionales, que también el gobierno podía explotar para extraer petróleo. Las empresas se niegan a cumplir, nada más y nada menos, que con las obligaciones que dicta el país de acuerdo con sus leyes. Ése es el trasfondo, es decir, que las empresas no quieren reinvertir en México, que sus ganancias las sacan y las llevan a otros países y que cuando se les pide que cumplan con lo que establecen las leyes, no lo quieren hacer.

Todo eso lo trata Bosques en *El Nacional* muy bien, de verdad. Por primera vez el periodismo se hace profesionalmente y se hace bastante bien. *El Nacional* es realmente un periódico nacional, con articulistas de primer orden, con las mejores plumas, y a partir de 1936 es quizá también un periódico moderno, que hace una labor periodística también moderna; si mal no recuerdo, por ejemplo, por primera vez se manda un corresponsal de guerra a España y lo hace *El Nacional,* y también tiene entre sus colaboradores a mujeres corresponsales. Es un periodo y un periódico que merecen ser estudiados con mucha profundidad, y ahí, por supuesto, Bosques es una figura central; su labor queda como testimonio de un gran periodismo, que por fortuna siempre se ha hecho en México.

A finales de 1938 empieza su vida diplomática, que es otra de las etapas más brillantes de su vida, pero ahora en el ámbito internacional. Algo que es fundamental en el tratamiento de Bosques en los asuntos de la diplomacia es que se puede tener todo, incluso una excelente preparación y los títulos más importantes que haya dado una universidad, pero lo más importante es la sensibilidad política. Eso que hace de la diplomacia una suma de artes, ir viendo detenidamente cada caso, irlo planteando en sus justos términos. Para ello, el bagaje jurídico es indispensable, no cabe la menor duda, pero, ¿cómo ir desarrollando los casos?, ¿cómo planearlos?, ¿cómo vislumbrar y cómo ver lo que más adelante puede suceder y con qué argumentos se va poder contraatacar o contraargumentar? Ahí está justamente el proceso de negociación.

Así se abre entonces el abanico de posibilidades para una negociación, sin perder de vista nunca el interés nacional, el interés colectivo. Todo eso le exige al diplomático una gran sensibilidad; sólo quienes por su educación o por sus contactos, o por algo que traen dentro, pueden hacer de la diplomacia un arte. Ni los títulos de doctor ni los conocimientos pueden sustituir lo fundamental: la sensibilidad política, encontrar el punto exacto donde se encuentra el problema.

Hay una fotografía que parece decir "aquí está Bosques, con esa mirada de águila, esa mirada tan penetrante, esa expresión de que no se le pasaba absolutamente nada". El más mínimo detalle es importante en la diplomacia.

ENTREVISTA A FERNANDO SERRANO MIGALLÓN

¿Cómo fue gestándose al principio de los años treinta el proceso bélico en Europa y cuál fue la postura de México en ese momento?

Ése es probablemente uno de los momentos más complicados de la historia mundial de los dos últimos siglos; quizá después de las guerras napoleónicas no ha habido ningún momento tan complicado como el previo a la segunda Guerra Mundial.

En 1934 llega Lázaro Cárdenas a la Presidencia de la República y se encuentra con un mundo convulsionado y con una necesidad de posicionar a México en el ámbito internacional. México se da cuenta de que el protagonismo internacional lo protege del intervencionismo.

México es considerado en todos los países de América Latina y de Europa como muy partidario de los alemanes, de germanófilo, quizá por su conflicto con Estados Unidos cuando la invasión a Veracruz, frente a la cual México tuvo una actitud muy digna de oposición a los norteamericanos. El hecho es que en el mundo se tenía esa idea y creo que Cárdenas se ve entonces en la necesidad, tanto de política interna como internacional, de posicionar a México en el mundo en un lugar que nunca había tenido como un líder de ideas en materia de política internacional, y para ello se rodea de una serie de políticos y abogados mexicanos con una ideología muy similar a la suya que comparten sus ideas y que tienen la misma vocación y decisión del presidente de ubicar a México en el concierto de las naciones.

La Sociedad de Naciones es fundada en el año 1919 y México no es invitado prácticamente sino 10 años después, cuando ya está formada y en funcionamiento. Envía a dos o tres embajadores primero, pero con Isidro Fabela es cuando se le da el toque fundamental a la política internacional de México al denunciar las cuatro agresiones mayores que hubo en ese momento: la de Abisinia por parte de Italia, la Guerra Civil española, la guerra chino-japonesa y la anexión de Austria por Alemania.

México tiene en esos casos una posición definida que no es solamente ideológica; no es que estuviera siempre al lado de los países de izquierda o de cierta ideología, sino de los ofendidos y atacados por los fuertes, de los países débiles, teniendo como base el respeto al derecho internacional y a la vocación internacionalista y humanista de México.

Es en el momento más candente de los conflictos en el centro de Europa, en particular, cuando las tropas alemanas se empiezan a desplazar hacia la costa francesa con la intención de invadir Inglaterra, cuando personajes mexicanos cobran un peso importantísimo: Isidro Fabela en la Sociedad de Naciones, Luis I. Rodríguez en la Embajada de México en Francia, Legación como se le llamaba antes, y don Gilberto Bosques, primero en la Embajada de México en París y posteriormente en el Consulado de México en Marsella.

¿Cómo apoyó México a la República española?

El compromiso de México con la República española es un caso de amor a primera vista, incluso antes del general Cárdenas. La Segunda República española se proclama el 14 de abril de 1931 y al mes siguiente, en mayo, se elevan el nivel de las representaciones diplomáticas de ambos países, de legaciones a embajadas; es decir, a un mes de establecido el nuevo régimen se inicia un gran intercambio de tipo comercial y cultural. Durante los cinco primeros años de la República se llevan buenas relaciones diplomáticas y culturales entre los dos países. En el sexto año de la República, en 1936, empieza la Guerra Civil y el general Cárdenas da órdenes: primero a todas la embajadas de ayudar en todo lo posible a los diplomáticos españoles, y posteriormente pone a disposición del gobierno español las pocas armas que tenía México. Los dos únicos países que le dan armas al gobierno legítimo de España son México y la Unión Soviética; y México también ofrece a otros países, en particular a Francia, que si no quiere vender armas directamente a España lo haga triangulando la venta con México; así se salvaba su posición política interna (en el gobierno francés estaba el Frente Popular, con una oposición de derecha muy fuerte), siempre y cuando estuvieran enterados los españoles y los franceses de cuál iba a ser la finalidad de las armas que compraría México como intermediario de España.

Todas las democracias europeas, sobre todo Francia e Inglaterra, se acobardan frente a la amenaza alemana e italiana y dejan a su suerte a la República española: no le dan ningún apoyo e incluso crean el Comité de No Intervención, con sede en Ginebra, que saca de la agenda de la Sociedad de Naciones el problema español.

De esta manera, el problema español se deja de discutir en la Sociedad de Naciones y sólo se trata lo relacionado con el Comité de No Intervención en el cual, como decía el presidente Azaña, la única no intervención era la del Comité porque todos los demás países estaban interviniendo en el conflicto español. Ahí tiene una posición muy importante Fabela, porque se opone a la creación del Comité de No Intervención; el representante español, Julio Álvarez del Vayo, se acerca entonces a Fabela y le dice: "Amigo, yo sé que tú lo haces por defendernos, pero nos han pedido que aceptemos el Comité de No Intervención a cambio de ayuda". Fabela le manda un telegrama al general Cárdenas diciéndole: "Yo creo que hay amenazas contra el gobierno republicano español y mi opinión es no votar en contra de lo que ellos quieren, sino abstenernos y explicar la naturaleza de nuestro voto". Y es lo que hace México; todos los países votan a favor de la creación del Comité y México se abstiene, afirmando que no cree que el tema deba salir del ámbito de la Sociedad de Naciones. En 1938, ya casi a punto de terminar la guerra, hay intercambios diplomáticos en los que México ofrece al gobierno republicano, en caso de que pierda la guerra, que las puertas de México estarían abiertas para todos los republicanos que quisieran venir a residir a México.

Esa oferta es muy bien recibida y cuando se aproxima el final de la guerra, antes de lo que se preveía, pasan a Francia 500 000 españoles aproximadamente. En este país son muy mal recibidos, aunque hay que pensar que en un país que abre su frontera y de golpe, en una semana, entra casi medio millón de personas, se crea un problema terrible; además, era el mes de febrero, pleno invierno del año 1939. El jefe de la Legación mexicana, Luis I. Rodríguez, entra en contacto con el gobierno francés para hacer un convenio en el que el gobierno francés aceptara que todos los españoles que estuvieran en Francia sin papeles y que requirieran la protección del gobierno mexicano, se considerarían como mexicanos. El general Cárdenas, en su instrucción a Luis I. Rodríguez, le dice que a partir del momento en que lo solicitaran estarían protegidos por el pabellón mexicano. Muchos llegan a París, pero la gran concentración de españoles está en el sur, y entonces se manda a Gilberto Bosques a Marsella donde funda el Consulado General de México y se le dan recursos para alquilar dos castillos.

No estamos hablando de grandes castillos tipo medieval, eran dos casas muy grandes cerca de Marsella, en la afueras, una para hombres y otra para mujeres y niños, donde se pudieran reunir los españoles que lograban ir saliendo de los campos de concentración que los franceses habían establecido a lo largo de las playas del Mediterráneo. Ahí es donde empieza la gran actividad diplomática y humanitaria de Gilberto Bosques: con una decisión firmísima, con una concepción muy clara de lo que se debía hacer y con unos principios éticos claros en el ejercicio de la diplomacia mundial, además, por supuesto, de su compromiso personal que deja fuera de toda duda su comportamiento en esos momentos y que hace que su figura sea tan particular en el contexto internacional de la diplomacia y de la política internacional. Un hombre éticamente puro, con una ideología clarísima y con una voluntad de actuar las 24 horas del día de todos los días del año.

Tenía además una gran habilidad para negociar y una buena mano izquierda para hablar incluso con sus enemigos ideológicos. Mucho tiempo después, cuando es embajador en Portugal, su relación con el dictador Oliveira Salazar es muy buena y se convierte hasta en una especie de asesor del dictador, quien en ocasiones lo llamaba. Salazar era formalmente el primer ministro y había un presidente de la República a quien se le presentaban las cartas credenciales; las copias eran para el ministro de Asuntos Exteriores y el primer ministro, quien era el que mandaba en todo, pero que realmente no tenía contacto con nadie, excepto con el embajador mexicano; al único que llamaba y al único que visitaba Salazar era a Gilberto Bosques. Después de una de esas elecciones fraudulentas que hacía, le preguntó a Bosques: "¿Qué le parecieron a usted las elecciones?". "A mí me parecieron magníficas, extraordinarias". "¿Estamos hablando —le vuelve a preguntar Salazar— dos amigos o está hablando el primer ministro portugués con el embajador de México?". "Bueno, si quiere que hablemos los dos amigos le digo lo que pienso", y entonces le dijo lo que todo el mundo sabía sobre cómo habían sido manejadas las elecciones.

Algo semejante pasó en todos los países donde él estuvo, incluida Cuba. Volviendo a Francia, ésta se encontraba en medio de cuatro fuerzas contradictorias y muy fuertes en aquel momento: el gobierno francés, partidario de Alemania que ya había empezado la segunda Guerra Mundial; el gobierno de la Segunda República española que había salido huyendo a Londres y había desaparecido, con el que existía el compromiso moral de ayudarlo; el gobierno de Vichy, con el mariscal Pétain a la cabeza, simpatizante de los nazis en Francia; el gobierno franquista que se había propuesto lograr la devolución de todos los republicanos, sobre todo los muy notorios, para juzgarlos y hacerlos fusilar. Eso hacía que realmente todas las negociaciones fueran muy complicadas, y además había que solicitar ayudas a las embajadas extranjeras y a todos los que de una manera u otra pretendían ayudar: los cuáqueros de Estados Unidos y la Asociación de Mujeres Americanas, por ejemplo.

Todo eso requería muchas horas de trabajo de convencimiento, de acercamiento de puntos de vista tan dispares como los del gobierno alemán y el gobierno mexicano en relación con el tratamiento de los republicanos.

¿Cómo logró salvar Gilberto Bosques a tanta gente?

Primero, con un valor personal muy grande. Hay una documentación que se conoce como la "visa Bosques", que él expedía, con la que por el convenio que se había firmado con Francia los españoles estaban protegidos. Se pudo ampliar y se incluyó a quienes habían luchado en las Brigadas Internacionales, sin que estuvieran mencionados en el texto del acuerdo. Se les dio apoyo a ellos y a muchísimos otros que, aunque no estaban en la misma circunstancia, se acercaban a él y él les daba la visa Bosques, haciendo constar que estaban protegidos por el gobierno mexicano y que tenían su aceptación para venir a México, donde tendrían una fuente de trabajo, lo cual no era exactamente verdad, pero así logró salvar sobre todo a muchísimos judíos que en ese momento se trasladaban del centro de Europa hacia Francia y cuya única salvación posible era viajar a México. Muchos otros se quedaron en la frontera francesa, entre ellos el filósofo Walter Benjamin, quien se suicidó en la frontera franco-española, cuando vio que no iba a poder salir. En pocas palabras, Gilberto Bosques tenía primero una decisión y un valor personal muy claros y luego un total convencimiento. Sin esas dos cosas creo que no hubiera podido tener el éxito que tuvo.

Había muchos que huían y él les daba protección a todos los que lograban salir de los distintos campos de concentración; había campos exclusivos para españoles y otros sobre todo para judíos o para antinazis, a quienes se les daba un tratamiento especial. A todos los que pudo los ayudó, y si no hubiera tomado el cariz que tomó la segunda Guerra Mundial, el número total de los que llegaron a México hubiera sido muchísimo más alto, porque todos los barcos disponibles, los que se podían alquilar prácticamente como barcos de carga, se utilizaron a su capacidad total para traer a los que aceptaron venir a México, muchos con la idea de quedarse aquí, pero otros usando México como trampolín para luego ir a Estados Unidos o a otro país de América donde quizá tenían familiares o amigos. Hubo también muchos españoles que pudieron viajar a otros países y posteriormente vinieron a México.

El caso de República Dominicana es clarísimo: este país estaba gobernado por Rafael Leónidas Trujillo quien, para aceptar a los refugiados, cobraba mil dólares por persona y recibió a mil; cuando tuvo el millón de dólares fletó un barco para regresarlos a España. El general Cárdenas tuvo que intervenir el barco para traerlos a México; por eso hay muchísimos españoles que primero estuvieron en República Dominicana.

México ha sido siempre un país de asilo, desde antes de la Independencia; hay que recordar que Simón Bolívar, El Caraqueñito como le llamaba La Güera Rodríguez, estuvo en México antes de 1821. Vivía en lo que ahora es la calle de Bolívar, precisamente su calle. Desde esa época, México ha sido un país de asilo, pero lo interesante en el caso español es que es la primera vez que nuestro país no es un asilante pasivo, como lo había sido hasta entonces. México daba el asilo a quien lo solicitaba en alguna embajada o en el territorio nacional a la autoridad correspondiente. En el caso español, la actitud de México es verdaderamente notable al convertirse en un asilante activo, haciendo todo lo que está en sus manos para traer y salvar a la mayor cantidad posible de españoles perseguidos, labor que luego amplió a todos los que estaban en Francia, en la Francia de Vichy, en peligro de perder no sólo su patrimonio, sino desde luego su vida y las de sus familias.

¿Cómo fue la política de México hacia la emigración de los judíos y de los socialistas?

Realmente indefinida, así como fue muy clara respecto a los españoles, y me refiero a la decisión presidencial. Cuando Cárdenas les comunica a los gobernadores que se espera una inmigración notable y numerosa de españoles, recibe cartas de muchos de ellos, se podría decir de la mitad de los gobernadores, que decían: "Mi general, lo felicito, es lo que México tiene que hacer, son gente muy valiosa, gente que ha demostrado su amor por la libertad, pero no los mande a mi estado; fíjese usted que nosotros tenemos en este momento un problema agrario gravísimo, un problema laboral. Ideológicamente, yo lo apoyo y políticamente apoyo la medida, pero no a mi estado".

Respecto a quienes no eran españoles no había una decisión clara del general Cárdenas y las discusiones en su gabinete eran muy fuertes; aun tratándose de los españoles, las diferencias entre el secretario de Relaciones Exteriores, el de Gobernación y otros secretarios giraban en torno a si se debía seguir propiciando la inmigración española o no. Otro factor fue que en el primer barco que llegó a México venía un altísimo porcentaje de pasajeros comunistas, hecho que también motivó la protesta de los otros grupos políticos españoles.

Entonces, se crea un comité dentro de la Embajada de México, en Francia, integrado por españoles de todos los grupos políticos para elaborar las listas de quienes debían venir. El comité reúne representantes de todos los partidos políticos y de las grandes centrales obreras, la UGT, la CGT. Así, entre 1939 y 1942 los barcos que llegan a México vienen con personas de todos los partidos de izquierda españoles. Cuando en 1942 arriba el último barco, el *Nyassa,* han llegado a México aproximadamente 20 000 jefes de familia, es lo que se sabe, en una situación muy precaria.

Esa generosidad de México no se ha visto nunca en la historia de la humanidad. Los refugiados llegaban al puerto de Veracruz, y al desembarcar los recibía un oficial de la Secretaría de Gobernación que les preguntaba: "¿Viene usted con familia o sin familia?, ¿tiene algún tipo de documentos?". Si la respuesta a las dos preguntas era no, entonces en una tarjeta blanca ponía "Número 322", que se refería a quienes acababan de bajar sin familia y sin documentos, y se las entregaba indicándoles que cuando llegaran a la ciudad de México fueran a la Secretaría de Relaciones Exteriores. Al lado estaba una mesa de la JARE (Junta de Auxilio a los Republicanos Españoles) o del SERE (Servicio de Evacuación de los Republicanos Españoles) donde les daban una cantidad de dinero, unos cuantos pesos, para tomar el tren y poder llegar a la ciudad de México, que era lo que hacían. Al acudir a la Secretaría de Relaciones Exteriores, les entregaban sus primeros papeles que los acreditaban, y les preguntaban: "¿Quiere usted ser mexicano?". "Sí, pero no tengo dinero" (el trámite costaba cinco pesos). "Entonces se los paga el general Cárdenas, usted no se preocupe". Tuvieron la nacionalidad mexicana en ese momento todos los que la quisieron.

Hubo situaciones similares con polacos, e incluso se fundó una colonia muy grande de polacos en Querétaro. Con todos los gobiernos europeos exiliados, México continuó sus relaciones diplomáticas, con algunos formalmente y con otros virtualmente. En el caso de los judíos hubo fuertes luchas internas en el gobierno y muchas polémicas entre la población mexicana. Hubo dos barcos famosos con pasajeros judíos que le dieron la vuelta al mundo, porque no les dejaron desembarcar en ningún sitio y tuvieron que volver a Europa; la mayoría se suicidó y otros fueron internados en campos de concentración alemanes. No era fácil para México resolver la lucha interna; era 1940, ya muy entrada la guerra, y como sus recursos eran muy limitados para seguir trayendo españoles u otros perseguidos, las posibilidades de hacerlo se volvieron muchísimo menores.

Y había nazis infiltrados.

Sí, por supuesto, la Embajada alemana, que estaba en la calle de Abraham González, era el principal centro de espionaje, y también lo era un restaurante que se conoce todavía como La Suástica, que está en Reforma y Palmas, porque era la sede del Club Alemán. La infiltración de los alemanes se realiza en todos los ámbitos de la vida social mexicana (entre artistas, intelectuales, políticos) porque estaban conscientes de la importancia estratégica de México por su cercanía con Estados Unidos. No creo que fuera tanto por el peligro que representaban los judíos residentes de México, o los que pudieran llegar aquí, sino por la importancia de México por su cercanía a Estados Unidos y eso hacía que su oposición a que los judíos vinieran no fuera solamente una cuestión ideológica, sino temían que se pudiera crear un grupo de presión dentro del país, que entorpeciera su actividad de espionaje. Tuvieron una actividad intensa.

Por eso cuando se critica, unos años después, al general Manuel Ávila Camacho por entrar en la guerra y romper relaciones con Alemania, Italia y Japón, y por su decisión de encerrar a todos los japoneses y a todos los alemanes residentes en México, se sostiene que esta medida fue injusta porque muchos de ellos ya eran mexicanos. Siempre que se adoptan ese tipo de medidas hay gente que sale perjudicada y que es injustamente tratada, pero lo que hay que tener presente es el peso específico de los nazis en México, que obviamente no circulaban como si fueran espías, sino como artistas, intérpretes, ejecutantes, escritores, traductores, que estaban en México desarrollando una actividad política y de espionaje diaria.

¿Qué postura tuvo Lázaro Cárdenas frente a los nazis y los movimientos pronazis?

Es una faceta muy interesante del general Cárdenas. Yo he estudiado muchísimo su figura y siempre hay rasgos que me sorprenden. Fundamentalmente, era un hombre amante de la libertad, un amante de la libertad y de la justicia, porque lo mismo protestó por el derrocamiento de la República española, que cuando la Unión Soviética invadió Finlandia, independientemente de que fuera la Unión Soviética, en eso él no tenía miramientos. Y dio asilo a León Trotski, sabiendo que eso era contrario a los intereses de Stalin, y fue recibido y protegido en México, no quiero decir que hasta mantenido, pero la casa en la que fue asesinado Trotski había sido puesta a su disposición por el gobierno mexicano. Independientemente del tinte ideológico de quien atacara o de quien fuera perseguido, Cárdenas tenía como principio una idea muy clara, una sensibilidad social del lado de quién estaba la justicia y del lado de quién estaba la libertad.

Su simpatía por los nazis era nula, pero él acababa de expropiar el petróleo a las compañías inglesas, a las francesas y a las norteamericanas y éstas le hicieron un boicot al petróleo mexicano; entonces Cárdenas tuvo que vender petróleo a Alemania e Italia; estamos hablando de 1938 a 1940, cuando él deja la Presidencia de la República. Él hace la declaratoria de neutralidad: es una lucha de tal magnitud en Europa que lo único que podemos hacer es lamentarla, estamos en contra de la guerra, estamos en contra de la muerte de unos hombres por otros, y México no quiere participar, se mantiene neutral; será al siguiente gobierno, el de Ávila Camacho, el que a raíz del hundimiento de dos barcos mexicanos por el Eje decida entrar en la guerra.

No se sabe muy bien por qué hundieron esos barcos los del Eje. Hay un libro que se llama *Mexicanos al grito de guerra*, de Mario Moya Palencia, que dice que fue por error, que las banderas en los barcos no llevan el águila, y que lo vieron al revés: rojo, blanco y verde, en lugar de verde, blanco y rojo, y que al ver una bandera de país desconocido, decidieron atacarlo; si eso fuera cierto, nunca se sabrá. Hay quien ha dicho que los barcos los hundieron los norteamericanos para obligar a México a entrar en la guerra, versión que tampoco creo. El ingreso de México en la guerra fue simbólico, pero de un simbolismo muy importante, porque México, que nunca había participado en una guerra con otro país, excepto cuando fue directamente invadido, tiene presencia en el ámbito de las naciones que luchan en ese momento por la libertad y funda junto con ellas la Organización de las Naciones Unidas. Internamente, sirve para el primer acto de unidad nacional después de todas las luchas, de las revoluciones que había habido en nuestro país. Hay una famosa foto donde pueden verse tres personajes, todos con sus uniformes de general: Manuel Ávila Camacho, el presidente, en el centro, a su derecha Lázaro Cárdenas y a su izquierda Plutarco Elías Calles (éste representaba la última escisión del grupo revolucionario). A partir de la guerra y durante 50 años México mantuvo una posición internacional digna, acorde con sus principios, que además sirvió en un principio para la política interna y posteriormente para la unidad nacional.

Se ha criticado mucho esa política como principista, que México actuaba con base en principios y no con base en coyunturas, pero eso servía de defensa para cuando algún gobierno, en particular el norteamericano, presionaba a México para que tomara determinada medida. La respuesta de México era que no le era posible, que sería dar un giro en la política del país en esa materia, que tendría un costo interno muy grave; así que servía de defensa ante las presiones externas. Posteriormente se abandonó esa política tan clara porque, además, en ese momento nadie tenía ninguna duda de los principios de México, y ahora se ha caído en un pragmatismo que no está nada claro y que nos ha llevado a enemistarnos al mismo tiempo con Cuba y con Estados Unidos y estar a disgusto con los países de América Latina y de Europa, y que la voz de México que siempre era respetada internacionalmente en este momento no lo sea.

Había un concepto de soberanía...

Un concepto de soberanía y una posición respecto a los conflictos, o sea, una postura nacionalista. Hubo presiones muy claras en el problema de Cuba, en la OEA, en el ingreso de España a la ONU, que México lo más que pudo hacer fue abstenerse, no votar en contra. Siempre se tenían en cuenta los límites hasta donde se podía llegar; desde luego, en ese sentido, era otro México.

¿Qué sabe acerca de la detención de don Gilberto por los alemanes?

Sé lo que él cuenta. Al principio, México tiene relaciones con Alemania, que por supuesto se rompen al declararse la guerra, y los alemanes lo primero que hacen es invadir las representaciones diplomáticas de México en Alemania y en Francia, aunque las embajadas en París y en Berlín estaban prácticamente vacías. Donde había más movimiento por la actividad de don Gilberto era en el Consulado mexicano en Marsella. Ahí llegan los alemanes y le obligan a abrir la caja fuerte para llevarse el dinero, una suma considerable de divisas, y le exigen la entrega de todos los archivos. Él, arriesgando su vida y como un hecho inaudito, logra que el oficial alemán le firme un recibo por la cantidad de dinero que se lleva. El militar alemán fue sometido después a un consejo de guerra y fusilado.

Todos los funcionarios de la Embajada son detenidos y llevados e Alemania junto con don Gilberto y su familia. No a un campo de concentración ni a una cárcel, era un lugar con ciertas comodidades, pero estaban en calidad de detenidos. Don Gilberto pasa cerca de 13 meses en ese lugar y luego es canjeado por unas familias alemanas detenidas en México, todavía en plena guerra. Debe haber llegado a México en 1943 o 1944 y es recibido en Buenavista como un héroe: sale de la estación en hombros y en medio de banderas e himnos, mejor que un torero en una tarde de gloria, porque todos los extranjeros que estaban en México, que habían podido llegar aquí gracias a él, fueron a Buenavista a darle la bienvenida y los andenes fueron insuficientes. Las fotos de ese recibimiento son verdaderamente emocionantes. Él arriesgó su vida y también la de su familia, la de sus colaboradores y la de sus familias; fueron 40 o 50 mexicanos los que estuvieron detenidos en Alemania y aunque no hubieran estado en una cárcel, pasaron muchísimas estrecheces en cuanto a su sustento diario, pero sobre todo sin saber qué iba a pasar con ellos, sin ninguna información y aislados completamente de cualquier conexión con el extranjero, no sólo con México, circunscritos a su núcleo de vida más elemental, en zona de bombardeos, porque en esa época ya prácticamente toda Alemania estaba siendo bombardeada por los aliados.

Afortunadamente no le pasó nada a nadie, pero pudo suceder. Que no les haya pasado nada no le quita un ápice a la valentía y a la decisión de don Gilberto y de todos los demás que estaban con él arriesgando sus vidas.

Posteriormente, es enviado a Portugal con el propósito principal de seguir salvando españoles. La Guerra Mundial había terminado, ya estaba establecido y fortalecido el régimen de Franco, quien contaba con la evidente simpatía de Oliveira Salazar. Como la frontera francesa estaba muy vigilada, había muchas personas que querían salir por Portugal y como el embajador mexicano era muy accesible les daba una posibilidad de salvación. Todos los que llegaron a la Embajada mexicana fueron salvados y enviados a nuestro país directamente desde Portugal o bien haciendo una triangulación por el sur de

Francia, por mar, en barcazas. Salvó a mucha gente. Las posibilidades eran pocas y las limitaciones enormes, pero él convenció al gobierno portugués de que lo dejaran actuar, y su respuesta fue: "Mientras estén en la frontera son nuestros, pero en el momento en que lleguen a la residencia o a la Embajada mexicana ya no intervenimos". Se estableció así un *modus vivendi* que le permitió a Gilberto Bosques actuar libremente; aparte contaba con una cosa curiosa: con la simpatía del dictador.

En esas circunstancias organiza el asilo "hormiga", mediante el cual podía, en algunas ocasiones, pasar refugiados de uno en uno, en otras, a alguien disfrazado de cura que cruzaba la frontera con unas monjitas; no eran los asilos masivos de 10, 20, 30, 500 000 personas que él había visto en Francia.

Quienes dieron muchísimo dinero para apoyar toda esa labor fueron los cuáqueros, algo curiosísimo, porque los españoles por un lado eran católicos y por otro eran comecuras. La razón de por qué lo hicieron tampoco me ha quedado muy clara, como no sea por ayudar o por humanitarismo o caridad.

¿Hubo otros diplomáticos mexicanos con la misma actitud que don Gilberto?

Está Luis I. Rodríguez, quien llega con veintitantos años, es un diplomático muy joven. Hay algo que a los diplomáticos no les gusta que se diga y es que quizá los mejores diplomáticos han sido los que no son de carrera: Luis I. Rodríguez, Gilberto Bosques, quien era profesor normalista, Gonzalo Martínez Corbalá, quien era ingeniero y tuvo una participación notable cuando el golpe militar en Chile. Luis I. Rodríguez presenta cartas credenciales cuando estalla la segunda Guerra Mundial y él recibe un comunicado del Ministerio de Asuntos Exteriores de Francia, en el que le informan que el gobierno se traslada a Burdeos y que le han asignado a la Embajada de México un castillo en esa ciudad. Él se dirige allá con el personal de la Embajada para ver dónde está el castillo; por fin lo encuentran, se instalan y él va a la alcaldía de Burdeos, donde está celebrándose el último Consejo de Ministros de la Tercera República, y sale el ministro y le dice: "Señor embajador, ¿qué hace usted aquí?". "Bueno, es que recibí esta comunicación". "Pero nosotros nos vamos a Londres, adiós, muy buenas", y él se queda ahí solo.

Se establece el gobierno de Vichy, toma el poder Pétain, se define esa línea imaginaria de la Francia libre y la Francia ocupada, y Rodríguez tiene dos o tres entrevistas con Pétain y con Laval muy interesantes, sobre todo con Laval, el presidente del Consejo de Ministros. Estamos en 1940 y el diálogo con Laval es más o menos así: "Señor presidente, México tiene interés en salvar a los españoles". "Ése es su problema, para nosotros son los enemigos de nuestro amigo y nuestro amigo es el general Franco, no tenemos ningún interés en salvarlos; es más, a nosotros nos crean muchísimos problemas, si ustedes se los quieren llevar, allá ustedes, para nosotros son ratas, las ratas en un barco son las primeras que se bajan; si México se las quiere llevar, se las puede llevar". "El señor presidente Azaña está muy enfermo". "Dígale que siento mucho su estado de salud". "Pero él tiene la Gran Cruz de la Legión de Honor Francesa, es amigo de Francia". "Sí, pero no vamos a ayudar a un ex amigo de Francia, un antiguo amigo de Francia". "Entonces, qué le puedo decir al presidente Azaña de la solicitud de ayuda que está pidiendo?". "Que lamento mucho su estado de salud, que éstos son los gajes de la política, que no hubiera entrado en política si tenía miedo a las consecuencias".

Los alemanes invaden la casa donde se encontraba Azaña, pero a él ya le habían avisado y logra salir en una ambulancia; empieza su recorrido de la mitad de Francia hacia el sur y llega a un pueblo en los Pirineos, Montauban, donde se instala en el hotel Midi. En su casa se habían quedado su cuñada, su cuñado y sus sobrinos; cuando llegan ahí los alemanes toman presos a todos y al cuñado lo mandan a España, donde lo juzgan y lo condenan a muerte (posteriormente le conmutaron la pena por 30 años de cárcel). En Montauban, Azaña se empieza a poner muy enfermo; además, llega una gavilla de falangistas decidida a detenerlo y llevarlo a España. Él tenía un médico, el doctor Pallete, a quien le había pedido y le hizo jurar que antes de permitir que se lo llevaran a España, le pusiera una inyección y lo matara. Pallette le jura que sí, que lo va hacer, pero no se atreve y se suicida.

Los tres últimos días de la vida de Azaña los pasa preguntando por el doctor Pallete. Cuando Azaña ya está muy enfermo, su esposa llama a Luis I. Rodríguez, que está en Vichy a unos 200 kilómetros de Montauban, y le dice: "Mi marido se está muriendo y afuera del hotel están los falangistas". Entonces, él llega a Montauban, alquila todo el hotel y coloca la bandera y el escudo de México; es decir, designa el hotel como sede de la Embajada de México y ahí se queda hasta que muere Azaña. Al día siguiente sucede lo que es muy conocido: los jaloneos por el entierro de Azaña, porque obviamente sus amigos lo quieren enterrar con la bandera republicana y el prefecto de Montauban se niega a que lo entierren así, exigiendo que se ponga la bandera franquista. Luis I. Rodríguez le advierte al prefecto del riesgo de poner la bandera franquista, porque los republicanos que habían salido de los campos de concentración para asistir al entierro del presidente Azaña podrían organizar un tumulto y él no sería responsable de las consecuencias, y le dijo: "Lo cubrirá con orgullo la bandera de México; para nosotros será un privilegio; para los republicanos una esperanza, y para ustedes una dolorosa lección". Así que don Manuel Azaña fue enterrado con la bandera mexicana… Todo esto se puede leer con detalle en el libro que publicó El Colegio de México: *Misión de Luis I. Rodríguez en Francia*. Cuando murió Luis I. Rodríguez en México, treinta años después, fue enterrado con la bandera republicana española.

¿Es verdad que Luis I. Rodríguez iba a los campos de concentración a decirles a los españoles: "México los recibe"?

Sí, por los altavoces se anunciaba: "Está aquí el embajador de México que viene a hablar con ustedes". Hay varias anécdotas sobre ello, muchos no sabían ni dónde estaba México, ni nada, "ahora tendremos que aprender mexicano" se comentaban unos a otros.

Luis I. Rodríguez, al igual que Gilberto Bosques, salía de los recintos diplomáticos para ofrecer la solidaridad de México a quienes la necesitaran.

ENTREVISTA A FRIEDRICH KATZ

¿Cuál era la situación en Europa cuando don Gilberto Bosques se hizo cargo del Consulado de México en Francia?

Cuando Adolf Hitler llegó a ser canciller de Alemania era el jefe del partido nazi que se llamaba Nacionalsocialista, un partido que proclamaba, primero, la superioridad de Alemania sobre todos los países del mundo, la superioridad racial de los alemanes, la inferioridad de los pueblos que no tenían tez clara y, finalmente, la inferioridad de los judíos, a quienes había que exterminar.

Como resultado de su ascenso al poder, todos los partidos políticos fueron disueltos en Alemania, todas las libertades se abolieron y quienes se opusieron o habían pertenecido a partidos políticos opuestos a Hitler, muchos católicos, socialistas, comunistas, fueron mandados a algo que Hitler fundó, los campos de concentración, algo mucho peor que cárceles, porque ahí las personas eran tratadas como animales, se les podía matar en cualquier momento sin juicio, trabajaban de 10 a 12 horas diarias, con un mínimo de comida, así que muchos se murieron simplemente de hambre; los oponentes de Hitler y los perseguidos por el solo hecho de ser judíos que lograron escapar se dirigieron a Francia.

Pero Francia no era un país muy generoso, no dejó entrar a muchos, los rechazó, sólo dejó entrar a algunos; cuando estalló la guerra con Alemania, Francia encerró a los refugiados que eran enemigos mortales de Hitler en campos de internamiento junto con los alemanes nazis que vivían en Francia; en otras palabras, trató a los refugiados enemigos de Hitler como si fueran enemigos de Francia y agentes del nazismo.

Cuando Francia capituló e hizo la paz con Alemania se instaló un gobierno profascista, bajo el mando del mariscal Pétain, quien firmó un convenio con Alemania en el que acordaba que todos los refugiados oriundos de Alemania, Austria, Checoslovaquia, serían entregados a Alemania, lo cual, para la mayoría, significaba la muerte, y a esto accedió el gobierno francés de Pétain. El traslado era fácil porque todos los refugiados habían sido internados en campos como Saint-Crypien, Gurs y otros donde estaban vigilados por tropas francesas hasta ser entregados a los alemanes.

Sin embargo, había una cláusula de escape: si un refugiado tenía una visa para ir al extranjero, ya fuera Estados Unidos, México o algún otro país de América Latina, los dejaban salir de los campos de internamiento, que también eran terribles, pues la gente vivía al aire libre, con muy pocos alimentos, encerrados. De esa manera, algunos consiguieron visas norteamericanas y también de algunos países latinoamericanos, como México, pero los norteamericanos limitaron sus visas y sobre todo no dejaron entrar a gente muy de izquierda, como los comunistas, que eran los enemigos mortales del nazismo, y muchos tuvieron que acudir a la Embajada de México.

Gilberto Bosques era el cónsul de México en Francia y cuando Francia fue vencida y los alemanes ocuparon París, instaló el Consulado General de México en Marsella, que era un punto muy importante para muchos refugiados. El gobierno de México dio cierta cantidad de visas, aunque en número limitado, especialmente después de que dejó la Presidencia Lázaro Cárdenas, y el cónsul Gilberto Bosques no tenía facultades para determinar a quiénes se darían las visas; la única excepción eran todos los españoles, los refugiados españoles sí obtenían visa.

En ese sentido, México se había portado de una manera fantásticamente generosa, había colaborado con la Republica española para vencer a Franco, que era el equivalente de Hitler, quien después de ganar la Guerra Civil puso fin a todas las libertades, a todas las reformas. México ayudó de manera verdaderamente altruista al gobierno republicano porque la República no tenía dinero, no tenía nada de riqueza, y México le dio armas, le dio apoyo diplomático y, finalmente, con una fantástica generosidad decidió dejar entrar a los refugiados españoles. Ésta fue una de las causas, acaso, por la que se limitó la entrada de otros refugiados.

Don Gilberto presionó a la Cancillería mexicana para que acordara más visas, y cuando vio que esto ya no era posible tomó una decisión: salvar la vida de cuanta gente pudiera y entonces mandó certificados a muchas personas que sabía que eran perseguidas por los nazis, diciéndoles que tenían que ir a la Embajada mexicana para obtener una visa. Entonces, muchos pudieron salir de los campos y esconderse, y algunos de ellos se incorporaron después a la Resistencia francesa, combatieron contra los nazis y debieron su vida a don Gilberto.

En mi opinión, éste fue uno de los grandes actos de generosidad de Gilberto Bosques y él no discriminaba: que alguien fuera de derecha pero antinazi, que fuera socialdemócrata, que fuera comunista, que fuera perseguido por ser judío o por otros motivos raciales, a todos don Gilberto les ayudaba, y aun había casos en los que les daba dinero. Yo conocí a una profesora austriaca, Trude Kurz, quien después fue profesora de física en la UNAM, que no tenía un centavo para pagar su pasaje y don Gilberto le proporcionó el dinero para que pudiera llegar a México y aquí fue maestra, tuvo muchos alumnos. Don Gilberto entendió que esta gente podía ser muy provechosa para México, que podía ayudar en el desarrollo del país.

Para mí, Gilberto Bosques es uno de los grandes héroes de la historia mexicana, que merece muchos más reconocimientos de los que ha tenido.

¿Cómo organizó el rescate de los republicanos españoles?

Para salvar a los refugiados españoles, él rentó dos castillos, donde había lugar para algunos millares de personas y una vida cultural muy grande. Esta situación los protegía de las redadas de la policía francesa, porque como don Gilberto les decía: "Aquí es territorio mexicano, aquí ustedes no pueden entrar, es territorio soberano de México". Y de esta manera pudo proteger a los refugiados españoles y permitir que muchos de ellos llegaran a México, donde también contribuyeron enormemente al desarrollo del país.

¿Usted conoció judíos a los que don Gilberto pudo salvar?

Además de la profesora Kurz, a una escritora alemana muy famosa, probablemente de los dos o tres mejores escritores del siglo XX en Alemania: Anna Seghers, quien era judía, obtuvo su visa por medio de don Gilberto y cuenta en un libro que escribió que se titula *Transit* la historia de las visas. Primero fue a la Embajada americana para solicitar una visa de tránsito; la arrogancia que ahí encontró fue terrible para ella; fue entonces a la Embajada de México y cuenta que ahí estaba sentado un hombre sonriente que le dijo: "Señora Seghers mi gobierno le ha otorgado la visa, nosotros le damos la bienvenida, es un gran honor para nosotros que usted vaya a México". Anna comentó después: "Nunca, en ningún consulado del mundo había encontrado tal hospitalidad". Y no sólo don Gilberto, sus ayudantes colaboraron en esa labor; en todas las otras embajadas muchos de los refugiados eran tratados como gente de cuarta categoría, nunca en la Embajada de México.

¿Por qué los nazis permitieron todo esto?

Cuando los nazis ocuparon el sur de Francia, México declaró la guerra a Alemania, y don Gilberto con su familia fue internado en Alemania hasta que fueron intercambiados por espías alemanes y pudieron regresar a México. Me acuerdo que mis padres me llevaron a la estación de Buenavista, donde había millares y millares de personas esperándolo; mis recuerdos no son muy exactos, pero creo que el tren se esperaba a las 10 o las 11 de la noche, y no llegaba, no llegaba, pero la gente no se iba, eran refugiados alemanes, españoles, austriacos, todo el mundo permanecía ahí, esperándolo; finalmente llegó como a las dos de la mañana. Había un júbilo, un entusiasmo como raras veces he visto en mi vida, era su salvador que finalmente regresaba a México.

¿Cómo era la situación en México en la época de Cárdenas?

Era una época de transformación profunda. La Revolución de 1910 había proclamado en la Constitución una serie grande de derechos: la reforma agraria, el derecho de México a los productos de su subsuelo, derechos para obreros; sin embargo, los primeros gobiernos los cumplieron de manera muy limitada: hubo reforma agraria con Obregón y Calles pero muy restringida, se reconocieron finalmente los derechos de las compañías petroleras sobre el subsuelo, los sindicatos eran controlados por el gobierno, no hacían muchas huelgas. Al llegar Cárdenas transforma todo esto, hace una reforma agraria tremenda, que permitió a millones de campesinos tener acceso a la tierra y un diferente estándar y estilo de vida, permitió realizar huelgas contra compañías extranjeras y domésticas, implementó programas de la Constitución, impulsó el desarrollo de la educación construyendo centenares si no millares de escuelas en todas partes de México y fue un demócrata. Existía oposición en la prensa y en los partidos políticos, pero Cárdenas estaba plenamente convencido de que el nazismo representaba un peligro no sólo para Europa sino para todo el mundo por su agresividad, por la idea de Hitler de exterminar a los que él consideraba pueblos inferiores, no sólo a los judíos quería exterminar, también a una parte de los eslavos, es decir, rusos, polacos y otros.

Cárdenas comprendió lo peligroso que era el fascismo y cuando Franco se sublevó en España, sabía que la República española, que tenía los mismos ideales que la Revolución mexicana, necesitaba ayuda y él se la dio. Cuando fue derrotada y centenares de miles de españoles tuvieron que huir, el gobierno mexicano declaró que todo español que llegara al país, todo refugiado tenía plenos derechos aquí en México.

Sí, eran mexicanos para él y contribuyeron mucho al desarrollo del país, vinieron muchos médicos, profesores, intelectuales, historiadores, filósofos; fundaron La Casa de España, que más tarde se convirtió en El Colegio de México. El gobierno mexicano fue de una generosidad muy grande, pero no sólo con los españoles, también con todos los otros refugiados que se sentían muy bien.

Nosotros recibimos asilo de Cárdenas aunque no veníamos de Francia; los franceses, que no eran muy generosos, nos habían expulsado en 1938. Fuimos con una visa de visitante a Estados Unidos, pero Estados Unidos tenía dudas con algunos emigrantes y no les permitía trabajar, mis padres no podían trabajar, yo era entonces un niño, no sabíamos si nos iban a renovar la visa o a expulsarnos del país; en ese momento Cárdenas nos dio asilo y cuando llegamos a México, mis padres y yo por primera vez sentimos que estábamos en un país de donde no nos iban a expulsar.

*Si ni Cárdenas ni Bosques eran comunistas,
¿cómo es que apoyaban estas causas sociales?*

Bueno, no hay que ser comunista para hacer la reforma agraria o para nacionalizar el petróleo, esto iba mucho más allá de los comunistas, que no tenían un papel importante en México, pero en cuanto dar asilo a comunistas el gobierno mexicano actuaba de acuerdo con los derechos humanos, no discriminaba, dio asilo a socialistas, a católicos, a protestantes perseguidos, a comunistas. Por lo que supe después, cuando don Gilberto estuvo de embajador en Cuba, también dio asilo a gente perseguida por Fidel Castro y por los comunistas cubanos, así que él no discriminaba, era un demócrata que creía en los derechos humanos.

*¿Cómo calculó Cárdenas la reacción de Estados Unidos
ante la nacionalización del petróleo?*

Cárdenas fue un político sumamente hábil; en tiempos anteriores y posteriores, un acto como la nacionalización del petróleo hubiera traído posiblemente una intervención militar norteamericana o un boicot, como sucedió en Cuba cuando nacionalizó propiedades norteamericanas.

En 1938 la situación en América Latina era difícil; una mayoría de países latinoamericanos estaban gobernados por dictaduras militares. Era el caso de Argentina y también de Brasil, que tenían dictadores semifascistas que simpatizaban hasta cierto punto con Alemania. El único país verdaderamente antifascista era México, así que para el gobierno norteamericano el hecho de tener un gobierno amistoso al sur de la frontera, un gobierno que compartía con el presidente Roosevelt el odio a la Alemania nazi, el odio al fascismo, era tan importante que prácticamente no tomó represalias contra México; por un tiempo los americanos no compraron plata mexicana pero eso terminó rápidamente cuando descubrieron que los propietarios de las minas de plata eran norteamericanos. Estados Unidos no adoptó medidas contra México, y Cárdenas, que había calculado correctamente la situación internacional, se pudo permitir la nacionalización del petróleo.

¿Cómo se explica el hecho de que México vendiera petróleo a Alemania durante la segunda Guerra?

México vendió petróleo a Alemania no durante sino antes de la segunda Guerra Mundial. México tenía un problema: las compañías petroleras, en contraste con el gobierno de Estados Unidos, habían declarado un boicot, un bloqueo a las ventas de petróleo mexicano, y amenazaban con hacer también un boicot a todas las fábricas del mundo que vendieran a México equipo para pozos petroleros. México se encontraba, así, en una situación sumamente difícil en ese momento; los nazis, que sí necesitaban petróleo, ofrecieron comprarlo a México y lo mismo hicieron los italianos y los japoneses, a cambio de maquinaria petrolera. Hay que decir que en aquel entonces, las compañías norteamericanas e inglesas también vendían petróleo a Alemania y a Italia, así que México no era la excepción. Además, ante el peligro de que el país tuviera una crisis económica por falta de mercados para el petróleo o por falta de maquinaria, Cárdenas no tuvo otro remedio que vender petróleo a los alemanes.

En ese momento, el embajador de la Alemania hitleriana, el barón Rudt von Collenberg, empezó a presionar a Cárdenas para que la izquierda mexicana ya no hiciera manifestaciones antialemanas. El 9 de noviembre de 1938 hubo un tremendo ataque a todos los judíos en Alemania, millares fueron llevados a campos de concentración, sus sinagogas incendiadas, sus propiedades confiscadas; en respuesta, en México se organizó una gran manifestación de protesta.

El embajador alemán, cuando se enteró, fue con Cárdenas y le dijo: "Señor presidente, mi país puede conseguir petróleo en otros lugares y si ve una actitud enemistosa de parte del gobierno mexicano, como esa manifestación, pues no sé si podremos continuar con las compras de petróleo". El presidente Cárdenas le contestó: "No importa, nosotros seguiremos haciendo nuestra propia política".

La manifestación tuvo lugar y participó gente del PRM muy cercana a Cárdenas; Vicente Lombardo Toledano pronunció un discurso muy fuerte contra los nazis, quienes no lograron intimidar al gobierno mexicano.

México tuvo una actitud muy digna en este momento.

ENTREVISTA A RAFAEL ROJAS

¿Cuál era la situación de Cuba a mediados del siglo XX?

En esos años, en el país se vive una gran transformación social y política: es el proceso de una muy importante reforma constitucional, social y política, y de una revolución. La reforma proviene de una revolución anterior, la de 1933, que cambió las reglas del juego político en la isla, dio lugar a nuevos partidos —que serán los partidos decisivos en la vida pública cubana hasta el triunfo de la Revolución de 1959— y reajustó las relaciones con Estados Unidos.

Gracias a la revolución de 1933 se abolió la Enmienda Platt, que era un apéndice a la Constitución cubana que otorgaba a Estados Unidos el derecho a intervenir en Cuba en caso de guerra civil, y esa abrogación en 1934 permitió una reactivación del nacionalismo en la mayoría de los grupos políticos en Cuba. El resultado de esa revolución fue la Constitución de 1940, de tendencia socialdemócrata, muy influida por la Constitución mexicana de 1917.

Muchas de las ideas que se plasman en la Constitución de 1940, como la propiedad del subsuelo por parte de la nación, la reforma agraria (que estaba planteada aunque no desarrollada jurídicamente como una meta del gobierno cubano), toda la legislación en materia de educación, trabajo, seguridad social, estaba tomada prácticamente, literalmente, de la Constitución mexicana. La nueva Constitución cubana, creó el tipo de régimen político que entró en crisis en los años cincuenta.

Primero, por el golpe de Estado de Fulgencio Batista el 10 de marzo de 1952 contra el presidente legítimo, Carlos Prío Socarrás, quien era miembro de uno de los grandes partidos creado en los años treinta; después, el otro momento de crisis del régimen de los cuarenta es la revolución de 1959 que abandona el perfil socialdemócrata de la Constitución de 1940 y lo sustituye por la vía socialista, que es la que ha predominado en el último medio siglo en Cuba.

Cuando Batista da el golpe de Estado, Prío estaba terminando su periodo presidencial de cuatro años, se preparaban las elecciones que tendrían lugar precisamente en 1952 y estaban surgiendo grupos políticos muy populares, uno de ellos el Partido del Pueblo Cubano (Ortodoxo), que era una vertiente del partido oficial que gobernaba, el Partido Auténtico, que tenía un perfil ideológico y una manera de hacer política nacionalista y agraria muy similares al PRI. De ese partido hubo un desprendimiento radical en el que se involucraron muchos jóvenes (entre ellos Fidel Castro), el de la corriente ortodoxa, y era el favorito para ganar las elecciones en 1952. Batista, quien estaba fuera del juego político exiliado en Daytona Beach, se dio cuenta de ello y quiso volver a la política, pero como sabía que no podría hacerlo por la vía electoral, dio el golpe de Estado.

Un golpe de Estado que creó un régimen autoritario muy duro los primeros años, muy represivo de los grupos opositores, especialmente de la juventud involucrada en la corriente ortodoxa.

La Revolución cubana es una reacción contra la dictadura de Batista, comienza con él. El primer acto revolucionario de ese proceso es el asalto al cuartel Moncada, por Fidel Castro y sus hombres, y después vendrían otros actos revolucionarios llevados a cabo por militantes de corrientes políticas menos conocidas, casi todas conformadas por jóvenes. Una de ellas, muy importante en esos años, fue el Directorio Estudiantil Revolucionario, que era la organización política de la Federación de Estudiantes de la Universidad de La Habana. Ellos organizaron un asalto al Palacio Presidencial en 1957, cuando Fidel ya estaba en la sierra, y durante toda la década hicieron actos revolucionarios contra el gobierno de Batista. Los partidos tradicionales, los que eran parecidos al PRI, como el Partido Auténtico y el Ortodoxo, se mantuvieron en una oposición pacífica al gobierno de Batista en los meses finales de la dictadura.

Durante ese proceso se produce el arresto de los asaltantes al cuartel Moncada, el juicio que se les hace en Santiago de Cuba y la autodefensa de Castro: el texto "La historia me absolverá", documento muy conocido; después, la emigración a México de los participantes en el asalto al Moncada gracias a la amnistía concedida en 1954 por Batista ante la presión popular: una gran movilización de los partidos de oposición y del movimiento estudiantil revolucionario.

Después del asalto al cuartel Moncada, todos los que sobrevivieron fueron capturados y encarcelados. Estuvieron presos poco más de un año desde su arresto en julio de 1953 hasta la amnistía en el verano de 1954.

¿Cómo era la relación de México con Cuba en las décadas de los cuarenta, cincuenta y sesenta?

México es un país muy cercano, muy admirado por su Revolución entre los políticos cubanos antes de la generación de Fidel, o sea desde los años veinte y treinta. Los intelectuales y los políticos cubanos desde entonces admiraban la capacidad del Estado mexicano, esa idea de tener un gran Estado que invierte en educación, en salud, en restitución de ejidos, un Estado que es capaz de nacionalizar el petróleo. Es un nacionalismo frente a un vecino que es el mismo para los nacionalistas cubanos, Estados Unidos. Por todo eso México siempre estuvo ahí, como una opción.

En aquellos años la actitud de México hacia Cuba facilitó la concesión de refugio y de asilo para muchos cubanos perseguidos. México tuvo un papel importante, en buena medida gracias a la obra de Gilberto Bosques, a su trabajo diplomático y a la manera en que el gobierno mexicano puso en práctica sus relaciones internacionales con el Caribe y Centroamérica; es una política exterior trazada desde los años de la Revolución e incluso con algunos antecedentes en la época porfirista. Es una diplomacia de la compensación, de la relación cuidadosa con los movimientos revolucionarios de izquierda o progresistas de esa región. La Doctrina Estrada es una expresión constitucional de esa política exterior que le permitía a México mantener una política de respaldo o de distanciamiento con gobiernos, de acuerdo con su signo ideológico.

México era muy cuidadoso en la aplicación de dicha política y por eso desde un primer momento la diplomacia mexicana se acercó con simpatía a los revolucionarios cubanos de los años cincuenta y eso hizo posible la salida hacia México, no sólo de los moncadistas, como muchas veces se piensa. Los gobiernos de Ruiz Cortines y López Mateos, y la política desempeñada por el embajador Bosques buscaron siempre reconocer la diversidad del campo político cubano.

A mí me parece que ése es uno de los elementos más admirables de la operación diplomática y política de México con Cuba en los años cincuenta y que, en esa misma época, se dio en otros casos, como el de la Guatemala de Árbenz, por ejemplo.

Se tenía una percepción muy clara de la geografía política cubana y gracias a esa percepción el gobierno mexicano, por medio de su embajador, supo detectar las distintas corrientes de la oposición y mantener un diálogo con todas, por eso también vienen a México importantes dirigentes comunistas como Joaquín Ordoqui y Edith García Buchaca, quienes establecen una especie de sede, refugiada, del Partido Socialista Popular (después el Partido Comunista) cubano en México.

Y vienen también políticos de los partidos tradicionales, como Aureliano Sánchez Arango, quien debe de haber sido el político cubano más importante que vivió en México en los años cincuenta en la época de la revolución contra Batista. Sánchez Arango pertenecía al gobierno derrocado por Batista, había sido ministro de Educación de Carlos Prío Socarrás, y como ministro había viajado mucho a México y conocía bien el país; admiraba mucho la política educativa del gobierno mexicano, sobre todo la campaña de Vasconcelos, y después la labor educativa de la Revolución mexicana emprendida por Cárdenas.

En los cincuenta, con su respaldo a las corrientes opositoras, México siempre estuvo presente, fue una puerta abierta para los opositores cubanos, en los momentos en que la dictadura se volvía más sanguinaria y, como decía, tuvo siempre las puertas abiertas para los políticos y los opositores cubanos de todos los signos ideológicos, fueran liberales, comunistas o moncadistas, es decir, los jóvenes de la Generación del Centenario, compañeros de Fidel Castro, que no se definían en esa época como comunistas ni como liberales, es decir, estaban más cerca de una socialdemocracia radical. México siempre respetó la diversidad ideológica en el campo opositor cubano, y eso es fundamental en los años cincuenta. Al embajador Bosques le correspondió esa labor, fundamentalmente porque él llegó como embajador de Ruiz Cortines y permaneció como embajador de López Mateos durante el proceso de sucesión en México en 1958. Su estancia en Cuba coincide justamente con el golpe de Estado de Batista, con el comienzo de la revolución, con su triunfo y con su radicalización. Es un embajador que está presente en momentos decisivos de la historia de Cuba y en una posición estratégica.

Creo que la labor diplomática de Bosques hay que entenderla como parte de la tradición diplomática mexicana de hacer compensación con la de Estados Unidos, pero también de apoyar a los refugiados. Una tradición de amparo a comunidades perseguidas, oprimidas, lo mismo en Europa que en América Latina y en este caso en Centroamérica y el Caribe.

Respecto al equilibrio con la política de Estados Unidos habría que entender, por ejemplo, las discrepancias del embajador Bosques con los embajadores norteamericanos en La Habana. La política de México era precisamente una política de réplica, de oposición diplomática a la actitud de Estados Unidos en Cuba. Había tensiones permanentes, por ejemplo, cuando las declaraciones de los diplomáticos norteamericanos a la revista *Bohemia* o al periódico *Diario de la Marina*. El embajador Bosques, por su parte, siempre actuó como en un contrapunto de los embajadores de Estados Unidos en la época de Batista, primero Arthur Garner, y después Earl T. Smith, quien fue al que le tocó ver el triunfo de la Revolución. Es muy interesante la posición de Bosques de estar buscando siempre la compensación, el equilibrio y, cuando no, la réplica.

Los embajadores norteamericanos apoyaron permanente y acríticamente la dictadura de Batista y desconocieron siempre a los movimientos revolucionarios. A los comunistas por supuesto que no los reconocían, pero a los otros opositores, los más nuevos, los que tenían una ideología más liberal o socialdemócrata, tampoco; por lo tanto, México fue la salida que encontró la oposición hacia el mundo exterior. Por eso es tan importante el papel de Bosques y de México en los años cincuenta en Cuba.

No sé si hubo apoyo o respaldo militar de México. Lo que sí está claro es que México era un lugar de tránsito y de refugio de los revolucionarios cubanos, no sólo en la época del movimiento contra Batista, sino también en los años veinte y treinta; cuando los gobiernos de Calles y de Cárdenas, la revolución de 1933 tuvo mucho respaldo de parte del gobierno mexicano, así que ya era algo conocido, era una dinámica entre las dos revoluciones, la cubana y la mexicana.

De México salen hombres y apoyo a la guerrilla a partir de 1956, cuando ya está constituida; desde antes, todo el trabajo de propaganda, la mayor parte de los manifiestos del Movimiento 26 de Julio, después del desembarco del *Granma,* se imprimen en México, como el manifiesto "Nuestra razón", que se publica por primera vez aquí y se envía a Cuba para que llegue a la población cubana burlando la censura.

O sea que la participación de México durante el proceso revolucionario es muy importante. Si avanzamos un poco más en el tiempo y llegamos a la Revolución triunfante, a la Revolución hecha poder, al papel de México de oposición diplomática al aislamiento de Cuba, ahí también tiene una actuación decisiva Gilberto Bosques, que vuelve a aparecer. Era el diplomático mexicano con más capacidad para tratar cualquier asunto relacionado con la política exterior latinoamericana en ese momento. Por la experiencia que había vivido en Cuba conocía muy bien la geografía de la política cubana y lógicamente era el diplomático indicado. Hizo su labor de un modo que podríamos llamar histórico, fue un momento mítico no sólo de la historia de la Revolución cubana, sino también de la política exterior de México, de la diplomacia mexicana, el de la decidida oposición de México a la expulsión de Cuba de la OEA.

Es un momento que debe entenderse como parte de la ofensiva de Estados Unidos contra Cuba, o sea, la expulsión de la OEA fue sólo una medida ligada a la agenda política elaborada entre 1960 y 1961 y que persiste hasta hoy, que es la política de embargo comercial, de desconocimiento de la legitimidad de la Revolución. La posición de México en esos momentos fue decisiva, poque México fue el único país de América Latina que se opuso al aislamiento de Cuba en todos los sentidos: estuvo en contra del embargo, de la exclusión de Cuba de la OEA y del desconocimiento de la legitimidad de la Revolución.

Creo que todo esto tiene que ver con el momento político que están viviendo la mayoría de los países latinoamericanos en 1959, 1960, 1961: en la mayoría de ellos se está transitando de las viejas a las nuevas dictaduras militares, aquellas de la época antiagraria o antinacionalista, que son las dictaduras de los años cuarenta y cincuenta —que se oponen a los movimientos de reforma agraria y a los movimientos de nacionalización como el de Jacobo Árbenz en Guatemala o el de

Paz Estenssoro en Bolivia—, a un tipo de dictadura militar más sofisticada, con ciertos elementos fascistas —que son las dictaduras militares del Cono Sur, que se consolidan en los años sesenta y setenta como respuesta a los movimientos guerrilleros revolucionarios de izquierda inspirados por la Revolución cubana.

Estados Unidos tiene a su favor una conformación de los campos políticos en América Latina muy favorable a la derecha y a respaldar mayoritariamente la política norteamericana en ese momento. Las cosas cambian muy pronto desde fines de los años sesenta: hay transiciones de algunas dictaduras y surgen movimientos de izquierda como el de Salvador Allende en Chile, el de la Unidad Popular, que van cambiando un poco el panorama en América Latina.

También hay que entender que es un momento de mucha tensión, son los años más difíciles de la Guerra Fría, cuando la confrontación entre Estados Unidos y la Unión Soviética está llegando al máximo y Estados Unidos tiene una capacidad de convocatoria en el hemisferio bastante grande. En 1962, un año después de que empezara el embargo a Cuba y de que se le excluyera de la OEA, viene la crisis de octubre, la crisis de los misiles, que fue un peligro real de guerra nuclear por la instalación de misiles soviéticos en la isla.

Naturalmente, Estados Unidos se presentaba como la potencia que defendía el Hemisferio Occidental de la amenaza soviética y ése fue el mensaje anticomunista y macartista de los años cincuenta, sesenta, que llegó a América Latina.

Sólo México apoyó a Cuba, y creo que esa decisión tenía que ver con la Revolución mexicana, fue esa experiencia revolucionaria lo que permitió el desarrollo de una política exterior autónoma.

La experiencia de Gilberto Bosques como diplomático en Europa se pudo trasladar fácilmente al caso cubano gracias a su sensibilidad para comprender el campo de la oposición de un modo plural, y así proteger a los grupos perseguidos. Ése es el mensaje más perdurable de su obra diplomática en Cuba desde el punto de vista de las ideas contemporáneas de la diplomacia y de la política. A él le tocaron momentos muy difíciles, de un cambio tras otro: los meses posteriores al golpe de Estado de Batista, la insurrección contra Batista, el triunfo de la Revolución cubana, el giro hacia el socialismo de esa revolución, o sea, cuatro o cinco cambios en menos de una década, y para adaptarse a esa situación tan cambiante hace falta mucha inteligencia política y mucho tino.

Los gobiernos de Ruiz Cortines, de López Mateos y de Díaz Ordaz tenían una tendencia hacia el centroderecha en la propia tradición priista, pero los legados de la Revolución mexicana no se pierden en esos sexenios, y uno de ellos es la política exterior.

López Mateos y Díaz Ordaz intercambiaron de manera permanente información relacionada con Cuba con el gobierno de Estados Unidos, pero eso es bastante normal. Sin embargo, la posición oficial de México era realmente de respaldo al gobierno cubano, no de respaldo al modelo político, al modelo socialista elegido por los cubanos, no era un apoyo ideológico, pero sí de oposición al aislamiento de Cuba, que en el fondo era un respaldo a su propia soberanía.

ENTREVISTA A SALVADOR MORALES

¿Cómo fue la labor de Gilberto Bosques en Cuba?

La trayectoria de don Gilberto Bosques como embajador de México en Cuba no se puede estudiar y analizar sin tomar en consideración que México ha tenido una diplomacia en la que se han destacado grandes figuras.

Desde la época de la Independencia, pasando por el Porfiriato y, sobre todo, por el recambio que se produce con la Revolución mexicana, se conforma una nueva actitud de la diplomacia mexicana que tiene una concepción revolucionaria, progresista, solidaria y, a diferencia de otros momentos, es rica en iniciativas. No es una diplomacia exclusivamente defensiva y leguleyista, sino una diplomacia de carácter político muy fuerte.

Creo que eso se estimuló mucho en la época de Lázaro Cárdenas. Don Gilberto Bosques no fue un diplomático de carrera, pero se hizo un verdadero clásico de la diplomacia mexicana, tan importante como Matías Romero u otras grandes figuras de la diplomacia mexicana. El aprendizaje que él adquirió en Europa con el derecho de asilo, con los refugiados, fue la razón fundamental para que enviaran a don Gilberto a Cuba.

Era una época de muchas dictaduras, algunas verdaderamente destructivas, sangrientas, como la de Rafael Leónidas Trujillo y la de Batista, que provocaron un éxodo, un exilio muy fuerte, no solamente hacia México sino también hacia otros puntos del continente. Los casos que se presentaban eran verdaderamente dignos de alguien con mucha experiencia, con mucha capacidad negociadora y que tuviera iniciativa; además, era necesario que la Presidencia de la República y la Secretaría de Relaciones Exteriores dejaran en sus manos la solución de cada situación, sobre todo en casos de emergencia como los que hubo a partir del momento en que él llega a La Habana, poco después del asalto al cuartel Moncada, el 26 de julio de 1953, movimiento encabezado por Fidel Castro, para derrocar el gobierno *de facto* que había acabado con la Constitución de 1940 y que estaba sirviendo a los intereses estadounidenses en la Guerra Fría y oprimiendo al pueblo de Cuba.

Es muy conocida la expresión que utilizó el entonces presidente Adolfo Ruiz Cortines cuando nombró a Gilbero Bosques embajador en Cuba: "A ver cómo se las arregla usted con ese tiranuelo".

La Secretaría de Relaciones Exteriores siempre ha sido bastante parca en dar instrucciones precisas a sus diplomáticos de cómo tienen que actuar, pero hay grandes lineamientos generales establecidos, que don Gilberto conocía muy bien, y también manejaba el derecho internacional al dedillo. Al llegar a Cuba lo primero que hizo fue empaparse de la realidad política, social, jurídica del país en el que iba a representar a México.

En los años cincuenta, durante las dictaduras de Batista y de Trujillo, las policías no cometían solas las tropelías. Contaban con la ayuda y la cooperación de ciertos medios policiacos mexicanos corruptos, ayer y hoy, que trabajaban al son de lo que les pagaban Trujillo, Batista, Somoza. Arturo Pallat, quien fue director de Inteligencia de la dictadura trujillista, afirma en sus memorias que muchos de los asaltos, aparentes robos, atropellos automovilísticos, infartos, que sucedieron entre los exiliados cubanos, dominicanos, venezolanos, nicaragüenses, guatemaltecos en aquella época, no fueron accidentes, eran operaciones encubiertas de la CIA, y reconoce que miembros de la Inteligencia y la policía mexicanas eran maestros en la comedia de capa y espada, que siempre que no se atentara contra los intereses de México se ofrecían a trabajar en ello.

Yo pude ver en fechas recientes un informe de Johnny Abbes, jefe del servicio de Inteligencia y reconocido asesino de la época de Trujillo, en el que narra que tuvo una reunión con el agregado militar de Batista en la Embajada cubana de entonces y con un comandante mexicano de la Dirección Federal de Seguridad, quien ahí se comprometió con ellos a secuestrar y asesinar a quien había sido ministro de Educación de Prío Socarrás, Aureliano Sánchez Arango. Esto sucedió también con Cándido de la Torre y con otros casos más, en los que ciertos grupos corruptos enquistados en el gobierno mexicano hicieron ese tipo de cosas; los agentes cubanos o dominicanos no se hubieran podido mover aquí sin contar con esos apoyos; así sucedió, posteriormente, con el asesinato de José Almoina Mateo.

Con toda seguridad, cada vez que Almoina Mateo cambiaba de domicilio la única forma de localizarlo era con el auxilio de algunos agentes; hay nombres y apellidos en la documentación, es posible dar los nombres completos de los agentes corruptos que intervinieron en esas operaciones encubiertas. Don Gilberto sabía muy bien lo que estaba diciendo cuando hablaba con el ministro Güell respecto del secuestro de Cándido de la Torre. No fueron agentes policiacos comunes quienes llevaron a cabo el secuestro, sino que fue dirigido por Orlando Piedra Negueruela, el director del BRAC (el Buró de Represión de Actividades Comunistas), asesorado por agentes norteamericanos del FBI y de la CIA que estaban muy metidos en la represión cubana, y don Gilberto lo sabía y lo había denunciado. De modo que fue una especie de combinación cómplice entre elementos represivos de Cuba y de México.

El gobierno presidido por Adolfo López Mateos fue verdaderamente abierto y con cierta simpatía hacia el proceso cubano, en especial en cuanto al derecho que tenía Cuba de buscar soluciones a sus problemas de subdesarrollo, de atraso, de dependencia. Era lógico entonces ver que la Revolución mexicana se reflejaba en los primeros pasos de la Revolución cubana; hubiera sido una incongruencia no haber apoyado ese proceso. Creo que Gilberto Bosques tuvo una gran influencia en la elaboración, en la definición de la política exterior mexicana hacia esa Revolución que desde el primer momento abrió una brecha, en el flanco caribeño, en el dominio, en la hegemonía de Estados Unidos en el continente.

De modo que desde el momento de la presentación de credenciales estableció las pautas de su actuación, a partir de la historia del país que representaba. Francamente hizo un trabajo extraordinario en materia de asilo, supo manejar muy bien la situación. En esos años el derecho de asilo obedecía a las convenciones que se habían establecido tanto en La Habana en 1928, como en Montevideo y posteriormente en Caracas; la nota discordante la había dado Trujillo, al no respetar el derecho de asilo; era un momento realmente difícil para la aplicación del derecho de asilo. Don Gilberto fue partícipe de actividades extraordinarias, como la advertencia que le hizo a Fidel

Castro de que había un complot dirigido a matar a su hermano Raúl, el actual presidente de Cuba, como una provocación a Fidel; el embajador se había enterado por una red de informantes que tenía y entonces es él quien los conmina a salir del país.

Está de más decir que en este caso hizo algo que no debe hacer un diplomático que se apegue estrictamente a las reglas, es decir, estaba provocando el exilio, el asilo. Pero eso demuestra la calidad política, la sensibilidad, el humanismo de don Gilberto, que realmente expresaba los mejores ideales de la Revolución mexicana. Es claro que simpatizó, desde el primer momento, con un movimiento dirigido a restaurar la Constitución, a hacer justicia social, a eliminar la represión. A mí me tocó vivir parte de esa época, cuando ser joven era un pecado; bastaba estar en la calle después de las 9 o 10 de la noche, para ser detenido por la policía y llevado a la estación, para ser presionado o torturado de distintas formas. Don Gilberto fue tan sagaz y estuvo tan bien informado que, en determinado momento, avisó al gobierno mexicano que el proceso iniciado por Fidel Castro iba a ser muy radical, se lo hizo saber antes del triunfo del 1 de enero de 1959.

De modo que estaba muy bien informado y vio lo suficientemente lejos como para saber que el Movimiento 26 de Julio, encabezado por Fidel Castro, le iba a dar un vuelco a la realidad del país, y eso fue lo que permitió que al triunfo de la Revolución cubana, él continuara al frente de la Embajada de México en La Habana, donde tenía ya muchos amigos, muchos conocidos, entre ellos algunos a los que él había ayudado en cierto momento y ahora estaban en el poder.

Viene entonces la complicación fuerte del asilo y del exilio que cambian de signo, porque ahora ya no eran los asilados revolucionarios, sino quienes huían de la justicia revolucionaria y aquellos que habían empezado a combatir el proceso revolucionario iniciado con la reforma agraria. De modo que las complejidades del asilo fueron distintas, y hubo una serie de conflictos nuevos porque el presidente provisional, Manuel Urrutia Lleó, quien ocupó el cargo durante los primeros meses de la Revolución, ideó una doctrina, la Doctrina Urrutia, mediante la cual pretendía desconocer las convenciones del derecho de asilo, y es que en esa época los que se habían asilado no solamente eran políticos, sino también policías, gente que había robado, delincuentes. Eso dio lugar a infinidad de situaciones muy difíciles que tuvieron que afrontar los representantes diplomáticos, y hay que tener en cuenta que muchas de las representaciones diplomáticas, andando el tiempo, desaparecieron de La Habana, y Bosques, como embajador mexicano, se tuvo que hacer cargo de muchos asilados y trasladarlos de una embajada a otra.

Hubo hechos de sangre y en algunos casos se apoderaron de la Embajada, dispusieron de los recursos, del teléfono, de las provisiones, de todo; una situación verdaderamente muy compleja. Bosques, que contaba con la simpatía de las nuevas autoridades cubanas, supo allanar todos esos problemas y lograr que ninguna de esas dificultades se convirtiera en motivo suficiente para que hubiera roces y fricciones entre los dos gobiernos.

Por otra parte, la confrontación cubano-estadounidense quedó planteada desde el primer momento, lo cual representaba para México un desafío muy grande por los estrechísimos vínculos comerciales, fronterizos, humanos entre México y Estados Unidos, y de repente aquel enfrentamiento se convirtió en un asunto candente de la política exterior mexicana. Yo creo que don Gilberto Bosques ayudó mucho a que México no se sumara, como no lo hizo, en las diversas reuniones que hubo de la oea, a la política emprendida por Estados Unidos para aislar a Cuba y terminar expulsándola de la Organización de Estados Americanos, actitud que pasó a formar parte de la ya existente leyenda de relaciones de solidaridad entre el pueblo mexicano y el pueblo cubano. Pero estos mitos son de amor, de amistad entre los pueblos, alimentados a veces con un poco de retórica, pero también con un sustrato real de vínculos, de afectos, que vienen de muy lejos.

Cuando hablamos de la política exterior de México hacia Cuba, nos referimos a la posición mexicana que don Gilberto Bosques ayudó a definir muy bien; me refiero a la decisión de no romper relaciones con Cuba y permitir que esta Cuba revolucionaria tuviera, por medio de México, una ventana abierta al mundo.

Hay otra cosa importante, a los efectos de esta retrospectiva: don Gilberto dejó una extraordinaria imagen no solamente en las autoridades cubanas sino en el pueblo de Cuba en general. Dejó una huella extraordinaria, sobre todo entre la intelectualidad y en ciertos sectores de la vida política del país, una imagen del hombre que precisamente era: abierta cálidamente su comprensión hacia un proceso histórico inevitable —que además era muy similar al ocurrido durante la Revolución mexicana—, que por las propias circunstancias de la Guerra Fría y del enfrentamiento con Estados Unidos aceleró y radicalizó las transformaciones. Don Gilberto lo comprendió así, de modo que cuando llegó un nuevo gobierno, que no veía con tanta simpatía el rumbo que había tomado ese proceso, don Gilberto prefirió dejar la representación, y López Mateos, el presidente saliente, lo aceptó y lo apoyó.

Hay algunos recuerdos tristes en las relaciones de México con Cuba, que sufrieron cierto menoscabo, en especial la presencia en la Embajada mexicana de aquel señor que trabajaba para la CIA, Carrillo Colón, que hizo mucho daño a las relaciones entre los dos países. Afortunadamente, los diplomáticos que siguieron a don Gilberto Bosques supieron restañar muchas de las pequeñeces que habían ocurrido, pero al examinar la historia diplomática de estos 50 años de relaciones bilaterales, hay que reconocer que la gran figura de toda esta época fue don Gilberto Bosques, que siempre será visto con gran admiración.

ENTREVISTA A PABLO YANKELEVICH

¿Nos puede explicar la política de asilo de México?

Hay dos aspectos distintos en relación con el asilo: uno es el de los canales de la política migratoria mexicana, con sus leyes, su legislación, etc., y otro es el del asilo y la política solidaria para con perseguidos políticos.

En el caso de los judíos se mezclaron las dos y el resultado no fue del todo feliz. ¿Por qué? La política migratoria mexicana a partir de la posrevolución es de alguna manera muy restrictiva, por razones más que obvias. México no necesitaba mano de obra, porque era lo que le sobraba, tanto le sobraba que hasta la fecha buena parte de esta mano de obra se va a trabajar al otro lado de la frontera. De tal manera que como una medida de protección a la mano de obra nacional se estableció una legislación restrictiva: había que cumplir muchos requisitos para poder ser un migrante legal en este país. Básicamente se comenzaron a restringir profesiones, actividades, sobre todo las relacionadas con el comercio minorista, por la competencia comercial, la competencia desleal; por el otro lado, la política de asilo siempre ha estado atenta a dar refugio a perseguidos políticos, pero a perseguidos políticos a título individual, es decir a personas, no a grupos grandes, o a quienes hoy se llamaría refugiados, categoría que en aquel entonces no existía.

A lo largo de su historia México dio asilo a distintas personalidades básicamente latinoamericanas, aunque también europeas, a líderes políticos perseguidos que encontraron refugio en las embajadas mexicanas en el mundo y algunos de ellos, al llegar a este país, pidieron asilo.

El caso de los judíos es mucho más complicado, porque la persecución a los judíos es una persecución étnica; se nos persigue por ser judíos, no por ser comunistas o socialistas. Bien, esa categoría no formaba parte del cuerpo de la legislación de asilo en México, es decir, el asilo es una institución que contempla única y exclusivamente la persecución política. Si alguien dice "a mí me están persiguiendo por ser mujer", esto no lo contempla la legislación, misma que se ampliará luego, a partir de la segunda Guerra Mundial, cuando se instituya la categoría de refugiado por las Naciones Unidas.

De tal suerte que cuando comenzó la persecución contra los judíos en Europa, el conjunto del mundo miró para otro lado, porque para empezar, ¿dónde se podía ubicar a estos judíos?, y, además, había en el ambiente un profundo antisemitismo en torno a la presencia incómoda de los judíos, por distintas razones: un antisemitismo que es milenario y un antisemitismo que es mucho más moderno, a partir de los años veinte europeos. Hubo distintas propuestas en el mundo para recibir a judíos expulsados de Alemania por Hitler. La primera conferencia es la realizada en Évian y México participa en ella; sin embargo, ningún país hace demasiado y México tampoco hace mucho. Hay un claroscuro en la política mexicana de asilo en el sentido de tratar a estos perseguidos por razones étnicas o con criterios migratorios de que pertenecían o ejercían determinadas actividades que no estaban contempladas en la legislación migratoria, o directamente de hacerse de la vista gorda y no admitir contingentes de judíos.

Éste es un problema complicado de explicar, de alguna manera tabú, y apenas ahora se está comenzando a estudiar, sobre todo por la profunda ambigüedad de la política de asilo durante el gobierno del general Lázaro Cárdenas y posteriormente del presidente Ávila Camacho, una política de enorme apertura y solidaridad con los republicanos españoles y de manifiesta cerrazón frente al refugio judío.

Fue una política ambigua porque no es que no se permitiera la entrada a ningún judío, llegaron judíos, pero por distintas vías, eran sobre todo judíos con profesiones, actividades o militancias muy destacadas. Efectivamente, entraron como asilados políticos, sí, pero el común de la gente, el campesino judío de un *shtetl* (pueblito) no podía entrar porque no tenía una actividad destacada ni una militancia conocida, ni siquiera hablaba otro idioma que no fuera el *yiddish*. A estas gentes se les cerraron las puertas con base en criterios de selectividad profesional o socioprofesional y también de selectividad étnica. Ésta es una de las grandes contradicciones de la política migratoria mexicana, toda vez que se suponía que México era una nación conformada esencialmente por dos grandes afluentes: los españoles y los indígenas, en un crisol que es el mestizaje.

De tal manera que ese mestizaje, que es un mestizaje sólo de dos, españoles e indios, se convierte en una especie de paradigma de la política migratoria a partir de los años treinta. La excusa que se usó para otras nacionalidades que no fueran europeas, latinoamericanas o norteamericanas, en el caso particular de los judíos fue que es un pueblo que no se mezcla y el diseño de la política poblacional mexicana estaba fundado justamente en la mixtura.

Ésa fue la excusa central que se usó para no admitirlos. Ahora hay discusiones e investigaciones muy serias en torno a esto, sobre todo a si se sabía o no lo que estaba pasando realmente con los judíos en Europa. En 1938 era difícil saberlo, pero en 1940 o 1941 ya había información, sobre todo porque en México encontraron un asilo muy solidario sectores importantes de la izquierda alemana y austriaca, pero también francesa y por supuesto española, básicamente gente de militancia comunista. Estos asilados alemanes, austriacos, checoslovacos, húngaros, yugoslavos, etc., desarrollaron una labor muy importante en México de denuncia de lo que estaba sucediendo en la Alemania nazi; por ejemplo, publicaron por primera vez en español (en 1943) un libro emblemático que se llamó *El libro negro del terror nazi en Europa,* en el que se daba a conocer lo que estaba pasando en los campos de exterminio. El libro fue impreso en los Talleres Gráficos de la Nación con el apoyo del presidente de la República y, por lo tanto, es muy difícil afirmar que el gobierno mexicano no conociera la situación de los judíos en la Europa central.

No es fácil explicar esto, aunque creo que es un buen ejemplo de ciertas definiciones problemáticas en México entre humanitarismo, política humanitaria y prejuicio étnico. Ésa fue la tensión en la que transitó la política migratoria y la cerrazón a los judíos, la apertura a los españoles y a muchos otros refugiados, incluso de origen judío pero de militancia de izquierda, perseguidos por razones políticas, aunque Hitler no hubiera hecho ninguna distinción al respecto.

¿Entonces, cómo explica la actitud de Gilberto Bosques?

Don Gilberto Bosques y un grupo muy reducido de diplomáticos mexicanos, Narciso Bassols, Luis I. Rodríguez, Isidro Fabela y otros más, son excepcionales. Se trata de un grupo que evidentemente no actuaba *motu proprio*, independientemente de la valentía y las acciones mismas de cada uno de ellos, sino que actuaban con la condescendencia y autorización del presidente Lázaro Cárdenas. Ellos no hubieran podido hacer lo que hicieron sin que Cárdenas lo hubiera permitido, porque muchas de las iniciativas que llevaron a cabo de alguna manera eran violatorias de las propias disposiciones de la Secretaría de Gobernación y, en segunda instancia, de la Cancillería mexicana. La Secretaría de Gobernación ordenaba no dar más visas y don Gilberto prácticamente puso una imprenta para imprimir visas, con todo y fotografías, y firmarlas, sin ningún tipo de prejuicio. Incluso dio visas a gente que ni siquiera quería ir a México, que había salido de los campos de concentración franceses para incorporarse a la Resistencia y se quedó en Europa a combatir, pero lograron salir con esas visas mexicanas de los campos de internamiento.

Gilberto Bosques es un hombre verdaderamente excepcional, por su valentía, porque de alguna manera encarna lo más profundo del sentimiento humanitario, del derecho internacional en política exterior mexicana.

Como tal hay que tratarlo, es decir, no confundir el conjunto del Servicio Exterior con la figura de don Gilberto, ni viceversa, pero sí tratarlo como un integrante de un pequeño núcleo de diplomáticos y políticos mexicanos que, trabajando muy de cerca con el presidente Lázaro Cárdenas, rescataron muchas vidas. Eso es fundamentalmente don Gilberto. Con una historia que ustedes ya conocen, cuando lo encarcelan los alemanes y vuelve a México y luego se va a Portugal. Esto lo hace con la autorización o la venia de alguna autoridad muy alta. Independientemente de su valor, valentía, arrojo, se va a Europa con instrucciones de continuar su labor.

TESTIMONIOS

CLAUDIA BODEK

La familia de mi padre es berlinesa, judía, profesionistas de clase media. Mi abuelo era médico, soldado en la primera Guerra Mundial, su madre había estudiado técnica en radiología, y después de la guerra, él estudió medicina en Friburgo, Alemania. Ahí se casó con mi abuela y ambos trabajaban en el Hospital Judío de Berlín. Mi padre nació en 1925. No tenían militancia política en ninguna organización ni partido, pero eran gente muy culta, muy interesada, muy radical en sus ideas, muy clara en lo que era la vida, la historia; en fin, eran gente de izquierda, pero muy crítica, muy instruida, con un círculo de amigos intelectuales, muchos seguramente cercanos a los socialdemócratas, al Partido Comunista. Mi abuelo formaba parte de organizaciones de servicio médico para la clase trabajadora; vivía y trabajaba como médico en un barrio obrero y como tal fue testigo de los ataques de los grupos nazis, y daba los testimonios médicos de la situación de los que habían sido golpeados; esto le costó persecución... y fue detenido... ser judíos y de izquierda era doblemente grave... Gracias a algunas influencias lograron que lo soltaran y optaron por irse de Alemania... Se fueron a España porque que era la esperanza de la democracia, estaba la República... mi abuelo no podía ejercer como médico, pero sí ejercía, y la gente le pagaba con fruta, verduras y gallinas; mi abuela hacía mermeladas, y vivían del trueque, era una situación como fuera de la realidad...

Cuando estalla la Guerra Civil, con el levantamiento de Franco, mi abuelo se va a Madrid y se pone a las órdenes de la República como médico. Lo comisionan a Barcelona donde se empieza a organizar el servicio sanitario y donde se inician las Brigadas Internacionales. Él debía evaluar a los jóvenes que iban llegando y en algún momento lo nombran médico en jefe del Hospital de las Brigadas Internacionales, cerca de la región de Valencia, hacia Castellón... Mi abuelo quería ser médico en el frente, pero no podía por un problema cardiaco. Tenía una intensa carga de trabajo, y una tarde cayó muerto cuando iba hacia el hospital... Mi abuela, viuda, con dos hijos chicos, de 10 y tres o cuatro años, se fue a Barcelona y ahí se integró al servicio sanitario, y envió a sus hijos a casas de niños en los Pirineos. Los bombardeos ya eran muy fuertes... y tuvo que cruzar la frontera con sus hijos...

A mediados de 1938 llegaron a París, porque ahí vivía una prima de mi abuelo Bodek, quien pudo ayudarles a encontrar dónde alojarse... Mi abuela consiguió trabajo en una organización de judíos rusos para obras sociales destinadas a los niños... y ahí empezó a trabajar como cocinera y logró, después de unas semanas, que aceptaran también a sus hijos para poder tenerlos con ella.

Estuvieron ahí unos meses hasta que los alemanes entraron a Francia en el 39... y tuvieron que dejar París... se instalaron en Limoges con ayuda de un ex ministro de Educación austriaco, el señor Papanek.

Una noche, a finales del 41, mi abuela recibió una llamada, supongo que del Consulado mexicano en Francia, y le dijeron que se fuera de inmediato a Marsella porque había visas para ella... Llegaron a Marsella y se enteraron de que existía posibilidad de recibir visas para ella y sus dos hijos. ¿Por qué el Consulado Mexicano la llamó?, ¿qué tenía que ver con México una berlinesa que venía de España y a quien le habían quitado ya la nacionalidad alemana? Los alemanes brigadistas que ya habían llegado a México, en especial el Dr. Rodolfo Neumann, quien también fue médico de las Brigadas Internacionales, solicitaron que le fueran dadas las visas... Mi papá contaba la llegada a México, en 1942, con mucha emoción... El barco, el *Nyassa*, de bandera portuguesa, los llevó a Veracruz donde los recibió el Dr. Silvestre Frenk, el abuelo del Dr. Julio Frenk, como representante de una organización judía. Ellos hicieron la vida y la hicieron bien, fueron gente muy afortunada, muy trabajadora, con una experiencia y una madurez... mi padre era un adulto a los 16 años.

Muchos años después, mi padre empezó a reconstruir un poco los recuerdos de su padre, a buscar información, a saber quién había sido. En la República Democrática Alemana se hizo un complejo hospitalario y se le puso el nombre de mi abuelo... A Wolfgang Kiessling, un historiador alemán que hizo la recuperación de la historia del exilio alemán en México, mi padre lo puso en contacto con Gilberto Bosques. Yo entonces no sabía quién era Gilberto Bosques. La primera vez que oí hablar de él fue muy emocionante por la dimensión del personaje en la vida de mi papá, quien le tenía gran respeto, porque le debía la vida. La imagen, la importancia, el respeto, que nos transmitió mi padre de Gilberto Bosques, era inigualable, nadie tenía el valor que le reconocía a Bosques; fue un personaje al que aprendimos a reconocer, a respetar, a valorar. Ésa es la importancia que las personas tienen en la historia; no son los hechos históricos en sí, sino que la historia la hacen también hombres con nombre y apellido, y con mucha decisión, voluntad y entereza, que no sólo cumplían las instrucciones sino que muchas veces iban más allá. No fue un burócrata que le selló el pasaporte, era alguien que se extralimitó en el cumplimiento de su obligación oficial, y que lo hizo no sólo por mi papá... La dimensión política debe haberla tenido, pero la humana, cómo poder rescatarla. Mi papá nos enseñó que era importante reconocer el nombre y el apellido de esta persona que fue fundamental en nuestras vidas...

Fue un funcionario de la Embajada mexicana que hizo muchísimo más y que además se la jugó; no se lo hubieran llevado preso los alemanes si no hubiera tenido algo, que no eran nada más la dignidad y el cumplimiento. Además, en 1942 no se sabía cuál sería el destino de los judíos, no se sabía aún la dimensión de lo que fue esa historia. Creo que México fue la única puerta que realmente se les abrió. México recibió una enorme cantidad de asilados y refugiados, pero ese México, en este caso, tiene indudablemente el nombre de Gilberto Bosques. Quizá la suerte de mis familiares fue que venían de la guerra de España, y llegaron aquí como refugiados españoles y mi papá y mi tío estuvieron becados en el Instituto Luis Vives. España fue el laboratorio del fascismo, donde se probaron estrategias, armas, el golpe total a la democracia. La presencia en España de los brigadistas no era una defensa abstracta de la Segunda República, era una lucha contra el fascismo; cerca de 50 naciones estuvieron representadas en las Brigadas Internacionales por jóvenes conscientes de la lucha antifascista.

[En las páginas 352-353 se reproduce una carta manuscrita de Nicolás Bodek y su visa firmada por don Gilberto Bosques.]

RAFAEL DEL CASTILLO

El primer problema que tuve al pasar de España a Francia por los Pirineos fue que me perdí, porque todos íbamos, como decimos en México, en bola, y además íbamos a pie, en la noche, lloviendo, todos íbamos de color gris, la cara nuestra era gris y la ropa también... Yo iba con mi madre y con mi padre, yo no tenía cinco años todavía. Ése fue un momento crítico para mí: de pronto me di cuenta de que estaba rodeado de gente, pero que no estaban ni mi padre ni mi madre, y entonces estallé en sollozos. No sé cuánto tiempo pasó... pero era una gran desesperación; les gritaba a mi papá y a mi mamá y ella oyó mi voz a una distancia grandísima... En un momento, mi madre estaba junto a mí, me agarró y me abrazó, y yo no entendía cómo entre tanta gente me pudo haber oído...

Llegamos a la casa de un hombre muy bueno... Juan. Él tenía dos hijos, más o menos de mi edad. Nos recibieron en su casa, una casa pequeñita. Juan era español pero se había ido a trabajar a Francia y ya era ciudadano francés...

En Barcelona me habían asustado mucho las bombas; cuando sonaba la sirena que avisaba que venían los aviones alemanes, mi mamá nos llevaba al refugio y los aviones que eran cuatro o cinco tiraban 40 o 50 bombas y se iban. Dos aviones rusos chiquititos salían a hacerles frente, y normalmente se caían los dos... Llegó un momento en que mi madre, que era una persona muy valiente, me dijo: "¿Sabes qué, hijo, para qué corremos?, ¿por qué no nos quedamos aquí?"... "vamos a quedarnos acostaditos", y ella, que cantaba muy bien, me cantaba unas canciones andaluzas antiguas, y a mí me encantaba oírla, verdaderamente era un dulce para mí... y de pronto ya había pasado el bombardeo. "Vamos, ¿ves?, no nos pegó la bomba a nosotros", y desde entonces no volvimos a ir al refugio y yo perdí el miedo... Cuando salíamos de casa de Juan, que fue un tipo maravilloso, siempre me daba un beso igual que a sus hijos; dejó una huella muy profunda en mí. Pero la vida cambió de golpe porque mi padre decidió acercarse a Marsella y a Toulouse, porque él era un especialista en aeronáutica y le dijeron que en Toulouse había una fábrica de aviones, Dewoitine Breguet, y que ahí encontraría trabajo inmediatamente.

Mi padre era un hombre estupendo; siempre tuvo una ideología, no era comunista, era socialista, y siempre conservó su imagen, su criterio y su ideología. Cuando murió, a los 87 años... Cuando yo ya estaba estudiando derecho, le dije una vez: "Papá, hay una amnistía y están pagando una cuota a todos los que estuvieron en la guerra, de uno y otro bandos... y como tú fuiste oficial del Estado Mayor y te hirieron dos veces, te van a tocar como 300 000 dólares y después una cantidad mensual de aproximadamente unos 20 000 pesos". Él sólo me contestó: "De ese señor no quiero nada"... Hasta que no subió Felipe González no aceptó la pensión; ése era mi padre.

Cuando llegamos a Argelès, los franceses separaron, con alambradas, a los hombres de las madres y los hijos. Había un camino entre las dos partes, que tenía más o menos un metro y medio de ancho. Había un soldado francés que veía a los niños agarrados a los alambres y hablando con sus padres, y un día este soldado, que era muy joven, de unos 17 años, me dijo "pasa" y levantó el alambre para que yo pasara por ahí para estar con mi papá. Tenía cuatro amiguitos en la barraca y los cinco jugábamos juntos. Un día, un teniente nos encontró cuando estábamos en el otro lado y me puso de rodillas a cargar dos ladrillos en cada mano —me puso a mí porque cuando preguntó quién había pasado primero, le dije que yo había sido— y cada vez que se me caía uno, me daba un fustazo en la espalda; así estuve más de dos horas, con las rodillas en llagas...

Los domingos, a las 10 de la mañana, nos ponían en las rejas y venían unos niños a vernos, como si fuera un circo; pero no toda la gente era mala, había quien nos daba un paquetito, pero otros se burlaban... Todos los días nos levantábamos muy temprano, nos daban un té de bellota y a las 11 y media una zanahoria, un rábano y a veces la mitad de una papa; en la noche nos daban otro té y a la cama; a las siete de la tarde ya estábamos en la cama, porque a esa hora ya hacía un frío terrible y venía el viento del mar. No nos enseñaban a leer ni a escribir; nuestras madres nos pintaban las letras en la arena durante un ratito, porque después se tenían que ir a trabajar. Mi madre, por ejemplo, trabajaba en la casa de un oficial; ahí fregaba el piso, limpiaba, hacía la comida; no le daban ni un centavo, pero por lo menos la trataban educadamente, y le daban una bolsita con pan para mí, y ese día era un banquete...

Una vez pregunté por uno de mis amigos y me contestaron que se había puesto malo y se lo habían llevado; luego dejé de ver a los otros y llegó un momento en que sólo yo estaba ahí, porque los cuatro habían muerto de tifus... Mi mamá nunca quiso dormir en el piso, se consiguió unos fierros que había por ahí tirados y puso una lámina arriba; es que había unas ratas muy grandes, a unos amigos de otra barraca le comieron una oreja a su bebé.

Salí de ahí después de un año y medio, cuando ya tenía siete años y medio. Mi padre se escapó del campo de concentración y se fue a Marsella, al Consulado mexicano, donde se presentó primero con Zapata, quien era uno de los cónsules en ese momento y a él le llamó mucho la atención mi papá, le cayó bien, le simpatizó porque sabía cosas de aeronáutica y dijo que para México eso estaría muy bien, y se lo llevó a don Gilberto Bosques, quien lo recibió y lo escuchó. Mi papá le contó toda la historia de su vida, lo que había hecho, lo que pensaba, cuál era su ideología, y don Gilberto le dijo: "Mira Rafael, hombres como tú son los que necesita mi país, yo te garantizo que tú vas a ir a México con tu familia, pero tu familia, ¿dónde está?". Mi padre le dijo que estaba en Argelès, en el campo de concentración, y él le contestó: "Pues se tienen que escapar, yo no puedo decirte cómo, Rafael, tú te escapaste, tú lo sabes mejor. Hay gentes de la Embajada que llevan cartas al campo, así que le van a llevar a tu mujer una carta". Y entonces le llevaron un papelito... Cuando mi madre lo leyó me dijo que nos íbamos a escapar, así que un domingo que iba a trabajar, me tomó de la mano y me dijo "no tiembles, no te pongas nervioso, pero nos vamos a ir, no grites ni digas nada porque no nos van a dejar salir". Salimos como para ir a trabajar a la casa del oficial y luego nos pasamos por debajo de una alambrada. Nos fuimos caminando por el campo; mi mamá llevaba su mejor ropa y yo iba muy lavadito. Yo hablaba francés, porque habíamos vivido antes en Marsella, y ella me decía que le hablara y que sólo me contestaría *oui*. Ella llevaba un dinero que le había mandado mi papá. En un lugar se nos lanzaron unos gansos y como pudimos salimos de ahí, y poco más adelante estaba la estación. Mi padre nos iba a esperar cerca de la estación, nos recogería y nos sacaría por una puerta lateral, pero nevó y el tren se detuvo; le dijeron que el tren no llegaría sino en la tarde del día siguiente... Llegamos y mi papá no estaba, entonces fuimos a su hotel y cuando nos vio fue una alegría grandísima para mí verlos abrazados y llorando; ¡yo era el niño más feliz del mundo!

Cuando conocimos a don Gilberto, me pareció un señor muy serio, muy formal; me agarró de los cachetes y dijo: "Este chamaco está muy mono, muy simpático". Nos dijo que teníamos que buscar un departamento, y mi padre, como había estado en la guerra, pensó que había que buscar un lugar desde donde se viera la Prefectura, porque así podríamos ver cuando se estuviera moviendo la policía... Encontramos un departamento que daba a la Place de la Plate-forme. Mi madre se hizo amiga de la panadera, que tenía un marido español que se había criado en Francia. Mi madre, que tenía un ingenio maravilloso, les contaba novelas que ella inventaba y ellos le permitían coser en su máquina cuando cerraban la panadería al mediodía; cosía vestidos para las esposas de los árabes... Yo iba a la panadería y el hijo mayor del panadero, que era muy buena persona, un muchacho de 17 o 18 años, me llevaba al cine... el señor invitaba a mi padre a tomar un pernod a la cantina, y siempre nos regalaban, lo que era una maravilla, una barra de pan; así que comíamos pan todos los días y además nos daban cupones para un cuarto de litro de leche, que me tocaba a mí cada tres días. Con eso y mi pan, pude alimentarme bien.

Había una señora en la Prefectura a quien le encantamos, yo como niño, mi madre como madre y mi padre como padre, y nos agarró un cariño increíble. Le dio a mi papá un salvoconducto para que no lo molestaran, porque ella era la que mandaba en la policía, y también nos regalaba comida, pero nunca dejaba que la viéramos... llegaba y dejaba pan, un poco de dinero, un poco de queso, tocaba el timbre y se iba...

Lo más importante fue la acogida que nos dio don Gilberto, le debemos todo. Los refugiados españoles no nos dieron dinero, porque mi papá no pertenecía a ninguna asociación. Cuando empezamos a buscar el dinero para los dos pasajes y medio y poder venir a México, don Gilberto le dijo a mi padre que fuera a determinado departamento y cuando le abrieran mencionara el nombre de Gilberto Bosques, que hablara con las personas, y que luego le contara cómo habían reaccionado; ellos después le hablarían para decirle la cantidad con la que nos iban a ayudar, eran cuáqueros, judíos, gente de todo el mundo que ayudaba y que eran amigos de don Gilberto. Cuando ya habíamos conseguido dinero para un boleto, todavía nos faltaban uno y medio, don Gilberto mandó a mi padre a la Embajada de Inglaterra (después de ofrecerle que si conseguía ir a ese país, él se haría cargo de mí y de mi madre y que ya luego nos reuniríamos), donde le preguntaron si era rojo y español y él contestó que español sí, rojo no. Le dijeron que podía ir como comando, haciendo servicios para ellos, que él sería un soldado para defender Inglaterra, pero que su familia no les interesaba. Mi padre les dijo de todo en el magnífico lenguaje castellano que dominaba; entonces llegaron dos señores grandotes, lo agarraron y lo sacaron. Se fue muy triste y le dijo a don Gilberto que había cometido un error, pero él le contestó que le había faltado decirles bastante más y que ya no volvería a contar con ellos.

De pronto ya teníamos para dos pasajes, sólo faltaba el medio para mí, y en eso detuvieron a mi papá y se lo llevaron a la compañía disciplinaria alemana; eso sí no era broma. Ahí había que picar cantera de las seis de la mañana a las seis de la tarde y se comía un mendrugo de pan y un té de bellota, no había otra cosa, eso comían los hombres que trabajaban 12 horas; ahí no había más que españoles y judíos... Mi madre le llevaba pan con mensajes adentro... En uno de ellos, don Gilberto le dijo a mi padre que se tenía que escapar porque México estaba por declararle la guerra a Alemania... A mi padre lo iban a llevar a la fábrica de submarinos de Bremen porque era un mecánico fantástico. Se logró escapar con un pianista, quien tenía destrozadas las manos por picar cantera, y con un ingeniero...

Ya juntos, nos llevaron en un coche del Consulado hasta el puerto para abordar un barco argelino que iba a Casablanca. Nos subieron al barco a mi madre y a mí, y a mi padre don Gilberto lo tomó del brazo para que no lo detuvieran la policía francesa o los de la SS. Entonces se acercaron unos oficiales, porque les parecía sospechoso que lo llevara agarrado, y don Gilberto les dijo que él era el embajador de México y que no lo podían tocar. Llevó a mi papá hasta la escalerilla, se dieron un beso y mi papá se subió. De Argelia nos fuimos en tren hasta Casablanca y de ahí subimos al barco que nos trajo a México, y eso fue ir al paraíso. Es inolvidable todo lo que nos pasó con don

Gilberto; después nos enteramos que los alemanes lo detuvieron junto con su familia y el personal mexicano y se los llevaron cerca de Colonia.

Llegamos a México y la vida nos abrió un campo muy bueno... Y no dejé de ir, con mi padre, a los cumpleaños de don Gilberto, cuando estaba en México, porque después fue embajador en Portugal, donde también salvó la vida de muchas personas, ahí ayudó a muchos españoles que llegaban huyendo de Franco y les daba su salvoconducto...

ROBERTO CIVERA

Cuando empezó la asonada militar contra el gobierno de la República, vivíamos en Madrid. Mi padre era un idealista puro, un hombre que tenía fe en el hombre y quería que se mejorara intelectual y físicamente, que tuviera todas sus necesidades satisfechas. Precisamente por ocuparse del hombre, creó una editorial, la editorial Orto, donde publicaba libros de pensadores europeos renombrados, a precios que fueran accesibles a todos y pudieran educarse; siempre tuvo muy presente que la educación era la salvación del hombre. Además editó Cuadernos de Cultura, una serie de libros pequeños, muy baratos; fueron cientos de títulos, y también sacaba la revista mensual *Orto,* una revista sobre política y sobre economía política que tuvo un éxito tremendo... Además fue cofundador, con Ángel Pestaña, del Partido Sindicalista de España, y director de varios periódicos, como *Mañana,* en Barcelona; *Hoy,* en Madrid, y *El Sindicalista,* en Valencia. Durante la guerra, iba al frente y daba conferencias a los soldados.

El primer contacto que tuvimos con la guerra fue poquito antes de que se declarara. Vivíamos en Madrid... ahí de repente oíamos lo que llamaban paqueo (el paqueo es, ni más ni menos, el sonido del *pac pac pac* de los tiros) y veíamos gente corriendo; nosotros nos metíamos, como podíamos, en nuestras casas.

Después, cuando se declaró la guerra, nos tocó el primer bombardeo en Madrid. Más adelante, cuando el gobierno se retiró porque el enemigo avanzaba inexorablemente, salimos de Madrid con el gobierno y fuimos a Valencia, donde estuvimos en casa de mi abuela paterna; ahí los bombardeos fueron mucho más graves; nos bombardeaban por avión y también nos cañoneaban por mar los acorazados *Canarias* y *Baleares,* que eran de los facciosos... Ahí estuvimos un año, más o menos, y luego, también con el gobierno que se retiraba poco a poco, fuimos a Barcelona, donde estuvimos casi hasta el fin de la guerra. Ahí la cosa se puso peor todavía: los bombardeos eran más intensos y más frecuentes... Cuando acababa un bombardeo se oían las sirenas de cese, que muchas veces se confundían con las de otro bombardeo que ya llegaba. Salíamos al balcón a ver pasar las ambulancias, los camiones de bomberos y los del ejército con soldados tocando silbatos y tratando de cubrir lo que llevaban los camiones de redilas abiertos, que eran montones de cadáveres y de sangre...

Éramos niños muy especiales, los franceses dicen que *"les enfants de la guerre ne sont pas des enfants"*... nos quitaron la niñez, nos la deben todavía... nunca jugué con otros niños, mis juegos en aquella época eran los mapas de España (así aprendí geografía) en los que, después de oír las noticias en el radio, poníamos alfileres para marcar el avance del enemigo, que era implacable.

Cuando se acercaba el enemigo y Barcelona estaba por caer... mi padre nos mandó a Francia. En los últimos días de la guerra pasamos en pleno invierno, junto con 500 000 personas más; primero fuimos, por la carretera de Barcelona, a Figueras, donde había un bombardeo tremendo... Saliendo de Figueras había un valle, en el que los soldados que no querían entregar las armas a los franceses, las tiraban... también tiraban los cadáveres de quienes se iban quedando en el camino...

Entramos a Francia por Le Pertuis y fuimos a dar a Prats-de-Mollo, un pueblito en los Pirineos orientales de 1200 almas, pegado al río Tech... A ese pueblo pequeñito le llegaron, en unos 15 días, 100 000 de los 500 000 españoles que cruzaron la frontera; iban desesperados, vencidos, muertos de frío, hambrientos. Se llenó la Casa del Pueblo, se llenó el teatro, se llenó el cine; el alcalde no sabía qué hacer con tanta gente. Como no había alojamiento suficiente, hicieron un campo de concentración sobre la nieve, y la gente trataba de llevar tiendas de campaña del ejército; como el alcalde no podía con todo, tuvo que llamar a la gendarmería, que más o menos organizó aquello...

A ese campo de concentración llegaban todas las mañanas camiones de la gendarmería francesa con ollas de sopa caliente y hogazas de pan, y de regreso se llevaban los camiones llenos de cadáveres... Tampoco pudieron los gendarmes controlar a tanta gente, entonces tuvieron que echar mano de un cuartel que había ahí con soldados franceses del norte de África y de otro cuartel de senegaleses...

Nosotros fuimos a dar a un refugio, que en realidad era una colonia montada por los ingleses de la War Resisters' International... que en España se llamaba la Orden del Olivo, que dirigía el señor José Brocca. Ahí nada más recibían a mujeres y niños...

Mi padre había ido a dar al campo de concentración de Argèles-sur-Mer... donde estuvo varios días. Compañeros franceses del partido y masones (mi padre tenía el grado 33) lo sacaron del campo de concentración y le consiguieron un departamentito... y ahí empezó a escribir una trilogía: el primero fue *Presencia del hombre,* que le prologó nada menos que Rafael Altamira; luego, ya en México, escribió *Rebelión del hombre* y *El hombre visto por los grandes hombres.*

Después fuimos a Béziers... Como a mi padre le tenían prohibido trabajar en Francia, mi madre resolvió la situación porque había estudiado con las monjas teresianas en Venancia y sabía cortar, coser y hacer encaje de bolillo. Se colocó primero en un lugar donde le daban ropa militar para ponerle botones... Luego empezó a trabajar en una tienda de modas, que se llamaba "Chez Magali", que era de unos señores Scherer, una pareja francesa... Mi madre diseñaba las blusas preciosas y hacía los bordados... Los Scherer eran unas bellísimas personas y nos ayudaron cuando ya no se podía conseguir alimento de ninguna especie...

En determinado momento hubo que entregar todos los radios en la comandancia, que en realidad era la policía de Vichy que dependía de la Gestapo y de la Kommandatur alemana, para que no se oyeran más noticias que las alemanas... Unos amigos franceses le habían regalado a mi padre un radio pequeñito, gris perla con botones rojos, y nosotros no lo entregamos, lo escondimos, y todas las noches, a las ocho, mi padre y yo nos arrodillábamos al lado de la cama y nos tapábamos con una cobija para oír las noticias de la BBC de Londres. Todavía recuerdo las campanadas del Big Ben y la canción para anunciar el inicio de la transmisión en español: era una cancioncita argentina, que decía "caballito volador corre la pampa ligero, caballito volador tráeme prontito al que quiero, que el lucero ya marcó la horita de nuestra cita, dile que la espero yo, que hace una noche bonita"... el noticiero nos ayudaba a poner en los mapas el avance de los Aliados, esperando que llegaran pronto.

El hambre fue tremenda, llegó un momento en que no había absolutamente nada; además, había que hacer cola desde las cuatro de la madrugada, en plena nieve para conseguir un poco de carbón para la estufa... la comida era muy sencilla: se hervía cualquier cosa que hubiera, generalmente zanahorias o unas lechugas silvestres que traíamos los domingos de nuestras correrías por el campo, todo sin sal, sin azúcar. Los niños que nacieron en esa época no sabían lo que era un plátano, lo que era un dulce... Mi madre me contó después que a la hora de comer se me saltaban las lágrimas nada más de ver lo que estaba en el plato; todos estábamos flacos, anémicos.

Fui a la escuela Saint-Jacques... En las mañanas llegaban los de la Cruz Roja Internacional... y todos hacíamos cola con el plato de aluminio que siempre debíamos llevar, y nos ponían un poco de arroz con leche y una pastilla de color de rosa, que eran vitaminas; eso era para que los niños siguieran caminando, porque apenas podíamos caminar. A la escuela teníamos que ir y regresar a pie, porque no había autobuses ni tranvías; eran tres kilómetros en la mañana y otros tres para regresar a casa... No había zapatos, no había ropa, teníamos que llevar siempre lo único que teníamos; fue terrible aquello, sobre todo el frío.

Nos tocaba un costal de 50 kilos de carbón mineral prensado. Teníamos que ir a la parte más lejana de la estación de trenes cuando avisaban que llegaba carbón y que, los que tuviéramos derecho, fuéramos con nuestra cartilla de racionamiento a buscar nuestro carbón que tenía que durar meses. Íbamos a la estación mi padre y yo con un carrito de niño que nos prestaban, fácil eran cuatro kilómetros. Hacíamos cola, y a las siete de la mañana, si es que no se había acabado, nos entregaban el carbón. Metíamos el costal en el carrito y hacia la casa. Llegábamos exhaustos y mi madre nos recibía con un café caliente; ese carbón nos permitía tener cierta calefacción...

Un día pasó Franco por ahí, porque iba a visitar a Hitler, y la policía ordenó que se presentaran en la prefectura todos los refugiados españoles y nos tuvieron dos días encerrados en el teatro. Luego la cosa se puso peor, porque la guerrilla empezó a moverse, y el día que salimos de Béziers para ir a Marsella, iban a ahorcar a 19 jóvenes; se podían ver las 19 horcas en la prisión.

Un día, un amigo francés, probablemente compañero político de mi padre, le avisó... que estaba en las listas de la Gestapo y habían ordenado su detención, y le dijo "Marín tienes que irte de aquí a como dé lugar; tienes que salir, es tu última oportunidad, vamos a hablar con el Consulado de México". Lo pusieron en contacto con el Consulado y arreglaron que Gilberto Bosques diera el visto bueno para que viajara a México inmediatamente. Don Gilberto le mandó un telegrama a mi padre, diciendo que el gobierno mexicano lo reclamaba y con eso fue a la prefectura, donde le dijeron que la Gestapo se enteraría en 24 horas, que saliera antes de ese tiempo porque si no lo deportarían. De haberlo hecho, lo hubieran mandado a Auschwitz, donde ya habían muerto miles de españoles...

Salimos con una sola maleta hacia Marsella, y ahí mi padre se presentó en el Consulado; le dieron los boletos para subir al barco y abordamos esa misma noche. Fuimos a Orange y luego a Casablanca donde abordamos el *Nyassa*... Embarcamos en el último viaje del *Nyassa;* luego me enteré que lo habían hundido cerca de Israel, llevando también refugiados judíos.

Una noche, al llegar a Canarias, de repente el barco se detuvo y alguien dijo que nos había parado un submarino alemán. Todos subimos a cubierta a ver qué pasaba y el submarino efectivamente estaba detenido a unos 100 metros, era negro y hacía señales luminosas en clave Morse. Los oficiales de nuestro barco bajaron y fueron en una lancha al submarino, estuvieron ahí como media hora, y todos pensábamos que ahí se acababa el viaje, pero regresaron y seguimos el camino, con gran suspiro de todos.

En el trayecto murió una niña y la tuvieron que tirar al mar, en un acto tremendo de emoción y de llanto, precisamente cuando pasábamos cerca de Barcelona; ahí oí por primera vez el himno de Cataluña.

Después de varias semanas de viaje llegamos a Trinidad, donde el barco tuvo que parar otra vez porque un bombardero inglés dio la señal de alto y dos destructores ingleses empezaron a rodear el barco a toda velocidad; creían que el submarino alemán venía debajo y no querían quitar las redes metálicas antisubmarinos antes de estar seguros. En Puerto España subió la policía militar inglesa e incautó todos los escritos y libros de los 1 200 que veníamos a bordo; se los llevaron y nos dieron un recibo; se llevaron mi colección de timbres en tres tomos, que había hecho desde pequeño... Un día antes de zarpar para Veracruz llegó la policía y, muy cortésmente, entregó a todos los libros y los papeles que se habían llevado, incluida mi colección de timbres...

Llegamos a Veracruz... Nos dieron 300 pesos por familia y los boletos de tren para llegar a la ciudad de México. Fuimos al café La Parroquia y tomamos el primer café decente en muchos años... Subimos al tren y llegamos a la ciudad de México.

Nosotros en España no sabíamos qué era México, geográficamente podíamos localizarlo, pero nada más... En Madrid mi padre nos llevaba todos los jueves al cine Padilla y en una ocasión vimos una película sobre México que me impresionó mucho, se llamaba *Alas insurgentes* y era sobre los problemas de los campesinos; narraba cuando tomaron las armas y me llamó la atención el vestuario de los indios: el calzón y la camisa blancos, los huaraches, el sombrero grande de palma, la canana atravesada y la carabina...

Mi padre... no podía seguir editando libros, ni hacer política, menos dedicarse al partido... pero como dominaba varios idiomas y era muy culto... eso le sirvió porque consiguió hacer traducciones para una editorial. Todo el día estaba traduciendo libros y en la noche mi hermana y yo pasábamos a máquina las cuartillas... En la editorial le pagaban a mi padre 30 centavos por cuartilla; apenas podíamos salir adelante.

Habíamos conseguido un departamentito gracias a unos amigos refugiados que habían llegado antes que nosotros, en la calle de Altamirano número 7, esquina con San Cosme. Aquello parecía un cuartel, era una vecindad como con 100 departamentos, que estaba llena de refugiados; pagábamos 70 pesos de renta y tampoco teníamos camas ni colchones. Un amigo nos regaló una mesa y otro nos dio camas... Mi hermana fue la primera que se pudo colocar bien; sabía muy bien inglés y francés y entró a trabajar con el señor Carlos Abedrop en el Banco del Atlántico... Yo seguía estudiando en el Luis Vives y cuando tuve 17 años había que ayudar en la casa y me puse a trabajar... Años después me casé con una muchacha que conocí en Tampico; tuvimos cinco hijos y 11 nietos... Los refugiados originales, los que nacimos en España, somos una raza en extinción, ya quedamos muy poquitos, los mayores se fueron y muchos de mi edad también. Los hijos y los hijos de los hijos de los refugiados son todos mexicanos.

CECILIA ELÍO

El día que estalló la guerra, el 18 de julio de 1936, estábamos en Pamplona, y en la mañana temprano vinieron a casa tres falangistas y dos requetés que fueron a coger a papá. Todos nos preocupamos muchísimo, porque él era juez municipal y presidente de los Juzgados Mixtos de Navarra... él pensó que por ser funcionario público sólo se lo llevaban para tomarle una declaración, pero le dijeron que lo iban a fusilar. Mi padre era de izquierda, aunque no pertenecía a ningún partido. Una persona a quien le había llevado un caso lo sacó del lugar donde lo tenían detenido y lo fue a esconder a su casa. Mis hermanas y yo no lo volvimos a ver hasta finales del 39... aunque mi madre sí lo podía ver; un día le dijo que si se podía escapar, se verían en San Juan de Luz, en Francia... Tuvo que dejar la casa en la que estuvo escondido, porque el señor de ahí, que se portó estupendamente, le dijo que había habido una denuncia y que iban a ir a registrar la casa, que se fuera a los alrededores de Pamplona. Papá se acordó de un señor que había sido administrador de las fincas de mi abuelo y recurrió a él. Aunque era falangista, sí lo ayudó y lo guardó en su casa, donde estuvo tres años sin comunicarse con nadie... a veces se tenía que meter en un armario y se pasaba horas encogido... No sabía de nosotros y nosotros lo creíamos muerto.

Un día llegó un hombre... y le dijo a mi madre que papá se había podido escapar, y que ella ya sabía lo que tenía que hacer. La pusieron en contacto con un dentista que tenía relación con unos contrabandistas que se dedicaban a pasar gente al otro lado. Nos fuimos de Pamplona en un autobús, hacia Elizondo, en Navarra, muy cerca de la frontera, para tratar de encontrar a la persona que nos iba a pasar a Francia para reunirnos con papá. Fue muy difícil, porque cuando llegamos a Elizondo no estaba el dentista... Todo estuvo mal, porque en el puente por el que entramos había falangistas y vieron entrar a una señora joven con tres niñas chicas; mamá dijo que algo le olía mal, que iban a sospechar algo y, efectivamente, cuando estábamos comiendo nos rodearon los falangistas, nos metieron a un coche y nos llevaron a Dancharinea,... donde le tomaron declaración a mi mamá. Luego nos regresaron a Elizondo y nos detuvieron en una casona que usaban como cuartel; tres meses estuvimos ahí... Estábamos sin dinero, sin nada. Nos enteramos de que mi padre no había podido pasar a Francia, que estaba en España, y que lo buscaban por todas partes... Recibimos una carta de una tía que vivía en Barcelona, del lado de la República, en la que decía que papá estaba con ella y que fuéramos para allá... Quisimos dar con nuestros tíos pero no pudimos, porque como el gobierno se había ido a Valencia, ellos también estaban ahí. Cogimos un tren hacia Valencia y ahí nos reunimos con ellos, que para nosotros fue una ayuda enorme, pero mamá no quería ser una carga y se puso a trabajar... con Indalecio Prieto, principalmente de telefonista. A mediados de 1938 pudimos, en un coche que consiguió Prieto, llegar a Francia y ahí la contrataron como telefonista nocturna en la Embajada de España en París.

Recibía poquísimo dinero, viviendo en un hotelito diminuto y viendo qué podía hacer con sus hijas. Un sacerdote refugiado que estaba en París nos consiguió lugar en un orfanato y la primera en internarse fui yo... Al poco tiempo llegaron mis hermanas y ahí estuvimos como tres meses; luego nos pasamos a un colegio que estaba en una finca preciosa en el sur de Francia... Mi madre recibió un telegrama de papá que decía que acababa de pasar la frontera; al terminar la guerra, unos amigos, que se jugaron la vida, lograron sacarlo de Pamplona y llevarlo a Elizondo para que de ahí pudiera pasar por los Pirineos a Francia... Mi papá se entregó a las autoridades francesas, diciendo que no tenía papeles y lo metieron a un campo de concentración, donde estuvo dos meses. Luego llegó a París, el 20 de octubre del 39, hecho un verdadero guiñapo; era un hombre destrozado y nunca en la vida se repuso.

Tiempo después decidieron venir a México... Salimos el 14 de febrero de 1940 en un barco francés que iba a Nueva York. Al llegar nos apartaron y no nos dejaron bajar del barco... Nos llevaron a Ellis Island y nos metieron presas, separadas de papá, quien venía con una especie de hepatitis... Cuando nos dejaron salir nos vinimos a México en un autobús y llegamos todas hechas papilla por tanto tiempo en el autobús...

La estancia en México fue difícil, sobre todo al principio. Sí fue una maravilla que Cárdenas nos abriera las puertas de México, eso no se lo podemos pagar con nada, pero en ninguna parte nos querían... Y sí, sí tuvimos nuestros problemas.

Yo no podría volver a vivir en España, mi país es México, lo quiero muchísimo...

[En la página 189 se puede ver la tarjeta de identificación como asilada política de Cecilia Elío, una de las primeras firmadas por don Gilberto Bosques.]

CONCEPCIÓN FERNÁNDEZ

Nací en Madrid y tenía siete años cuando comenzó la Guerra Civil... Mi papá era diplomático y ya tenía nombramiento en la Embajada española en Brasil, que se suspendió por la guerra. A los pocos meses, nos fuimos a Alicante y ahí viví mi primer bombardeo, que fue terrible, pero afortunadamente no fue sobre la población civil, sino sobre barcos rusos y de otras nacionalidades que estaban en el puerto...

El gobierno se trasladó a Valencia, y ahí vamos a Valencia... de repente supe que nos íbamos a Barcelona, que la guerra iba mal, que la situación de la República estaba mal, que el franquismo iba avanzando...

Después de estar un año en Valencia, nos fuimos a Barcelona, donde sufrimos más los bombardeos... Otro recuerdo eran las llamadas de alarma en Valencia, que todavía me suenan en el oído, se oían las sirenas y del radio salía una voz lúgubre que decía: "Atención, atención, lejos de puertas y ventanas, todo el mundo a los refugios, apaguen las luces, calma y serenidad, orden y disciplina, todo el mundo a los refugios"...

Conseguíamos muy poca comida y era mediante el estraperlo, que era comprar en el mercado negro... De racionamiento nos daban garbanzos (la mayoría de las veces con gorgojos), lentejas (de ésas daban muchas, las llamaban las píldoras del Dr. Negrín), pan, que era horrible, negro, parecía aserrín. Así pasó toda la estancia en Barcelona...

Tuvimos que salir caminando, hacía mucho frío, creo que era fines de enero o principios de febrero del 39. Me acuerdo de una caravana muy grande y que mi mamá me decía que no cargara mi muñeca, que mejor jalara una maleta; de un señor que le decía a su perro que se regresara, pero el perro no quería; de la gente que iba dejando maletas, cacharros... La verdad, no sé si tardamos un día o unas horas, pero por fin llegamos a la frontera por las montañas, los Pirineos. Me escurrían las lágrimas, no sé si de frío, de tristeza o de cansancio. Unos senegaleses nos dieron unos pedazos de pan y chocolate, y mi mamá nos dijo que ya estábamos en Francia, en Perpiñán, y que la decisión era llegar a París...

Habíamos llegado a Francia en marzo y en septiembre se inició la Guerra Mundial, con la invasión alemana de Polonia... Se pensaba que la línea Maginot era infranqueable, cuando de repente los alemanes aparecieron cerca de París, y el terror comenzó. Había que ver cómo salir... y logramos conseguir una *roulotte*... El viaje duró ocho días y fue muy azaroso, nos quedábamos donde se podía...

La guerra seguía su curso y nos enteramos que había una parte libre del territorio francés, que manejaba el mariscal Pétain... Mi padre dijo que no nos podíamos quedar ahí porque todo ese territorio lo iban a ganar los alemanes...

Mi padre decidió que nos íbamos a Argentina. Se preparó todo y nos fuimos a un hotel en Marsella. El barco se llamaba *Alcina*... y nunca llegó a Argentina, nunca. Cuando llegamos a la pasarela del barco, vimos una especie de caseta de donde salieron unos policías, creo que eran franceses, y preguntaron quién era Luis Fernández Clérigo, y mi padre dijo "soy yo", y lo metieron en la caseta... Salió un policía y dijo: "Todos ustedes pueden embarcar, no hay problema, pero el señor Fernández Clérigo se queda aquí". Fue un horror, un estupor, no saber qué iba a pasar, pero sí sabíamos que unas semanas antes habían detenido al líder de la Generalitat catalana, Luis Companys, y lo habían fusilado.

Mi madre decidió tomar un taxi y pidió ir a una Embajada, creo que era la de Argentina. Cuando ella le relató al cónsul lo que estaba pasando, él contestó que tenía que localizar a los cónsules de Brasil y de México, y sí los localizó. Dijo que era importantísimo sacar a mi papá ese mismo día porque esa noche lo mandarían a España, donde le esperaba muerte segura. Pasaron horas, fuimos de un consulado a otro; cuando se reunieron los tres cónsules dijeron que nos fuéramos al hotel y que ellos harían la gestión. Como a medianoche llegó mamá y nos dijo que parecía que lo habían localizado.

Los tres cónsules hicieron un trabajo maravilloso. Al que conocí después fue al de México, que fue quien hizo más. Mi mamá me contó que en una ocasión llevaban a mi padre al baño, empujándolo, y al ver eso, el cónsul de México les dijo a los policías: "¡Oigan, tengan ustedes más respeto!, nosotros en México tenemos una gran colonia de franceses y el presidente se va a enterar de lo que están ustedes haciendo con este señor que es muy importante", y se calmaron. Total... al séptimo u octavo día nos dijeron que lo iban a liberar.

Entonces el cónsul de México, que después, hace muy poco, supe que era don Gilberto Bosques, fue quien lo llevó al hotel. Alabó mucho el valor de mi madre, me acuerdo muy bien que dijo: "Don Luis, a esta mujer la puede usted dejar sola por el mundo; cómo se ha movido. Pero aquí hay algo muy peligroso, esta vez tuvimos suerte, la próxima no sabemos; se tienen ustedes que mover rapidísimo y tomar el primer barco que salga hacia América"...

Nos fuimos a Martinica... y luego a Santo Domingo, que en ese tiempo estaba dominada por Rafael Leónidas Trujillo, terrible dictador... Para entonces, el destino final ya no iba a ser Argentina, sino México... pero primero teníamos que ir a Cuba... y después tomamos un barco que tardó dos días en llegar a México.

Ya en Veracruz, tomamos un tren y llegamos a México, a esta hermosa ciudad, que nos pareció maravillosa... Mi madre consiguió trabajo en un laboratorio haciendo vendas... hizo muchas cosas... hasta tamales. Mi padre empezó a colaborar en revistas y periódicos. Mi madre, que fue una gente extraordinaria, aprendió a escribir a máquina para que él le dictara los artículos. Él seguía muy relacionado con la gente de la República, con los exiliados, gente muy valiosa y muy importante. En 1945 se formó un grupo que estaba muy en contacto tanto con Cárdenas y Ávila Camacho como con Luis I. Rodríguez. Se dio permiso para formar la República en el exilio y mi padre, quien era vicepresidente de las Cortes, se convirtió en presidente.

Terminó la guerra mundial, con Hiroshima y la bomba atómica... Como ya habían muerto Hitler y Mussolini, lo lógico era que también muriera el otro dictador, Franco... pero para ello hubo que esperar treinta y tantos años.

FLORY KLAPP

Mi papá se llamaba realmente Jaime Klapp Pfeffer. Llegó a España en la guerra del 14 y para quitarse problemas, todo el mundo lo conocía como Jaime Fefer e incluso firmaba así en el banco. Él era socialista y estuvo preso durante la revolución; cuando derrocaron al rey, nos quedamos en Madrid y después empezó la Guerra Civil.

Los españoles decíamos "No pasarán, no pasarán", pero sí pasaron y Franco entró a Madrid y los que pudimos, salimos. Nos fuimos a París y ahí estuvimos unos años, hasta que el ejército de Hitler llegó a sus puertas... Nos salvamos porque un íntimo amigo de mi padre llegó a casa a las 12 de la noche y le dijo "Jaime, márchense inmediatamente, porque mañana van a cerrar la línea de demarcación". Nos fuimos a Marsella y ahí es donde conocí a don Gilberto Bosques.

A mi papá le dijeron que en la Embajada mexicana estaban dando visas para América y mi papá fue corriendo y lo conoció, lo conoció muy bien; yo lo vi varias veces... Nos dio los salvoconductos, pero no para venir a México, sino para vivir en Marsella... Un día se oyó el rumor de que un barco portugués, el *Serpa Pinto*, saldría de Lisboa hacia Casablanca, y entonces don Gilberto le dio las visas a mi papá... En Casablanca estuvimos algunas semanas hasta que el *Serpa Pinto* llegó, y los que teníamos la visa de México subimos al barco, aunque con muchas dificultades porque nos enfrentamos a los alemanes, que desnudaron a mi mamá para ver qué llevaba escondido... De Casablanca fuimos a las Azores, luego a las Bermudas... a La Habana, y después a México. Nos recibieron en Veracruz personas de la Secretaría de Gobernación y de la comunidad española; inmediatamente pasamos la aduana y unos camiones nos trajeron a la ciudad de México. A mi papá le dijeron que aquí no tendríamos ningún problema, que sólo teníamos que ir a Gobernación a arreglar los papeles. Ahí nos dieron papeles de emigrado, no de migrante, y nunca tuvimos ningún problema, nunca, jamás. Para los españoles, Lázaro Cárdenas fue un dios, nos protegió muchísimo...

De Gilberto Bosques, lo único que puedo decir es que Dios nos protegió mandándolo. Era un gran señor y se portó maravillosamente con todo el mundo, protegió a todo al que pudo. En el Consulado de Marsella nunca le cerraron las puertas a nadie, nunca. ¿Se imaginan lo que es vivir en un país donde están los alemanes y que te den un salvoconducto garantizando tu venida a México? Eso es algo increíble. Aunque había otros funcionarios que también nos ayudaron, el eje de todo el trabajo del Consulado era él; don Gilberto recibía a la gente tarde, en la noche, a la hora que fuera...

En Francia no sabíamos lo que los alemanes estaban haciendo, nadie sabía nada; yo supe de los campos de concentración al llegar a México. Don Gilberto sí lo sabía, porque le dijo a mi papá: "Jaime, hay un peligro muy fuerte, la gente todavía no lo sabe, pero los alemanes están haciendo algo terrible, que no se puede creer". Por eso protegió a tanta gente, nadie tiene idea de cómo nos protegió; ir a la Embajada de México era... ir al paraíso. Y ya ven, aquí estoy, aquí enterré a mis padres, también a mi marido; aquí me casé. México y mis hijos son mexicanos. Al resto de mi familia, a los que se quedaron allá, en Europa, los quemaron en Auschwitz... No quedó nadie, a todos los mataron, por eso fue una felicidad conocer a Gilberto Bosques... Sin duda, la suerte más grande que tuve en mi vida fue conocer a don Gilberto, a él le debo haber tenido una vida tranquila, haber vivido con mis hijos, con mi marido, en un país de tranquilidad...

Yo quiero decir con sinceridad, y que se sepa, que Cárdenas se portó como un padre con nosotros, fue una persona maravillosa, los españoles lo respetamos y lo queremos mucho. Si nos hubiéramos quedado en Francia, nos hubieran matado a todos, a todos. Mi papá tenía un primo en Marsella que era sastre y tenía una tienda muy buena. Mi papá le dijo: "Ven, voy a tratar de conseguirte una visa". "Yo no me voy de Francia, ¿para qué?". Él se quedó con su mujer y dos hijos, y nosotros nos vinimos. Años después mi hermano fue el primero de nuestra familia que regresó a Francia, y fue a Marsella a buscarlos y se enteró que habían matado a los cuatro. En Marsella, los alemanes únicamente respetaban los papeles de las embajadas. Los que tenían la firma de Gilberto Bosques tenían fe para la vida, y eso es verdad, no invento nada. El día que mi papá vino y dijo que don Gilberto le había dado los papeles, fue la mayor felicidad...

SARA RALLO

El tercer día de la revuelta nombraron a mi papá jefe de Sanidad de la Costa Este y en seguida se fue. Nosotros nos quedamos en Barcelona, pero era tal el bombardeo, que mi mamá decidió que si moríamos, al menos moriríamos cerca de papá y ahí nos fuimos de "adelitas". Así que adonde lo mandaban a él, íbamos nosotros.

Cuando Franco ya iba ganando, nosotros a correr se ha dicho... Fuimos caminando hasta la frontera francesa. En Le Boulou nos hospedamos en un hotelito; mi mamá les dijo que no teníamos dinero pero que si nos albergaban les pagaríamos después. Ellos hablaron a Puigcerdà, donde mis papás siempre pasaban un mes al año en un mismo hotel, y ahí les dieron buenas referencias, y nos recibieron... Algunas personas sí fueron muy antipáticas, como una maestra que nos ponía a los españoles de cobardes, de perdedores, de quién sabe qué más. Su hijo siempre nos consolaba y mi amiga y yo nos sentábamos en el camino a llorar, para no llegar a casa y lastimar a nuestras mamás. Esa etapa no fue buena, en Marsella las cosas fueron mejor.

Cuando estalló la Guerra Mundial, papá quiso ir al frente a luchar, pero como era español no se lo permitieron y le dijeron que se necesitaban médicos coloniales, que si no quería ir y se fue...

No puedo decir que la pasamos tan mal, aunque no es agradable irte de tu casa y caminar un trecho hasta la frontera, pero realmente no pasamos hambre, ni estuvimos separados, que es lo fundamental, porque papá llegó después de nosotros. Ya estando en Marsella, papá ganaba bastante bien como médico colonial, o sea que económicamente no nos fue mal. Mi papá ejercía de médico en Francia y en África sin tener papeles, porque él no quería pedir nada a Franco y mucho menos perjudicar a la familia.

En Marsella íbamos a la escuela, porque esa era la gran preocupación de papá... Mis papás eran unas personas admirables, que nunca se sintieron amargados, siempre decían "pues esto nos ha pasado, así que adelante, vamos". Lo único que hacían era cuidarnos y tratar de que si no íbamos a clase, teníamos que estudiar con mi papá, lo que era un desastre: no aprendíamos mucho porque se enojaba tanto... En España, yo había tenido dos experiencias que recuerdo muy bien: el primer bombardero que vi tenía en las alas la cruz de hierro y la suástica arriba... La otra fue que cuando fuimos a Valencia a ver a mi papá, que estaba enfermo, tuvimos que bajar del tren porque lo estaban bombardeando y ponernos en el talud; los aviones sí ametrallaban a la gente que estaba en el talud, pero cuando no te toca, no te toca...

En Marsella don Gilberto Bosques le pidió a papá que fuera médico de los refugiados que estaban en los castillos y así lo hizo. La vida en Marsella fue agradable. De la Embajada de México, apoyada por el gobierno del general Lázaro Cárdenas, tuvimos mucha ayuda. Aunque no lo conocí personalmente, sé que el cónsul Gilberto Bosques era muy, muy gentil, porque el gobierno podía decir "hay que apoyarlos", pero él fue quien lo llevó a cabo. En la Embajada nos enseñaban canciones mexicanas, y la pasábamos bien...

Poco después tomamos un barco, el *Nyassa*, y llegamos aquí. El viaje fue muy emocionante, aunque no tanto para mí porque casi siempre estaba mareada. Pasamos por las Bermudas y cada día nos llevaban a otra isla.

Mi papá pudo ejercer en México, en los hospitales; él era una persona muy sensata y cuando salimos de Marsella dijo "se acabó la política, ni una palabra", y al llegar a México "Franco no se va a morir, él llegó para quedarse y nosotros vinimos a México y aquí nos vamos a quedar y éste es nuestro país ahora. Que recuerden a la familia, perfecto, pero nada más". Nunca nos permitió vivir entre dos aguas, sí extrañábamos a la familia, pero no la casa ni otras cosas... ¡Qué suerte venir a México!

Nunca me sentí extraña en México, si alguien me hacía notar que era española, era algo bonito, no era para denigrarme ni mucho menos. Cuando nosotros llegamos, ya estaba aquí la gran masa de filósofos, de médicos, muchos profesionistas, los intelectuales, que dieron mucho a México, porque trabajaron mucho aquí...

CONCEPCIÓN RUIZ-FUNES

Cuando la República pierde la Guerra Civil y España se encamina al fascismo, al franquismo concretamente, con el apoyo de Alemania e Italia... se produce una emigración brutal, sin duda una de las emigraciones más fuertes hasta ese momento en la historia por razones políticas. Se calcula que llegaron a Francia aproximadamente 550 000 hombres, mujeres, niños, viejos. Francia los recibe muy mal, el gobierno francés se enfrentaba a una inminente guerra, en una situación sumamente difícil. Entonces, ¿cómo dar alojamiento?, ¿cómo resolver el problema de tanta gente?

Los franceses construyen los famosos campos de internamiento, si es que se puede decir que construyen, porque eran alambradas y alambradas sobre la arena y con el mar delante en el mes de febrero con un frío espantoso... El gobierno de México desde el principio de la Guerra Civil, por la maravillosa política exterior que tenía entonces, la Doctrina Estrada, apoya a la República siempre, tanto en los foros internacionales como en los hechos...

Félix Gordón Ordás, el embajador en México de la República, había tenido pláticas con el presidente Lázaro Cárdenas preparando el terreno para el caso de que se perdiera la guerra y surgiera la necesidad de acoger en México a la mayor cantidad posible de refugiados. Cárdenas siempre estuvo muy al tanto de lo que sucedía con los republicanos que llegaron a Francia, y decide mandar a ese país a diplomáticos que la historia tendrá que reconocer como hombres verdaderamente extraordinarios desde todos los puntos de vista, de una calidad humana increíble, de una integridad increíble, de una preparación increíble. Quien inicia realmente el contacto con los refugiados, por instrucciones de Cárdenas, para empezar a traerlos a México, es Narciso Bassols, junto con Gilberto Bosques y Luis I. Rodríguez.

En los campos de concentración, la representación mexicana en Francia pone anuncios invitando a los detenidos a anotarse para viajar a México, y empieza a negociar con el gobierno francés la forma de sacar a los refugiados...

En la organización de los primeros viajes le asiste a Bassols, Fernando Gamboa, el museógrafo, junto con Susana su esposa, quien incluso viaja en uno de los barcos ayudando a organizar la vida diaria y dando pláticas sobre la historia de México. A bordo se publican unos diarios con comunicados, canciones, información sobre México,* con la intención de elevar el ánimo y mantener la cabeza ocupada en algo porque la gente venía derrotada, había dejado absolutamente todo y no sabía si lo iba a recuperar algún día.

En cada barco venían aproximadamente 1500 pasajeros, acomodados lo mejor que se podía, pero el gobierno mexicano les proporcionaba alimentación, ropa, todo, así que viajaban un poco más animosos. Habían dejado atrás la tragedia de la guerra, de la espantosa derrota. La evacuación se hizo entre 1939 y 1942.

El momento de la llegada de los barcos es muy interesante porque México era una tierra desconocida... Algunos sabían algo de la Revolución mexicana y para de contar... Lo que quizá más atraía a todos, era que se hablara el mismo idioma y que el país fuera cálido, que tenía un clima maravilloso donde no se pasaba frío...

Se calcula que a México llegaron en seis barcos aproximadamente 10 000 refugiados y aquí tuvieron todas las facilidades: si eran profesionistas se les reconocía el título; si no lo eran, se les ayudaba a encontrar trabajo; si eran campesinos, se les mandaba al campo... siempre se trató de encontrar solución a sus vidas... El mito de que fue un exilio de intelectuales se desmorona con las estadísticas, lo que pasa es que vinieron intelectuales muy valiosos, pero no fue un exilio global de intelectuales ni muchísimo menos... vinieron obreros, campesinos, maestros, muchos maestros, a quienes nunca se les consideró intelectuales...

El papel de las mujeres fue muy importante; ellas fueron quienes en un principio mantuvieron a sus familias... muchas de ellas empe-

---

* [Hay ediciones facsimilares de esos diarios: *Sinaia. Diario de la primera expedición de republicanos a México*, prólogos de Adolfo Sánchez Vázquez y Fernando Serrano Migallón, México, UNAM–UAM–La Oca Editores–Redacta, 1989, y *Los barcos de la libertad. Diarios de viaje del* Sinaia, *el* Ipanema *y el* Mexique *(mayo-julio de 1939)*, presentación de Fernando Serrano Migallón, México, El Colegio de México, 2006.]

zaron a trabajar haciendo lo que sabían, es decir, que además de ocuparse de la casa, empezaron a coser o a tejer, y algunas a hacer limpieza en casas de la alta burguesía mexicana, con la decisión de salir adelante...

En todas nuestras casas se ha mantenido la identidad de los exiliados, así como el reconocimiento a los mexicanos que los ayudaron a venir: personas ejemplares por su posición ante la vida, por su preparación, por su calidad humana. Gilberto Bosques, Narciso Bassols, Luis I. Rodríguez, Daniel Cosío Villegas, tienen una identificación plena con los intelectuales de la República, porque ellos son los intelectuales de la Revolución, una identificación no tanto ideológica sino más de calidad humana, una identificación decimonónica, la de un individuo íntegro, comprometido consigo mismo y, por lo tanto, con los demás.

NURIA SIMARRO

El recuerdo que tengo de los bombardeos es tremendo. Cuando sonaba la alarma, papá nos levantaba de la cama a mamá, a mi hermana y a mí y nos llevaba a los refugios y él se regresaba y se dormía, porque lo que le interesaba era que nosotras estuviéramos seguras. Cuando volvía a sonar la alarma anunciando que se habían ido los aviones, nos recogía y nos íbamos a casa...

En cuanto a la comida teníamos muchas privaciones, pero papá fue un hombre muy luchón, muy emprendedor, muy movido, y hambre no pasamos, él siempre nos procuró... Él había sido policía secreto en España, y se involucró inmediatamente con los republicanos y luchó muchísimo tiempo, se puede decir que hasta que Franco llegó al poder. Nosotros salimos de Cataluña creo que dos días antes de que entraran las tropas franquistas. Papá hizo todo lo posible por estar siempre presente, luchando por la causa que él consideraba justa, aunque todo fue muy triste porque era una guerra de hermano contra hermano... cuando los republicanos perdimos, decidió pasar a Francia. Fue un peregrinar en el que íbamos a pie; al principio llevabas lo indispensable, dejando atrás toda una vida, porque dejabas casa y familia, la biblioteca que a mi mamá le costó tanto dejarla. Por el camino, lo poquito que llevabas lo ibas dejando. Llegamos a la frontera de Cervera donde nos esperaban grupos de españoles... Ahí estuvimos dos días y pico, durmiendo en el suelo, con paja, y luego nos distribuyeron a diferentes lugares, a nosotros nos tocó Marsella, donde nos quedamos como dos años. Al llegar, papá se fue de inmediato a lo que aquí llamarían La Merced a buscar trabajo; recuerdo que se iba a las cuatro o cinco de la mañana a cargar bultos al mercado...

Sé que la relación entre mi padre y don Gilberto fue muy estrecha, que hubo una amistad preciosa entre ellos, se quisieron mucho y papá nos hablaba mucho de él. Más adelante lo conocimos, pero fue realmente muy poco, en una comida a la que él nos invitó, pero lo teníamos como una imagen, como lo que él fue, grandioso para todos los refugiados; fue una persona excepcional.

Con papá sí tuvo muchos encuentros, porque él fue quien lo nombró intendente de la residencia de La Reynarde, o sea que mi padre era quien proveía los alimentos para los españoles refugiados que estaban bajo la protección del gobierno mexicano en Francia. Una de esas residencias, cuando él seguía como intendente, era muy bonita porque estábamos familias enteras, pero acabó tristemente... una noche le avisaron a papá que al día siguiente iban a llegar los franceses y que se iban a llevar a la gente a campos de concentración. Esa misma noche le avisó a mamá, y con mi hermana y conmigo salimos huyendo; un recuerdo que tengo muy marcado es que caminamos toda la noche y en la madrugada, ya casi de día, vimos cómo los camiones franceses pasaban por esos caminos llevándose a toda la gente con la que habíamos convivido. Fue un momento muy emotivo, pero gracias a Dios siempre tuvimos la ayuda de don Gilberto y gracias a él estamos en México...

Él nos consiguió las visas y los documentos... y luego el Consulado nos pagó también los pasajes. Vinimos en un barco portugués que se llamaba *Serpa Pinto,* en el que venían muchos judíos, muchos refugiados. Viajábamos en quinta; ahí adaptaron unas bodegas con literas y nos pusieron en un lado a las señoras con sus hijos y del otro lado a los hombres...

Antes de llegar a México, mi padre dijo que no quería ir a ningún otro país que no fuera México. ¿Por qué tenía esa idea? No sé si fue por la amistad con don Gilberto, pero no quería ir a ningún otro país. Es más, en las Antillas nos suplicaban que bajáramos y él decía que no, "para mí, México"; él valoró este país desde antes de llegar y cuando estuvo aquí, con mayor razón. Lo primero que nos enseñó fue que teníamos que querer a México —nunca le llamó segunda patria—, que teníamos que quererlo mucho porque en Francia nos habían recibido pero sólo para meternos en campos de concentración y México nos abrió las puertas...

Recuerdo uno de los castillos que tenía don Gilberto cuando nos invitó a comer; era algo fantástico para una niña. Todo el tiempo que estuvimos allá, él nos procuró. No nada más nos ayudó a nosotros, ayudó a cientos de gentes. Además del nombre de don Gilberto, sólo recuerdo el de Luis I. Rodríguez, quien también ayudó muchísimo, porque leí una novela sobre los refugiados, *Los rojos de ultramar,* de Jordi Soler.

Yo veía a don Gilberto grandote, altote, fornidote, así era. Fue alguien realmente maravilloso para todos nosotros, porque se preocupaba muchísimo; él consideraba que se habían cometido injusticias con nosotros, porque hasta en Francia nos perseguía el gobierno de Franco y se llevaba a muchos españoles a España, unos para meterlos en la cárcel y otros para matarlos... Mi padre regresó a España cuando ya no vivía Franco, porque antes nunca quiso volver...

[En la página 228 puede verse una carta de don Gilberto Bosques en la que acredita a Francisco Simarro como intendente general de la residencia de refugiados españoles.]

NELLY WOLF

Vivimos toda una aventura, porque en esos tiempos nunca se sabía qué iba a pasar de un momento a otro, pero nos llegó la noticia de que en Marsella estaba un cónsul de México, don Gilberto Bosques, que estaba dando visas para ir a México. De México no sabíamos mucho, todo el mundo quería ir a Estados Unidos, pero en fin, de lo que se trataba era de salir. Había un grupo de judíos socialdemócratas austriacos que estaban más o menos unidos y decidieron acudir a don Gilberto; nosotros pertenecíamos a ese grupo, que no era muy grande. Él recibía muy bien a todo mundo, era muy amable. Creo que su principal idea era salvar a los refugiados españoles, pero acudieron también a él quienes querían salir de Francia por ser perseguidos... y creo que a la gran mayoría les dio visa para venir a México...

En Austria vivíamos en un pueblito cerca de la frontera con Checoslovaquia. Teníamos la única tienda del pueblo, en la que se vendía de todo... Cuando empezaron los mítines hitlerianos, obligaban a mi papá —que tenía un camión en el que llevaba las cosechas a Viena para vender— a transportar gente para que acudiera a esos mítines. Acabaron por confiscarle todo y nos tuvimos que ir a Viena. Ahí había comités que ayudaban a la gente que trataba de ir a donde se pudiera... Antes de llegar a Marsella, habíamos estado en un internado como 300 niños. Muchos fueron enviados a Israel, otros a Estados Unidos y los demás tuvieron que ver cómo se las arreglaban.

De Marsella salimos, ya con nuestras visas para México, en un barco francés y fuimos costeando hasta Casablanca, parando en algunos puertos. Iba también un grupo de soldados franceses con destino a Dakar; ellos podían bajar del barco, nosotros no. Nos manteníamos separados por la barrera del idioma. En Casablanca cambiamos de barco a uno portugués, el *San Tomé,* y luego supimos que al barco francés lo hundieron. Primero paramos en Jamaica y nos alojaron en unas casas muy raras. Dos o tres días después partimos hacia Veracruz, donde estuvimos una noche y luego en tren vinimos a la ciudad de

México. Me la pasaba viendo por la ventanilla del tren, todo era diferente, todo era seco, era abril del 42, me impresionaba lo seco del paisaje, la vegetación tan diferente. En México nos recibió el Comité Central Israelita. Nos metieron a un hotel horrible en la calle de Perú; en esos tiempos todo pasaba en el centro de la ciudad... Como mi papá era periodista, aquí no podía encontrar trabajo y entonces se volvió abarrotero; mi mamá hacía comidas preparadas y pasteles. Mi tío, el hermano de mi papá, ya tenía una tienda porque había llegado antes y los dos fueron progresando.

No llegué a conocer a don Gilberto en persona, pero en la casa siempre se hablaba de él como la maravilla.

LEO ZUCKERMANN

Mi abuelo, que lleva mi mismo nombre, o más bien yo llevo el mismo nombre que él, era alemán, judío y comunista. Él salió muy rápido de Alemania, en cuanto llegaron los nazis al poder, porque estaba en las primeras listas negras del régimen nazi y se fue a vivir a Francia con su esposa. Cuando tiempo después los nazis invadieron Francia, se vieron en la terrible situación de no saber a dónde emigrar.

Gracias a algunos contactos que mi abuelo tenía por ser comunista, con gente que había peleado en la Guerra Civil española, con republicanos, supo de ese personaje maravilloso, de ese cónsul mexicano llamado Gilberto Bosques que había ayudado a muchos republicanos y que estaba dispuesto a dar algunas visas para venir a México. Gracias a él, tanto la familia de mi abuelo como la de su hermano Rodolfo Zuckermann, quien era un cardiólogo muy famoso, de mucho prestigio, pudieron emigrar a México y así salvaron sus vidas, y fueron los únicos de toda la familia Zuckermann que sobrevivieron al Holocausto...

Del Holocausto y de la migración a México no era algo sobre lo que a los abuelos les gustara mucho hablar. Eran temas muy dolorosos pues perdieron muchos seres queridos, pero en la familia siempre estaba presente la idea de que hubo mexicanos que les ayudaron muchísimo, por ejemplo, una abogada de nombre Carmen Otero. Se mencionaba también el apoyo del propio Gilberto Bosques y de Vicente Lombardo Toledano. Muy agradecida la familia con el gobierno mexicano, con el ex presidente Lázaro Cárdenas, con el entonces presidente Manuel Ávila Camacho, y mis abuelos tenían muy claro que gracias a ellos habían podido refugiarse en México y salvar así la vida...

Ellos no viajaron con sus nombres verdaderos; como comunistas que eran tenían sus alias, entre otras cosas porque eran muy buscados por el gobierno alemán y también por el de Vichy, el gobierno colaboracionista con los nazis en la Francia ocupada. Tanto mi abuelo como mi abuela, quien también era miembro del Partido Comunista, tenían nombres y documentos falsos... lo cual era muy común en esa época porque no era difícil conseguir documentos falsos y así lo hacían los comunistas que vivían en la clandestinidad...

Salieron en un barco del sur de Francia y estuvieron en Casablanca... luego llegaron a Veracruz y de ahí viajaron a la ciudad de México...

Mi abuelo era muy alemán en muchos sentidos, y llegar a un país como México ha de haber sido dificilísimo para él... realmente creo que nunca pudo acostumbrarse a este país, a los mexicanos, tan diferentes a lo cuadrado y ordenado que son los alemanes. Pero mi abuelo y sobre todo mi abuela acabaron teniendo una relación muy cercana a México. Se sentían muy agradecidos de que México los hubiera acogido...

Mi abuelo era abogado, doctor en leyes, y su gran pasión fue siempre la política. Fue un comunista ortodoxo hasta el último día de su vida; murió siendo comunista, a pesar de que en algún momento también fue víctima del comunismo. Después de la guerra regresó a Europa y fue uno de los fundadores de la República Democrática Alemana... y participó en la redacción de la Constitución de la RDA. Era un convencido de que el comunismo le iba a ganar al capitalismo, pero en el año 1952, cuando empiezan las purgas estalinistas y varios líderes comunistas judíos son ejecutados... mi abuelo se las huele y siente pasos en la azotea, y tiene que volver a salir corriendo de Alemania, ahora de la Alemania comunista, y otra vez se viene a refugiar a México, donde se queda definitivamente a vivir...

Otra parte de la familia —de la familia de Rodolfo— se quedó a vivir en Berlín después de la guerra, pero mi abuelo no podía regresar a Berlín; nunca más pudo visitar a los familiares que vivían en la Alemania comunista, por haber salido de ese país, siendo él comunista. Eso era muy triste porque no conocíamos a la otra parte de la familia. Hace muy pocos años... tuve interés por conocerla y literalmente tomé un avión y me fui a buscar a la familia Zuckermann en Berlín. Es una historia muy interesante, porque yo no sabía cómo buscarla y se me ocurrió abrir un directorio telefónico y buscar el apellido, pensando que iba a haber tres páginas de Zuckermann y para mi sorpresa solamente había uno en todo el directorio de Berlín. Eso puede dar la idea de la magnitud del Holocausto en Europa, pues antes el apellido Zuckermann era muy común, y ahora quedaba uno solo en Berlín. Por supuesto, en ese año, 1999, Alemania ya se había unificado. Entonces mandé un fax diciendo "yo soy Leo Zuckermann, vengo de México, soy nieto de Leo Zuckermann y estoy buscando a la familia de Rodolfo Zuckermann, ¿serán ustedes? Por favor contáctense conmigo". Al cabo de tres días recibí una llamada y supe lo que había ocurrido: el fax llegó al consultorio del hijo de mi tío Rodolfo, pero él ya había muerto; entonces su socio, que sabía que su viuda trabajaba en la Universidad de Berlín, mandó el fax a la Universidad, y ahí localizaron a la esposa de mi primo, y ella me buscó. Esas historias solamente pueden ocurrir en Alemania. Así tuve la oportunidad de conocer a la parte de la familia que vivía en Europa, que son alemanes que sobrevivieron al Holocausto, pero sobrevivieron porque durante la guerra estuvieron aquí en México... Ellos me enseñaron las cartas que les escribían Diego Rivera y Frida Kahlo, que eran compañeros comunistas.

Durante la guerra murieron los padres de mi abuelo, una hermana de ellos y todos los primos y primas, las hermanas, todos. Los únicos que sobrevivieron fueron mi abuelo y su hermano, y un primo hermano de ellos, Jacobo Zuckermann, cuya familia todavía vive en París. Todos los demás murieron... Lo interesante de nuestro caso es que estamos vivos y aquí. Lo que salvó a mi abuelo y a su hermano fue que eran comunistas, y como tales no esperaron a que llegara el Armagedón de la solución final porque siempre fueron perseguidos por los nazis. En 1933 salieron de Alemania. Afortunadamente, mi abuelo y mi tío Rodolfo habían apoyado la causa de la República española; mi tío incluso peleó en el frente republicano y por eso tenían muchos contactos de compañeros de izquierda, compañeros de viaje como se decía en aquella época, que les ayudaron a ponerse en contacto con este héroe mexicano que fue Gilberto Bosques, a quien muchos le debemos la vida.

BIBLIOGRAFÍA

Archivo Histórico Diplomático Mexicano, *México y España: solidaridad y asilo político, 1936-1942*, introducción y selección de Alberto Enríquez Perea, México, Secretaría de Relaciones Exteriores, 1990.

Barrera Bassols, Jacinto, "Ricardo Flores Magón, de la xenofobia popular al internacionalismo proletario", en Delia Salazar (coord.), *Xenofobia y xenofilia en la historia de México, siglos XIX y XX*, México, Instituto Nacional de Migración, Secretaría de Gobernación–Instituto Nacional de Antropología e Historia–DGE Ediciones, 2006, pp. 433-448.

Barros Horcasitas, Beatriz, "Diálogo imaginario. Gilberto Bosques Saldívar, adalid del asilo diplomático", *Sólo Historia* 12, abril-junio de 2001.

Behrens, Benedikt, "El consulado general de México en Marsella bajo Gilberto Bosques y la huida del sur de Francia de germanoparlantes, 1940-1942", *Tzintzun, Revista de Estudios Históricos*, 35, Universidad Michoacana de San Nicolás de Hidalgo, 2003.

———, "La actuación de Gilberto Bosques como cónsul general en Marsella (1940-1942) en el contexto de la política mexicana de rescate de los refugiados españoles republicanos en Francia" [s.p.i.].

Bingham Sr., Robert Kim, *Courageous Dissent*, Greenwich (Connecticut), Triune Books, 2007.

Bobadilla González, Leticia, *México y la OEA. Los debates diplomáticos, 1959-1964*, México, Secretaría de Relaciones Exteriores, 2006.

Bodek, Adrián, *Brigadas Internacionales. Memorias vivas*, Madrid, Oficina de Arte y Ediciones, 2014.

Bokser Liwerant, Judit, "El México de los años treinta: cardenismo, inmigración judía y antisemitismo", en Delia Salazar (coord.), *Xenofobia y xenofilia en la historia de México, siglos XIX y XX*, México, Instituto Nacional de Migración, Secretaría de Gobernación–Instituto Nacional de Antropología e Historia–DGE Ediciones, 2006, pp. 379-415.

Bosques Saldívar, Gilberto, *The National Revolutionary Party of Mexico and the Six-Year Plan*, México, Bureau of Foreign Information of the National Revolutionary Party, 1937.

Bosques Saldívar, Gilberto, *Artículos, conferencias y discursos,* Puebla, Congreso del Estado de Puebla, LII Legislatura, s/f [1993].

Camacho Navarro, Enrique, "Gilberto Bosques y los artistas revolucionarios", *Tzintzun, Revista de Estudios Históricos,* 37, Universidad Michoacana de San Nicolás de Hidalgo, enero-junio de 2003.

Castro, Pedro, *Adolfo de la Huerta. La integridad como arma de la revolución,* Universidad Autónoma Metropolitana–Siglo XXI Editores, 1988.

Ciudad de México, ciudad solidaria, capital de asilos, México, Comisión de las Celebraciones del Bicentenario de la Independencia y del Centenario de la Revolución en la Ciudad de México–Casa Refugio Citlaltépetl, 2008.

Contestación del C. Gilberto Bosques, Presidente del Congreso de la Unión, al Mensaje Presidencial rendido el día primero de septiembre de 1935, México, Imprenta de la Cámara de Diputados, 1935.

Cruz, Valdemar, "O pacto do embaixador Bosques", *Expresso* 1688, 5 de marzo de 2005.

Durán de Huerta, Marta, "El selectivo exilio político en México. Gilberto Bosques, la gran excepción", *Voces del Periodista,* año IX, 112, 1 al 15 de mayo, sin año.

Exilio (catálogo de exposición), Madrid, Fundación Pablo Iglesias–Museo Nacional Centro de Arte Reina Sofía, 2002.

Fabela, Isidro, y Luis I. Rodríguez, *Diplomáticos de Cárdenas. Una trinchera mexicana en la guerra civil (1936-1940),* edición de Manuel Ortuño, Madrid, Trama Editorial, 2007.

Fry, Varian, *Surrender on Demand,* Boulder, Johnson Books–United States Holocaust Memorial Museum, 1977.

Garay, Graciela de (coord.), *Gilberto Bosques: el oficio del gran negociador.* México, Secretaría de Relaciones Exteriores (Historia Oral de la Diplomacia Mexicana, 2), 1988.

Gilberto Bosques Saldívar, México, 1ª ed., Comisión de Derechos Humanos del Distrito Federal, 2010; 2ª ed. (con el subtítulo *Mexicano universal*), Cámara de Diputados, LXII Legislatura, 2013.

Gleizer, Daniela, *México frente a la inmigración de refugiados judíos, 1934-1940,* México, Instituto Nacional de Antropología e Historia–Fundación Cultural Eduardo Cohen, 2000.

———, *El exilio incómodo. México y los refugiados judíos, 1933-1945,* México, El Colegio de México–Universidad Autónoma Metropolitana, 2011.

Gleizer, Daniela, "Gilberto Bosques", texto leído en la Mesa Redonda sobre Gilberto Bosques, México, Universidad Nacional Autónoma de México, agosto de 2007.

Gojman Goldberg, Alicia, "Ashkenazitas y sefaraditas frente a la xenofobia de los años treinta en México", en Delia Salazar (coord.), *Xenofobia y xenofilia en la historia de México, siglos XIX y XX*, México, Instituto Nacional de Migración, Secretaría de Gobernación–Instituto Nacional de Antropología e Historia–DGE Ediciones, 2006, pp. 323-335.

Katz, Friedrich, *Nuevos ensayos mexicanos*, México, Ediciones ERA, 2006.

Letzte Zuflucht Mexiko. Gilberto Bosques und das deutschsprachige Exil nach 1939 (catálogo de exposición), Berlín, Aktives Museum, 2012.

Malgat, Gérard, *Max Aub y Francia o la esperanza traicionada*, Sevilla, Biblioteca del Exilio, 2007.

——, *Gilberto Bosques al servicio de la libertad. París–Marsella (1939-1942)*, México, Vanilla Planifolia–Consejo Nacional para la Cultura y las Artes, 2013.

Manjarrez, Froylán C., *El sentido histórico de la Revolución mexicana*, México, Cultura Socialista, 1935.

Mencherini, Robert, *Ici-même. Marseille 1940-1944. De la défaite à la libération*, Marsella, Éditions Jeanne Laffitte, 2013.

——, Angelika Gausmann, Olivier Lalieu y Atelier Novembre, *Mémoire du Camp des Milles 1939-1942*, Marsella, Métamorphoses-Le Bec en l'air, 2013.

Misión de Luis I. Rodríguez en Francia. La protección de los refugiados españoles, julio a diciembre de 1940, prólogo de Rafael Segovia y Fernando Serrano, México, El Colegio de México–Secretaría de Relaciones Exteriores–Consejo Nacional de Ciencia y Tecnología, 2000.

Morro Casas, José Luis, "Anna Seghers y Max Aub: dos destinos unidos por Gilberto Bosques", en José María Balcells y José Antonio Pérez Bowie (eds.), Actas del Congreso Internacional de Salamanca, "El exilio cultural de la guerra civil (1936-1939)", Ediciones de la Universidad de Salamanca, 2001.

——, "Gilberto Bosques, luz del exilio español de 1939", en Alicia Alted y Manuel Lluis (eds.), Actas del congreso "La cultura del exilio republicano español de 1939" (Madrid-Alcalá-Toledo, diciembre de 1999), Madrid, Universidad Nacional de Educación a Distancia, 2003.

Muriá, José María, "El cónsul Gilberto Bosques, un salvador", *La Aventura de la Historia* 113 (México), marzo, 2008.

Ojeda Revah, Mario, *México y la guerra civil española*, Madrid, Turner, 2005.

Pérez Montfort, Ricardo, "Apuntes sobre el exilio alemán en México durante las décadas de los años treinta y cuarenta del siglo XX", en Delia Salazar (coord.), *Xenofobia y xenofilia en la historia de México, siglos XIX y XX*, México, Instituto Nacional de Migración, Secretaría de Gobernación–Instituto Nacional de Antropología e Historia–DGE Ediciones, 2006, pp. 469-488.

Prieto Reyes, Luis, "Síntesis de la entrevista a don Gilberto Bosques Saldívar", *Desdeldiez*, Boletín del Centro de Estudios de la Revolución Mexicana "Lázaro Cárdenas", A.C., noviembre de 1993.

Reitlinger, Gerald, *The Final Solution. The Attempt to Exterminate the Jews of Europe, 1939-1945*, Nueva York, Thomas Yoseloff, 1968.

Ryan, Donna, *The Holocaust and the Jews of Marseille. The Enforcement of Anti-Semitic Policies in Vichy France*, Chicago, University of Illinois, 1996.

Schwebel, Bruno, *De Viena a México. La otra suerte*, México, Instituto Politécnico Nacional, 2006.

Serrano Migallón, Fernando, *"...Duras las tierras ajenas..." Un asilo, tres exilios*, México, Fondo de Cultura Económica, 2002.

——, *El asilo político en México*, presentación de Gilberto Bosques, México, Porrúa, 1998.

Sierra, Teresa de, *Testimonios de décadas olvidadas. Conversaciones con Gilberto Bosques Saldívar*, México, Gobierno del Estado de Colima–Consejo Nacional para la Cultura y las Artes, 1998.

Yankelevich, Pablo, "El artículo 33 constitucional y las reivindicaciones sociales en el México posrevolucionario", en Delia Salazar (coord.), *Xenofobia y xenofilia en la historia de México, siglos XIX y XX*, México, Instituto Nacional de Migración, Secretaría de Gobernación–Instituto Nacional de Antropología e Historia–DGE Ediciones, 2006, pp. 357-378.

Zárate Miguel, Guadalupe, "Xenofobia y xenofilia en México durante la segunda Guerra Mundial", en Delia Salazar (coord.), *Xenofobia y xenofilia en la historia de México, siglos XIX y XX*, México, Instituto Nacional de Migración, Secretaría de Gobernación–Instituto Nacional de Antropología e Historia–DGE Ediciones, 2006, pp. 489-508.

ARTÍCULOS DIVERSOS

Bosques, Gilberto (editoriales y columnas del director en *El Nacional*): "El presidente del Congreso interpretó el sentir nacional", 2 de septiembre de 1935; "Fuera de la ley y contra la ley", 17 de marzo de 1938; "El imperativo de la disciplina", 1938; "El justo deber del Secretario de Educación", 1938; "El plan de la Escuela Nacional de Maestros", 1938; "El P.N.R. y los plebiscitos", 25 de abril de 1938.

"Gilberto Bosques: cien años", *El Nacional, Suplemento Política,* 20 de agosto de 1992.

Magaña, Juan Manuel, "Gilberto Bosques: *El Nacional* era socialista y costaba 5 centavos", *El Nacional,* 8 de enero de 1989.

María Idalia [García], "Todavía hay algunas cosas que analizar del exilio español: Gilberto Bosques", *Excélsior,* 27 de noviembre de 1992.

Partido Nacional Revolucionario. Comité de Prensa y Propaganda del Comité Ejecutivo Nacional, "La voz del general Cárdenas en Guerrero", Acapulco, 15 de mayo de 1934.

Somos. Homenaje de los republicanos españoles a las representaciones diplomática y consular de México en Francia, México, junio de 1944.

The International Raoul Wallenberg Foundation, "Gilberto Bosques Saldívar, el mexicano que salvó judíos", nota de prensa, 16 de julio de 2007.

Tort, Juan Manuel, "¡No fui yo, fue México! Gilberto Bosques dice lo que vio en Francia", *Mañana,* 22 de abril de 1944.

De viva voz. Vida y obra de Gilberto Bosques
se terminó de imprimir en julio de 2015
en los talleres de Offset Rebosán, S. A. de C. V.,
Av. Acueducto 115, Col. Huipulco,
14370 México, D. F.

Cuidaron la edición Eugenia Huerta
y Antonio Bolívar.

El diseño y la composición estuvieron a cargo de
Cristóbal Henestrosa, quien utilizó la familia
Espinosa Nova, la cual rescata los tipos utilizados
en Nueva España por el impresor español
Antonio de Espinosa, quien radicó en
el territorio que hoy es México
desde 1551 hasta su muerte, en 1576.

Para el título, en la portada y portadilla
se utilizó Mantinia, fuente diseñada
por Matthew Carter, inspirada en las letras
que aparecen en las obras del pintor
italiano Andrea Mantegna (1431-1506).